湖南省社会科学普及读物出版资助项目

摆脱千年贫困的湘西探索与实践：
精准扶贫首倡地样本解读

本书编委会 ◎ 组编

BAITUO QIANNIAN PINKUN DE XIANGXI TANSUO YU SHIJIAN：
JINGZHUN FUPIN SHOUCHANGDI YANGBEN JIEDU

中南大学出版社
www.csupress.com.cn
·长沙·

湖南省社会科学普及读物出版资助项目
编委会

本书编委会成员单位

中共湘西自治州委宣传部
湘西自治州社会科学界联合会
吉首大学
中共湘西自治州纪律检查委员会
（湘西自治州监察委员会）
中共湘西自治州委办公室
中共湘西自治州委组织部
中共湘西自治州委政法委员会
中共湘西自治州委政策研究室
（改革办、财经办）
湘西自治州人民政府研究室
湘西自治州财政局
湘西自治州乡村振兴局
湘西自治州教育和体育局
湘西自治州林业局
湘西自治州文化旅游广电局
湘西自治州民政局
湘西自治州发展和改革委员会
湘西自治州农业农村局
湘西自治州卫生健康委员会

湘西自治州人力资源和社会保障局
湘西自治州住房和城乡建设局
（湘西自治州人民防空办公室）
湘西自治州交通运输局
湘西自治州水利局
湘西自治州商务局
湘西自治州生态环境局
湘西自治州工业和信息化局
湘西自治州医疗保障局
湘西自治州人民政府金融工作办公室
湘西自治州统计局
湘西自治州残疾人联合会
湘西民族职业技术学院
中国人民银行湘西自治州中心支行
中共湘西自治州委党校
湖南省新华书店有限责任公司湘西自治州分公司

编撰组成员名单

组　长　丁建军

成　员　（以姓氏笔画为序）

于正东　王泳兴　王淀坤　王　璋　尹瑾雯　龙海军
伍　芬　刘　贤　孙立青　孙爱淑　李洪雄　李　峰
肖炳才　余方薇　张　欣　张诗瑶　张琰飞　柳艳红
钟克文　袁明达　殷　强　黄利文　谭必四

前言一

    2021年是中国共产党成立100周年，也是习近平总书记在哲学社会科学座谈会重要讲话发表五周年。自2016年习近平总书记重要讲话发表以来，湖南哲学社会科学事业迎来发展的"春天"。《湖南省社会科学普及条例》正式实施，湖南省社会科学普及主题活动周连续成功举办，"湖湘大学堂"等社科普及品牌日益形成，多批次省级社科普及基地建成并授牌，社科普及进基层特色活动深入开展，省优秀社科普及读物推荐与资助出版反响良好，社科普及志愿者队伍不断壮大，我省社科普及工作踏"春"而来、循"春"而动、迎"春"绽放，在提升公众社会科学文化素质、推动湖南高质量发展方面发挥了积极的作用。

    "十四五"征程全面开启，立足新发展阶段、贯彻新发展理念、构建新发展格局对社科普及工作提出了新的任务和要求。一方面，人民对美好生活的需要日益增长，对精神文化生活有了更高的追求与期待，迫切需要坚持以人民为中心的理念，切实做到"以精品奉献人民"，推动社科普及工作高质量发展。另一方面，面对社会思想观念和价值取向日趋活跃、主流和非主流同时并存、社会思潮纷纭激荡的新形势，如何巩固马克思主义在意识形态领域的指导地位，培育和践行社会主义核心价值观，巩固全党全国各族人民

1

团结奋斗的共同思想基础，迫切需要社科普及工作更好地发挥作用。在这个背景之下，亟需社会科学普及工作者贯彻自觉担负起历史使命和时代责任，充分运用"社会科学普及+"思维，创新社会科学普及形式，在丰富人民群众精神文化生活的同时，对人民群众进行科学的教育、引导和疏导，培育和践行社会主义核心价值观，提高人民群众人文社科素养。

基于新形势、新任务、新要求，湖南省社会科学界联合会、湖南省社会科学普及宣传活动组委会办公室贯彻落实《湖南省社会科学普及条例》，不断深化湖南省社会科学普及读物出版资助工作，面向在湘工作的社会科学理论工作者和实际工作者征集未公开出版的社会科学普及优秀作品，对获得立项的优秀作品进行资助出版。其目的就是为了激发广大社会科学工作者创作热情，推出更多更好的优秀社会科学普及作品，把"大道理"变成"小故事"，把学术语言转化成群众语言，把"普通话"和"地方话"结合起来，真正让党的理论政策鲜活起来，让社会科学知识生动起来，让社会科学普及工作"成风化人、凝心聚力"，为大力实施"三高四新"战略，奋力建设现代化新湖南凝聚强大的正能量。

湖南省社会科学界联合会
湖南省社会科学普及宣传活动组委会办公室
2021 年 5 月

前言二

2021 年 7 月 1 日，习近平总书记代表党和人民庄严宣告，经过全党全国各族人民持续奋斗，我们实现了第一个百年奋斗目标，在中华大地上全面建成了小康社会，历史性地解决了绝对贫困问题，正在意气风发向着全面建成社会主义现代化强国的第二个百年奋斗目标迈进。

2020 年 3 月 2 日，湖南省人民政府对外发布《关于同意邵阳县等 20 个县市脱贫摘帽的批复》，至此，湖南 51 个贫困县 6923 个贫困村均实现脱贫摘帽，区域性整体贫困得到历史性解决。这也标志着占全省深度贫困县 7/11 的脱贫攻坚主战场--湘西土家族苗族自治州(简称"湘西州")取得了脱贫攻坚的伟大胜利，摆脱了千百年绝对贫困。

千百年贫困的说法，对于湘西州而言并非夸张。它地处武陵山连片特困地区腹地，占全了"老少边穷"的所有选项："百年匪患"、革命老区、少数民族聚居区、湘鄂渝黔四省市边区、8 县市中 7 个国家级贫困县 1 个省级贫困县、省定 11 个深度贫困县中 7 个在湘西州。新中国成立以来，湘西州各族人民在中国共产党的领导下，开启了摆脱千百年绝对贫困、走向幸福生活的奋斗历程。但是由于历史、政治、经济、社会和地理区位等原因，湘西州承载的脱贫攻坚任务相对繁重。新中国成立后，湘西州这片红色热土根除了"百年匪患"。1957 年，湘西州成立。改革开放后，湘西州被纳入国家八七扶贫攻坚计划、西部大开发、武陵山片区区域发展与扶贫攻坚规划等国家战略，迈入了发展快车道。2013年11月3日，习近平总书记视察湘西州，在十八洞村首次提出了"精准扶贫"重要理念，这一重要理念随之成为指导我国脱贫攻坚的基本方略，湘西州从此步入了摆脱千百年绝对贫困的快车道，大踏步赶上了时代步伐。

作为精准扶贫首倡地，湘西州各族人民群众始终牢记习近平总书记的殷切嘱托，坚定不移贯彻"实事求是、因地制宜、分类指导、精准扶贫"十六字方针，坚决落实"不栽盆景，不搭风景""不能搞特殊化，但不能没有变化"，不仅要自身实现脱贫，还要探索"可复制、可推广"的脱贫经验的重要指示，始终保持高度的思想自觉、政治自觉和行动自觉，以首倡之地的首倡之为奋力决战脱贫攻坚，不仅历史性地解决了绝对贫困问题，而且探索了可复制可推广的成功经验。十八洞村成了全国精准扶贫精准脱贫的鲜活标杆，荣获全国脱贫攻坚楷模称号。湘西州的脱贫攻坚得到了习近平总书记等中央领导同志的肯定和批示，时任老挝人民革命党中央委员会总书记、国家主席本扬也亲临十八洞村考察，学习十八洞经验。

在精准扶贫实践探索中，湘西州坚持以习近平新时代中国特色社会主义思想为指导，深入学习贯彻习近平总书记关于扶贫工作的重要论述，以脱贫攻坚统揽经济社会发展全局，把脱贫攻坚作为最大政治任务、最大民生工程，坚持做到"五个始终"：始终不忘殷切嘱咐，提高政治站位；始终强化党委领导，压实四级责任；始终坚持分类指导，实施"十项工程"；始终突出精准发力，注重"五个结合"；始终注重脱贫质量，做到"四防两严"，切实担起了首倡地的首倡之责，彰显了首倡地的首倡之为。

在精准扶贫、精准脱贫机制上，湘西州不断创新，立足"六个精准"，以"五个坚持"（坚持在扶贫动态管理上不搞笼而统之、坚持在内生动力激发上不搞空洞说教、坚持在发展扶贫产业上不搞大包大揽、坚持在基础设施建设上不搞大拆大建、坚持在攻坚力量统筹上不搞孤军作战)做到精准施策，以"五个结合"(坚持公开公平与群众满意相结合，精准识别扶贫对象；坚持典型引路与正向激励相结合，充分激发内生动力；坚持统筹布局与因地制宜相结合，科学发展扶贫产业；坚持留住乡愁与彰显美丽相结合，加快完善基础设施；坚持组织引领与党员带动相结合，全面统筹攻坚力量)确保脱贫实效，以'五力齐驱'(突出党建引领，提升基层组织力；补齐基础短板，积蓄发展后劲力；做好增收文章，提升产业支撑力；落实帮扶政策，强化民生保障力；强化志智双扶，激发群众内生力)增强造血功能，通过"四防两严"(防庸、防急、防散、防虚，严格扶贫对象动态管理、项目资金管理，严肃群众纪律、工作纪律和财经纪律)严实扶贫作风，创新推行以"学习互助兴思想、生产互助兴产业、乡风互助兴文明、邻里互助兴和谐、绿色互助兴家园"为主要内容的"党建引领、互助五兴"农村基层治理模式，强化组织保障。

在精准扶贫、精准脱贫策略上，湘西州立足"两不愁三保障"的目标和标准，以"五个一批"为路径着力提升精准扶贫精准脱贫质量，推进"三清零"(以户清零、以村清零、以事清零)，补齐短板弱项；做实"三业"(兴产业、增就业、置家业)增收，促进稳定脱贫；突出"六个带动"(特色化发展带动、园区化开发带动、新型经营主体带动、依托景区景点带动、科技创新带动、深化农村改革带动)，加快产业发展；抓实"十项工程"(发展生产脱贫工程、乡村旅游脱贫工程、转移就业脱贫工程、易地搬迁脱贫工程、生态补偿脱贫工程、教育发展脱贫工程、医疗救助帮扶工程、社会保障兜底工程、基础设施配套工程、公共服务保障工程)，做到精准帮扶；聚焦"三落实"(责任落实、政策落实、工作落实)，确保实干实效。

在精准扶贫、精准脱贫模式上，湘西州按照"帮扶要精准、增收要稳定、保障要兜底、脱贫要真实、群众要满意"的要求，创新推行帮扶一月一走访、问题一月一清零、情况一月一报告的"三个一"驻村帮扶工作法，推行"六看六查"（看产业就业、住房安全、水电保障、厨房、卧室、环境卫生，查基本信息、存折流水、教育保障、医疗保障、残疾对象、家庭收入）结对帮扶工作法，以模式创新提升工作成效，做到真扶贫、扶真贫，真脱贫、脱真贫。

8年时间，湘西州脱贫攻坚取得了历史性成就，这是湖南省脱贫攻坚主战场取得的决定性胜利，是全国反贫困事业发展的生动缩影，是习近平总书记扶贫工作重要论述在民族贫困地区的成功实践，其经验和启示有着特殊价值和世界意义。湘西州脱贫攻坚的主要经验和启示为：党建引领是根本，"互助五兴"强治理；把握精准是关键，"五个结合"保质量；增加投入是保障，整合资源强支撑；各方协同是前提，众志成城聚合力；群众参与是基础，智志双扶提内力；产业发展是重点，"十项工程"兴民生。而其特殊价值和世界意义则体现为：彰显了中国人民实现伟大复兴中国梦的使命担当；坚定了偏远少数民族地区减贫脱贫的信心；激励着国际贫困治理理论的创新；为解决贫困治理这一世界性难题提供了湘西方案。

"脱贫摘帽不是终点，而是新生活、新奋斗的起点。"甩掉贫困帽子的湘西人民，不仅富了口袋，更富了脑袋。"学习互助兴思想，生产互助兴产业，乡风互助兴文明，邻里互助兴和谐，绿色互助兴家园"的"互助五兴"已在湘西大地生根、发芽、开花、结果。从整体脱贫走向乡村振兴，湘西人民的好日子还在后头！

目　录

第 1 章
摆脱贫困的奋斗历程

湘西土家族苗族自治州(以下简称"湘西州")是以土家族、苗族为主的少数民族自治州。由于自然、历史、社会等诸多方面因素的制约,全州长期以来交通闭塞,经济基础薄弱,是典型的"老、少、边、穷"山区。新中国成立以来,湘西州各族人民在中国共产党的领导下,开启了摆脱千百年绝对贫困、走向幸福生活的奋斗历程。

总体而言,湘西州脱贫攻坚的变迁和全国脱贫的步伐基本一致。但是由于历史、政治、经济、社会和地理位置等原因,湘西州承载的脱贫攻坚任务相对繁重。新中国成立后,湘西这片红色热土根除了"百年匪患"。改革开放之后,湘西州先后被国家纳入"八七"扶贫开发、西部大开发、武陵山片区区域发展与扶贫攻坚规划、国家承接产业转移示范区等国家战略,迈入了发展快车道。2013 年 11 月 3 日,习近平总书记视察湘西州,在十八洞村首次提出了"精准扶贫"重要理念,精准扶贫重要论述也随之成为指导我国脱贫攻坚的基本方略,湘西州从此步入了摆脱千百年绝对贫困的快车道,大踏步赶上了时代步伐。

1.1 红色沃土:湘西州概况

湘西州位于湖南省西北部,地处湖南、湖北、重庆、贵州四省市交界处。战国时期,湘西隶属楚国黔中郡。西汉时,湘西属武陵郡。五代时,湘西确立土司制度。直至清初"改土归流",湘西结束了长达八百余年的土司世袭制度。1934—1935 年,任弼时、贺龙等老一辈无产阶级革命家在湘西创建了湘鄂川黔革命根据地。可以说,湘西儿女的鲜血染红了中国革命的史册。新中国成立后,在中国共产党的领导下,湘西根除了"百年匪患"。1952 年 8 月,湘西苗族自治区成立。1955 年,湘西苗族自治区改为湘西苗族自治州。1957 年 9 月,湘西土家族苗族自治州成立。湘西州现辖 7 县 1 市,有 115 个乡镇(街道),土地面积 1.55 万平方千米,常住人口 248.81 万人。湘西州是精准扶贫首倡地,是

1

湖南省唯一的少数民族自治州和全国民族团结示范州，是革命老区、国家西部大开发地区，是国家级承接产业转移示范区、国家级文化生态保护区，是湖南省目前唯一同时拥有世界文化遗产、世界地质公园的市州，是国家森林城市。

1. 历史文化厚重

湘西州拥有大量历史悠久、丰富多彩的文化遗迹，产生了一大批政治文化名人。凤凰古城是国家历史文化名城，也被誉为"中国最美丽的小城"；里耶古城一次性出土秦简 3.7 万枚、20 多万文字，填补了文献中有关秦代历史的大片空白；八百年土司王都老司城，是中国大西南地区现存规模最大、保存最好的土司城址，其观赏性、真实性、完整性为中国现存城市遗迹所罕见，是湖南省首个世界文化遗产。当前，湘西州有里耶镇、芙蓉镇、浦市镇、边城镇四个中国历史文化名镇和南方长城等历史文化古迹。在漫长的历史长河中，湘西州涌现了民国总理熊希龄、现代文豪沈从文、著名画家黄永玉、民族歌唱家宋祖英等一批政治文化名人。湘西是革命老区，任弼时、贺龙、关向应、萧克、王震等老一辈无产阶级革命家在这里创建了湘鄂川黔革命根据地，为中国革命作出了重要贡献。

2. 民俗风情浓郁

以土家族、苗族为主体的湘西州各族人民创造了璀璨的民族文化，展现了浓郁的民族文化风情。作为主体民族，能歌善舞的土家族、苗族有着各自独特的民族语言、风俗习惯、民族服饰、建筑文化、舞蹈音乐。作为文化和旅游部授予的湖南唯一的武陵山区（湘西）土家族苗族文化生态保护区，湘西州拥有28 项国家级非物质文化遗产，花垣县苗族赶秋列入联合国教科文组织人类非物质文化遗产代表作名录。其中，土家族茅古斯被誉为"中国戏剧的活化石"，湘西苗族鼓舞堪称中华一绝，苗族"四月八"、土家族"舍巴节"等传统节庆活动丰富多彩。湘西州传统村落众多，有保靖县吕洞山镇夯沙村、龙山县苗儿滩镇捞车村等 172 个村落入选"中国传统村落"名录。2020 年，湘西州被纳入全国首批传统村落集中连片保护利用示范市州。

3. 山水风光神奇

湘西州独特的地理位置，孕育和形成了湘西州奇特的自然风光。其中，国家级风景名胜区猛洞河漂流被誉为"天下第一漂"，国家级自然保护区小溪是中南十三省唯一幸存免遭第四纪冰川侵袭的原始次生林，国家森林公园坐龙峡号称"中南第一大探险峡谷"，世界地质公园红石林被誉为"四亿五千万年的海底传奇"。湘西州是全国 30 个少数民族自治州中唯一获国家森林城市称号的州。国家级风景名胜区吉首德夯有着全国落差最大的流沙瀑布。修建于吉首矮寨镇的矮寨大桥是世界上跨峡谷跨度最大的钢桁梁悬索桥，其建造创下了四个世界第一。矮寨·十八洞·德夯大峡谷景区 2021 年 6 月 9 日被文化和旅游部评为国家 5A 级旅游景区。此外，湘西州还有国家湿地公园峒河等世界级、国字号旅游品牌。

4. 资源禀赋独特

湘西州山地面积占总面积的 70%，农业、水利、矿产等资源丰富，堪称华中"生物基因库"和"中药材宝库"。湘西州处于气候微生物发酵带、土壤富硒带和植物群落亚麻酸带，"酒鬼酒""果王素""古丈毛尖""黄金茶""湘西椪柑""湘西金叶"等都源于宝贵的"三带"资源。湘西州建成了全球最大的富硒猕猴桃基地和全国最大的椪柑基地、百合基地，是中国"黄金茶"之乡和全国优质烟叶基地。湘西州水能资源理论蕴藏量达 218.8 万千瓦，其中可开发量达 162.7 万千瓦，现已开发 151.2 万千瓦。湘西州内已勘查发现 48 个矿种 584 处矿产地，其中锰、钒、汞、铝、紫砂陶土矿居湖南之首，锰矿居全国第二，铅锌矿居全国第三，钒矿遍及全州。湘西州初步探明页岩气储量 4.8 万亿立方米，占全省的 70%，可采储量超过 1.4 万亿立方米，价值高达 3.5 万亿元，开发潜力巨大。全州森林覆盖率达 70.24%，空气质量居全省前列。

如今的湘西，是首倡之地展现首倡之为的新湘西，是享有"矮寨不矮、时代标高"美誉的新湘西，是山门大开、联通时代脉搏的新湘西，是优势产业蓬勃兴起、发展潜能加快释放的新湘西，是宜居宜业宜游宜养的新湘西。

1.2　长期贫困：湘西州贫困特征及成因

翻开湘西历史，可以发现，由于历史、自然、社会等诸因素的制约，千百年来，湘西偏处一隅，交通极其不便，经济基础薄弱，是典型的"老、少、边、穷"山区。长期以来，湘西州贫困面积大、贫困人口多、贫困程度深，是典型的少数民族聚居的深度贫困区。探究湘西州贫困状况产生的根源，至少包括以下六个方面的原因。

1. 自然生产条件较为恶劣

湘西州地处云贵高原东侧、武陵山区腹地，高原山地面积占土地面积的81.84%，全境以喀斯特地貌为主。在湘西州老百姓的嘴里，"九山半水半分田"是对湘西州特殊地理特征的生动写照。土层浅、土质差，部分地区水土流失、石漠化现象严重，有限的人均耕地，落后的生产方式，导致湘西州粮食、经济作物产量低下，农村居民收入微薄。例如，湘西州西南部的泸溪县、吉首市、古丈县结合部的紫色页岩干旱区，湘西州中西部的凤凰县、花垣县、保靖县至古丈县的岩溶干旱区，湘西州西北部的龙山县至永顺县、保靖县的板页岩干旱区三大部，是土家族、苗族聚居区。这些区域贫困程度深，生态环境恶劣，稳定脱贫难度很大。长期以来，受自然条件的限制，湘西州经济发展困难，增长速度慢，农民收入低。湘西州农民纯收入与全省、全国农民人均纯收入的差距较大，贫困程度深的现实长期得不到改变。

2. 人们生活基础设施较为薄弱

完善的基础设施是实现老百姓脱贫的重要基础。一般而言，公路、电力、邮电通信能够覆盖的村寨，贫困发生率较低或者摆脱贫困较为容易。公路、电力、邮电通信不能覆盖的村庄，贫困发生率较高或者摆脱贫困较为困难。长期以来，受到自然环境和经济基础的限制，湘西州基础设施处于较为薄弱的状态。例如，截至精准扶贫工作开展前，湘西州中高海拔地区，还有 1 个村未通电，422 个村饮水困难，许多自然寨未通公路，通村公路仅有 3.5 米宽，会车困难，通而难畅；学校整合之后，大部分农村只有延伸办学点，高年级学生入学路途遥远；部分高寒山区人畜混居现象较为严重，许多农户还居住在危房中甚至处于无房状态，基本的生产生活条件都无法得到满足。"看到屋，走得哭"，是 50%以上的湘西州中高海拔地区农民日常出行的真实写照。

3. 乡村缺少优势的产业支柱

产业结构较为单一、农民增收渠道较少是湘西州农村贫困的主要原因。随着精准扶贫的推进，虽然说部分村庄在百合、猕猴桃、茶叶、金银花、椪柑等产业上有所发展，但受制于规模小、缺少龙头企业支撑、市场对接差、抗风险能力低等原因，产业发展困难重重。基础设施落后，农业产业化链条短，农产品加工企业小，加工率低，农民很难得到农产品加工增值收入。部分有条件的贫困村虽然培育了一定规模的支柱产业，但由于技术、市场、后续管理和投入不到位等因素影响，现有产业规模仍然十分有限。有些村基本仍是以农业为主，农作物也以水稻、玉米、油菜等为主，农民增收非常困难，积极性也不高。总体来说，湘西州农业长期处于收入不稳定、农民增收无保障、农村发展无动力的状况。在这样的情形下，一方水土养不好一方人，农民外出务工的现象逐渐增加。

4. 农村公共服务落后

与全国其他的贫困地区一样，湘西州城乡二元格局造成了基本公共服务资源分布不均衡。在湘西州，医疗、教育等公共服务资源多数集中在城镇，农村地区公共服务资源长期处于极度匮乏的状态。以湘西州中高海拔地区为例，精准扶贫以前，湘西州中高海拔地区内共有各级各类学校（点）545 所（个），占全州学校（点）总数的 32.4%。其中，初级中学 33 所，完全小学（含九年制）84 所，村小及教学点 428 个，在校学生 82127 人，占全州学生总数的 16.42%，教师 6112 人，占全州教师总数的 14.35%。在医疗健康方面，湘西州中高海拔地区基本公共服务不足、质量不高导致人口计生不稳定、生病不能得到及时救治、受灾不能得到有效救助。因此，为湘西州农村地区提供相对均衡的公共服务成为湘西州扶贫工作的重要课题。

5. 政策、资金等方面保障不足

受到自然、社会等方面原因的影响，湘西州在扶贫方面存在政策、资金不足的现象。以湘西州高寒山区为例，精准扶贫前存在以下问题：一是湘西州农村地区扶贫解困主体没有得到政策上的全覆盖。例如，精准扶贫工作开展之前，一部分村部在海拔 800 米以下，但生产生活主要在海拔 800 米以上的村寨，没有纳入湖南省高寒山区扶贫范围。二是资金投入与湘西州高寒山区发展的现实需求存在明显差距。按照高寒山区每村 100 万元的标准，无论是基础设施建设还是产业开发，都是远远不够的，用老百姓的话说，就是"打汤都不够"。三是各类资金难以调度整合。在湘西州扶贫工作实际中，各村具体情况不同，有的村需要进行基础设施建设，不需要更多地进行产业开发，有的村需要产业开发，原有的基础设施已经基本完善，但是在扶贫过程中，各部门用于扶贫的资金都有明确的用途，有些部门资金甚至明确了一定比例用于基础设施建设，一定比例用于产业开发，导致扶贫资金整合调度的难度大。

6. 农村地区思想观念落后

老百姓观念的变化对扶贫工作的开展有着重要的影响。在湘西州，劳动力整体素质偏低、农民思想观念落后，是贫困的重要原因。具体来说，精准扶贫工作开展前，湘西州存在以下现象：一是农村地区老百姓自身素质不高。在九年制义务教育适龄儿童入学率中，农村地区入学率低于全州平均水平，而辍学率高于全州平均水平。同时，农村地区劳动技能培训少，农村劳动力普遍观念陈旧，综合素质不高，就业致富能力差的现实没有改变。二是科技在农村地区对农业增长的贡献率低。三是空壳化现象突出。农民外出务工人数高于全州总体水平。四是等靠要思想严重。大部分农民思想十分保守，思想观念落后，等靠要现象比较严重，缺乏"穷则思变"的观念，对自力更生、脱贫致富的信心不足，遵循的仍然是自给自足的自然经济。五是村级班子带领老百姓脱贫致富的能力差。湘西州许多贫困村村支两委班子平均年龄偏大，文化程度以初中以下为主，生产技术和经营能力偏低，市场经济的思想和观念不强，缺乏发展经济的手段和措施，"带头人"作用有限。在湘西州农村地区，有的村没有基层组织活动场所，开会基本在村支书或者村支两委委员家里，远程教育设备放在家里只是摆设。

可以说，湘西贫困人口基数大、贫困程度深、贫困分布广在湖南是绝无仅有的，在全国也是少见的。湘西州贫困问题产生的原因复杂多样，这为湘西州反贫困提出了严峻的挑战。因此，新中国成立以来，湘西州的贫困和反贫困问题成了党和国家高度关注的课题。

1.3 摆脱贫困：湘西反贫困的奋斗历程

新中国成立以来，湘西州各族人民在中国共产党的领导下开启了反贫困的奋斗历程。通过对1949年以来的反贫困历程进行分析，我们可以看到，湘西脱贫攻坚历程可以划分为（见图1.1）：保障救济为代表的新中国成立以来的反贫困（1949—1978）、"八七"扶贫攻坚为代表的改革开放以来的反贫困（1978—2000）、建整扶贫和精准扶贫为代表的21世纪以来的反贫困（2000—2020）。

- 1949—1978
  保障救济为代表的新中国成立以来的反贫困
- 1949—1952
  根除"百年匪患"与构建新的政治秩序
- 1952—1978
  以保障生存为主的救济式扶贫
- 1978—2000
  "八七"扶贫攻坚为代表的改革开放以来的反贫困
- 1979—1994
  改革开放初期的扶贫开发
- 1994—2000
  "八七"扶贫开发
- 2000—2020
  建整扶贫和精准扶贫为代表的21世纪以来的反贫困
- 2001—2013
  建整扶贫时期的反贫困
- 2013—2020
  精准扶贫为代表的扶贫攻坚战

图1.1 湘西州反贫困历程时间轴

1.3.1 新中国成立以来的反贫困（1949—1978）

"男丁不敢耕于野，妇女不敢织于室，老弱死于沟壑，壮者散于四方。"这是湘西州清除"百年匪患"前匪患猖狂的真实写照。为了全中国的解放，在中国共产党的领导下，中国人民解放军挺进湘西，根除"百年匪患"，解决通货膨胀问题,恢复生产生活,不断提供保障救济。

1.3.1.1　根除"百年匪患"与构建新的政治秩序(1949—1952)

中国人民解放军遵照党中央、毛主席的命令,向尚待解放的湘西挺进。在中国共产党的领导和湘西各族人民的努力下,湘西州根除了"百年匪患",各族人民自强不息、奋发图强。这一期间,主要任务是清匪、反霸、镇反、土改,解决国民党反动派遗留下来的通货膨胀、投机倒把等社会问题。

1. 打击破坏金融秩序行为

这一时期,国民党反动派对湘西州金融秩序进行了破坏。因此,打击破坏金融秩序行为、恢复社会金融秩序是保障湘西州各族老百姓生产生活的重要手段。例如,在湘西州龙山县与重庆市接界的酉水河畔的里耶镇有一个叫内溪棚的小乡场,是土匪头子师兴周的老窝。新中国成立后,龙山县尚有少数漏网残匪,三五成群,混入群众中间进行造谣破坏。1951年除夕前后,龙山县老百姓纷纷在街上议论,说人民币只用五天就要作废了。很多人持币前往里耶银行营业所兑换银圆。为了打击土匪造谣破坏的行为,银行和公安工作人员相互配合,深入群众,广泛调查,掌握了可靠的证据,最终在一家茶馆里查获了当过九年土匪、正在进一步策划破坏人民币信誉的首犯彭兴干。公安部门对其进行了严肃处理。这场风波很快得以平息。这便是当时恢复金融秩序活动的缩影。

2. 不断恢复商业市场秩序

新中国成立初期,湘西州内有些资本比较雄厚、思想反动的商人对人民政权持观望态度,故意关门闭店,扰乱人心。一般商人想做生意,但资本微薄、经营能力有限。只有少量小商贩继续摆摊设点,维持营业。这种状况远远不能适应人民生活和发展生产的需要,并且严重影响了老百姓的生产生活。为此,党和国家工作人员根据当时保护私人工商业的政策,对私营商业逐门逐户进行了登记。按照当时的政策,只要遵守党的政策,私营商业便可以正常经商。资金不足时,银行还可以发放一些贷款。如果违反党的政策,进行囤积居奇、偷税漏税、投机倒把等活动,政府便会予以制裁。最终,湘西州内的商业开始由萧条冷落转向兴隆昌盛。

3. 打击高利贷等不法行为

这一期间,匪患成灾的湘西,不仅生产落后,老百姓还深受高利贷盘剥之苦。为此,打击高利贷等不法行为成了党和国家的一项重要任务。党和国家工作人员一方面发放低利贷款,帮助群众解决生产生活上的困难,另一方面积极支持集体经济的发展,帮助农民组织起来,发展生产,改善生活。信用社等部门的参与帮助解决了群众疾病、自然灾害和生产、生活等方面经济上的困难,有力地打击了高利贷。在党和政府的正确领导下,湘西州的物价

7

走向稳定，生产逐步发展，人民生活安定，过去那种通货膨胀、票子化水的现象一去不复返。

1.3.1.2　以保障生存为主的救济式扶贫（1952—1978）

新中国成立以来，饱受战争创伤的中国虽然实现了国家独立，但人们依旧在生存线上徘徊。百废待兴、一穷二白的经济窘况，让老百姓吃上饭都成了一个重大问题。无论是农村地区还是城市地区，都有大批量的人口亟须救济。历经"百年匪患"、地处内陆、深度贫困的湘西州就更是如此。

对于湘西州的贫困问题，党和政府历来十分重视。新中国成立后，自上而下的发展经济的政策，在湘西州都得到了贯彻落实。这一期间，国家对湘西实行救济式扶贫。具体来说，就是主要以资金或实物形式，无偿地救济湘西贫困山区的土家族苗族等少数民族群众。党对少数民族的关怀，赢得了各族群众对党的真心拥护，坚定了他们对党的民族政策及社会主义制度的信心。

据不完全统计，1954—1958年，各级政府共向湘西州各族人民发放各种救济款303万元，扶持贫困户的生产和生活。1959—1961年，各级政府共发放救济粮51.5万公斤①、优抚款237万元，扶持了185个乡51423户257481人。1964年，各级政府重点扶持23个贫困社，发放救济款56000元，救济96户3552人……由此可见，党和政府对贫困群众的救济力度在逐步加大。

20世纪70年代，随着全国兴办地方工业热潮的兴起，国家扶助湘西创办了一些工业企业，在一定程度上缓解了湘西财政严重困难的情况，为湘西工业起步奠定了基础。

1.3.2　改革开放以来的反贫困（1978—2000）

改革开放之后，湘西州坚持以经济建设为中心，开启了改革发展、扶贫开发的征程。通过坚持改革开放、实施国家"八七"计划等方式，湘西州各族人民生产生活得到了进一步的改善，湘西州的贫困面貌也得到了改善。

1.3.2.1　改革开放初期的扶贫开发（1979—1994）

改革开放后，我国从经济发展的战略高度开展了全国性的反贫困行动，在进行反贫困制度创新的同时，专门制定和实施了扶助贫困地区的反贫困政策。这一期间，湘西州的扶贫工作与中央的扶贫部署同步。

党的十一届三中全会后，湘西州永顺县等就有部分生产队实行包产到户、包干到户。这一政策的实施有效地提高了农业生产效率。1981年4月，家庭联产承包责任制在湘西州全面实施，使农村改革得到了进一步深化。1983年1

---

① 1斤=500克，1公斤=1千克。

月，湘西州政府召开全州专业户、重点户代表会议，鼓励一部分懂技术、会管理的农民，通过诚实劳动先富起来。这些政策和措施调动了农民的生产积极性，推动了农村生产力和农村经济的发展。

1984 年，湘西州农业产值达 75.116 万元（1980 年不变价格），比 1976 年增长 52.07%，年递增 5.38%；粮食产量达 5.016 亿公斤，比 1976 年增长 33.4%，年递增 3.7%，农民人均纯收入也有所增加。但是，由于经济基础薄弱，自然条件较差，农村生产责任制的政策效用发挥不够，湘西州大面积贫困的状况没有得到明显的改善。全州生活在贫困线下的人口有 156 万，占全州农业总人口的 84%。同年，中共中央、国务院印发《关于帮助贫困地区尽快改变面貌的通知》，湘西州被纳入全国贫困片区，全州 8 县市均被列为贫困县，其中永顺、保靖、花垣 3 个县属国家重点扶持的贫困县，泸溪、吉首、凤凰、古丈、龙山 5 个县市为湖南省重点扶持的贫困县。面对严峻的形势和挑战，湘西州积极探索扶贫开发的路子，开始了这一阶段摆脱贫困的艰难历程。围绕扶贫这个中心工作，湘西州委、州政府先后出台了一系列政策，采取了一些切实有效的措施，并决定改变这一阶段贫困面貌，具体分两步走：第一步，恢复活力，摆脱贫困；第二步，改善条件，振兴经济。

1986 年 6 月，湖南省委、省政府在湘西州吉首市召开全省第一次扶贫工作会议，有力地推动了湘西州扶贫工作。同时，湘西州直各单位按照湘西州委要求，联系贫困乡村，挂点扶贫。1987 年 5 月，农业部在湘西州吉首市召开武陵山区扶贫工作座谈会。会后，在农业部的具体指导下，湘西州委、州政府制定了 1988—1990 年三年扶贫工作的规划，并向国务院扶贫工作领导小组提交了专题报告。该扶贫规划的基本思路是实现湘西州"一八四"扶贫设想。"一八四"即一个基础（粮食生产）、八大系列（林果业、烟草业、茶叶、苎麻、中药材、草食动物、矿产品、旅游及旅游工艺品）、四大基本建设（农业基础、交通能源、科技教育、服务体系）。该设想从经济发展的角度对湘西州这一阶段的扶贫工作进行了初步安排，提出了扶贫工作的基本内容，把扶贫建立在经济发展的总体框架内，对后来的湘西州扶贫工作产生了重要影响。

1988 年 11 月，湘西州提出：以解决贫困户温饱问题为重点，以"一八四"规划项目为骨干，以加强扶贫责任制为关键，进一步动员全社会力量，积极开展部门扶贫、科技扶贫、实体扶贫，尽快使湘西州贫困农户一户有一亩果蔬茶园、一户掌握一门实用技术，通过"短、平、快"项目开发，实现户均收入千元、人均一亩稳产高产耕地、1990 年基本解决温饱问题的目标。具体措施为：第一，湘西州委、州政府制定了州、县包乡，乡镇包村的扶贫责任制。1989 年 2 月，湘西州委、州政府抽调州、县、市、乡机关干部 13797 人组成扶贫工作队，到 2686 个贫困乡村驻村扶贫，一定三年，规定点上不脱贫，工作不脱钩。扶贫工作队围绕扶贫这一中心，针对贫困村存在的两文明建设滞后、基础条件差、基层政权组织战斗力不强等突出的问题，先后开展"社教扶贫""包村扶贫"和"建整扶贫"等专项扶贫工作，为贫困乡村解决温饱，实现脱贫打下了较好的基础。1993 年，湘西州又重点扶持 16 个特困乡镇。1999 年，湘西州形成了"千个单位包村，万名干部扶贫"的局面。第二，把粮食生产放在扶贫开发工作的首要位置，积极实施以口粮田建设和推广农业实用技术为主要内容的"温饱工程"，增加粮食产量。其主要内容包括：一是开发口粮田，增加粮食播种面积。1993 年，湘西州粮食播种面积达到 334 万亩，比 1985 年增长 14.7%。二是大力推广农业实用技术，提高粮食生产的科技含量。1987 年，湘西州开始推广地膜玉米覆盖技术。仅 1989 年，湘西州就安排扶贫贴息贷款 760 万元，推广 8.6 万亩地膜玉米覆盖，当年增粮 848.5 万公斤。水稻"双两大"技术得到应用，这一期间，水稻规范化栽培面积稳定在播种面积的 85%左右。三是切实推动冬季农业开发，提高春季粮油产量。1988 年，湘西作出了大力开发冬季农业的决定，推动了冬季农业的发展，使春季粮油产量逐年增加。1994 年，湘西州粮油总产量分别达到 7.45 亿公斤和 104 万担。四是积极争取联合国"粮援 3779"项目，提高了项目区的粮食产量。通过努力，全州粮食产量逐年提高。20 世纪 90 年代初，湘西州粮食产量基本稳定在每年 7 亿公斤水平。同 1984 年比较，每年增长 2 亿公斤左右，在总体上有力地缓解了贫困户的缺粮问题。第三，实施"两棉赊销""以工代赈""扶贫建房""扶贫建校"工程，解决贫困乡村和农户的生产及生活困难。通过以上措施，这一期间，湘西州解决了 115 万人的缺衣少被和 1 万户人的住房困难，解决了 26 万人、24 万头大牲畜的饮水困难，解决了 36 万学生及 3000 多名教职员工教学用房问题。第四，因地制宜，大力推进贫困县乡村山地资源开发，培植支柱产业，增加农民收入。1988 年前，湘西州林果药茶等山地产业开发的产值不到农业总产值的 10%，山地资源优势没有得到充分发挥。1986 年到 1994 年期间，湘西州针对这种情况，通过引进利用世界银行贷款和安排贴息贷款开发山地资源，发展农村支柱产业。进入 20 世纪 90 年代，湘西州山地开发以每年 10 万亩以上速度发展。湘西州建设了以武水、酉水、猛洞河流域和凤滩库区为主的柑橘带，建成了以龙山县、花垣县为主的三木药材基地，建成了以古丈县为主的优质茶叶基地。1993 年，湘西州柑橘产量 40 万担，比 1985 年增加了 4 倍；茶叶产量达 448 吨，比 1985 年增长 21%；蚕茧从无到有，产量达 259 吨；果药茶等山地开发总收入达 5900 万元，户均 100 元，人均 28 元。山地资源开发，增加了农民收入，使一批贫困乡村摆脱了贫困，开始步入致富之路，全州有 4000 多户农民由此成为万元户。1994 年，湘西州果蔬茶桑总面积达 110 万亩，户均 2 亩，人均半亩，相当于 1985 年的 8 倍，其中以椪柑为主的柑橘基地已达 33 万亩，相当于 1985 年的 10 倍。第五，湘西州大力发展乡镇企业，增强农村经济的发展后劲。湘西州农村乡镇企业起点低，市场前景广阔，而丰富的自然资源和山地开发的农副产品又为发展乡镇企业提供了必要的物质基础，乡镇企业的发展潜力很大。这一期间，湘西州十分重视乡镇企业的发展，将其作为扶贫开发中带动经济发展的重要工作来抓，取得了显著效果。1992 年，湘西州出台了 10 条优惠政策，推动乡镇企业的发展。1993 年，乡镇企业总产值由 1990 年的 3.98 亿元增加到 10.74 亿元，年均增长 39%，占农村社会总产值的比重达 40%，全州农民人均从乡镇企业得到的收入由 54 元增加到 129 元。经过扎实的工作，这一阶段湘西州的扶贫成效显著。

需要看到的是，湘西州在当时的标准下，依然有 60 万人温饱问题尚未解决，贫困人口占农村总人口的比例仍然较高。1993 年，全国贫困人口 8000 万，占农村总人口的 8.8%；湖南省贫困人口 430 万，占农村总人口的 8.5%；而湘西州贫困人口 60 万，占全州农村总人口的 28%，超出全国、湖南省比例的 3 倍。这 60 万贫困人口，集中分布在湘西州西南部的泸溪、吉首、古丈结合部的紫色页岩干旱区，中西部的凤凰、花垣、保靖至古丈的岩溶干旱区，西北部的龙山至永顺、保靖的板页岩干旱区。

1.3.2.2　"八七"扶贫开发（1994—2000）

《国家"八七"扶贫攻坚计划》是新中国历史上第一次有明确目标、明确对象、明确措施和明确期限的扶贫开发行动纲领。该计划决定从 1994 年到 2000 年，党和国家集中人力、物力、财力，动员社会各界力量，力争用 7 年左右的时间，基本解决全国农村 8000 万贫困人口的温饱问题。"八七"扶贫攻坚时期，党和国家聚焦解决贫困人口的温饱问题，以加强农村基础设施建设和改变教育文化卫生落后的条件为手段，到 2000 年实现贫困人口年人均纯收入超过 500 元的目标。

按照《国家"八七"扶贫攻坚计划》的总体部署，湖南省委、省政府决定把湖南省"八七"扶贫攻坚主战场摆在湘西州。湖南省委、省政府决定安排长沙、株洲、湘潭、衡阳、岳阳、常德 6 市和省直 79 个单位支援湘西州，以对口扶持湘西州脱贫致富为己任。"八七"扶贫开发期间，湖南省辖 6 市无偿投入资金和物资 9360 万元，湖南省直单位为湘西州协调解决资金 2.6 亿元，有力地促进了这一阶段湘西州扶贫攻坚工作的开展。

短短 7 年时间，湘西州扶贫攻坚取得了历史性成就：仅 1999 年和 1993 年相比，湘西州国内生产总值增长 31.17%，工农业总产值增加 39.19%，粮食总产量增加29.79万吨，农民年人均纯收入增加547元，绝对贫困人口由60万人下降到30万人。

1. 在扶贫队伍建设上，选派干部挂户扶贫

1996年，湘西州委、州政府制定了《关于尽快解决湘西州农村贫困人口温饱问题的意见》，推出了"干部当代表、单位作后盾、包扶不包办、实干不空谈"的扶贫方式。1996年，4787名湘西州直副科级以上干部积极响应号召奔赴湘西州各贫困村寨，与4968户特困户攀穷亲、结对子，声势浩大的领导干部挂户扶贫工作自此拉开了序幕。经过几年努力，这项工作不断向纵深发展，挂户扶贫范围不断扩大。1997—2000年，湘西州共有7400多名干部挂扶了7456户贫困户。

2. 在产业发展上，推动特色产业发展

在矿产开发方面，湘西州蕴藏矿产资源50余种，有矿点472处，其中锰、铝、汞、镍储量居湖南省首位；硫化锌、白云石、磷矿石、石灰石、硅石、萤石、硫铁矿也位居湖南省前列。这一期间，湘西州化工行业广大干部职工抓住机遇，艰苦创业，调整结构，加快发展，将原来散、小、差行业格局进行裂变、聚合，逐步做大、做强。"三立集团""七〇化工厂""七一化工厂"等一批骨干企业迅速壮大，磷、硫、锌、锰、镁系列产品通过加工增值，逐步走出大山、走向世界。1994年至2000年，湘西州化工生产总值居湖南省石化第6位，全行业产值增长1.3倍，利税增长1.5倍。

在山地开发方面，湘西州委、州政府立足本地资源优势，按照"1亩耕地解决吃饭，8亩山地脱贫致富"的工作思路，狠抓果、药、茶、桑开发。这一期间，湘西州山地开发总面积158万亩，其中以椪柑为主的柑橘52万亩、猕猴桃4万亩、板栗15万亩，梨、李、桃等时令水果8万亩，茶叶5万亩，药材65万亩。山地开发中，湘西州以椪柑开发最为突出，年产达25万吨，产值达2亿元，项目区人年均收入400元。椪柑产业成了这一期间湘西州低海拔地区农村脱贫致富的支柱产业。

在养殖业开发方面，千万亩草场、百万吨秸秆、百万亩可种植牧草的农地，是湘西州最大的农业资源。为了把草场资源优势转变为经济优势，寻求一条发展农村经济、加快脱贫致富的路，湘西州克服重重困难，把山羊作为全州扶贫攻坚的三大支柱产业之一来抓，建立了州县山羊公司，扶持了一批山羊营销大户，建立了公司联大户带农户进市场的山羊营销网络，把湘西州山羊推向州外市场。截至2000年，湘西州养殖总产值比1994年翻了一番，占农业总产值的31%。湘西州农民人年均纯收入中有40%来源于养殖业，养殖业由过去传统的家庭副业发展成为支撑湘西州农村经济的重要支柱产业和帮助农民脱贫致富的朝阳产业。

在烟叶种植方面，湘西州委、州政府经过实践论证，作出了大力发展烤烟、逐渐摆脱贫困的长远规划。1995 年 10 月，湖南省委、省政府将湖南省烟叶的重点基地从湘南向湘西实行战略性转移。湘西州不断加大投入，制定了一系列激励政策。截至 2000 年底，湘西州烟叶生产的产前投入达 7000 多万元。1995 年，全州种植烤烟面积为 10 万余亩，1996 年翻了一番，达 25 万余亩。这一期间，湘西州建立了 53 个基地乡镇，共培训技术人员 8000 名，保证每 300 亩一名技术员，兴修和改建烤烟房 19000 多栋，印发科技资料 10 万多册(份)，培训科技人员 2 万余名。1996 年至 1999 年，湘西州共收购烟叶 141 万担，烟草公司共付给烟农 4.75 亿元，为地方财政创收 8222 万元。

3. 在科技创新上，推动科技创新与成果转化

在科技创新方面，围绕扶贫攻坚的主要难题与关键技术，湘西州进行科技集成，重点攻关，取得了一批科技成果与专利技术。1995 年至 2000 年，全州组织实施科技计划项目 688 项，投入科技项目经费 2.76 亿元，引进或开发新技术、新成果 97 项，实现产值 10.87 亿元、利税 4.2 亿元；申请专利 247 件，获专利权 169 件，实施专利及专利申请技术 103 项；有 61 项科技成果通过鉴定验收，其中达到国内领先水平的 12 项，先进水平的 14 项；获得省科技进步奖 25 项，州科技进步奖 63 项。

在科技成果转换方面，湘西州依靠科技兴农，取得丰硕成果，粮食产量由 1985 年的 66 万吨增加到 2000 年的 85 万吨。1996 年起，湘西州结束了从外地调进口粮的历史，实现了正常年景下州内粮食供求平衡，基本上解决了粮食自给问题。以粮油为主的种植业、以椪柑为主的林果业、以山羊为主的畜牧业、以烤烟为主的经作业等一批农村支柱产业相继建立。每年培训农民 100 万人以上，农业科技入户率超过 90%，广大农民普遍掌握 1 至 2 门农业实用技术，全州农业种植结构由粮经二元结构逐步向粮、经、蔬菜饲料作物三元结构转移。种植业的区域布局、品种结构以及市场化程度不断优化和提高，农业的科技贡献率由 20% 增长到 40%。

4. 交通、教育、卫生、邮电、电力等基础设施建设取得长足发展

在交通设施方面，1995 年至 2000 年，湘西州新修四级公路 3 条共计 36.54 千米，改造公路 7 条共计 152.04 千米，砂改油公路 126.5 千米；新修桥梁 1200 延长米/6 座；新修通村公路 3418 千米，网络路和通组路 603 千米，新通行政村 850 个，通公路的行政村由 1994 年的 1427 个增加到 2000 年的 2277 个，行政村通公路率由 53.7% 上升到 86%。

在卫生设施建设方面，湘西州各级卫生机构按照"在逐步加大基础设施扶持力度的同时，进行农村卫生管理体制改革，以外促内，以内保外，内外结合，

共同突破"的思路，拉开了卫生扶贫的序幕。"八七"扶贫开发期间，湘西州改建、扩建县级防保单位 17 所，乡镇卫生院 170 多所，为 110 所乡镇卫生院和防保机构添置了医疗设备 436 台件，使 65 所乡镇卫生院达到了合格标准，19 所中心卫生院达到一级医院标准；兴建农村改水工程 4224 处，使湘西州 68.64% 的农村人口喝上了清洁卫生水；恢复和新建村卫生室 2447 所，使湘西州八县市均达到了初级卫生保健贫困型标准，初步实现了"人人享有初级卫生保险"的目标，为农民群众的身体健康和生命安全提供了保障。

在希望工程助学方面，湘西州坚持走"参与社会化、建设规模化、管理规范化"的发展道路，让希望工程在湘西州成就了大事业。截至 2000 年，湘西州建设援建希望学校 301 所，使 7 万余名因贫失学少年儿童获得救助，湘西希望工程基金有 1386 万元，湘西州希望工程累计筹资达 1 亿元。希望工程在湘西州不仅实实在在地为贫困地区的教育事业解决了现实困难，而且唤起了全社会对教育的重视和支持，使全州形成了"领导以重教为本，群众以助教为乐，教师以执教为荣"的良好社会风尚。

在广播电视建设方面，"八七"扶贫开发期间，湘西州 209 个乡镇建立了有线电视网，可传输电视节目 5～12 套，11 个乡镇已联通城网，2402 个行政村通电视，占行政村总数的 89.89%；全州共建有乡（镇）、村、组卫视站 2586 座，有线电视用户有 25 万余户，占总户数的 39%。

在邮电建设方面，湘西州农村通信得到了明显改善，初步形成光缆传输、数字交换、有线无线并举的农村通信新格局。"八七"扶贫开发期间，湘西州建成光缆 1243 千米、农话交换点 115 个、无线基站 5 个，农话交换容量由 1994 年的 8300 门增长到 2000 年的 33215 门、农话用户由 1994 年的 3588 户增长到 2000 年的 25300 户，入户率达 4.7%，普及率达 1.15%；乡镇通话率为 89%；村通电话率由 1994 年的 9.56% 提高到 2000 年的 34%，通信覆盖率达 60%（含有线和无线），建成电话村 133 个，其中先进电话村 18 个、模范电话村 8 个。

在电力建设方面，省、州、县紧密配合，先后投入 6 亿多元解决电力问题。截至 2000 年，湘西州境内共拥有 220 千伏变电站 1 座，110 千伏变电站 14 座，220 千伏输电线路 197 千米，110 千伏输电线路 540 千米，初步形成了以二回 220 千伏线路为主干，多回 110 千伏线路为骨干的区域性输变电网络，供电可靠性和稳定性都有了大大提高，满足了湘西州内工农业用电所需。

在水利建设上，湘西州农田水利条件进一步改善，农业抗灾能力进一步增强，生态环境进一步好转，人畜饮水困难进一步缓解。同时，湘西州水利管理进一步规范，各级水利部门立足优势，面向市场，大力发展水利经济，取得了一定成效。这一期间，湘西州水利经济总收入突破 3 亿元，创税利 2000 余万元，其中保靖县、花垣县的水利经济税收成为财政收入的重要来源。

在生态保护上，"八七"扶贫开发期间，湘西州以三大效益兼顾、生态效益优先为原则，以科技为依托，以建立比较完备的林业生态体系和比较发达的林业产业体系为目标，以绿色通道工程和铁路、公路及江河沿线的造林绿化为网络，加大人工造林、退耕还林、封山育林和天然林保护工作力度，大力推进生态公益林建设；实行集约经营，建立山地使用权、管理权流转制度，鼓励建办股份制林场、联营林场和大户造林，初步建立了适应社会主义市场经济体制的林业建设与发展的新机制。

在农田建设方面，1998 年初，湘西州委、州政府下达了"用 3 年时间完成新增 10 万亩口粮田和新增 10 万亩旱涝保收田土"的决定，掀起了"万名干部上工地，百万群众大会战"的口粮田建设热潮，州、县机关干部投工 50 万个，农民投劳 2800 万个，筹集资金 2 亿元，完成旱改水 4.4 万亩，坡改梯 3 万亩，恢复水毁田 3.2 万亩，整修山塘水库 131 座，开挖防渗渠道 40.4 万米，改善灌溉面积 5.6 万亩，新增旱涝保收面积 8 万亩。

1.3.3　21 世纪以来的反贫困（2000—2020）

2000 年，国家决定实施西部大开发战略。其中，湘西州是国家实施西部大开发战略的重要组成部分。2001 年，国家第 3 次召开中央扶贫开发工作会议，决定并开始颁布实施《中国农村扶贫开发纲要（2001—2010）》，就 21 世纪初中国扶贫开发进行了全面部署。以此为标志，中国的扶贫开发进入了一个新的历史阶段。这一期间，湘西州采取更加有力的措施，更广泛更深入地动员全社会力量参与，紧紧依靠湘西州干部群众坚持不懈地苦干实干，扎扎实实打好 21 世纪的扶贫攻坚战。

1.3.3.1　建整扶贫时期的反贫困（2001—2013）

建整扶贫时期，大致起始于 1996 年，持续到 2013 年。湘西的建整扶贫阶段适逢中国经济高速发展、社会深度裂变的时期，国家的高速发展和农村的相对滞后发展并存，"三农问题"成为影响中国社会全面发展的重要短腿。

21 世纪，湘西地区的扶贫开发主要以整村推进为主，新农村的建设要求和整村推进模式的建设内容基本一致，也就是在实施整村推进的扶贫开发模式的同时，实施社会主义新农村的建设。

建整扶贫时期，湘西州扶贫开发采用由点向面展开，由外向内深入的总体发展思路，以解决"三农问题"为统领，以基础设施、产业发展和教育卫生文化建设为核心，集中力量、整合资金、夯实基层组织建设。一方面，湘西州注重党和国家的政策本地化。2006 年以来，湘西州扶贫部门与其他相关部门发布了

《湘西州进一步做好整村推进扶贫开发构建和谐文明新村工作的意见》，就整村推进的重大意义、各部门职责以及综合协调进行了具体规定；发布了《湘西州2006年度库区移民劳务技能培训项目管理暂行办法》，对扶贫开发的技能培训作出部署；发布了《关于推进社会主义新农村建设的实施意见》，提出了在扶贫开发中贯彻落实社会主义新农村建设的政策要求。这些政策的制定为湘西州的扶贫开发提供了支持。另一方面，湘西州注重建设特色化扶贫开发机制。为了顺利推进扶贫开发建设的步伐，湘西州一直坚持各级党政一把手为扶贫攻坚第一责任人，并且把扶贫开发效果作为考核党政一把手工作的重要指标，实施州级和县(市)级领导干部以及州、县(市)直局以上单位分别包扶1个以上贫困村，科级以上干部分别联系1户以上贫困户的举措。湘西州还抽调机关干部常年驻村扶贫，保证所有省、州定贫困村都有3名以上国家干部帮助开展扶贫开发。

截至2008年，湘西州扶贫成绩体现在以下几个方面。第一，湘西州农村贫困人口数量明显下降。到2008年，湘西州农民年人均纯收入达到2574元，较上年增长了14.2%，较1985年的375元增长了5.86倍。农村贫困人口数量也大幅度减少，湘西州原生性贫困人口由1985年的156万人，减少到不足10万人，减少了近150万，减少约96%。低收入人口由1985年的180万人下降到2000年的40万人，净减少140万人，农村贫困率由1985年的84%下降到2000年的10%左右。第二，湘西州农村综合生产能力明显提高。在推进扶贫开发工作中，湘西州不断完善农村基础设施，农业生产综合能力得到较大提升。湘西州先后实施了粮援项目、50个商品粮基地乡镇建设项目和基本农田建设项目，完成各类小型农田水利项目建设5万多处，完成16座中型、421座小Ⅱ型病险水库和大量的病险山塘治理，使农民人均旱涝保收农田由0.35亩增加到0.48亩；实施退耕还林为主的林业工程，完成造林500余万亩，森林覆盖率达到了61%，全州累计建沼气池10万口，覆盖217个乡镇、1680个村，农户覆盖率达20%。湘西州实施了通水、通路、通电、通邮、通广播电视"五通工程"，使农村生产生活条件得到明显改善。2008年底，湘西州累计解决了450个行政村100多万人的饮水困难问题，实现了96%的行政村通公路、100%的行政村通电、100%的行政村开通程控电话、95%的行政村通邮、100%的行政村通电视。第三，湘西州农村产业发展进程明显加快。湘西州形成了特色的优势产业及产业开发体系。湘西州形成了四大优势产业。到2008年底，形成了泸溪、凤凰、吉首、古丈、永顺为一线的椪柑、猕猴桃产业带，年产值达到7亿元；形成了以牛羊为主的草食畜牧业，农户年人均养殖业纯收入超过800元；形成了以优质烤烟为主的高效经作业，为烟农增加收入3亿元以上；形成了以青蒿、百合为主的中药材产业，种植面积达20余万亩。农产品加工业发展迅速。2008年，全州农产品加工企业已达 510 个，其中国家级农业产业化龙头企业 2 家、省级农业产业化龙头企业 13 家、州级农业产业化龙头企业 19 家，龙头企业总数达 34 家；全州农村合作经济组织发展到 288 个，种养大户共 2000 户，拥有会员 4.9 万户，辐射带动农户 18.2 万户，年创产值 5 亿元。农产品流通体系基本建立。湘西州累计建立各类农副产品交易市场 211 个，面积超过 60 万平方米，成为湘鄂渝黔边区重要的农业产品集散基地，以龙山百合、泸溪椪柑等特色农产品为主的专业市场得到建立。第四，湘西州农村社会事业建设明显提速。经过多年的扶贫攻坚，到 2008 年，全州农业科技入户率达 100%，每户农户掌握 1 至 2 门农业生产实用技术，科技对农业农村经济的贡献率比 1985 年有了较大提高。湘西州新建希望小学 333 所，启动农村寄宿制学校建设和中小学危房改造项目 675 个，给农村中小学生全部免除了杂费，基本实现普及九年义务教育的目标。湘西州新建和改造乡镇卫生院 104 所，村级卫生室 1400 个，建设合格村卫生室 500 个，全面实施了农村新型合作医疗，参加农村新型合作医疗的达到 90%。扶贫建房 1 万余栋，享受城乡低保的达 19 万人，救助农村特困人员 1.26 万人次，救助贫困中小学生 38.7 万人次。

2010 年，湘西州粮食总产量达到 87.9 万吨；农业总产值增长到 81.8 亿元；农民年人均纯收入增长到 3173 元；原生性贫困人口下降到 87.6 万，低收入人口下降到 38 万，农村贫困发生率下降到 20%。地区优势产业发展加快，综合性生产力提升迅速。截至 2010 年，全州经济性作物种植面积达到 200 多万亩，其中椪柑、猕猴桃水果基地 147.5 万亩，茶业种植面积 10.3 万亩，蔬菜种植面积 70 多万亩，百合、杜仲等中药材种植面积 20 万亩，以湘西黄牛、山羊及斑点叉尾鮰、大鲵等为主的名特优畜牧水产养殖初具规模。"湘西椪柑""湘西猕猴桃""古丈毛尖""保靖黄金茶""龙山百合""湘西黄牛"等特色产品均获得国家地理标志产品注册。柑橘旱作节水项目区灌溉率提高到 85%，全州农机总动力达到 125.6 万千瓦，农机综合作业面积超过 200 万亩。规模经营开始起步，农业产业化水平不断提高。全州农产品加工企业发展到 588 家，其中规模以上企业 67 家，吸纳和转移农村劳动力 27 万人，占全州农村劳动力总数的 40%。农民专业合作组织发展到 349 个，成员达到 5 万余人，带动农户 10 万余户。湘西州发展和培育了一批农机大户、种粮大户、种烟大户、种果大户，农业生产的规模化得以加快推进。

2013 年，湘西州共争取财政扶贫专项资金 5.02 亿元，同比增长 25.3%，净增 1.02 亿元，资金总量和增长速度均为全省第一位，先后实施了 8500 个扶贫开发项目。在产业建设上，全年共投入财政扶贫专项资金 8100 万元，新扩品改特色产业 12 万亩，分别完成了州分任务的 202.5%、150%。其中，新开发茶

17

叶 3.45 万亩、百合 4.55 万亩，完成油茶低改 3 万亩、猕猴桃品改 1 万亩。投入产业基地建设及贴息资金 1500 万元。在农村基础设施建设上，全年共安排村级公路建设扶贫专项资金 8115 万元，新修产业路、通组路、机耕道等 695 千米，解决了 10 万贫困村群众行路难的问题。全年解决 12 万人农村安全饮水问题，新建、修缮校舍 55 所。新建修缮村卫生室 87 所。全州实现 97% 的村通水泥或砂石路、100% 的村通电、100% 的乡镇通宽带、100% 的村通广播电视、100% 的村通固定或移动电话。在劳务、技能培训上，全年投入"雨露计划"扶贫培训资金 3683 万元，其中"雨露计划"职业学历教育扶贫培训项目资金 1440 万元，贫困大学生扶贫助学项目资金 1500 万元，农村实用技术培训项目资金 743 万元，完成劳动力扶贫技能培训 6000 人、扶贫助学农村贫困大学生 3200 人、实用技术培训 10 万人次。在整村推进扶贫上，全州共组织 635 个单位，派遣 3231 名干部进驻 1021 个整村推进村，有 7400 名干部驻村参与结对帮扶，共投入财政扶贫资金 1.36 亿元，整合其他部门资金 3.61 亿元，村平均投入达 266 万元；在 302 个村大力实施第二轮"整村推进"扶贫，共引进项目 3000 多个，引进人才 68 名，引进技术 150 项，选派了机关干部和大学毕业生 500 多名到贫困村和移民村任职，深入开展建整扶贫。在外资扶贫上，全年投入财政扶贫资金 6219 万元，基本完成了日援、德援项目后期工程。积极争取和联系中直机关、央企、省辖六市和省直单位对湘西州进行对口帮扶，全年全州直接帮扶资金达 2.66 亿元，同比增长 1.12 亿元，增长 72%。

1.3.3.2 以精准扶贫为代表的脱贫攻坚战（2013—2020）

进入 21 世纪的第 2 个十年，湘西州扶贫工作赢得了新的机遇。这一期间，国家出台了《中国农村扶贫开发纲要（2011—2020）》《武陵山片区区域发展与扶贫攻坚规划（2011—2020 年）》。这些规划的出台有力地推动了湘西州扶贫事业的发展。2013 年 11 月 3 日，习近平总书记来到湘西州十八洞村调研，首次提出了"实事求是、因地制宜、分类指导、精准扶贫"的重要论述。湘西州始终牢记总书记的殷切嘱托，带领全州人民以首倡之地的政治担当，严格按照"六个精准""五个一批"的要求，大力实施发展生产脱贫工程、乡村旅游脱贫工程、转移就业脱贫工程、易地搬迁脱贫工程、教育发展脱贫工程、医疗救助帮扶工程、生态补偿脱贫工程、社会保障兜底工程、基础设施配套工程、公共服务保障工程在内的"十项工程"，紧扣"两不愁三保障"的基本准则，稳步推进精准扶贫精准脱贫工作，使湘西州的农村发展进入了快车道。2019 年 2 月，湘西州以十八洞村为样板的脱贫成效和经验，得到习近平总书记等中央领导同志的重要批示。全州 8 个县市已经全部如期摘帽，1110 个贫困村全部出列，65.6 万名贫困人口已全部脱贫。2020 年，农村居民人均可支配收入达 11242 元，年均增长

11.9%。这一期间，湘西州主要做了四个方面的工作。

1. 始终牢记习近平总书记殷切嘱托，切实担起首倡之地的首倡之责

这一期间，湘西州坚持把脱贫攻坚作为首要政治任务和第一民生工程，以守初心、担使命的思想和行动自觉，精准发力、尽锐出战。一是扛牢压实各级责任。湘西州委连续 7 年出台关于精准扶贫精准脱贫的 1 号文件。湘西州大力推行"州级领导联县包乡、县级领导联乡包村"制度，扎实开展领导干部"三走访三签字"工作，州、县市党政正职每年走遍重点贫困乡村，实地调研解决困难问题，带动了各级领导干部，将精力下沉到一线，把各方资源聚集到贫困村，使州、县(市)委书记"一线总指挥"、乡镇党委书记"主攻队长"、村支部书记"尖刀排长"的作用得到充分发挥，推动形成了领导精力更集中、乡镇责任更明确、部门作为更积极、驻村队员更尽职、村组干部更细心、群众脱贫更主动的浓厚工作氛围。二是抓实驻村及结对帮扶。严格落实"州县市单位包村、党员干部结对帮户"制度。全州组建驻村工作队 1742 支，对 1110 个贫困村和 632 个有贫困人口的非贫困村(社区)开展驻村帮扶，实现"一村一队"全覆盖。其中，中央派驻 1 支工作队 3 人，省派驻工作队 61 支 232 人，州派驻工作队 152 支 492 人，县派驻工作队 1528 支 4589 人；组织动员全州各级党员干部 5.96 万人结对帮扶 16.5 万户贫困户，实现结对帮扶全覆盖。湘西州大力推行驻村帮扶一月一走访、问题一月一清零、情况一月一上报的"三个一"工作制度，深入开展结对帮扶"六看六查"("六看"即看产业就业、住房安全、水电保障、厨房、卧室、环境卫生；"六查"即查基本信息、存折流水、教育保障、医疗保障、残疾对象、家庭收入)，全面做实驻村帮扶和结对帮扶工作，全方位解决贫困群众的困难问题。三是深化扶贫协作。加强与济南市的沟通对接。济南市共援助湘西州财政资金 11.08 亿元，实施援建项目 257 个，组建扶贫协作产业联盟，使 40 家企业落地湘西州，建设"扶贫车间"200 余个。两地互派挂职干部 166 人次、专业技术人才 1370 人次，惠及 24 万余名贫困人口。认真做好国家部委和中央企业定点扶贫的协调服务工作，积极开展"千企联村"精准扶贫行动，汇聚了脱贫攻坚的强大合力。

2. 聚焦"两不愁三保障"目标，集中力量抓重点、补短板、强弱项

湘西州深入学习贯彻习近平总书记在重庆主持召开的解决"两不愁三保障"突出问题座谈会重要精神，全面推进脱贫攻坚问题以户清零、以村清零、以事清零"三清零"行动，有效解决了"两不愁三保障"方面存在的突出问题。在解决读书难题上，认真落实九年义务教育"两免一补"、中职教育免学费政策和生活补助政策、大学新生一次性资助政策，2019 年全州发放学生资助资金 4.6 亿元，惠及学生 165489 人，不让一名学生因贫失学辍学。在解决看病难题上，

全面落实"三提高、两补贴、一减免、一兜底"健康扶贫综合保障措施，将贫困人口全部纳入城乡居民基本医疗保险、大病保险和医疗救助保障范围，积极推行"先诊疗后付费"一站式结算服务，并对特殊困难群众实行特殊报销，使全州贫困人口基本医疗保险和大病保险参保率达100%，贫困人口患者县域内住院医疗费用实际报销比例达85%左右。2013年至2020年，全州累计投入24.46亿元，帮助10.74万户41.69万名贫困群众解决了住房安全问题，基本实现了农村贫困群众住有所居、居有所安的住房保障目标；认真抓好后续帮扶工作，在凤凰县顺利召开全省易地扶贫搬迁后续工作现场会。在解决基本生活保障上，对建档立卡贫困户存在"两不愁"问题的按规定程序纳入低保，对农村低保对象和农村特困人员存在"三保障"问题的按规定程序纳入建档立卡贫困户，做到"两线合一"。湘西州农村低保标准均达到每人每年3800元以上，月人均补助197元以上。同时，湘西州建立州、县市残联与扶贫、民政、人社数据共享与比对机制，摸清摸准贫困残疾人享受社会保障政策底数，做到不漏一户一人。在解决饮水安全上，加强农村供水净化消毒处理，强化供水水质检测，落实农村供水工程维修养护资金及管护人员，2019年投入资金近3亿元，巩固提升42.78万农村居民的饮水安全，惠及贫困户8.7万人。在解决农村基础设施短板上，加大投入力度，2019年完成农村公路提质改造181.4千米、自然村通水泥（沥青）路925千米、安防工程2316.363千米，实现100%的行政村通客班车。村卫生室、文化室、党建室等公共服务实现全覆盖，使农民群众的生产生活条件大幅改善。

3. 做实"三业"增收文章，走符合湘西州实际的可持续脱贫路子

湘西州坚持把抓实产业扶贫作为可持续脱贫的根本之策，着力做好兴产业、增就业、置家业的"三业"增收文章，不断增强贫困群众脱贫内生动力和自我发展能力。在兴产业上，因地制宜培育壮大茶叶、油茶、柑橘、猕猴桃、中药材（杜仲、百合）、烟叶、蔬菜和特色养殖（黑猪、黄牛）等8大特色产业，2019年累计投入产业扶贫资金13.08亿元，为11.8万户贫困户与新型经营主体建立了产业利益联结机制，实现每个贫困村有1—2项稳定增收产业、有条件的贫困户有1个以上增收项目的目标；实施"农业+旅游""农业+康养""农业+文创"行动，健全一二三产业融合发展的现代农业产业体系，打造了茶叶观光园、水果采摘园、四季花海等一批农业观光园，通过乡村旅游累计带动9万多贫困人口脱贫。在增就业上，加强与长三角、珠三角、长株潭和济南市等地区的劳务协作，打造了"湘西焊工""湘西电工""湘西缝纫工""湘西育婴师""湘西家政"等劳务品牌。2020年全州累计转移农村劳动力就业87万人，其中建档立卡劳动力28万人。因地制宜建成"扶贫车间"211个，带动贫困劳动力2万余

人实现家门口就业；坚持扶贫开发与生态保护并重，开发乡村保洁、生态管护、公共设施维护等农村公益性岗位近 2 万个，2019 年新增生态护林员 1003 名，全州建档立卡贫困人口生态护林员人数达 4221 人，每人每年补贴 1 万元，累计带动 2.3 万余人脱贫。在置家业上，坚持中长期与短平快相结合，引导和支持有条件的贫困群众利用扶贫小额信贷，积极发展小养殖、小庭院、小作坊、小买卖"四小经济"，多途径增加经济收入，2019 年累计发放扶贫小额信贷 7.082 亿元。深入开展消费扶贫，按照州委商场超市酒店饭馆直供一批、展会节会活动销售一批、网络电商销售一批、境外出口一批、对口帮扶地区促销一批、机关事业单位采购一批、帮扶干部购买一批、园区企业采购一批、商会协会消费一批、窗口企业回馈客户采购一批"十个一批"思路，切实解决农户销路难题，全州特色农产品扶贫专场推介现场达成意向性订单 4.2 亿元。

4. 落实"四个不摘"，防范"五种风险"，着力巩固提升脱贫质量

湘西州坚决落实习近平总书记"四个不摘"的重要指示精神，坚持一手抓脱贫、一手抓巩固，严防产业扶贫失败、易地扶贫搬迁稳不住、已脱贫人口返贫、扶贫项目工程质量安全没有保障和资金使用不精准、扶贫领域信访问题带来社会不稳定的风险，统筹做好已脱贫村的各项工作。一是强化扶贫对象动态管理。完善大数据平台，归集各类基础信息，高度关注"边缘户"和"脱贫监测户"，依据监测预警信息，逐一实施精准帮扶，确保稳定脱贫不返贫。二是提高帮扶政策持续性。坚持"攻坚期内脱贫不脱政策"，做到扶贫优惠政策不变、结对帮扶力度不减、收入监测工作不断。比如，省扶县吉首市于 2017 年摘帽后，建档立卡户"三保障"政策不变，连续两年对全市 40 个巩固提升重点村增投资金；凤凰县对年人均纯收入在 5000 元以下的已脱贫户，因户需求给予产业就业等扶持。三是加强扶贫领域问题专项整治。对扶贫开发领导小组"三落实"系统交办问题、中央脱贫攻坚成效考核、省脱贫攻坚联点督查、省住建部门质量安全抽查反馈等问题，逐一整改到位，确保每名贫困群众都能享受应有的政策、得到该得的实惠。深入开展扶贫领域作风突出问题治理工作，加强扶贫项目和扶贫资金使用监管，严查群众身边的腐败问题。积极推广运用"湘西 e 路通""湘西为民"微信群等便民服务平台，既打通了联系服务群众的"最后一公里"，又畅通了群众监督的"最先一公里"，进一步提高了群众满意度。

纵观人类社会发展史，我们可以发现，贫困与反贫困是长期伴随人类社会发展的问题。新中国成立以来，在中国共产党的领导下，湘西州各族人民与贫困进行了长期斗争，并取得了突出成绩。特别是精准扶贫开展以来，湘西州始终牢记习近平总书记殷切嘱托，切实担起首倡之地的首倡之责，大力实施"十项工程"，取得了显著的扶贫攻坚成就。

第 2 章
精准扶贫的湘西方案

　　湘西州委、州政府牢记习近平总书记在湘西考察时的殷切嘱托,坚持以习近平新时代中国特色社会主义思想为指导,结合扶贫攻坚中的核心问题,坚持精准扶贫、精准脱贫基本方略,把脱贫攻坚作为最大政治责任、最大民生工程、最大发展机遇,按照"五个始终"的战略思路,举全州之力从机制创新、策略路径、政策保障等层面推进脱贫攻坚各项工作,并着眼于湘西州未来的持续发展与乡村振兴战略的实施(见图 2.1)。

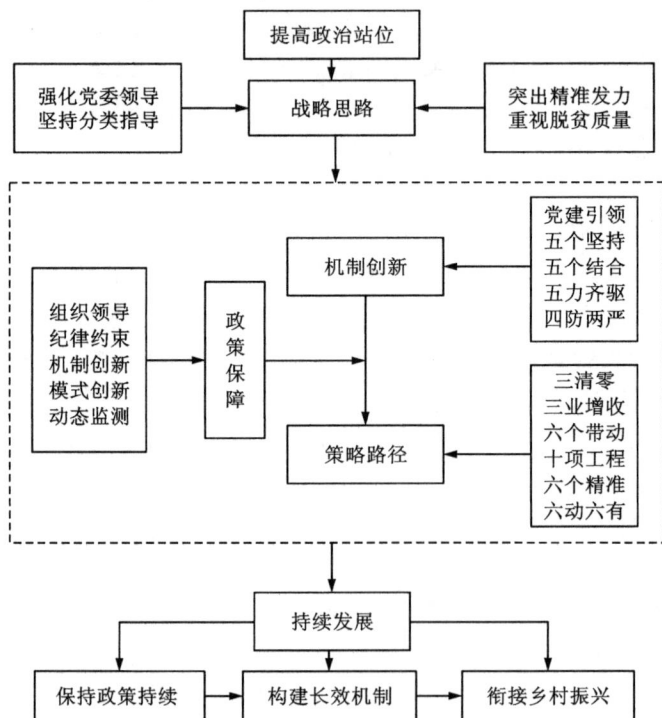

图 2.1　精准扶贫湘西方案的顶层设计图

湘西州以脱贫攻坚统揽经济社会发展全局，战略思路上做到"五个始终"，切实担起首倡地的首倡之责，彰显首倡之为。机制上不断创新，立足"六个精准"，以"党建引领、互助五兴"强化组织保障，以"五个坚持"做到精准施策，以"五个结合"确保脱贫实效，以"五力齐驱"增强造血功能，通过"四防两严"严实扶贫作风。策略上立足"两不愁三保障"的基本脱贫要求，以"五个一批"为核心路径着力巩固提升扶贫脱贫质量，推进"三清零"补齐短板弱项，做实"三业"增收促进稳定脱贫，突出"六个带动"加快产业发展，抓实"十项工程"做到精准帮扶，聚焦"三落实"确保脱贫成效。政策上坚持"帮扶要精准、增收要稳定、保障要兜底、脱贫要真实、群众要满意"的"五项工作要求"，确保脱贫攻坚政策落实，以"六看六查"做实驻村帮扶和结对帮扶工作，坚持以组织领导强化队伍建设，以纪律约束优化工作作风，以激励创新激发工作激情，以模式创新提升工作成效。脱贫攻坚工作为湘西州未来的乡村振兴，奠定了坚实的基础。湘西州在整体脱贫摘帽后多措并举，通过保持政策持续提升脱贫质量，并且构建脱贫长效机制巩固脱贫成效，将脱贫攻坚与乡村振兴战略有机衔接，推进全州同步小康。

2.1　战略思路：脱贫攻坚统揽湘西州发展全局

湘西州切实担起首倡地的首倡之责、彰显首倡地的首倡之为，坚持把脱贫攻坚作为首要政治任务和第一民生工程，做到"五个始终"，以守初心、担使命的思想自觉、政治自觉和行动自觉，汇聚攻克最后贫困堡垒的强大合力①。

2.1.1　始终不忘殷切嘱托，提高政治站位

2013 年 11 月 3 日，习近平总书记在湘西州视察时作出"精准扶贫"重要指示，提出"不栽盆景，不搭风景""不能搞特殊化，但不能没有变化""探索可复制、可推广的脱贫经验"等殷切希望，之后又对湘西州脱贫攻坚工作给予 5 次重要指示和肯定②。湘西州坚持把学习贯彻习近平总书记关于扶贫工作重要论

---

① 叶红专《担当起首倡地政治责任 高质量打赢脱贫攻坚战》，新湘评论，2019 年第 11 期。
② 主要包括：2016 年 3 月 8 日，习近平总书记在全国"两会"期间参加湖南代表团审议时，专门过问了十八洞村的脱贫进展情况特别是脱单情况。2017 年 6 月 23 日，习近平总书记在山西太原主持召开的深度贫困地区脱贫攻坚座谈会上，对湖南省支持湘西州实施精准扶贫脱贫"十项工程"和十八洞村脱贫成效给予肯定。2018 年 3 月 30 日，习近平总书记在中央政治局听取 2017 年省级党委和政府脱贫攻坚工作成效考核情况汇报会上，又对十八洞村因地制宜发展特色林果业和乡村旅游、增加农民收入、实现真脱贫给予肯定。2019 年 2 月 4 日，习近平总书记对湘西州脱贫攻坚工作作出重要批示。2020 年 9 月 18 日，习近平总书记在湖南考察结束时的讲话中，专门提到了十八洞，表示对十八洞村脱贫摘帽后的老百姓过上殷实日子感到很欣慰。

述和重要指示批示精神摆在首位，及时跟进学、全面系统学、融会贯通学，学深悟透精神实质和实践要领，不断增强向习近平总书记、党中央看齐的思想自觉和行动自觉，树牢以人民为中心的发展思想，掌握方式方法，增强实践本领，确保湘西州脱贫攻坚事业始终沿着正确方向前进。

2.1.2 始终强化党委领导，压实四级责任

湘西州委从 2014 年至 2020 年连续 7 年出台关于精准扶贫精准脱贫的 1 号文件，不断完善脱贫攻坚目标、责任、政策、投入、考核和监督体系。坚持书记抓、抓书记，推行"州级领导联县包乡、县级领导联乡包村""州县市单位包村、党员干部结对帮户"等制度，做到驻村帮扶、结对帮扶全覆盖，做好湘西州与济南市东西部扶贫协作、省辖 6 市对口扶持、中直单位定点扶贫和社会扶贫工作；坚持州县市党政主要领导带头开展"三走访三签字"①，实地调研解决困难问题，带动各级领导干部将精力下沉到一线，把各方资源聚集到贫困村，形成州县乡村四级书记带头抓、湘西州上下齐心干、社会各界同参与的脱贫攻坚大格局。

2.1.3 始终坚持分类指导，实施"十项工程"

湘西州紧扣"两不愁、三保障"目标，因地因人因事定制帮扶政策措施，大力实施精准扶贫脱贫"十项工程"，确保扶到点上、扶到根上。湘西州 2/3 的贫困人口通过发展生产实现增收脱贫，所有贫困村级集体经济收入超过 5 万元；农村劳动力转移就业稳定在 80 万人以上，其中贫困劳动力 23 万人以上；每年资助建档立卡贫困家庭学生 14 万人左右，不让一名贫困家庭学生因贫失学辍学；农村贫困人口县域内住院报销比例在 85%左右，有效防止因病致贫返贫②。

2.1.4 始终突出精准发力，注重"五个结合"

湘西州遵照"六个精准"要求，把十八洞村探索形成的"五个结合"有效做法在全州推广，确保脱贫实效经得起检验。坚持在扶贫动态管理上不搞笼而统之，注重公开透明与群众认可相结合；坚持在内生动力激发上不搞空洞说教，

---

① "三走访"：省市县党政主要领导干部走访脱贫攻坚任务重的地区，省委书记、省长带头，在一年中要走访全省所有贫困县；市州委书记、市州长走访辖区所有贫困人口集中的乡镇（贫困县有 4 个以上贫困村的乡镇、面上县有 3 个以上贫困村的乡镇）；县市区委书记、县市区长走访辖区所有贫困村。"三签字"：省市县党政主要领导干部对脱贫退出层层负责、层层把关。脱贫退出要按照程序和要求组织实施。贫困户脱贫摘帽，由村支部书记、村主任共同签字；贫困村脱贫退出，由县市区委书记、县市区长签字；贫困县脱贫摘帽，由市州委书记、市州长签字，报省委书记、省长审定。
② 中共湘西州委向省委宣传部提供的调研汇报材料《始终牢记习近平总书记殷切嘱托，高质量打赢精准脱贫攻坚战》，2020 年 4 月 24 日。

注重典型引路与正向激励相结合；坚持在发展扶贫产业上不搞大包大揽，注重统筹布局与因地制宜相结合；坚持在基础设施建设上不搞大拆大建，注重留住乡愁与实用美观相结合；坚持在攻坚力量统筹上不搞孤军作战，注重发挥基层党组织堡垒作用与党员干部先锋作用相结合，把十八洞村探索形成的"党建引领、互助五兴"①基层治理模式在全州推广落实，不断增强村级党组织战斗力。

2.1.5 始终注重脱贫质量，做到"四防两严"

湘西州立足"脱真贫、真脱贫"要求，着力防庸、防急、防散、防虚，严格扶贫对象动态管理、项目资金管理，严肃群众纪律、工作纪律和财经纪律。严格落实驻村帮扶"三个一"②制度，大力推行结对帮扶"六看六查"③工作法，聚焦"两不愁三保障"短板弱项扎实开展脱贫攻坚问题"三清零"④行动，始终严防扶贫领域"五个风险"⑤，持续推进扶贫领域作风及腐败问题专项治理，确保脱贫工作更务实、脱贫过程更扎实、脱贫结果更真实。建立问题整改常态化机制，对上级交办、自查发现和群众反映的问题及时改、全面改，提高群众满意度。

2.2 机制创新：确保精准推进脱贫攻坚战略

湘西州立足"六个精准"扶贫脱贫要求，不断创新扶贫工作机制，以"党建引领、互助五兴"强化组织保障，通过"五个坚持"做到精准施策，以"五个结合"确保脱贫实效，以"五力齐驱"增强造血功能，以"四防两严"严实扶贫作风，精准推进脱贫攻坚战略(见图2.2)。

2.2.1 "党建引领、互助五兴"，强化组织保障

1. 筑牢攻坚一线战斗堡垒

一是推进扫黑除恶专项斗争夯实基层组织。湘西州扎实推进党支部"五化"⑥建设和软弱涣散党组织整顿工作，通过州、县领导联点指导，把有涉黑涉

---

① "党建引领、互助五兴"：学习互助兴思想、生产互助兴产业、乡风互助兴文明、邻里互助兴和谐、绿色互助兴家园。
② "三个一"：帮扶一月一走访、问题一月一清零、情况一月一报告。
③ "六看六查"：看产业就业、住房安全、水电保障、厨房、卧室、环境卫生，查基本信息、存折流水、教育保障、医疗保障、残疾人保障、家庭收入。
④ "三清零"：以户清零、以事清零、以村清零。
⑤ "五个风险"：产业扶贫失败、易地扶贫搬迁稳不住、已脱贫人口返贫、扶贫项目工程质量安全不达标及资金使用不精准、涉贫信访引发社会不稳定。
⑥ "五化"：支部设置标准化、组织生活正常化、管理服务精细化、工作制度体系化、阵地建设规范化。

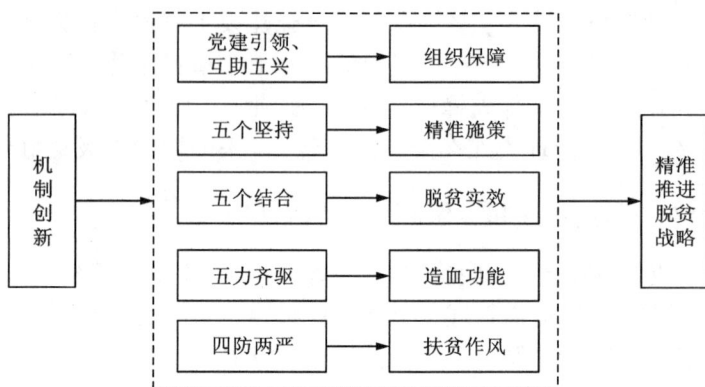

图 2.2　精准扶贫湘西方案的机制创新

恶现象的村纳入软弱涣散党组织整顿，由县委常委领导全覆盖挂点指导，联合专项整治组全覆盖驻村整顿。全面发动基层党组织和广大群众，开展村"两委"成员违法违纪、涉黑涉恶专项排查，有力铲除"村霸"等干扰基层政权的黑恶势力，全面净化基层执政环境。二是坚持党的领导，选优配强乡镇和村级领导班子。抓住乡镇、村（社区）换届契机，全面加强党的领导，着力选拔扶贫工作经验丰富、扎根服务基层的优秀干部充实到乡镇领导班子；村（社区）"两委"换届中，采取"三听三看三审查"①，使一批群众基础好、"双带"能力强的优秀人才进入村（社区）"两委"班子。三是培养后备力量，增强基层造血功能。以县市为单位全面建立"入党积极分子信息库"和"村级后备干部信息库"，确保每个村动态保持培养 2 名以上后备力量。四是持续强化基础保障，增强基层党组织引领脱贫能力。实现湘西州 1567 个农村综合服务平台提质升级全覆盖，平台普遍具备了党员活动、群众议事、学习教育、便民服务、文化娱乐等五大功能。抓住"放管服"改革契机，全面推行"湘西 e 路通"信息化服务平台，在所有村建立"湘西为民"村级微信群，综合提升基层党员干部线上线下服务能力，逐步实现村民办事不出村。村级保障经费逐年提升，年均运转经费由 2014 年的不足 4万元提高到 2020 年的 20 万元，村党组织书记年均报酬由 2014 年的不足 5000 元提高到 2020 年的 4 万元。通过实施生态旅游、光伏发电、厂房门面、农产品仓储、产业发展、土地流转、合作经营等项目发展壮大村级集体经济，2018 年底实现发展村级集体经济全覆盖，2019 年底实现所有村级集体经济超过 5 万元。

---

① "三听三看三审查"：听基层组织意见、听驻村工作组意见、听群众口碑；看政治素养、看能力水平、看一贯表现；村（社区）党组织审查、乡镇党委审查、县直有关部门审查。

2. 推行"互助五兴"激活党员先锋作用

（1）以严密的组织体系凝聚群众。湘西州突出村党支部的领导核心作用，推行"互助五兴"基层治理模式，共建立农村"互助五兴"小组 9.6 万多个，5 万余名农村党员围绕精准扶贫承诺事项 11 万多件，使湘西州 1567 个农村党支部与群众紧密相连，织密扎牢农村基层组织的体系网络。

（2）以乡村振兴的目标愿景感召群众。突出群众的主体地位，聚焦"生活富裕、产业兴旺、乡风文明、治理有效、生态宜居"的乡村振兴目标愿景，动员党员和群众在学习党的政策、发展当家产业、推动移风易俗、加强乡村治理、建设美丽村庄等方面开展互帮互助，实现用共同梦想引领人、感召人、凝聚人的基层治理新格局。

（3）以系统完备的工作合力服务群众。突出党委政府的保障服务作用，整合组织、政法、宣传、农业、民政、住建、环保、美丽办等部门单位职责，形成工作合力，联合协同推进。注重发挥乡镇党委、村党支部和第一书记的督促引导作用，确保党员群众互助形式灵活、内容丰富、成效明显。

3. 尽锐出战选优配强攻坚力量

（1）全面优化驻村扶贫组队布点。在机构改革中对脱贫攻坚力量坚持"大稳定、小调整"原则，确保把"最能打仗的人"派到一线。2020 年，湘西州和县市组织部门派出 5316 名优秀干部，组成 1742 支工作队，对 1110 个贫困村和 632 个有贫困人口的非贫困村(社区)实行"一村一队"全覆盖，形成一支科学配备的脱贫攻坚"尖刀"队伍。

（2）全面凝聚攻坚合力。将近三年新录用的 1776 名州县直单位工作人员全部下派到贫困村进行扶贫锻炼。整合 950 名科技人才组建特色产业专家服务团和 10 个科技特派产业团到脱贫一线服务。动员 1200 余家企业、商会参与精准扶贫"千企联村"行动，引导"两新"组织结对帮扶 452 个贫困村，全州共有 5.96 万名党员干部结对帮扶 16.5 万余户建档立卡贫困户，形成党组织引领、全社会共同参与的脱贫攻坚大格局。

（3）全面轮训基层干部。组织湘西州各级党员、干部深入学习贯彻习近平新时代中国特色社会主义思想、党的十九大精神及习近平总书记关于精准扶贫重要指示批示精神，着力解决部分干部与时俱进不够、能力不足等问题。坚持每年对基层党务工作者、村"两委"成员、第一书记、党员致富带头人、集体经济组织负责人等各类扶贫党员干部进行轮训，年均轮训 1 万人次。

2.2.2 "五个坚持"，做到精准施策

湘西州立足"五个坚持"，将精准精细贯穿于脱贫攻坚工作各环节、全过

程，力戒用老办法、旧习惯对待扶贫，力戒急于求成违背群众意愿搞越俎代庖，力戒扶贫资金撒胡椒面、扶贫精力不集中等问题，力戒"垒大户""造盆景"和"数字扶贫""被脱贫"，务求帮扶精准、增收稳定、保障到位、脱贫真实、群众满意，确保脱贫攻坚精准施策。

1. 坚持在扶贫动态管理上不搞笼而统之

湘西州注重公开透明与群众认可相结合，严格按照户主申请→投票识别→三级会审→公告公示→乡镇审核→县级审批→入户登记"七步法"和行政单位与事业单位工作的不评、在城里买了商品房的不评、有小加工企业的不评等"九不评"进行精准识别，并对识别工作实行全程民主评议和监督，确保公开、公平、公正。湘西州先后进行 6 次全覆盖建档立卡"回头看"，做到应进则进、应出则出，真正让扶贫动态管理结果得到群众认可。

2. 坚持在内生动力激发上不搞空洞说教

湘西州注重典型引路与正向激励相结合，通过宣传引导、示范引领，完善利益联结机制，使贫困群众逐步摒弃"等靠要"思想，充分激发他们脱贫的积极性、创造性。大力宣传花垣十八洞村、凤凰菖蒲塘村和夯卡村、泸溪宋家寨村等一批脱贫典型，积极创作一批礼赞群众自强不息的文艺作品，用身边人说身边事，同时加强就业创业技能培训，提高自我发展能力。

3. 坚持在发展扶贫产业上不搞大包大揽

湘西州注重统筹布局与因地制宜相结合，把产业建设作为"造血"扶贫核心举措，通过实施供给侧结构性改革，提升产业扶贫质量，使脱贫致富产品逐步实现"既产得出、产得优，又卖得出、卖得好"。因地制宜做好兴产业、增就业、置家业"三业"增收文章，通过园区带动、龙头企业带动、合作社带动，发展八大特色优势产业搞好产业扶贫；通过引导发展小养殖、小庭院、小作坊、小买卖"四小经济"，多途径增加贫困户经济收入；通过巩固深化与济南、广州、深圳和省内长株潭等地区的劳务协作搞好劳务输出，加强州内工业集中区、扶贫产业园和"扶贫车间"建设，促进贫困劳动力就地就近就业，切实让每个贫困村有 1 个以上当家产业、每个贫困户有 1 个以上增收项目，让每个有劳动能力和就业意愿的贫困家庭至少 1 人有稳定的工资性收入，真正让贫困群众稳定脱贫有质量。

4. 坚持在基础设施建设上不搞大拆大建

湘西州注重留住乡愁与实用美观相结合，按照"统一规划、保持原貌、节俭实用、协调美观"原则，大力实施交通、安全饮水、电网改造、危房改造等十大基础设施与公共服务"微建设"工程，同时深入开展城乡同建同治、农村人居环境综合整治，大力推进美丽乡村建设，真正让农村既美丽又有乡味。

5. 坚持在攻坚力量统筹上不搞孤军作战

湘西州注重发挥基层党组织堡垒作用与党员干部先锋作用相结合，积极推行"党建引领、互助五兴"农村基层治理模式，扎实推进农村党支部"五化"建设，整顿软弱涣散村级党组织，加大农村投入，稳步提高村办公经费、村干部待遇，全面推行村干部绩效考核、坐班代办服务等制度，基本实现村级扶贫等重点工作"以村为主"，真正让农村基层党组织成为"永不走的工作队"。

2.2.3 "五个结合"，确保脱贫实效

湘西州坚持"五个结合"，把"精准"要求体现到脱贫攻坚各领域、全过程，推动扶贫路径由"大水漫灌"向"精准滴灌"转变、扶贫资金由"普惠分配"向"靶向配置"转变、扶贫力量由"多头分散"向"统筹集中"转变，以科学方法攻克深度贫困堡垒，切实提升了脱贫的实效，解决了长期不能解决的难题。

1. 坚持公开公平与群众满意相结合，精准识别扶贫对象

湘西州按照户主申请—投票识别—三级会审—公告公示—乡镇审核—县级审批—入户登记"七步法"进行精准识别，对识别工作实行全程民主评议和监督，并加强数据共享与分析，确保公开、公平、公正。

2. 坚持典型引路与正向激励相结合，充分激发内生动力

湘西州抓好感恩教育，推广"星级评比"做法，全面建立村规民约，举办"最美脱贫攻坚群众典型"评选等系列活动，弘扬脱贫正能量，提高贫困群众生产技能、营销本领，推动"扶志""扶智"齐头并进，真正让贫困群众想脱贫、敢脱贫、能脱贫，涌现了一大批自力更生的脱贫群众典型。

3. 坚持统筹布局与因地制宜相结合，科学发展扶贫产业

湘西州通过园区带动、龙头企业带动、合作社带动，因地制宜做好兴产业、增就业、置家业"三业"文章，发展特色产业搞好产业扶贫；通过引导发展小养殖、小庭院、小作坊、小买卖"四小经济"，多途径增加贫困户收入；通过深化劳务协作搞好劳务输出，加强州内工业集中区、扶贫产业园和"扶贫车间"建设，促进贫困劳动力就地就近就业，让每个贫困村有 1 个以上当家产业、每个贫困户有 1 个以上增收项目，每个有劳动力的贫困家庭至少 1 人有稳定的工资性收入，真正让贫困群众稳定脱贫有质量、有保障。

4. 坚持留住乡愁与彰显美丽相结合，加快完善基础设施

湘西州坚持"统一规划、保持原貌、节俭实用、协调美观"原则，大力实施交通、安全饮水、电网改造、危房改造等 10 大基础设施与公共服务"微建设"工程，使贫困村实现了"五通五有"，即通水、通路、通电、通网、通广播电视，有危房改造、有教育教学点、有村综合服务平台、有村电子商务、有村集体经济。

同时深入开展城乡同建同治，大力推进美丽乡村建设，真正让农村既美丽又留住乡愁。到2020年底，湘西州累计创建美丽乡村精品村300个、示范村600个。

5. 坚持组织引领与党员带动相结合，全面统筹攻坚力量

湘西州充分发挥州委书记"纵队司令"、县委书记"一线总指挥"、乡镇党委书记"主攻队长"、村支部书记"尖刀排长"作用，带动各级领导干部将精力下沉到一线，把各方资源聚集到贫困村。推行"互助五兴"基层治理模式，扎实推进农村党支部"五化"建设，加强政治品格好、群众威望高、带动能力强的农村党支部书记队伍建设，整顿软弱涣散村级党组织，开展把党小组建在产业链上的试点，全面实行"湘西e路通"服务，将"161"项便民服务事项下放到乡镇和村（社区）一级。

2.2.4 "五力齐驱"，增强造血功能

湘西州以腊尔山、吕洞山两大片区为主战场，实施州、县、乡、村四级联动，突出"五力"齐驱，做到规划、政策、资源、力量、项目、建设六个统筹，全力攻克贫中之贫、困中之困，确保脱贫质量。

1. 突出党建引领，提升基层组织力

由州委主要领导负责联系指导腊尔山片区脱贫攻坚，州政府两届主要负责同志接续联系指导吕洞山片区。突出抓好村党组织书记、致富带头人队伍建设，并把党小组建在产业链上，把党员和群众结成利益共同体，做到脱贫攻坚推进到哪里，党的领导就跟进到哪里，让党的旗帜在脱贫攻坚战场上高高飘扬。

2. 补齐基础短板，积蓄发展后劲力

坚持把基础设施建设作为脱贫攻坚的重要支撑，通过实施基础设施配套和公共服务保障工程，全面抓好"五通五有"基础设施建设，使村村通上致富路、连上宽带网，户户喝上安全水、用上放心电，村寨容貌发生历史性变化。

3. 做好增收文章，提升产业支撑力

按照"宜农则农、宜工则工、宜商则商、宜游则游"原则，坚持短平快与中长期兼顾、新特优搭配、一二三产业融合，做大特色产业、做活乡村旅游、做实利益联结，使产业发展实现历史性跨越。

4. 落实帮扶政策，强化民生保障力

聚焦"两不愁三保障"目标，重点针对住房、生病、上学等致贫原因，构建"安居网""健康网""教育网""兜底网"，使贫困户都实现了住有所居、病有所医、学有所教、弱有所扶。

5. 强化志智双扶，激发群众内生力

广泛发动群众、组织群众、宣传群众，加强思想引导和感恩教育，注重挖掘自力更生、自主脱贫的先进典型，用身边事教育身边人。广大贫困群众逐渐意识到幸福生活是奋斗出来的，是靠勤劳的双手创造出来的，实现了从"熬日子"到"奔日子"的转变，激发了脱贫致富的内生动力，群众的精气神也得到了有效激发。

2.2.5　"四防两严"，严实扶贫作风

湘西州坚持加强脱贫攻坚领域作风建设，突出"四防两严"，重点围绕产业扶贫、生态扶贫、惠民政策落实、基层群众信访举报、放管服改革，开展"一块地、一棵树、一张卡、一封信、一枚章"专项治理，持续整治扶贫领域腐败和作风问题。

1. 激励资金整合责任担当

坚持以脱贫成效为导向，以扶贫规划为引领，以重点扶贫项目为平台，做好与全国脱贫攻坚规划、各部门专项规划的衔接，加强脱贫攻坚项目储备，统筹整合使用财政涉农资金，撬动金融资本和社会帮扶资金投入扶贫开发。特别是赋予贫困县统筹整合使用财政涉农资金的自主权，落实"有关部门和地方不得限定资金在贫困县的具体用途"规定，激发基层脱贫工作主动性、创造性。

2. 加大腐败行为惩治力度

开展假身份、假产业、假程序、假资料"四假"问题专项治理，重点推进"五个一"专项治理[①]，严肃查处群众身边的腐败案件。注重运用大数据分析为监督执纪安上"探照灯"，通过对相关部门的数据分析，及时发现了一批问题线索，锁定了相关责任单位；推广"湘西为民"村级微信群，推行"指尖上的政民对话"，并实行村级事务报告制，线上线下服务群众、接受监督，把问题解决在基层，把矛盾化解在萌芽状态，有力地推动组织监督与群众监督同向发力、执行纪律和转变作风同步实施。

3. 建立问题整改常态机制

突出问题导向，对上级交办、自查发现和群众反映的事情，按照"一类问题、一名领导、一套方案、一抓到底"思路，对问题逐村排查、对短板逐项研究、对资金逐笔审核、对政策逐条落实，做到整改不到位不放过、成效不达标不放过。特别是坚持举一反三、追根溯源、标本兼治，努力防范和减少问题发生，

---

① "五个一"："一盏灯"（农村太阳能路灯）、"一条路"（村组户间道路）、"一栋房"（易地扶贫搬迁和农村危房改造）、"一张床"（城乡医保资金）、"一口井"（农村饮水安全）。

重点对扶贫资金使用管理、扶贫项目建设运营绩效等方面开展了县际"交叉审计"，全面排查整改问题。

2.3 策略路径：聚焦巩固提升脱贫质量

湘西州立足"两不愁三保障"的基本脱贫要求，以"五个一批"为核心脱贫路径着力巩固提升扶贫脱贫质量，推进"三清零"补齐短板弱项，做实"三业"增收促进稳定脱贫，突出"六个带动"加快产业发展，抓实"十项工程"做到精准帮扶，坚持"六个精准"保障脱贫质量，做细"六动六有"贡献金融力量，以强大的合力巩固提升脱贫质量。（见图2.3）。

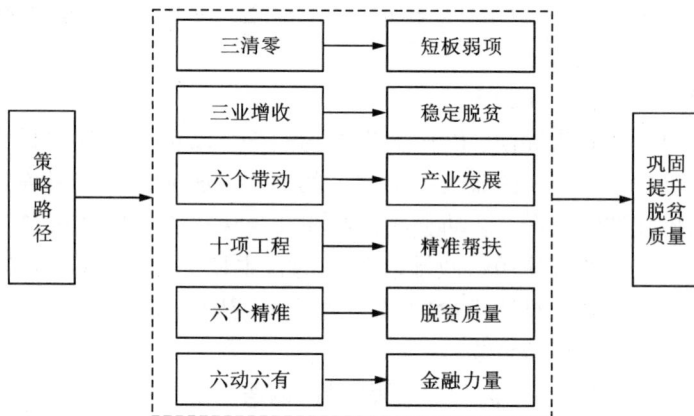

图2.3 精准扶贫湘西方案的策略路径

2.3.1 推进"三清零"，补齐短板弱项

湘西州聚焦"两不愁三保障"，集中火力抓重点、补短板、强弱项。深入学习贯彻习近平总书记在重庆主持召开的解决"两不愁三保障"突出问题座谈会重要精神，全面推进脱贫攻坚问题"三清零"行动，全力攻克最后的贫中之贫、困中之困。"以户清零"：对照"一超过、两不愁、三保障"的"户脱贫"标准，对脱贫攻坚到户政策落实情况开展"回头看"，重点查找政策漏帮漏扶、执行不到位、执行有偏差等问题，确保帮扶政策不漏一项，帮扶效果更加明显，"户脱贫"全面达标。"以村清零"：对照"一个确保、两个完善"的"村出列"标准，量化细化任务，全力攻坚拔寨，抓紧"两个完善"相关项目建设，同时对湘西州874个已出列村的"两个完善"情况进行全面核查，全面提高出列质量。"以事清零"：对照"三率一度"4个指标全部达标的"县摘帽"要求，围绕把脱贫攻坚

部署、政策措施落实、基础设施和公共服务改善、后续帮扶计划及巩固提升"四项工作"全面落实到位，具体抓细抓实产业就业、教育扶贫、健康扶贫、住房安全、保障兜底、生态补偿、基础设施短板、软弱涣散村级党组织整顿、巡视整改、涉贫信访等十个方面工作。通过深入开展脱贫攻坚问题"三清零"行动，全州有效解决了"两不愁三保障"方面存在的突出问题。

2.3.2　做实"三业"增收，促进稳定脱贫

湘西州坚持把抓实产业扶贫作为可持续脱贫的根本之策，着力做好兴产业、增就业、置家业"三业"增收文章，不断增强贫困群众脱贫内生动力和自我发展能力[①]。

1. 做好兴产业

湘西州因地制宜培育壮大茶叶、油茶、柑橘、猕猴桃、中药材（杜仲、百合）、烟叶、蔬菜和特色养殖（黑猪、黄牛）等 8 大特色产业，2020 年累计投入产业扶贫资金 13.18 亿元，有 11.8 万户贫困户与新型经营主体建立了产业利益联结机制，实现每个贫困村有 1~2 项稳定增收产业、有条件的贫困户有 1 个以上增收项目的目标；实施"农业+旅游""农业+康养""农业+文创"行动，健全一二三产业融合发展的现代农业产业体系，打造了茶叶观光园、水果采摘园、四季花海等一批农业观光园，通过乡村旅游累计带动 9 万多贫困人口脱贫。

2. 做好增就业

湘西州加强与长三角、珠三角、长株潭和济南市等地区的劳务协作，打造了"湘西焊工""湘西电工""湘西缝纫工""湘西育婴师""湘西家政"等劳务品牌。2020 年湘西州累计转移农村劳动力就业 87 万人，其中建档立卡劳动力 28 万人。因地制宜建成"扶贫车间"211 个，带动贫困劳动力 2 万余人实现家门口就业；坚持扶贫开发与生态保护并重，开发乡村保洁、生态管护、公共设施维护等农村公益性岗位近 2 万个，2019 年新增生态护林员 1003 名，使湘西州建档立卡贫困人口生态护林员人数达 4221 人，每人每年补贴 1 万元，累计带动2.3 万余人脱贫。

3. 做好置家业

湘西州坚持中长期与短平快相结合，引导和支持有条件的贫困群众利用扶贫小额信贷，积极发展小养殖、小庭院、小作坊、小买卖"四小经济"，多途径增加经济收入，2020 年共发放扶贫小额信贷 6.3 亿元。深入开展消费扶贫，采取电商销售一批，机关、学校、医院、企业等采购一批，联系对口帮扶地区、省

---

① 中共湘西州委、湘西州人民政府，《湘西州脱贫攻坚情况汇报》，2020 年 1 月 6 日。

直机关单位帮助销售一批，党员干部自购一批"四个一批"方式，切实解决农户销路难题，真正让贫困群众实现稳定增收。2019年武陵山区贫困地区农产品产销对接活动暨湘西州特色农产品扶贫专场推介活动现场销售额达100万元，达成意向性订单4.2亿元，"湘西香伴"原创农产品品牌吸金23.76亿元。

2.3.3 突出"六个带动"，加快产业发展

湘西始终把发展产业作为贫困群众稳定增收可持续脱贫的根本之策，突出"六个带动"，因地制宜壮大稳定脱贫的当家产业，为稳定脱贫提供硬核支撑①。

1. 特色化发展带动

秉持特色立足、特色取胜，充分发挥绿色、生态、有机、富硒等独特优势，围绕建设自然山水大画园、民族风情大观园、绿色产品大庄园、休闲旅游大乐园、和谐宜居大家园的总愿景，统筹谋划湘西州农业特色产业扩面提质发展。先后出台《关于加快农业特色产业提质增效的意见》《关于支持贫困人口发展产业稳定脱贫的意见》等文件，着力推进构建与地域自然资源匹配、种养习惯适宜、生态环境适应的产业体系，形成州域有主导产业、县市有支柱产业、乡村有主打产品的发展格局。截至2020年底，湘西州茶叶、油茶、烟叶、柑橘、猕猴桃、蔬菜、中药材和特色养殖8大特色产业基地上了规模，突破460万亩，湘西州也获评中国有机茶之乡、中国黄金茶之乡、中国猕猴桃之乡、中国百合之乡、中国椪柑之乡等殊荣。

2. 园区化开发带动

以县域片区为单元建设万亩精品园，以乡镇村为单元建设千亩标准园，以村组为单元建设百亩示范园，形成扇形扩张、带状拓展的开发格局。截至2020年底，湘西州累计创建特色产业基地万亩精品园24个、千亩标准园316个；有单个产业上万亩的乡镇59个、上千亩的村587个。以花垣县为核心区的湘西农业科技园区晋升为国家级农业科技园区，永顺县成功入选2020年国家现代农业产业园创建名单。

3. 新型经营主体带动

坚持党政引导和以市场为主体，大力培育龙头企业、合作社、家庭农场、能人大户等新型经营主体，通过"公司+合作社+农户""合作社+基地+农户"等形式，采取直接帮扶、委托帮扶、合作帮扶、股份帮扶等模式，与近50万贫困人口建立利益联结机制。截至2020年底，湘西州共有农业龙头企业203家，农

---

① 中共湘西州委，《始终牢记习近平总书记殷切嘱托，高质量打赢精准脱贫攻坚战》，2020年4月24日。

民专业合作社 6556 个，家庭农场 12423 个，做到了一个特色产业至少有一个龙头企业带动，每个村创办 1 个以上农民专业合作社，每个贫困户有 1 个以上增收项目。花垣县引导县内 100 多家工矿企业转型发展，采取"保底收益+股份合作"等模式，走出了一条"矿业转农业、黑色变绿色、老板带老乡"的新路子。

4. 依托景区景点带动

实施乡村旅游脱贫工程，采用景区带村、能人带户，跨村联合、产业融合，公司+农户、合作社+农户"双带双合双加"旅游扶贫模式，推进"土家探源"和"神秘苗乡"两条生态文化村镇游精品线以及 300 个特色村寨保护开发，推动旅游与农业、文化等深度融合，使村民变股民、变旅游从业者，打造了花垣十八洞、古丈墨戎苗寨、凤凰竹山等一批乡村游"网红地"。

5. 科技创新带动

坚持质量立农、科技兴农、品牌强农，用好吉首大学、州农科院等院校的科研资源，加强与湖南农大、省茶研所等的合作，选育引进名优品种，严格规范培育管理，做足精深加工文章，打造了古丈毛尖茶、保靖黄金茶、龙山百合、湘西猕猴桃等一批"叫得响、有市场"的特色农产品品牌，使湘西州"二品一标"农产品认证达 125 个。大力推进"互联网+农业"，充分发挥电商扶贫作用，从 2017 年开始启动电子商务进农村综合示范项目，到 2020 年止，中央财政支持资金 1.15 亿元，乡村电子商务服务站点在全州贫困村实现了全覆盖。开办农村电商村级站点 1229 个，开展"县长直播带货""网红营销"等活动，使黄金茶、毛尖茶、猕猴桃等特色农产品搭上电商"快车"，成为"网红"产品。2020 年全州电子商务交易额实现 85.28 亿元，其中农产品通过电商交易实现销售 14.3 亿元，贫困村农产品通过电商交易实现销售 3.6 亿元。

6. 深化农村改革带动

大力推进农村"三权"分置和"三变"改革，鼓励和引导农民合理有序流转土地。深化财政支农方式改革，建立完善"多个渠道进水，一个龙头出水"的资金整合投入机制，2016 年以来每年整合涉农资金 30 亿元左右。实施金融扶贫专项行动，为符合条件的贫困户发展产业提供扶贫小额信贷，累计发放扶贫再贷款 136.45 亿元，带动 4.79 万户建档立卡、4.86 万家企业创业增收。全面推行"党建引领、互助五兴"农村基层治理模式，把党小组建在产业链上，让党员和群众结成帮扶对子，鼓励支持党员创办领办产业脱贫致富项目。湘西州组建 10 余万个互助小组，有 50 余万户群众参与互助。

2.3.4　抓实"十项工程"，做到精准帮扶

湘西州把"五个一批"路径细化到精准扶贫脱贫"十项工程"推进上，以有

效载体推进扶贫政策落地落实，因地因人定制帮扶政策措施，做到扶贫工作工程化、项目化①。

1. 实施发展生产脱贫工程

坚持中长期与短平快相结合、新特优相匹配、一二三产业相融合，大力发展特色优势农业产业，使茶叶、油茶、柑橘、猕猴桃、中药材（杜仲、百合）、烟叶、蔬菜和特色养殖（黑猪、黄牛）等8大特色产业成为脱贫当家产业，特别是采取入股、订单、劳务、租赁、托管等形式，推进资源变资产、资金变股金、农民变股东，让近50万贫困人口与新型经营主体形成利益联结，所有贫困村集体经济收入在5万元以上。

2. 实施乡村旅游脱贫工程

立足绿色生态和原生态文化这一最大优势，把旅游作为湘西发展的最大门路，打造高山峡谷、烽火苗疆、土司遗产、酉水画廊、土家源流、沅水民俗6大村落集群，保护开发约300个特色村寨，打造"土家探源""神秘苗乡"两条生态文化村镇游精品线，加快乡村旅游发展，打造了花垣十八洞、吉首矮寨、凤凰山江苗寨、古丈墨戎苗寨、泸溪马王溪、保靖吕洞山、龙山惹巴拉、永顺塔卧等一批乡村游、红色游景点，通过乡村旅游脱贫工程累计带动了10.2万人脱贫。

3. 实施转移就业脱贫工程

按照"市场有订单、人员到名单、培训列菜单、政府后买单"的要求，整合各类培训资源，开展精准就业培训，加强与济南市、长三角、珠三角、长株潭等地区劳务协作，打造了"湘西焊工""湘西电工""湘西缝纫工""湘西育婴师""湘西家政"等劳务品牌，每年保持22万左右贫困劳动力在外稳定务工，同时加快建设"扶贫车间"，开发农村公益性岗位，多途径增加贫困群众就业，带动了6.5万户贫困家庭收入达到或超过脱贫线。

4. 实施易地搬迁脱贫工程

结合小城镇、特色村寨和产业新区建设实施易地扶贫搬迁，加大后续产业扶持力度，确保贫困群众搬得出、稳得住、能致富。湘西州累计建设安置项目199个，全面完成了"十三五"8.1万人的易地搬迁任务。抓实住房安全保障，大力推进农村危房改造，2013—2020年累计帮助10.7万户农村贫困群众告别危房历史，使住房安全得到有力保障。

5. 实施生态补偿脱贫工程

通过实施生态护林员转岗、生态保护造林工程向贫困村贫困户倾斜、生态

---

① 中共湘西州委、湘西州人民政府，《湘西州精准脱贫攻坚工作情况汇报》，2019年5月17日；《中共湘西州委关于湘西州脱贫攻坚工作情况的报告》，2019年12月24日。

休闲旅游村庄建设和推行碳汇交易试点、城乡建设用地增减挂钩试点等措施，累计带动近 5 万人脱贫。

6. 实施教育发展脱贫工程

认真落实学前教育免保教费和给予生活补助、九年义务教育"两免一补"、中职教育免学费和给予生活补助政策、大学新生一次性资助政策，年均资助贫困学生 14.2 万人次，不让一名贫困儿童输在起跑线上，没有一名贫困家庭学生因贫失学辍学。

7. 实施医疗救助帮扶工程

全面落实"三提高、两补贴、一减免、一兜底"健康扶贫综合保障措施，加强"先诊疗后付费"一站式结算服务，使湘西州贫困人口基本医疗保险和大病保险参保率达 100%，建档立卡贫困患者、农村低保对象患者、大病患者及特殊慢性病患者"四类人群"县域内住院医疗费用报销比例达 85% 左右，努力防止因病致贫返贫现象。

8. 实施社会保障兜底工程

推进农村低保制度与扶贫开发政策有效衔接，城乡低保实现应保尽保，全面加强对农村特困人员、孤儿、重度残疾人、困难残疾人等特殊群体的救助帮扶工作，及时救助受灾困难群众，切实兜住基本民生底线，贫困群众基本生活得到可靠保障。

9. 实施基础设施配套工程和公共服务保障工程

统筹推进贫困村、非贫困村基础设施和公共服务建设，实现乡乡通水泥路、村村通公路，乡乡通宽带、村村通移动通信，乡乡有公立幼儿园，村村有农家书屋、党群服务中心和综合文化服务中心的目标，农村电网改造率达 99.4%，自来水普及率达 85.96%，居民生产生活条件大幅改善，群众的获得感、满意度不断提升。

2.3.5　坚持"六个精准"，保障脱贫质量

湘西州坚持"六个精准"要求，在对象识别上，加强动态管理，实现应进则进、应退尽退；项目安排上，既尽力而为又量力而行，既满足群众当前需要又利于区域长远发展，使项目落地快、能见效；资金使用上，聚焦重点人群、重点区域、重点项目，防止撒胡椒面，使扶贫资金用到急需的地方；措施到户上，每月进村入户，完善工作推进、难题破解的具体方案，为贫困村和贫困群众排忧解难；因村派人上，强化贫困村"第一书记"和驻村工作队的选派管理，组织农业、医疗、教育等技术人员联村服务；脱贫成效上，既注重各项指标落实，又统筹考虑实际困难，实现与乡村振兴、全面小康的衔接。

1. 压实责任全覆盖

坚持党委统筹,优化顶层设计,组建了"1+10+8"①的脱贫攻坚作战指挥体系,逐步构建了脱贫攻坚"四梁八柱"的责任体系,形成了"州级领导联县、州县领导包乡、部门包村、干部包户"的梯次责任机制。

2. 结对帮扶全覆盖

坚持"尽锐出战"原则,按照"一村一队"要求,2020 年湘西州共下派 5316 名扶贫工作队员组建 1742 支扶贫工作队,实现对 1742 个有贫困人口的村驻村帮扶全覆盖;按照"贫困户都有帮扶责任人、每名责任人帮扶不超过 5 户贫困户"要求,全州 5.96 万名党员干部结对帮扶 16.5 万余户建档立卡贫困户,实现贫困户结对帮扶全覆盖。同时,通过层层压实责任,强化基层基础,加大帮扶力度,形成了四级书记带头抓、全州上下齐心干、社会各界同参与的合力攻坚大格局。

3. 督导调度全覆盖

坚持问题导向、目标导向、效果导向,采取"四不两直"②方式,每月聚焦"三个一""六看六查""三落实"和产业就业等重点工作,对 8 县市、115 个乡镇(街道)1742 个有贫困人口的村(社区)和州直扶贫责任单位实行"最严最实最不讲情面"的督导调度全覆盖。

2.3.6 做细"六动六有",贡献金融力量

湘西州充分发挥金融"助推器"的作用,帮助贫困地区、贫困人口发展生产摆脱贫困。中国人民银行湘西州中心支行积极发挥牵头作用,带领辖内金融机构开展金融扶贫工作,突出人民银行"1"的主导,发挥地方政府、部门、金融机构等"N"方联合优势,通过构建"组织机制体系、产业发展体系、宣传教育体系、农村信用体系、风险防控体系"等五大金融扶贫体系,坚持做细做实"六动六有",为全州决战决胜脱贫攻坚贡献金融力量。

1. 高位推动,金融精准扶贫有方向

中国人民银行湘西州中心支行编制《湘西州金融精准扶贫规划(2016—2020 年)》全面对接湘西州脱贫攻坚"十大工程",并由省级、州级政府和金融部门高位推动实施,通过出台金融支持文件、倾斜扶贫再贷款、带领省级银行机构与湘西州开展脱贫攻坚政银企对接、组织"万人动员大会",部署推动金融

---

① "1"是州委书记任组长的精准脱贫攻坚领导小组,"10"是相关州领导任组长的精准脱贫"十项工程"协调小组,"8"是 8 县市对应成立的指挥机构。

② "四不两直":不发通知、不打招呼、不听汇报、不用陪同接待,直奔基层、直插现场。

精准扶贫工作。同时，出台《湘西州金融精准扶贫考核办法》，成立金融扶贫领导小组，建立联席会议制度，形成"金融扶贫重大事项上州政府常务会、金融扶贫重点工作州领导亲自督办、金融扶贫工作部门联合推进"的工作机制，确保金融扶贫方向精准。

2. 产业驱动，支持贫困群众增收有实招

沿着"自主脱贫"和"带动脱贫"两条主线实施金融扶贫。自主脱贫方面，推动农村商业银行等法人机构对建档立卡贫困农户发放扶贫小额信贷。带动脱贫方面，引导涉农金融机构围绕湘西特色优势产业，推出"精准扶贫助保贷"等信贷产品，重点支持带动面大、带动效果好的优势产业。联合扶贫部门对新型农业经营主体实施主办行制，搭建银企对接平台，建立利益联结机制，创新开展"百名行长联千企""四进"等系列活动。

3. 创新带动，农村金融服务有平台

探索建立全省首批、全州首个金融扶贫服务站和全省首家村级银行网点，推动金融机构在全州所有贫困村建立金融扶贫服务站，实现贫困村全覆盖，推动金融扶贫服务站与助农取款服务点、农村电商"三站"融合共建。引导金融机构因地制宜，探索多样化的银企合作模式，创建扶贫再贷款示范点，引导各县市、金融机构打造金融扶贫样板，创建金融精准扶贫示范区。

4. 作战联动，工作落实落地有保障

按照"央行引导、银行支持、政府配套"的总体思路，构建多部门联合参与的金融扶贫"1+N"工作机制，按照央行政策引导，做好相关部门"N"个金融保障措施配套。中国人民银行湘西州中心支行、原州扶贫办、州总工会、州政府金融办、州财政局等部门和各县市联合开展"金融精准扶贫宣传推进月"主题活动、金融精准扶贫专项竞赛、应收账款融资和金融精准扶贫工作督查、金融扶贫服务站交叉检查等系列活动，加强金融扶贫政策宣传，推动金融精准扶贫工作落细落实。

5. 措施互动，金融扶贫成果有巩固

探索"抱团取暖、风险共担"民营小微融资方式，创新"风险代偿金质押+个私协会连带责任保证"的组合担保方式，解决民营小微企业融资难问题。建立扶贫小额信贷风险监测预警机制，开展金融精准扶贫五个"回头看"，确保金融扶贫成果保质增效。开展金融精准扶贫领域专项治理和审计调查，确保金融精准扶贫无违规。

6. 帮扶心动，驻村帮扶有担当

湘西州金融系统充分发挥专业优势，在驻村帮扶、结对帮扶中彰显金融扶贫担当。各帮扶单位全员动员，积极开展结对帮扶，全力帮助帮扶对象解决现实难题。督促驻村扶贫工作队、驻村干部和帮扶责任人做好驻村帮扶工作，最大限度激发贫困群众主动性。立足村情，坚持"合作社+基地+农户"产业发展模式，培育一批集生产、观光于一体的特色种养殖产业，增强扶贫的"造血"功能。

2.4 政策保障：确保脱贫攻坚政策落实

湘西州始终把提高脱贫质量和巩固脱贫成效摆在首位，以"三个一"和"六看六查"为抓手，做实驻村帮扶和结对帮扶工作，坚持以组织领导强化队伍建设，以纪律约束优化工作作风，以激励创新激发工作激情，以模式创新提升工作成效，以动态监测防范扶贫风险（见图 2.4）。

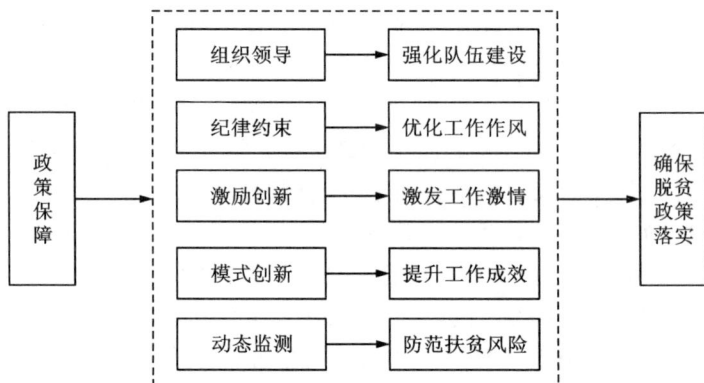

图 2.4　精准扶贫湘西方案的政策保障

2.4.1　组织领导：强化队伍建设

湘西州不折不扣落实"因村派人精准"相关要求，把懂农业、爱农民、有干劲、能吃苦的干部选派到驻村帮扶一线，实现"尽锐出战"。

1. 抓实帮扶力量

按照"一村一队"要求，湘西州共组建 1742 支驻村扶贫工作队，实现对贫困村和有贫困人口的非贫困村一村一队全覆盖。按照"每个贫困户都有帮扶责任人、每名责任人帮扶不超过 5 户"的要求，湘西州各级党员干部近 6 万人结对 16 万余户贫困户，实现结对帮扶全覆盖，统筹做好贫困村与非贫困村、贫困户与非贫困户的帮扶工作。

2. 抓实帮扶责任

大力推行驻村帮扶"三个一"工作制度，深入开展结对帮扶"六看六查"，做实驻村帮扶和结对帮扶工作，全面加强对返贫风险户、非贫边缘户、老弱病残户以及"四无"贫困家庭的关心帮扶，全方位解决贫困群众的困难，进一步压紧压实帮扶责任。每月与县市驻村办对贫困村和有贫困人口的非贫困村就落实驻村帮扶 10 项任务进行指导，督促工作队提高驻村帮扶成效。通过每月开展全州脱贫攻坚工作调度，实地走访贫困户，了解帮扶干部上门入户走访、帮扶措施落实等情况。

3. 抓实业务培训

坚持把学深笃用习近平总书记关于精准扶贫工作的重要论述摆在培训首位，组织各级驻村第一书记开展业务培训 3 次，同时各县市驻村办按季对辖区内各级工作队开展相应的驻村扶贫工作业务培训，2019 年共对 11462 人次进行业务培训，进一步提升了驻村干部的业务能力。

2.4.2　纪律约束：优化工作作风

把加强扶贫领域监督执纪问责作为树牢"四个意识"的具体实践，推动各级各部门用心用情用力打好脱贫攻坚战，实现政策落地、腐败查处、作风转变，有力地保障了脱贫攻坚取得显著成效。

1. 制度建设规范化

明确县市、乡镇对各级驻村工作队的管理主体责任，规范建立工作例会、考勤管理、工作报告、纪律约束等制度。出台驻村工作要点和管理办法，明确各驻点村工作经费不少于 4 万元，队员生活补助驻村期间每天 100 元，购买人身意外伤害保险，发放驻村期间通信补贴，确保干部在村里能住得下、驻得稳。

2. 问题整改实效化

加强问题整改情况督查，督促检查县市和相关责任单位建立"一类问题、一名领导、一套方案、一抓到底"机制。及时开展驻村工作力量和结构排查、党组织关系转接情况排查、驻村后勤保障排查，针对排查出来的问题要求县市驻村办进一步核查、督促落实，对整改不到位的相关责任单位主要负责人，由组织部门进行约谈。

3. 作风考评严格化

严肃查处扶贫领域存在的"四个意识"不强，责任落实不到位，工作措施不精准，工作作风不扎实，形式主义、官僚主义问题突出等问题，推动扶贫领域作风明显改善，促进脱贫攻坚各项政策措施全面落实。督促各级驻村工作队严格落实每月驻村不少于 20 天的要求，扎实开展驻村扶贫工作。通过"四不两直"对湘西州1742支工作队进行常态化巡查，确保驻村工作纪律和作风。

4. 严格督导评估

按照"摘帽不摘责任、摘帽不摘政策、摘帽不摘帮扶、摘帽不摘监管"要求，统筹州、县督查力量，对照责任清单、任务清单、时间清单，定期全覆盖督导工作队实现任务销号、问题清零，努力提升帮扶实效。加强政治担当情况巡察，加强对精准识别、政策落实、资金使用、项目管理等方面的监督检查。

5. 严查扶贫领域的腐败问题

以系统思维开展"五个一"专项治理，化被动为主动，化分散为集中，减少扶贫领域腐败存量，推动干部作风转变。

6. 创新廉洁扶贫的监督方式

积极探索运用信息技术方法，借力"互联网+监督"平台，加强科技监督，着力解决发现难、监督难等问题。科学运用大数据比对，筛选数据背后隐藏的行业乱象和问题线索。打通群众参与"直通车"，构建数字立体"监督网"，运用信息化、科技化手段加强监督，提升了监督的速度、深度、精度和广度。

2.4.3 激励创新：激发工作激情

湘西州坚持把打赢打好精准脱贫攻坚战作为检验树牢"四个意识"的试金石，通过激励机制创新，推动湘西州各级党组织和广大党员干部始终把脱贫事业记在心上、脱贫责任扛在肩上、脱贫工作抓在手上，以强有力的工作执行力彰显政治担当。

1. 注重在脱贫攻坚一线历练、考察、选拔干部

推行脱贫攻坚期内保持县乡两级党政正职稳定政策，将州、县市驻村工作队队员基本换为年轻后备干部，加大脱贫攻坚中工作出色、表现优秀的扶贫干部、基层干部的提拔使用，激励各级干部到脱贫攻坚战场上大显身手，要求从2017年开始新招录的公务员、事业单位管理岗位人员全部驻村锻炼，树立了"干部到脱贫攻坚一线去、干部从脱贫攻坚一线出"的鲜明导向。对工作业绩突出、脱贫成效明显的进行强化激励，至2019年累计提拔重用412名扶贫队员和第一书记，树立了脱贫攻坚一线选人用人鲜明导向。

2. 关心关爱扶贫干部，激励干部担当作为

对脱贫攻坚中实绩突出，具有先进性、代表性和典型性的人进行表彰和宣传推介，2019年湘西州评选了12名"最美扶贫人物"、163名"帮扶成效突出干部"、800名"自力更生脱贫群众"。从基层一线公开比选185名优秀干部进入

乡镇班子，探索推行农村"新三大主干"①模式，确保村级组织运转经费达 20 万元以上，村党组织书记年均报酬 3.5 万元以上，最高达 4.5 万元，为 3063 名在职村主干购买养老保险进行补贴，有力地夯实基层保障。

2.4.4　模式创新：提升工作成效

湘西州按照以户清零、以村清零、以事清零"三清零"工作模式，加强涉贫信息数据常态对比和涉贫信访舆情核处，稳步实现户脱贫、村出列、县摘帽"三目标"，大力提升群众对扶贫工作的认可度和满意度。

1. 涉贫信息数据常态对比

建立由州县市委脱贫攻坚办和扶贫开发办牵头、涉贫信息部门共同参与的联席会议制度，每月将国务院扶贫办系统信息数据与各部门信息数据实行逐一比对，将存疑问题数据以督办函的方式交办到县市直部门或相关乡镇(街道)逐个核实、逐项销号、逐类备案，确保涉贫信息数据定期对比、及时监测、动态清零。

2. 涉贫信访舆情核处到位

坚持"有访必接、有访必核、有访必处、有访必复"的工作要求，由州县扶贫开发领导小组开通和公布本级扶贫信访举报热线，下发了《涉贫信访舆情问题处置工作方案》《关于全面开展涉贫信访舆情"回头看"的通知》等文件，明确所有越级访、集体访、重复访的涉贫信访舆情件必须由县市委常委会成员或副县市长包案，严格落实"五个一"②和"五包"③工作措施，要求对群众举报反映问题原则上在 3 个工作日内核处到位，用心用情用力帮助群众解决实际困难，引导群众合理表达诉求。

3. "三清零"扎实推进

坚持焦点不散、靶心不变，将国省脱贫攻坚考核指标和验收标准细化分解为 122 项指标，通过纵横两条线将责任压实到 8 县市和 19 个州直扶贫责任部门，按照"一周一调度"的频率督促扶贫责任部门和县市及时上报工作进度，稳步推动各项工作以户清零、以村清零、以事清零。特别是以"五通五有"④微建设为抓手，统筹推进贫困村、非贫困村基础设施和公共服务建设。

---

① 农村"新三大主干"：农村党支部书记，全职化秘书(大学生文书)，辅警。
② "五个一"：一个案件，一名领导，一套班子，一个方案，一抓到底。
③ "五包"：包掌握情况，包解决化解，包思想教育，包稳控疏导，包息访息诉。
④ "五通五有"：通村级道路、通水(安全饮水)、通电(农网改造)、通宽带、通广播电视；有安全住房、有学校(幼儿园、教学点)、有农村综合服务平台(村部、卫生室、文化活动室、农村金融服务站等)、有农村电商、有村级集体经济(光伏电站)。

4. 创新帮扶模式

坚持扶贫与扶志、扶智相结合，针对性开展"送温暖、送技术、送项目、送政策"等帮扶，创新探索"分红收入积分制""自主脱贫激励制"等模式，积极开展"户帮户亲帮亲互助奔小康"活动，消除贫困户"等靠要"思想。

2.4.5 动态监测：防范扶贫风险

湘西州聚焦医疗、教育、住房"三保障"及安全饮水等关键指标，以驻村帮扶"三个一"为抓手，加强预警动态监测，着力补齐短板弱项，切实防范扶贫风险，大力提高脱贫质量和巩固脱贫成效。

1. 开展防止致贫返贫动态监测

严把贫困退出质量关，不断探索建立健全防止致贫返贫预警监测机制，每月对农户家庭实况通过"六看六查"加强动态监测和调度推进，重点解决责任不到位、政策有偏差、工作不落实等问题，切实做到家底清、情况明。

2. 着力对标对表补短板强弱项

以各级巡视巡察、督查调研、考核评估、审计监督、媒体暗访等发现的扶贫领域问题为主线，按照"一类问题、一名领导、一套方案、一抓到底"工作机制和"交办核查、整改复查、随机抽查、跟踪管理"工作原则，对扶贫领域问题点对点交办、面对面复核、手把手指导，并坚持"既不降低标准，也不吊高胃口"要求对标对表督促问题立行立改、补短板强弱项。

3. 切实防范扶贫领域风险

大力推行驻村"三个一"工作法，要求驻村扶贫工作队通过"村村寨寨开会、家家户户上门"的方式，每月对村（社区）贫困户和非贫困户实行全覆盖，对农户家庭实时动态和诉求困难等情况及时开展"回头看"，对到户到人政策落实情况及时开展"回头查"，对返贫风险户、非贫边缘户、老弱病残户及时开展"回头帮"，对能解决的问题就地及时解决，对不能解决的问题衔接上级党委政府和相关职能部门统筹整改，切实防范"五个风险"，确保扶贫工作更务实、脱贫过程更扎实、脱贫结果更真实。

2.5 持续发展：推进脱贫攻坚与乡村振兴有效衔接

虽然湘西州脱贫攻坚总体成效明显，但仍存在发展稳定增收脱贫产业难度较大、见效周期慢，少数贫困群众存在因病因残因灾返贫，贫困村与非贫困村、贫困户与非贫困户之间的"断崖效应"，少数群众存在内生动力不足与"等靠要"思想等问题。湘西州在整体脱贫摘帽后，通过保持政策持续提升脱贫质量，防止返贫；同时，构建脱贫长效机制巩固脱贫成效，将脱贫攻坚与乡村振兴战略有效衔接，推进全州同步小康。

2.5.1　保持政策持续，稳固政策支撑

湘西州坚决落实"四个不摘"的重要指示精神，坚持一手抓脱贫、一手抓巩固，统筹做好已脱贫村和预脱贫村的各项工作，高度重视防范化解"五个风险"，着力巩固提升脱贫质量。

1. 强化扶贫对象的动态管理

继续深入开展结对帮扶"六看六查"，全覆盖搞好脱贫质量"回头看"，深入排查各类隐患和不足，加强动态监测，对返贫人口和新发生贫困人口及时纳入帮扶，做到不漏一户一人。完善大数据平台，归集各类基础信息，高度关注"边缘户"和"脱贫监测户"，依据监测预警信息，逐一实施精准帮扶，确保稳定脱贫不返贫。

2. 提高帮扶政策的持续性

坚持"攻坚期内脱贫不脱政策"，做到扶贫优惠政策不变、结对帮扶力度不减、收入监测工作不断。加大老弱病残等特困人口的帮扶力度，加强"一老一小"的救助帮扶，做到应保尽保、应帮尽帮。对完全丧失和部分丧失劳动能力的贫困对象，采取入股分红、土地流转、委托帮扶等方式增加他们的收入。落实好教育、医疗、住房保障政策，抓好安全饮水巩固提升工程，加强易地扶贫搬迁后续帮扶。

3. 进一步提高群众满意度

统筹抓好贫困村与非贫困村的基础设施和公共服务建设，深入推进以旱厕改造为重点的农村人居环境治理，全面改善群众生产生活条件。着力化解涉贫信访突出问题，用心用力用情帮助群众解决实际困难。深化乡村文明创建，大力推进移风易俗，树立新时代文明新风。全面落实好"党建引领、互助五兴"农村基层治理模式，探索拓宽农村集体经济发展路径，提高村支"两委"服务群众的能力，建设永不走的扶贫工作队。更加注重扶志和扶智，讲好湘西脱贫故事，引导广大群众艰苦奋斗创造更加美好的生活。

4. 加强扶贫领域问题的专项整治

认真落实 2019 年中央"基层减负年"要求，大力整治扶贫领域的形式主义、官僚主义。积极推行"四不两直"方式，规范督查考核，切实减轻基层负担，让脱贫攻坚一线干部把更多时间和精力用在精准扶贫上。深入开展扶贫领域突出问题专项治理，加强扶贫项目和扶贫资金使用的监管，严查群众身边的腐败问题。积极推广运用"湘西e路通""湘西为民"村级微信群等便民服务平台，既

打通了联系服务群众的"最后一公里"，又畅通了群众监督的"最先一公里"，进一步提高了群众的获得感、幸福感和满意度。

5. 推进脱贫当家产业升级

大力推进农业特色产业扩面提质，重点发展茶叶、油茶、烟叶和生猪等产业。继续实施好乡村旅游脱贫工程，让更多的村寨变景点、村民变股民和旅游从业者。坚持对外输出与就近转移"两条腿"走路，因人制宜引导群众发展小养殖、小庭院、小作坊、小买卖"四小经济"，并养成勤劳致富的好习惯，多途径增加"短平快"式的经济收入。

2.5.2 构建长效机制，巩固脱贫成效

湘西州围绕全面建成小康社会目标，坚持精准扶贫、精准脱贫基本方略，坚持把提高脱贫质量摆在首位，认真落实"四个不摘"要求，突出加强产业和就业扶贫，坚决全面高质量地打赢脱贫攻坚战。

1. 全力攻克最后贫困堡垒

紧扣"两不愁三保障"脱贫标准和目标，完善医疗、教育、住房、特困群众兜底"四个保障"机制。全面开展"回头看、回头查、回头帮"，加强易地扶贫搬迁后续扶持，扎实做好返贫人口和新发生贫困人口的监测和帮扶，确保脱贫路上不落一人。

2. 持续加大产业扶贫力度

全面落实好产业扶贫和就业扶贫政策，做实兴产业、增就业、置家业"三业"增收文章，不断完善新型农业经营主体与贫困户联动发展的紧密利益联结机制，让每个贫困户都能享受到利益联结机制带来的实惠和红利，实现持续增收、稳定脱贫。

3. 进一步提高群众满意度

统筹抓好贫困村与非贫困村、贫困户与非贫困户的产业发展、就业创业、基础设施和公共服务建设等各项工作，加快推动基本公共服务由基本均衡向优质均衡转变。大力推进以旱厕改造为重点的农村人居环境治理，优化贫困群众生产生活条件，提高贫困群众生活品质。加强对群众的感恩教育，做深做实扶贫与扶志、扶智相结合工作，引导贫困群众自力更生、艰苦创业，激发脱贫内生动力。

4. 积极探索脱贫攻坚与乡村振兴有机衔接的体制机制

探索建立产业扶贫与产业振兴、科教兴农与人才振兴、扶贫扶智与文化振兴、生态扶贫与生态振兴、基层治理与组织振兴"五个衔接"机制，着力抓好乡村振兴试点工作，全面落实好"党建引领、互助五兴"农村基层治理模式，努力

走出一条具有湘西特色的脱贫与振兴互促发展的路子。

2.5.3　衔接乡村振兴，推进同步小康

湘西州积极推进脱贫攻坚与乡村振兴有机衔接。立足当前，着眼长远，正确处理好脱贫攻坚特惠性和乡村振兴普惠性的关系，做好观念、政策、规划、投入、制度等五个方面的有效衔接，努力走出一条脱贫与振兴互促共进的好路子。

遵照习近平总书记在凤凰县菖蒲塘村视察时作出的重要指示精神，湘西州把菖蒲塘村作为样板，推进脱贫攻坚与乡村振兴有机衔接改革试点工作，使菖蒲塘村走上了以产业兴旺带动脱贫致富、支撑乡村振兴的快车道，成为从"精准扶贫"迈向"乡村振兴"的先行军。一是党旗高扬聚人心。突出"党建引领、互助五兴"，发挥党员"头雁效应"，把党组织建在产业链上，积极推行"互助五兴"试点和积分制管理，使村党组织犹如"吸铁石"，将党员、群众紧紧地吸在了一起，激活了群众致富动力。二是果业铺就致富路。坚持因地制宜、适度规模，推行园区化开发、标准化生产，壮大猕猴桃、蜜柚两大支柱产业。习近平总书记视察后，菖蒲塘的水果名气更大了，成为远近闻名的"水果之乡"。三是科技支撑闯市场。突出科技人才带动，全村有省级科技示范户 2 户、州级科技示范户 1 户、县级科技示范户 10 户、中级农技师 21 名、初级农技师 48 名。突出精深加工带动，提高了"菖蒲塘水果"的附加值和品牌影响力。突出新型营销方式带动，充分利用"互联网+"模式，积极拓展农产品销售渠道，形成了线上线下产销一条龙。四是绿色理念美家园。深入践行绿色发展理念，大力开展美丽乡村示范创建，努力打造"山清水秀、乡风文明、和谐共生"的生态宜居大家园。推进"生态宜居"工程，形成了画上墙、绿上房、沟种花、荒种树的宜居环境；推进"环境净化"工程，采取"户分拣、组收集、村处理"等模式，治理"脏、乱、差"现象；推进"乡风文明"工程，成立红白理事会、道德评议会、村民理事会，开展"最美平安家庭""十佳致富能手"等评选活动；推进"便民惠民"工程，实现义务教育、社会保障、"一门式"公共服务、安全饮水、危房改造、通组道路"六个全覆盖"。

推进脱贫攻坚与乡村振兴有效衔接的工作中，湘西州重点处理好了四个关系：一是处理好脱贫攻坚与区域发展的关系。坚持尽力而为、量力而行，以脱贫攻坚促进区域发展，用区域发展带动脱贫攻坚，重点通过扩大开放倒逼发展环境优化、推动各类要素聚焦，强化科技创新，提升脱贫能力、转换发展动力，推动项目尤其是基础设施项目建设，聚焦改善贫困人口生产生活条件，不走"大水漫灌"的老路，实现区域发展与精准扶贫协调推进、相互支撑，让贫困地

区和贫困群众真正脱贫致富奔小康。二是处理好脱贫攻坚与乡村振兴的关系。坚持把农村贫困人口脱贫作为乡村振兴的重要内容和基础条件来抓，抓重点、补短板、强弱项，发展扶贫产业，推进农业现代化，促进城乡融合、产城融合，加大扶志和扶智力度，拉动乡村人才振兴和文化振兴，加快实现脱贫目标、巩固脱贫成果，推动农业全面升级、农村全面进步、农民全面发展。三是处理好脱贫攻坚与生态建设的关系。坚持"绿水青山就是金山银山"，把生态环境保护作为脱贫攻坚必须守好的红线，以更大的力度、更实的措施打好污染防治攻坚战，推进生态项目建设，加强农村人居环境整治，加快美丽湘西建设，形成绿色生产方式和生活方式，推动实现天更蓝、山更绿、水更清、环境更优美，让贫困地区、贫困群众从生态保护中得到更多实惠。四是处理好脱贫攻坚与基层治理的关系。坚持把扶贫工程当作一项基层治理现代化工程来抓，着力建强农村基层党组织、培优农村基层干部，健全自治、法治、德治相结合的乡村治理体系，既教育引导党员干部摆脱"思想贫困""作风贫困"，又帮助基层提高治理能力、改进治理方式。

第 3 章
决战贫困的生动实践

　　湘西州委、州政府牢记习近平总书记在湘西视察时提出的十六字方针，坚定不移地贯彻落实习近平总书记精准扶贫思想，在"精准扶贫湘西方案"这一顶层设计的指引下，轰轰烈烈地开启了决战贫困的生动实践，探索了不少独特且成效显著的做法。其中，与精准扶贫"五个一批"相对应又根据湘西实际落细落小的"十项工程"实施，源于"六个精准"又结合湘西特点的"五个结合"举措，坚持党建扶贫引领又创新基层治理模式的"党建引领，互助五兴"实践，严格扶贫监督考核的"四防两严"行动，是湘西州决战贫困生动实践的典型代表，也是湘西州精准扶贫实践的生动呈现。本章将对"十项工程""五个结合""党建引领，互助五兴""四防两严"的具体实施及成效进行系统阐述，并以多个鲜活案例再现实践场景。

3.1　"十项工程"的实施及成效

　　"十项工程"是湘西州践行"分类指导"、落细落小落实精准扶贫"五个一批"的根本性举措，也是湘西州精准扶贫实践最核心的工作内容。它具体包括发展生产脱贫工程、乡村旅游脱贫工程、转移就业脱贫工程、易地搬迁脱贫工程、教育发展脱贫工程、医疗救助帮扶工程、生态补偿脱贫工程、社会保障兜底工程、基础设施配套工程和公共服务保障工程。

3.1.1　发展生产脱贫工程的实施及成效

　　"发展生产"是"五个一批"中最重要的脱贫举措，即引导和支持所有有劳动能力的人依靠双手开创美好明天，立足当地资源，实现就地脱贫。习近平总书记指出，"贫困地区发展要靠内生动力，必须有产业、有劳动力，内外结合才能发展"①。各级部门也出台了系列产业扶贫相关的政策和意见②。党的十八大后，产业扶贫作为脱贫攻坚的根本之策和精准扶贫方略"五个一批"之首，成为各级党委、政府实施精准扶贫最重要的抓手。湘西州作为"精准扶贫"首倡地，在州委、州政府领导下，大胆创新、先行先试，认真贯彻习近平总书记"把种什么、养什么、从哪里增收想明白"的指示精神，把发展生产脱贫工程作为"造血式"可持续脱贫的首要举措，因地制宜发展"8 大"特色优势产业，通过园区带动、龙头企业带动、合作社带动等多种利益联结机制多途径增加贫困户家庭的收入；加强域内工业集中区、扶贫产业园区与"扶贫车间"建设，推动劳动力当地就业，并做好劳务输出工作，提高贫困家庭的工资性收入，最终实现湘西州所有行政区划脱贫摘帽，成效显著。

3.1.1.1 发展生产脱贫工程的基础

1. 自然禀赋和区位条件

(1)区位条件不断改善。湘西苗族自治区 1952 年 8 月成立，1955 年改为湘西苗族自治州。湘西土家族苗族自治州于 1957 年 9 月成立，位于湖南省西北部，介于东经 109°10′~110°22.5′和北纬 27°44.5′~29°38′之间，地处湘鄂黔渝四省市交界处，是湖南"一带一部"③的重要节点。湘西州处于中西部结合部，是承接南北、沟通东西部地区的桥头堡，州府吉首市是全国 18 个高速公路枢纽城市之一。2019 年底黔张常铁路建成并正式通车，湘西机场预计 2021 年通航，张吉怀高铁也将于 2021 年下半年建成通车，届时湘西对外开放的交通瓶颈问题会得到有效解决。湘西是习近平总书记精准扶贫重要论述的首倡地，是国家西部大开发、国家承接产业转移示范区、武陵山片区区域发展与扶贫攻坚试点地区，是湖南省唯一的少数民族自治州和扶贫攻坚主战场。

(2)独特的生态资源禀赋优势。湘西州山地面积占总面积的 70%，是长江

---

① 习近平总书记 2014 年 5 月 15 日在了解毕节扶贫经验时的批示。

② 包括但不局限于以下文件：《农业农村部关于印发实施产业扶贫三年攻坚行动意见的通知》《农业农村部办公厅关于加强农业科技工作助力产业扶贫工作的指导意见》《农业农村部办公厅 国务院扶贫办综合司关于做好 2020 年产业扶贫工作的意见(农办规〔2020〕3 号)》《农业农村部 国务院扶贫办关于建立贫困户产业发展指导员制度的通知》《农业部关于加大贫困地区项目资金倾斜支持力度促进特色产业精准扶贫的意见》《湖南省产业精准扶贫规划》《关于发布湖南省"一县一特"主导特色产业发展指导目录的通知》《关于做好疫情防控期间贫困地区农产品销售的通知》《湖南省建立贫困户产业发展指导员制度实施方案》《湖南省产业扶贫挂牌督战工作方案》《关于进一步完善 2019 年省重点产业扶贫项目管理的意见(湘农联〔2019〕51 号)》《关于进一步加强产业扶贫的指导意见(湘农联〔2018〕132 号)》《关于建立产业扶贫台帐制度的通知(湘农办计〔2018〕238 号)》《关于加强 2018 年省重点产业扶贫项目管理的意见(湘农联〔2018〕101 号)》。

③ 习近平总书记 2013 年 11 月在湖南考察时，要求湖南发挥东部沿海地区和中西部地区"过渡带"、长江开放经济带和沿海开放经济带"结合部"的区位优势，提高经济整体素质和竞争力，加快形成发展新格局，这一定位被称为"一带一部"。

经济带的重要的生态安全屏障，拥有自然保护区 32 个，森林覆盖率达 70.24%，是国家重点生态功能区，生态资源极其丰富，堪称华中"生物基因库"和"中药材宝库"，拥有中药材资源 2000 多种。湘西州处于全国罕见的气候微生物发酵带、土壤富硒带和植物群落亚麻酸带，"酒鬼酒""果王素""古丈毛尖""黄金茶""湘西椪柑""湘西金叶"等都源于这宝贵的"三带"资源。丰富而独特的生态资源禀赋优势使得湘西州在发展特色产业方面具有极大的先天优势。

(3)文旅资源禀赋优势显著。湘西州民俗资源丰富，土家族、苗族是能歌善舞的民族，有各自独特的语言、习俗、服饰、建筑、音乐、舞蹈。湘西州是文化和旅游部授予湖南唯一的武陵山区(湘西)土家族苗族文化生态保护区，矮寨·十八洞·德夯大峡谷被评为国家 5A 级旅游景区，花垣县苗族赶秋被列入联合国教科文组织人类非物质文化遗产代表作名录。到 2020 年，全州共拥有 28 项国家级非物质文化遗产项目、86 项省级非物质文化遗产项目、278 项州级非物质文化遗产项目，此外还有保靖县吕洞山镇夯沙村、龙山县苗儿滩镇捞车村、吉首市峒河街道小溪村等 172 个村寨入选"中国传统村落名录"。湘西州历史文化资源厚重，有"中国最美丽的小城"凤凰古城、"北有西安兵马俑，南有里耶秦简牍"的里耶古城、我国大西南地区现存规模最大保存最好的八百年土司王都老司城(它也是湖南省首个世界文化遗产)、里耶镇、芙蓉镇、浦市镇、边城镇四个中国历史文化名镇和南方长城等；有民国总理熊希龄、现代文豪沈从文、著名画家黄永玉、民族歌唱家宋祖英等一批政治文化名人；有强大的红色文化基因，贺龙等老一辈无产阶级革命家在这里创建了湘鄂川黔革命根据地。湘西州山水风光神奇，域内有被誉为"天下第一漂"的猛洞河国家级风景名胜区、中南十三省唯一幸存的免遭第四纪冰川侵袭的原始次生林小溪国家级自然保护区、"天凿奇峡"德夯风景名胜区、世界上跨峡谷跨度最大的钢桁梁悬索桥矮寨大桥、湘西世界地质公园、国家森林公园坐龙峡、国家地质公园红石林、国家湿地公园峒河等 228 个世界级、国字号旅游品牌。

2.经济基础与湘西州的现实选择

(1)经济与产业基础薄弱。湘西州不仅是武陵山连片特困地区的主体区域，也是湖南省脱贫攻坚的主战场，而且一直是湖南省脱贫攻坚的重点难点地区。在 2017 年湖南省确定的 11 个深度贫困县、549 个深度贫困村中，湘西州有 7 个深度贫困县、268 个深度贫困村。大面积的深度贫困导致湘西州经济规模偏小、人均收入偏低、工业化程度严重滞后。

湘西州经济规模偏小，经济发展较慢。湘西州 GDP 从 2010 年的 303.44 亿元增加到 2020 年的 725.11 亿元，约增加了 1.39 倍，年化增长率约为 9.83%。湖南省同期 GDP 增加了 1.5 倍，年化增长率约为 10.71%。湘西州年均 GDP 增长速度比湖南省年均 GDP 增长速度低 0.88%(见表 3.1)。

表 3.1　湘西州经济发展趋势（2010—2020）　　　　　　　　亿元

年度	GDP 总量	年度	GDP 总量	年度	GDP 总量	年度	GDP 总量
2010	303.44	2013	418.9	2016	530.9	2019	705.71
2011	361.36	2014	457	2017	582.64	2020	725.11
2012	397.7	2015	512	2018	605.05		

产业结构相对单一，农村地区产业可持续发展能力相对不强。湘西州的三大产业结构持续优化，但第一产业占比严重偏高、第二产业占比严重偏低，2019 年湘西州第一产业占比超过全国平均水平 6.3 个百分点，但第二产业占比比全国平均水平低 10.9 个百分点。特别是农村地区更是以传统种养殖等弱质产业为主导，发展举步维艰，难以担负带动贫困户实现可持续"就地脱贫"的重任（见表 3.2）。

表 3.2　湘西州经济结构演变化趋势（2010—2020）　　　　　　　%

年度	第一产业	第二产业	第三产业	年度	第一产业	第二产业	第三产业
2010	16.3	39.9	43.8	2016	15.2	31.2	53.6
2011	15.6	41.1	43.3	2017	14.4	30.8	54.8
2012	14.9	39.9	45.2	2018	13.2	28.4	58.4
2013	14.9	36.7	48.4	2019	13.4	28.1	58.5
2014	15.1	34.3	50.6	2020	15.4	28.2	56.4
2015	14.8	33.9	51.3				

人均 GDP 偏低、贫困发生率过高。总体来看，2010—2019 年间湘西州人均 GDP 不到湖南省同期人均 GDP 一半且增速相对滞后于湖南省平均水平。2014 年底，湘西全州共有 1110 个贫困村和建档立卡贫困户 165100 户 657794 人，贫困发生率为 32.91%，比全省平均水平高 13.42 个百分点（见表 3.3）。

表 3.3　湘西州与湖南省人均 GDP 比较（2010—2019）

年度	州人均 GDP/元	省人均 GDP/元	占全省人均 GDP 比重/%	年度	州人均 GDP/元	省人均 GDP/元	占全省人均 GDP 比重/%
2010	12033	24719	48.68	2015	19488	43968	44.32
2011	14138	29828	47.40	2016	20145	45931	43.86
2012	15465	33480	46.19	2017	22094	50563	43.70
2013	16171	36763	43.99	2018	22885	52949	43.22
2014	17508	40287	43.46	2019	26691	57540	46.39

数据来源：2010—2019 年湘西州/湖南省国民经济与社会发展统计公报。

（2）湘西州的现实选择。湘西州的贫困主要是由于经济发展滞后所导致的收入上的贫困，是远离"市场"的贫困。受制于区位劣势与地形复杂多样，湘西州曾长期大面积处于深度贫困状态，部分深度贫困区甚至连维持人的基本生存都存在问题，事实上湘西州部分地区现在依然保留着物质匮乏的记忆——"一日两餐"习俗。因此，在"发展生产脱贫工程"的指引下，充分利用精准扶贫带来的有利政策，打破原来的自然环境与产业结构的约束，推动湘西州贫困地区从同质化的"生存型"产业结构向差异化的"市场型"产业结构转型升级，最终实现湘西州全面、可持续脱贫。基于此，湘西州委、州政府充分发挥"首倡之地当有首倡之为"的精神，全面落实习近平总书记关于"引导和支持所有有劳动能力的人依靠自己的双手开创美好明天，立足当地资源，实现就地脱贫"的重要指示，立足湘西州丰富的生态资源、民俗文化资源与区位优势，以精准脱贫统揽全局并基于当地的比较优势制定了"十项工程"之"发展生产脱贫工程"，将产业扶贫模式与湘西州特色资源相结合，把推动州内扶贫产业的发展作为实现可持续脱贫的根本之策：以特色产业、现代农业园区与农业服务体系为抓手，力争"到 2020 年，全州建成 400 万亩以上农业特色产业基地，其中柑橘 100 万亩、猕猴桃 20 万亩、茶叶 40 万亩、烟叶轮作 50 万亩、油茶 100 万亩、百合轮作 20 万亩、中药材 20 万亩、杜仲 30 万亩、商品蔬菜 50 万亩，年出栏湘西黄牛 30 万头、湘西黑猪 100 万头，实现特色产业总产值 200 亿元以上；通过发展生产带动 50 万人脱贫，其中 2016 年 10 万人、2017 年 10 万人、2018 年 15 万人、2019 年 15 万人"[①]，实施"一县一业、一乡一特、一村一品、一户一策"措施带动贫困户发展茶叶、油茶、柑橘、猕猴桃等 8 大特色产业（见图 3.1），走出一条具有湘西特色的产业扶贫之路。

3.1.1.2　发展生产脱贫工程的具体实践

1. 利用特色资源，形成特色产业，建立特色品牌

选准适宜的特色产业是发展生产脱贫的关键。发展生产脱贫是促进精准脱贫的基础性工程，而能否脱贫的关键又在于发展生产时必须选准适宜的特色产业。湘西州拥有丰富的自然资源和生态资源，但产业基础薄弱，人均 GDP 严重滞后于全国平均水平。为了扬长避短，充分发挥比较优势，湘西州委、州政府因地制宜，充分利用当地特色资源，发展特色产业。在发展生产脱贫的过程中，按照"四跟四走"[②]产业扶贫模式，围绕州委、州政府发展生产脱贫工程的工作要求，坚持"短平快"与"中长期"相结合、新特优相搭配，实施"一县一业、

---

① 参考 2016 年初湘西州委制定的《湘西州精准脱贫"十项工程"实施方案（试行）》。

② "四跟四走"："资金跟着穷人走、穷人跟着能人走、能人跟着项目走、项目跟着市场走"。

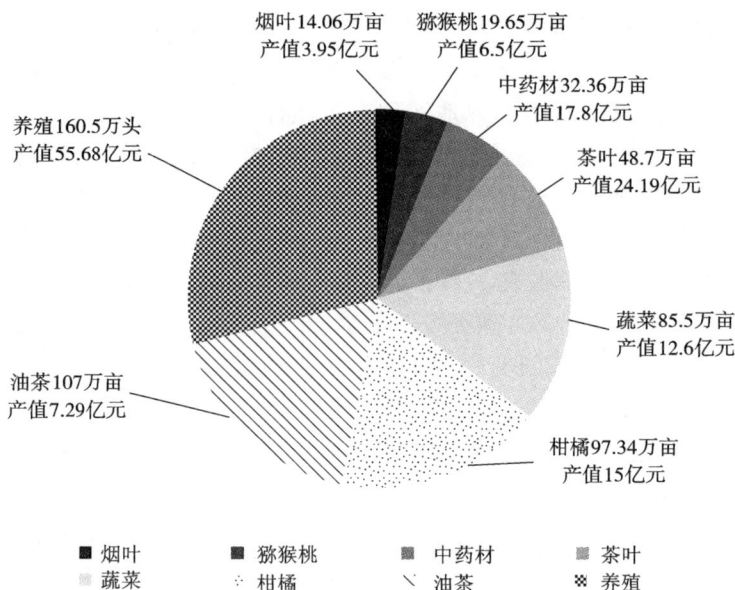

图 3.1　湘西州 8 大特色产业产值概况（2020 年）
资料来源：湘西州发展生产办。

一乡一特、一村一品、一户一策"措施，科学谋划脱贫产业，从发挥区域资源优势出发，帮助贫困户发展长短结合的种养产业，大力发展茶叶、油茶、柑橘、猕猴桃、中药材（杜仲、百合）、烟叶、蔬菜和特色养殖（黑猪、黄牛）等 8 大特色产业，初步形成县市（乡镇、村）有稳定脱贫的主导产业和特色扶贫产业布局，充分发挥产业脱贫的"造血"功能。

优化特色产业格局，培育特色品牌。大力推进质量兴农，加大农业品牌创建、培育和整合力度，鼓励农业新型经营主体积极申报"二品一标"产品认证和著名商标、驰名商标注册，打造一批知名度高、带动力强、辐射面广、质量安全的优质特色农产品品牌。把特色农产品品牌建设作为开拓农产品生产、加快现代农业发展、促进精准脱贫的一项重要举措，践行绿色发展理念，坚持生态优先、优势优化，以建成绿色产品大庄园为目标，推进供给侧改革和"二品一标"品牌战略。以构建农产品安全体系为契机，按照统一制定并执行标准化生产技术规程、统一农业技术服务模式、统一质量安全控制记录、统一标准化示范区创建"四个统一"要求，强化标准化生产、规范化管理，着力提高特色产业标准化生产管理水平，提升特色农产品质量，增强优势农产品市场竞争力，切实把特色产业建设成为贫困户脱贫的支柱产业，确保特色产业开发促进精准脱贫取得实效。"古丈毛尖""黄金茶""湘西黑猪""湘西椪柑""湘西道地药材""湘西猕猴桃"等绿色产品享誉省内外，"绿水青山就是金山银山"的绿色发展理念得到了充分的诠释；形成贫困户有稳定脱贫的当家产业、贫困县市(乡镇、村)有特色品牌扶贫产业的新格局。到 2020 年底，湘西州"二品一标"农产品认证数量达 125 个，"二品一标"农产品认证面积 164 万余亩，总产值 52.74 亿余元，均创历史新高；全州拥有中国驰名商标 3 个，湖南省名牌产品 3 个，湖南省老字号品牌 13 个；完成《湘西州农产品品牌目录》，成功申报"中国黄金茶之乡"，成功推出"湘西香伴"原创农产品品牌①。

　　2.整合扶贫资金，加强农基建设，发展现代农业园区

　　2016 年以来湘西州各级政府主动出击，在"发展生产脱贫工程"的指引下，整合扶贫资金，加大产业扶贫投入力度(见表 3.4)。2014—2019 年，湘西州全州共投入产业扶贫资金约 57.19 亿元，约占同期湘西州扶贫资金投入的44.29%。其中直接投入产业扶贫资金约 37.17 亿元，约占专项产业扶贫资金的 65%；产业基础设施建设投入资金约 20.02 亿元，约占专项产业扶贫资金的35%。湘西州各级政府以市场为杠杆，整合各类扶贫资金投入产业扶贫，在强化产业基础设施建设的基础上，撬动了契合自身资源禀赋的特色产业发展，为湘西州"发展生产脱贫工程"提供了强劲的动力和坚实的基础。

表 3.4　2014—2019 年湘西州扶贫资金投入情况　　　　万元

2014—2019 年湘西州产业扶贫资金投入情况							
项目名称	2014	2015	2016	2017	2018	2019	合计
投入产业扶贫	36295.67	44608.25	71507.12	68055.31	62697.92	88527.59	371691.86
投入产业基础设施	2841.64	9218.55	10512.22	25463.52	18888.72	42372.10	109296.75
其他基础设施	2776	8970.76	9953.84	9462.72	37090.08	22678.72	90932.12
2014—2019 年湘西州扶贫资金投入情况							
州扶贫资金投入	60553	83609	131051	151943	165297	196606	839259

　　数据来源：原湘西州扶贫办。

　　同时，在全州范围内实施"一县一业、一乡一特、一村一品、一户一策"措施，优化贫困地区特别是贫困村的产业结构，着重引导和扶持发展特色产业，

① 数据来源：湘西州农业农村局。

形成了以"林药、林果、林茶、林畜、林旅"为主，一二三产业融合发展的多种经营发展模式，推动湘西州农业产业由传统的"生存型"产业结构不断向现代的"市场型"产业结构转型升级。自实施"发展产业脱贫工程"以来，湘西州利用自身的生态优势发展生态产业的积极性进一步高涨，按照"村有百亩示范园、乡有千亩标准园、县有万亩精品园"的发展思路，加快农业扶贫产业园区和基地的"园、社、企、水、路"综合配套建设，推动资金、项目、人才等向园区集中集聚，为产业扶贫提供内生动力。截至 2020 年底，湘西州共建设万亩精品园24 个、千亩标准园 316 个。同时，8 大生态特色产业规模不断扩大、产值不断提升(见表 3.5)。到 2020 年，湘西州共建成特色产业基地 460 多万亩，完成107.5%的任务目标，其中茶叶、猕猴桃、蔬菜、中药材、生猪等特色产业基地面积分别提前完成 158.25%、110.8%、170%、183.2%和 105.86%的任务目标；柑橘特色产业基地基本完成任务目标，完成度分别为 96.39%；另外，百合产业种植面积达 11.24 万亩，产量达 11.27 万吨，总产值达 11.13 亿元①。

表 3.5 2020 年湘西州特色产业发展情况统计

产业	面积	产值/亿元	产业		面积	产值/亿元
茶叶	63.3 万亩	57.06	中药材		36.64 万亩	20.15
柑橘	96.39 万亩	10.00	时鲜水果		18.77 万亩	4.79
油茶	107 万亩	8.56	特种养殖	生猪	105.86 万头	≈42.45
猕猴桃	22.16 万亩	7.33		黄牛	6.42 万头	≈7.38
烟叶	19.13 万亩	3.95		羊	52.68 万只	≈8.28
蔬菜	85.50 万亩	20.00	—		—	—

注："≈"表估值，估值标准为每头黑猪 4000 元，每头黄牛 10000 元，每只羊 1500 元。
数据来源：湘西州发展生产办。

为贫困户培养当家扶贫产业，按照"让每个贫困村有 1 个以上当家产业，每户贫困户有 1 个以上增收项目"的要求，帮助有产业发展能力、意愿的贫困户得到产业扶贫，包括产业奖补、技术指导、委托帮扶、股份合作等，积极引导贫困群众因地制宜发展小养殖、小庭院、小作坊、小买卖"四小经济"，养成良好的劳动习惯，将短平快产业作为长效产业的重要补充，让每个贫困家庭都有一份家业，做到既能快速短期脱贫，又能长久稳定致富。截至 2020 年，湘西州

---

① 数据来源：龙山县发展产业办。

共有 11.8 万有产业发展能力及意愿的贫困户，他们在脱贫攻坚期内全部获得产业扶贫，其中，吉首市 10651 户，泸溪县 15617 户，凤凰县 12093 户，古丈县 6302 户，花垣县 16766 户，保靖县 9276 户，永顺县 20948 户，龙山县 26443 户[①]。总体来看，2016—2020 年间，湘西州基本实现了特色产业发展目标，做到了确保州内的每个贫困村都有自己的产业发展项目、每个贫困户都有自己的产业增收项目。

3. 创新经营方式，培养新型经营主体，完善利益联结机制

引进、培育一批具有地域特色的农业产业龙头企业，在市场上将特色产业的从业者、生产者、消费者通过利益联结机制有机地对接起来，将产业脱贫工程政策用活、用足、用够，实现产业脱贫工程成效的可持续。以林业为例，湘西州"发展生产脱贫工程"实施以后，2017 年新增省级林业产业龙头企业 4 家（古丈罗马特种生物科技有限公司、湖南鑫科物业有限公司、龙山县恒龙中药业拓展有限公司、湘西州牛角生态农业科技开发有限公司），2018 年新增省级林业龙头企业 5 家（湖南湘泉药业股份有限公司、湖南溢仁坊玫瑰科技有限公司、花垣县宏晟农业科技发展有限责任公司、花垣五龙农业开发有限公司、湘西亿利德生物科技开发有限公司），至 2019 年底湘西州省级林业产业龙头企业共有 23 家。大力新培育或引进规模以上乡村产业企业。2019 年湘西州全州共新培育或引进规模以上乡村产业企业 19 家，各县市均在 2 家以上。其中，吉首市新培育企业 2 家，泸溪县新培育企业 3 家，凤凰县新培育企业 1 家新引进企业 1 家，古丈县新培育企业 3 家，花垣县新培育企业 1 家新引进企业 1 家，保靖县新培育企业 2 家，永顺县新培育企业 3 家，龙山县新培育企业 2 家。推动贫困村成立有工商登记、有带动贫困户花名册、有业务往来账务的合作社。到 2019 年底湘西州 1110 个贫困村[②]已全部成立合作社。

强化乡村扶贫产业龙头企业的带动作用，不断完善扶贫产业的利益联结机制。乡村扶贫产业龙头企业是指在贫困地区扶贫产业中具有一定影响力、号召力和示范引导作用并对扶贫地区扶贫产业作出一定贡献的企业。利用扶贫产业龙头企业开展技术服务、建设农副产品基地、实施投资项目、安置贫困人口就业、保底收购农产品等带动贫困村发展特色产业。不断完善农户与扶贫产业龙头企业（合作社）之间的利益联结机制。湘西州按照"龙头企业+贫困户"或"合作社+贫困户"的联结方式，把有产业发展能力、意愿的贫困户通过扶贫产业龙

---

① 数据来源：原湘西州扶贫办、湘西州产业办汇总数据。
② 具体来看，吉首市 74 个贫困村，泸溪县 93 个贫困村，凤凰县 186 个贫困村，古丈县 83 个贫困村，花垣县 142 个贫困村，保靖县 115 个贫困村，永顺县 190 个贫困村，龙山县 227 个贫困村。

头企业(合作社)与市场有机地联结起来，推动特色产业发展，带动贫困户实现可持续脱贫。到 2020 年，湘西州共有 11.8 万有产业发展能力及意愿的贫困户同龙头企业或合作社建立利益联结，包含资金资源入股、生产协议、聘用务工等多种方式。

特色产业的发展与龙头企业的培育引进，以及利益联结机制的不断完善，使湘西州得以充分利用自身的资源禀赋优势，大力发展在湘西州具备一定产业基础的特色种植业、林业、特种养殖业等，极大地改善了州内贫困地区，特别是农村地区的经济基础和产业结构，推动了贫困地区与脱贫家庭的生计方式转变，提升了贫困地区与脱贫家庭的可持续脱贫能力。

4. 优化物流布局，疏通营销渠道，完善发展生产服务体系

加强农产品批发市场、仓储保鲜、冷链物流建设，优化物流布局，推进"互联网+农业""互联网+旅游""互联网+生态"等融合发展。截至 2019 年底，排杉村农产品电商物流基地、武陵山星兴冷链物流中心项目一期竣工并投入使用。同时，加快推动高铁新城友阿商贸物流园、浪头河商贸大市场、湘鄂渝黔现代农业产业园、大湘西物流园、吉首现代商贸物流园等项目建设。另外，湘西州多次组织优秀特色农产品生产企业参加国家级、省级及与东西部协作相关的不同级别不同规模的农产品交易会，绿色、富硒、优质的湘西农产品在展会上大放异彩。在 2019 年武陵山贫困地区农产品产销对接活动暨湘西州特色农产品扶贫专场推介活动上，湘西州农产品现场销售额超过 100 万元，达成意向性农产品订单 4.2 亿元，签约订单 23.76 亿元。其中，在湘西州客商恳谈会、武陵山贫困地区产销对接活动启动仪式和湘西州特色农产品扶贫专场推介会上签约 23.1 亿元，现场展位签约 0.66 亿元。

在优化物流布局的基础上，不断从减少流通环节、促进产销衔接、提高流通效率、降低流通费用等方面着力，深入对接电商龙头。利用"互联网+"打造农产品营销公共服务平台和农产品新型流通业态，推广农社、农企等形式的产销对接，积极推进信息化与特色产业深度融合，积极开展电商线上销售，吸引了一批在外优秀电商人才返乡创业，疏通了扶贫产业的营销渠道。在此背景下，湘西州涌现了盘古电商、松桂坊等本地优质网络销售企业，打造了线上猕猴桃销售的互联网小镇永顺县松柏镇，并以此为契机逐步健全农产品冷链物流网，加强冷链仓储运输、保税物流仓库等建设管理。2019 年，湘西州共实现电商网络交易额 10 亿元以上，互联网服务辐射 127 万农村人口，其中建档立卡贫困户 31 万人，有 1.7 万贫困人口直接或间接享受了电商扶贫红利。

3.1.1.3　发展生产脱贫工程实施的显著成效

1. 特色产业结构布局不断完善，产业带动脱贫成效显著

基于生态资源禀赋优势，湘西州以农业供给侧改革为主线，培育壮大柑橘、茶叶、烟叶、猕猴桃、蔬菜、油茶、中药材(杜仲、百合)和特色养殖(黑猪、黄牛)等8大特色产业，制定实施农业特色产业提质增效"845"计划，因地制宜布局"一县一业""一乡一特""一村一品"的产业开发格局。2020年底，湘西州2/3以上的贫困人口通过产业带动实现增收，近45万贫困人口实现产业收益[①]。

从特色产业龙头企业带动贫困村脱贫情况来看，截至2019年，湘西州共有723个贫困村实现龙头企业带动，占州内全部贫困村的65.14%。其中，吉首市带动52个村，泸溪县带动60个村，凤凰县带动122个村，古丈县带动53个村，花垣县带动103个村，保靖县带动72个村，永顺县带动121个村，龙山县带动140个村。从特色产业带动贫困户脱贫情况来看，截至2019年底，湘西州2/3的贫困户脱贫得益于特色产业的发展。具体来看(见表3.6)，湘西州8大特色产业发展共带动约34.46万户138.36万人脱贫[②]；从行政区划上来看，保靖县、永顺县和花垣县特色产业带动农户脱贫的规模位居前三，分别为带动67828户(268200人)、65659户(270525人)和55212户(245367人)。从不同产业上来看，8大特色产业带动贫困户脱贫的户数和人数为281483户和1132010人，分别占产业带动贫困户脱贫总户数和总人数的81.69%和81.82%，其中养殖业、油茶业和蔬菜业的带动成效位居前列，分别带动了97250户(393623人)、50900户(204384人)和46234户(182649人)。

表 3.6　2019 年湘西州 8 大特色产业带动贫困户脱贫情况统计

县市名称	产业带动合计		茶叶		油茶		柑橘		猕猴桃	
	户数	人数	户数	人数	户数	人数	户数	人数	户数	人数
吉首	14200	54008	2224	8451	475	1805	1598	6072	220	882
泸溪	27504	115644	39	180	1786	7541	2568	10701	51	245
凤凰	49769	202065	1742	7046	8416	35688	3008	11430	4212	16000
花垣	55212	245367	10430	46328	3688	15860	1292	4786	2930	12600

---

① 数据来源：湘西州农业农村局。

② 需要注意的是，贫困户中有发展多种产业的不剔除重复数。

续表3.6

县市名称	产业带动合计		茶叶		油茶		柑橘		猕猴桃	
	户数	人数	户数	人数	户数	人数	户数	人数	户数	人数
古丈	22599	89794	6147	23670	3806	15175	1378	5117	378	1545
保靖	67828	268200	4800	18000	8078	30696	7000	27500	396	1786
永顺	65659	270525	2403	9135	18700	72000	2848	11220	8000	35000
龙山	41794	137971	2162	8959	5951	25619	2505	7944	0	0
州合计	344565	1383574	29947	121769	50900	204384	22197	84770	16187	68058

县市名称	烟叶		中药材		蔬菜		养殖业		其他产业	
	户数	人数	户数	人数	户数	人数	户数	人数	户数	人数
吉首	51	194	197	749	2243	8526	7128	27086	64	243
泸溪	49	217	1067	4457	4831	20496	9700	40482	7413	31325
凤凰	244	1252	2706	10282	11002	39509	13558	58866	4881	21992
花垣	4576	19680	2494	10728	8113	34899	16298	76418	5391	24068
古丈	617	2573	1098	4559	1658	6012	5281	21886	2236	9257
保靖	127	514	189	852	14039	56153	17485	69940	15714	62759
永顺	689	2558	568	2158	1668	6334	19000	75000	11783	57120
龙山	246	984	3850	15000	2680	10720	8800	23945	15600	44800
州合计	6599	27972	12169	48785	46234	182649	97250	393623	63082	251564

说明：贫困户中有发展多种产业的未剔除重复数，按产业类别进行填报。

数据来源：湘西州发展生产办。

2. 特色产业经营主体逐步增强，产业融合成效显著

通过大力培育 8 大特色产业企业，积极开展农业招商引资，深入开展东西部产业扶贫协作，湘西州新培育和引进了一批具有规模以上实力的乡村产业企业，实现规模以上龙头企业到贫困地区干事创业、带动特色产业和贫困户发展的目标。仅 2019 年，湘西州就新培育和引进规模以上乡村产业企业 19 家，至少可带动 2 万户贫困人口发展产业增收。通过开展农民专业合作社专项清理整顿行动，湘西州对所有进行工商注册的农民合作社进行了详细清查，重点查处"空壳社、挂名社、僵尸社"，并对运营不规范的合作社做出整改指导。到 2019 年底，湘西州共清查在册合作社 7232 家，清理整顿问题社 2039 个，指导欠规范合作社 3938 个，推动了湘西州农民专业合作社的健康发展。积极探索一二三产业融合发展路子，特别是有机衔接乡村振兴与脱贫攻坚，大力做实乡村旅游与农村特色产业融合发展，实施景区带村、能人带户、跨村联合、产业融合、公司+农户、合作社+农户"双带双合双加"模式，到 2020 年共建设万亩精品园 24 个、千亩标准园 316 个。①

3. 特色产业带贫机制不断完善，村级集体经济显著增强

湘西州在贫困地区发展扶贫产业的过程中采用"龙头企业+合作社+基地+贫困户""龙头企业+基地+贫困户""合作社+基地+贫困户"的带动模式，积极开展"千企帮千村"和"合作社全覆盖"行动，到 2019 年底实现龙头企业帮扶 723 个村和 1110 个贫困村合作社全覆盖。通过整合涉农资金项目，加大产业扶贫投入，引导社会资金参与，吸纳金融资金支持，湘西州已实现贫困户产业发展资金或物化支持全覆盖。到 2020 年底，湘西州财政产业扶贫投入已突破 13.18 亿元，使超过 45 万户的贫困户受益。通过资产资源入股、签订生产合作协议、就近基地务工、资产租赁、委托帮扶等多种方式，湘西州到 2020 年底共有 11.8 万户贫困户与新型经营主体建立了紧密的利益联结机制，使贫困户能从农产品销售、务工、股份分红等多途径获取收入。结合村级资源禀赋优势，通过大力培育村集体优势产业、整合资金统筹开发村集体经济项目和集中村集体资源资产进行托管运营等三种村集体经济发展模式，破解湘西州内贫困村集体经济发展难题和瓶颈，壮大贫困村村级集体经济。2019 年湘西州剩余 236 个预脱贫村全部实现集体经济收入 5 万元以上，所有贫困村实现有集体经济增收项目，所有行政村实现消除集体经济收入"空白村"。

4. 农业服务体系逐步完善，特色产业科技支撑明显增强

贫困村退出需配置完善村级公共服务平台，其中农业服务设施包含建设完善农业技术培训与推广室等，特别对 2019 年度脱贫的 236 个村全部配置齐全农业服务设施。深入开展千名农技干部联村帮扶，从 2018 年开始，以贫困村为重点，辐射湘西州所有行政村，采取联村或包村的形式，用三年时间开展农业技术对口服务和定点技术服务，力争联系帮扶村的农民可支配收入增幅有所提高，特色产业有明显发展，产业扶贫帮扶有显著效果。三年来，已共选出 903 名州、县市农技专家，组成 8 个专家服务团 115 个精准帮扶服务队，覆盖全州所有的行政村开展政策宣讲、技术培训和科技服务活动，实用技术培训累计达 48 万人次。广泛建立贫困户产业发展指导员制度，按照"就地就近、充分依托现有资源、有足够时间进村入户"的原则，湘西州从扶贫队员、第一支书、农技干部、种养大户、致富带头人、新型农业经营主体带头人中选聘贫困户产业发展指导员，精准指导贫困户发展脱贫产业。湘西州有产业发展条件的 1701 个

---

① 数据来源：原湘西州扶贫办、湘西州农业农村局。

行政村全部建立贫困户产业发展指导员制度，共选聘 2465 名产业扶贫指导员。培养农业农村人才队伍，从切实解决基层专业技术人员总量不足、结构不优、服务弱化等问题出发，提高农村专业技术人员服务脱贫发展、推进乡村振兴的能力水平，培育一支懂农业、爱农村、爱农民的农村工作队伍，从 2018 年起，湘西民族职业技术学院每年招录 3 年学制(专科)定向农技特岗生 300 人左右，为湘西州农业农村特色产业发展提供人才保障。2020 年，成功创办官春云院士工作站，依托油料作物产业链，健全湘西特色农业产业脱贫体系，巩固粮作、茶叶、柑橘、猕猴桃等产业效益。

3.1.1.4 典型案例

案例 1：

创自主品牌、助可持续脱贫
——记湘西山野牧业专业合作社特色产业扶贫之路

湘西山野牧业专业合作社成立于 2014 年，注册地址位于吉首市团结路 2 号，注册资本金为 300 万元。合作社坚持以人为本，服务于农，崇尚健康、生态、绿色、环保理念，走"公司+基地+农户"产业化发展道路，积极参与扶贫攻坚，取得了一定的成绩。

一、创立品牌重品质，走出湘西面向全国

品牌是合作社的生命，品牌是合作社创造效益的保障。为做大做强山野牧业品牌，合作社组织积极走出去，请进来，学经验，学技术。一是派合作社人员去省、市参加技术培训，不断提高社员的技术水平。二是请专家、教授亲临合作社讲课和进行技术指导，不断提高社员的理论素养和实践操作能力。三是注重科学管理，推行绿色、环保、生态养殖。从抓无公害生产基地到生产绿色食品，再发展到生产有机产品；从抓产品质量到改换各种包装，使产品质量逐步提升，食品安全得到保障。四是积极创新创优创立自己的品牌。功夫不负有心人，经过几年的努力，合作社取得了无公害产地产品认证，注册了"湘西山野""白云贡米"商标，开发了多个系列产品，有"山野羊肉""山野黑猪""山野土鸡蛋""白云贡米"等品牌，产品远销北京、上海、福建、台州、长沙等沿海地区及城市。现在，山野牧业在湘西州已有了一定的知名度，系列产品也已走出湘西、面向全国，合作社的实力不断增强。

二、转变观念拓渠道，创新思路强销售

自合作社成立以来，合作社、农户面对的主要问题就是产品销售难。为让湘西的种植、养殖产品走出去，山野牧业专业合作社转变观念，创新思路，加强了产品的市场销售工作，推行了"三大销售"模式，积极拓宽产品销售渠道。

一是实行终端营销模式，就是进行口碑营销、品质营销，通过开办直营旗舰店，使产品直销本地及周边城市，进入各大超市、星级酒店、知名餐饮连锁店，进行"农超对接""农店对接"（见图3.2）。合作社先后在吉首开办了三个直营旗舰店，进入了吉首及周边的怀化、张家界等佳惠超市，产品受到广大市民的普遍好评。二是实行"互联网+农业"的品牌销售模式。合作社建立了电子商务销售平台，开办了电子商务网站，注册了微信商城，发展会员2000个，使广大城市居民可在网上购买山野牧业的系列产品。这样不仅增强了合作社的影响力，而且与上海、北京、温州、台州等大中城市建立了较为完整的销售网络。如今，山野产品已经得到社会的广泛认可和消费者的喜爱。三是实行订单销售模式，通过开展一系列的山野牧业的文化宣传活动，让广大消费者对山野产品进行认筹，从生产到销售，消费者可全程监管。通过多种模式的销售，合作社与社员签订收购合同，以高于市场的价格收购，保证了社员的利益。每年合作社可销售山羊6000多只，湘西黑猪1000多头，吉首优质大米5万多公斤，年实现销售额2000多万元，可使种植户、养殖户增收10万多元，实现了农户（社员）增收和合作社增效。可以说，合作社在农业产业化经营道路上迈出了可喜的一步。

图3.2　湘西山野牧业及其吉首市阳光超市（团结广场店）销售点

三、帮扶济困报社会，致力扶贫助振兴

2016年以来，山野牧业专业合作社以促进广大农民脱贫致富、农村振兴为己任，积极响应党的精准扶贫号召，在自己壮大的同时，积极参与精准扶贫，助推产业发展。

（一）拓宽产品销售市场，为贫困户解决产品销售难的问题

吉首市的养殖户，普遍存在产品销售难的问题，好的产品卖不出去，效益不高。为此，山野牧业专业合作社通过开办微商城、实体店、订单认售等销售

方式，为养殖户解决了销售难的问题。如对贫困户养殖的山羊、湘西黑猪，实行"一高""一优"销售，让利于贫困户，即对贫困户的养殖产品，高于市场价1~2元进行销售，优先对贫困户的产品进行销售。每年为近50多户贫困户销售山羊1000只以上，湘西黑猪500头以上，使户均增收5000元以上。同时，还直接、间接地带动了吉首市及周边地区167户发展养殖业生产，使农户户均增收6万多元，取得了很好的经济效益。几年来，合作社本着解决当地农民就地就业的思路，本地农民到合作社基地就业的有11个，人均年收入达3万元，带动就业近200人，实现了创业与就业的良性互动。

(二)响应政府号召，助力发展"白云贡米"

"白云贡米"历史文化悠久，距今已有600余年，是湘西州第一个，也是唯一一个被农业农村部鉴定为国家一级优质米的稻米，是国家A级绿色食品，是吉首市政府正在进行地理标志登记和保护的地方优质农产品(见图3.3、图3.4)。从2018年开始，合作社积极略响应政府号召，助力发展"白云贡米"，与丹青镇种植基地签订了2000亩的"白云贡米"销售合同，并且在苏宁商城成功上线，预计一年销售"白云贡米"10万公斤，可解决种植户大米销售难的问题，使每户年增收3000元以上。

图3.3 吉首市副市长谷纲要推介"白云贡米"

(三)开展产业帮扶，实行产业分红

吉首市相当一部分贫困户在发展养殖业上受一定的条件限制，产业少，难以脱贫。合作社采取了产业帮扶，对贫困户进行产业分红。一是在吉首市马颈坳镇桥六村实施了山羊产业帮扶工作，2017—2018年，扶贫帮扶10户贫困户50人，每户农户每年分红2800元，通过分红，很好地解决了这10户贫困户发

图 3.4　省级非物质文化遗产（苗歌）传承人吴庭翠在宣传"白云贡米"

展农业产业的资金投入问题，有 5 户发展了蔬菜种植，人均增收 800 元，有 5 户发展了水果培育，人均增收近 500 元，有力地促进了产业发展。2017 年开始，在丹青镇吉于村实施了"一村一品"产业帮扶项目，对 108 户近 300 人进行产业帮扶，并连续 6 年对贫困户进行分红，每年分红近 6 万元，帮助贫困户自主发展生产，使贫困户年人均增收 1000 元以上。2019 年，实施了产业股份合作项目，产业覆盖丹青镇白云村等 6 个村 600 户贫困户 3000 名贫困人口，为农民脱贫致富、农村经济发展、全面建设小康社会做出了一定的贡献。

　　湘西山野牧业专业合作社成立以来，努力打造湘西山野牧业养殖产业链和品牌，致力于集养殖、畜产品加工、储藏、配送、网络销售及品种改良、技术培训等一体化建设，采取"互联网+农业"等经营方式，实现了规模化生产，产业化经营。同时，致力于产业扶贫，带动产业发展，为农民脱贫、乡村振兴做出了一定的贡献。

　　案例 2：

龙头企业与村级合作社联手、引领茶产业扶贫减贫
——记花垣五龙农业科技有限公司特色产业扶贫之路

　　花垣五龙农业科技有限公司成立于 2013 年 3 月，注册地址位于花垣县石栏镇三塘村，是一家集茶叶种植、加工、营销、科研、茶文化旅游多功能开发为一体的独资民营企业，注册资金 3000 万元。公司现有各类管理人员 73 人，设立了财务、统计、技术、后勤、法律服务、研发等 9 个科室，与湖南农大、湖南茶研院、保靖和古丈茶研所建立了科技联系。2015 年公司被州人民政府认定为湘西州农业产业化龙头企业，2017 年公司生产的两大茶叶产品"十八洞五龙云

雾茶"和"十八洞五龙红茶"完成了商标注册。

公司在上级领导和部门的热忱关怀和大力支持下，累计投入资金 6500 多万元，改造了以石栏镇龙门村为中心的"十八洞五龙云雾茶"种植基地 3000 亩（见图 3.5），开发了以石栏镇三塘村为轴心的"十八洞五龙红茶"茶园 4770 亩，组建了三个茶叶种植专业合作社，新建了年产 350 吨红绿茶精加工生产线，新建了科研综合楼一栋，配套建设了茶叶展示厅、茶文化观光长廊、观光亭，新建了 7.5 米宽、7 千米长的茶园观光大道和 4 米宽、20 千米长的采茶观光小道。

图 3.5 茶产业示范园采春茶

公司认真落实产业帮扶的政策，以帮扶村集体经济发展和建档立卡户增收脱贫为己任，积极投入到产业扶贫工作之中。公司为了带动茶叶产业核心区猫儿坡村、三塘村、石栏村、龙门村等 4 个贫困村发展生产，为每个村建立了 100 亩产业示范园，将收益权长期无偿赠送给村集体。前 4 年公司负责无偿建园和培管，第 5 年达产后交村级合作社管理，由合作社独自承担管理费用，获得的收入按照合作社、村集体、贫困户分别占比 50%、15%、35% 进行分配。从 2020 年开始，产业园区每亩茶叶可实现年销售收入 6500 元以上，每个村集体可分得收益 9 万元以上，382 户 1664 人建档立卡户可分得总收益 22 万元以上。

2017 年，公司利用 500 万元财政扶贫资金建设产业基地，采取"保底收益+股份合作"的帮扶模式，利益联结带动猫儿坡村、三塘村、石栏村、龙门村等 4 个村建档立卡户 282 户 875 人获得保底收益，累计分红金额达 35 万元。具体做法为：财扶资金的 30% 奖补给公司、70% 按照 4000 元/人的标准量化到贫困人口，前 5 年保底收益比例不低于量化资金的 10%，5 年期后，转化为村集体股份，公司与村集体同股同利，村集体所得收入主要用于帮扶困难户、保障公益岗位、发展公益事业等方面。

为激发贫困群众内生动力，加快由"输血"式扶贫向"造血"式扶贫转变，2018 年公司利用财扶资金 200 万元，采取"公司+基地+贫困户"的直接帮扶模式，帮助民乐镇桐木村、斗拱村建设"一户一业"茶叶产业基地 330 亩，利益联结贫困人口 85 户 382 人。具体做法为：由村支两委主导，统一进行土地流转，交由公司建设扶贫产业生产基地、建设生产设施、代购种苗等（不高于市场价），提供技术服务，并且以不低于市场价的价格回收直接帮扶茶叶基地鲜茶，受益年限不少于 5 年。

按照县委县政府重点发展茶叶产业的规划布局，2019 年公司积极履行帮扶责任，与 16 个村签订了产业帮扶协议书，直接帮扶村集体新建茶叶基地 1640 亩。此外，公司还负责栽培技术和鲜茶保底收购，统一加工和品牌销售，持续带动村集体经济发展壮大。

截至 2019 年上半年，公司共流转土地 8000 余亩，累计支付土地流转金 588 万元，劳务用工 970 多万元，带动周边 4 个村的贫困户年人均增收 3532 元。

公司以"加强党建引领，助推产业发展，投身产业扶贫，带领农民致富"为发展宗旨，力争到 2021 年底，引领全县发展黄金茶种植面积达到 12 万亩，高标准打造 5 万亩有机茶种植和农旅一体化相结合的产业基地，形成年产茶叶 11 万担以上、销售收入 20 亿元以上的产业格局，为全县农民脱贫、乡村振兴做出应有的贡献。

3.1.2　乡村旅游脱贫工程的实施及成效

乡村旅游是依靠乡村自身的生态景观、民俗文化等特色资源形成的一种新型旅游方式，对乡村区域经济发展具有重要意义。习近平总书记早在 2005 年就提出绿水青山就是金山银山的科学论断，2019 年习近平总书记在河南考察时又指出发展乡村旅游不要搞大拆大建，要因地制宜、因势利导，把传统村落改造好、保护好。习近平总书记关于乡村旅游重要论述的丰富内涵，对于大力发展休闲农业和乡村旅游，把贫困地区乡村生态环境优势转化为乡村经济社会发展动力，推动贫困户实现可持续脱贫具有十分重要的现实意义。

3.1.2.1　乡村旅游脱贫工程的基础

1. 国家大力支持发展乡村旅游带动贫困户脱贫

党中央国务院高度重视乡村旅游发展的带动作用。2014 年国务院出台的《关于促进旅游业改革发展的若干意见》明确提出要"大力发展乡村旅游""开发一批特色鲜明的乡村旅游产品""建设一批特色景观旅游名镇名村"。2014 年出台的《关于实施乡村旅游富民工程推进旅游扶贫工作的通知》提出了通过发展乡村旅游实现脱贫的具体目标和实施方案。2016 年、2017 年中央 1 号文件明确指出，要大力发展乡村休闲旅游产业、推动产业融合、拓展农业产业价值链。2016 年，国务院印发的全国农业现代化规划提出，要依托农村绿水青山、田园风光、乡土文化等资源，大力发展生态休闲农业，拓展农业多种功能，推进农村一二三产业融合发展。2020 年 3 月 26 日，国家发改委办公厅印发《关于开展社会服务领域双创带动就业示范工作的通知（发改办高技〔2020〕244 号）》，明确提出：在乡村旅游领域，依托互联网信息平台整合分散的乡村旅游资源，强化线上推广、品牌建设和数字化赋能，带动乡村旅游领域多样化的创新创业；将休闲娱乐、文化创意与乡村旅游、民俗文化、现代农业等紧密结合，积极发展乡村旅游新业态、新模式；发挥大企业带动作用，整合农旅文养教资源，将返乡入乡创业与脱贫攻坚、美丽乡村建设紧密结合，引入社会资本，激活乡村创业。

2. 湘西州乡村旅游资源禀赋得天独厚，发展潜力巨大

湘西州位于湖南西部、湘鄂渝黔边交界处、云贵高原东侧的武陵山区，与湖北、贵州、重庆接壤，是湖南的西北门户，素为湘、鄂、渝、黔咽喉之地，是我国中西部结合带的中心，毗邻三省，具有特殊的战略地位。随着吉怀、吉茶等高速公路与黔张常等高铁路线相继建成通车，以及铜仁凤凰机场与湘西机场等关键交通设施的建设不断推进，湘西州乡村旅游所面临的交通瓶颈日益打破，湘西州原本受制于交通瓶颈的乡村旅游资源优势将得到充分发挥，区位优势日益凸显。湘西州乡村旅游发展已经有 30 多年的历史，最早可以追溯到 1986 年德夯风景区开始运营。湘西州具有典型的"喀斯特"地貌特征，有"一市七县"，世居主体民族以土家族（人口约占 41.5%）、苗族（人口约占 33.1%）为主体的自治州，南有沅江主干河道流过，西东有酉水主干河道、武水主干河道贯穿，州内地形多样、环境优美、生态资源多样、民族民俗文化底蕴浓厚、非物质文化遗产众多，天然具有发展乡村旅游的资源禀赋。湘西州现有 5A 级旅游景区矮寨·十八洞村·德夯大峡谷、凤凰的古城和奇梁洞、吉首的乾州古城与德夯风景名胜区、永顺的老司城世界文化遗产和王村、龙山的里耶秦简与八面山、花垣的十八洞村和"一脚跨三省"的边城古镇（原名茶峒）、古丈的墨戎苗寨、泸溪的"小南京"浦市、保靖的黄金寨古茶园和白云山国家自然保护区等乡村旅游金字招牌，是世界著名的旅游目的地之一。同时，湘西州还拥有大量参与性极强的非物质文化遗产与非物质文化遗产项目传承人。据湘西州文化旅游广电局的数据显示（见表 3.7），截至 2020 年，湘西州共有 278 项州级非物质文

化遗产、86 项省级非物质文化遗产、28 项国家级非物质文化遗产,如苗族四月八、赶秋节、土家跳马节、舍巴节、吕洞山重阳"稽山"、吉首马颈坳钢烧龙等;有州级非物质文化遗产项目传承人 392 人、省级非物质文化遗产项目传承人 93 人、国家级非物质文化项目传承人 33 人。

表 3.7　湘西州非物质文化遗产统计表(截至 2020 年底)

湘西州级非物质文化遗产项目统计　单位:项、个

民间文学		传统音乐		传统舞蹈		传统戏剧		曲艺		传统体育、游艺与杂技	
项数	单位	项数	单位	项数	单位	项数	单位	项数	单位	项数	单位
37	53	19	23	22	25	14	24	6	12	18	25
传统美术		传统手工技艺		传统医药		民俗		共计			
项数	单位	项数	单位	项数	单位	项数	单位	项数	单位		
11	21	79	103	14	38	58	68	278	392		

湘西州省级非物质文化遗产项目统计　单位:项、个

民间文学		传统音乐		传统舞蹈		传统戏剧		曲艺		杂技与竞技	
项数	单位	项数	单位	项数	单位	项数	单位	项数	单位	项数	单位
14	22	5	5	5	6	4	5	2	2	4	4
传统美术		传统手工技艺		传统医药		民俗		共计			
项数	单位	项数	单位	项数	单位	项数	单位	项数	单位		
12	14	17	21	4	5	17	17	84	101		
民间文学		传统音乐		传统舞蹈		传统戏剧		传统美术		传统技艺	
项数	单位	项数	单位	项数	单位	项数	单位	项数	单位	项数	单位
5	6	5	5	3	3	1	1	5	5	4	4
传统医药		民俗		共计							
项数	单位	项数	单位	项数	单位						
1	2	4	4	28	30						

湘西州非物质文化遗产项目传承人　单位:人

州级		民间文学(省级)		传统音乐(省级)		传统舞蹈(省级)		传统戏剧(省级)		曲艺(省级)	
共计	退出或去世	共计	去世	共计	去世	共计	去世	共计	去世	共计	去世
460	51	17	7	9	2	9	1	4	1	2	—

续表 3.7

湘西州非物质文化遗产项目传承人　单位：人											
传统体育（省级）		传统美术（省级）		传统技艺（省级）		传统医药（省级）		民俗（省级）		省级传承人（含国家级）	
共计	去世	共计	去世	共计	去世	共计	去世	共计	去世	合计	去世
3	1	15	3	16	2	6	2	12	3	93	22
民间文学（国级）		传统音乐（国级）		传统舞蹈（国级）		传统戏剧（国级）		传统美术（国级）		传统手工（国级）	
共计	去世	共计	去世	共计	去世	共计	去世	共计	去世	共计	去世
4	—	6	1	6	3	2	1	4	2	7	2
传统医药（国级）		民俗（国级）		国级传承人							
共计	去世	共计	去世	合计	去世						
2	2	2	—	33	11						

注：表格内出现的"单位"是指非物质文化遗产项目涉及的挂靠单位数。下级包含上级，每级数量为本级文件公布数。

数据来源：湘西州文化旅游广电局。

3. 湘西州发展乡村旅游的现实选择

随着交通瓶颈的破解，湘西州丰富的乡村旅游资源优势逐步得到释放，进一步推动湘西州以"民族风情+民俗文化+生态景观"为一体的乡村旅游迅猛发展。特别是 2013 年 11 月 3 日，习近平总书记亲临湘西州视察，作出了"实事求是、因地制宜、分类指导、精准扶贫"的重要指示以后，湘西州始终牢记习近平总书记殷切嘱托，坚持把生态文化旅游业作为湘西发展的最大门路和富民强州的主导产业，促进"发展乡村旅游"与"扶贫攻坚"有机结合，大力实施乡村旅游脱贫工程，整村整镇、成带成片、全景全域推进乡村旅游扶贫开发，探索出了景区带村、能人带户、跨村联合、产业融合、公司（合作社）+农户、非遗+扶贫的旅游扶贫好路子，使乡村旅游成为湘西州全域旅游的引爆点、农民脱贫致富的新亮点和农村经济的新增长点，成为湘西脱贫攻坚的当家产业。

3.1.2.2　推动乡村旅游脱贫工程的具体实践

1. 利用特色资源，构建和完善乡村旅游景点布局与精品路线建设

利用特色乡村旅游资源，从全域旅游的高度谋划与打造特色村寨群发展，完善湘西乡村旅游景点体系化布局，强化乡村旅游项目的带贫效应。乡村旅游

景点(区)是旅游扶贫的重要载体,湘西州充分利用自身的乡村旅游资源禀赋优势,通过各种途径抓工作机制、抓规划引领、抓项目建设、抓示范引领、抓营销造势等,不断构建和完善乡村旅游景点布局。2016—2019 年间,在各级各部门的推动和支持下,湘西州建设了龙山县捞车村、乌龙山村等乡村旅游示范村,打造了秦简土家村寨群;建设了吉首市寨垅村、花垣十八洞村、保靖县吕洞村等乡村旅游示范村,打造了高山峡谷村寨群;建设了凤凰县老家寨村、老洞村等乡村旅游示范村,打造了烽火苗疆村寨群;建设了永顺县司城村、西那居委会等乡村旅游示范村,打造了土司遗产村寨群;建设了永顺县小溪村、古丈县坐龙峡村等乡村旅游示范村,打造了酉水画廊村寨群;建设了泸溪县黄家桥村、马王溪村等乡村旅游示范村,打造了沅水民俗村寨群。六大特色村寨群的打造,完善了湘西州域内全域乡村旅游景点布局,提升了域内乡村旅游资源的整合与协同,使得湘西地区的乡村旅游成为游客们"来得了""玩得好""留得下""回头来"的乡村旅游品牌。以保靖县为例,到 2019 年底,清水坪镇、吕洞山镇黄金村和夯吉村被评为第五届全国文明村镇、全省第五批历史文化名镇名村,建成了 11 个中国传统村落,89 个美丽乡村示范村,4 个少数民族特色村寨、历史文化名村,9 个湖南省旅游村落。2020 年,湘西州乡村旅游接待游客1542.6 万人次,年均增长 21.28%;旅游收入由 26.1 亿元增至 58.2 亿元,年均增长 22.2%。2016—2020 年,湘西州乡村旅游累计带动 10.2 万人脱贫,全域乡村旅游发展与带贫成效凸显①。

做好精品线路规划,打造精品线路。湘西州文化旅游广电局主持编制了《"土家探源""神秘苗乡"生态文化乡村游精品线路规划》《湘西州旅游精品线路规划设计》,设计了全州一日游、二日游、三日游、多日游旅游精品线路。明确了串联高山峡谷、烽火苗疆、土司遗产、酉水画廊、土家源流、沅水民俗的 6大村落集群,建设了 60 个乡村旅游示范村,保护整治了 300 个特色村寨,打造了"土家探源""神秘苗乡"2 条生态文化旅游精品线路,构建了全州 1 小时生态文化旅游经济圈的旅游发展总体布局。2020 年 3 月 12 日,花垣县十八洞村等湘西州 9 个精品景区景点成功入选"锦绣潇湘"之魅力湘西·世界遗产游(大湘西板块)精品旅游线路②,成为湖南省文化和旅游厅重点建设和宣传推广的文化旅游品牌,各地也将着力推动精品旅游线路文化旅游产品培育打造、品牌营销和宣传推介。

---

① 数据来源:湘西州文化旅游广电局。
② "锦绣潇湘"湖南旅游精品线路甄选活动自 2019 年 6 月 30 日启动,旨在加快"锦绣潇湘"全域旅游品牌建设,增强湖南旅游产品极致体验,进一步挖掘湖南省文化旅游内涵,更好地满足人民群众对美好生活的需要。

2. 完善乡村旅游景区基础设施建设，助推乡村旅游新业态发展

完善乡村旅游景区基础设施建设和提高乡村旅游景点质量，是发展乡村旅游的前提条件。2019 年中央 1 号文件明确提出要"加强乡村旅游基础设施建设"，将乡村的资源优势、生态优势和民俗文化优势转化为经济优势。基于这一认知，湘西州在破解域内交通瓶颈制约的同时，以市场为导向，尊重湘西州各民族各村寨的民俗风情、挖掘不同民族文化的内涵，培养乡村旅游的新亮点。2016—2019 年，湘西州各级各部门整合资金近 10 亿元投向乡村旅游景区基础设施建设，实施完成乡村旅游交通标识牌 120 块，旅游停车场 23 个，游客服务中心 16 个，旅游厕所 420 座，乡村旅游示范村 68 个。乡村旅游示范村、重点旅游村寨、乡村旅游区点等重点乡村旅游区域，实现标识标牌、停车场、游客中心、游步道、旅游厕所等服务设施全覆盖①。

在不断完善域内乡村旅游景区基础设施建设的同时，湘西州还在保持"原汁原味"这一乡村旅游特质的基础上助推乡村旅游新业态的发展，打造了保靖吕洞山黄金茶海、古丈牛角山万亩茶海、泸溪狮子山千亩葡萄园等一批观光农业园区，评定了凤凰盛传生态农庄、保靖乐和山庄、龙山狮子头生态农庄、泸溪紫金山庄、古丈卓尔山谷等 50 家四星级以上乡村旅游区（点），助推农旅融合；推出了文化演艺、影视创作等系列产品，有全国首部国家非物质文化遗产动漫剧《盘瓠与辛女传奇》在央视少儿频道黄金时段持续热播，还有《边城》《苗寨故事》《山风鼓韵》《巫傩神歌》等文化旅游演艺节目备受市场青睐，助推文旅融合；评选了凤凰县栖息庭院、永顺县白河山谷等 30 家特色民宿，初步形成凤凰古城、芙蓉镇等民宿集聚区，推出了浦市古镇"遇见"、芙蓉镇"土王行宫·八部堂"、凤凰古城"素履莲花"、边城"悠然居"等深受市场欢迎的地方民宿品牌，助推特色民宿发展；评选了旅游纪念品、民族工艺品等 5 个类别 28 种"湘西有礼"旅游商品，积极推动"湘西有礼"旅游商品发展，先后获得国家级大赛金奖 2 次、省级大赛金奖 12 次，打造了一批知名的"湘西制造"特色旅游商品品牌，全州销售额千万元以上的旅游商品企业达 20 余家，助推乡村旅游特色商品发展。

3. 建立区域旅游扶贫合作机制，提升乡村旅游带贫成效

以湘西州、张家界、怀化为核心的大湘西地区，拥有 70 余处世界级和国家级旅游景观、77 个全国少数民族特色村寨，其文化旅游资源占全省的 41%，乡村旅游资源极其密集，利用乡村旅游带动贫困户可持续脱贫具有更大的优势和可能。然而湘西地区的乡村旅游开发水平参差不齐，基础设施不完善且缺乏配套的特色民俗产品和服务，没有形成一个完备的、对游客具有吸引力的差异化

---

① 数据来源：湘西州文化旅游广电局。

乡村旅游精品路线和体系,缺乏带贫减贫协同效应。为了更好地提升乡村旅游带贫的协同效应,加强跨市跨县跨区域乡村旅游合作势在必行。2016 年 3 月 26 日,湘西州、张家界市、怀化市"三市四县"①签订《张家界南线旅游合作发展框架协议》,四县区皆属于张吉怀精品生态文化旅游经济带且扶贫攻坚任务艰巨,通过框架协议整合域内乡村旅游资源,对推动域内乡村旅游"百花齐放"具有重大意义。2016 年 3 月 31 日签订《张吉怀旅游共同体框架协议》,提出了"资源互补、产品互推、客源互送、线路互动"四原则,打破行政区划藩篱,打造域内旅游强势品牌,推动域内旅游经济一体化进程。在张吉怀旅游共同体的基础上创建湖南省国家旅游扶贫创新区,要求域内各县区乡村旅游扶贫重点村年旅游经营收入达 100 万元,贫困人口年人均旅游收入超过 1 万元,且农民年纯收入 20%以上来源于旅游收入。乡村旅游扶贫重点村所有建档立卡贫困村、贫困户、贫困人口实现脱贫,且区域内 20%的建档立卡贫困人口通过乡村旅游实现脱贫。

3.1.2.3　乡村旅游脱贫工程实施的成效

1. 成功打造了全域乡村旅游体系,带贫成效非常显著

2016—2019 年,湘西州打造了"十八洞""惹巴拉""山江苗寨""墨戎苗寨"等多个知名的乡村旅游品牌,评定了 68 个乡村旅游示范村,建设了 102 个全域旅游"最美乡村",初步形成了凤凰古城、芙蓉镇等中高端民宿集聚区,创建了山水牛郎寨、土司曲苑、狮子山葡萄沟等 50 家星级乡村旅游区(点)。州内涌现了一批具有示范引领、典型带动作用的乡村旅游模范,永顺老司城景区入选全国"景区带村"旅游扶贫示范项目,石清香、田邦文②入选全国"能人带户"旅游扶贫示范项目,吉首隘口村被评为"全国茶旅融合带动精准扶贫示范村",花垣县十八洞村荣获"国家 5A 级旅游景区""全国少数民族特色村寨""乡村旅游示范村""全国旅游系统先进集体"等殊荣,浦市古镇、芙蓉镇、边城镇、里耶镇"四大古镇"成功创建湖湘风情旅游小镇,古丈县荣获全国休闲农业与乡村旅游示范县,凤凰县被评为湖南省旅游扶贫示范县,湘西州荣膺中国最美乡村旅游目的地。2020 年,湘西州乡村旅游接待游客 1542.6 万人次,实现旅游收入58.2 亿元,同比分别增长 21.28%、22.2%。2016—2020 年,湘西州乡村旅游累计带动 10.2 万人脱贫,带贫成效非常显著③。

---

① "三市四县":湘西州古丈县(国家级贫困县)、永顺县(国家级贫困县),张家界永定区(省级扶贫开发重点区县)和怀化市沅陵县(国家级贫困县)。
② 石清香是吉首市矮寨镇坪朗村致富带头人,田邦文时任龙山县洗车河镇牙龙湾村村主任。
③ 数据来源:湘西自治州文化旅游广电局。

2.讲好红色故事，加大宣传力度，助湘西乡村旅游实现错位发展

湘西州拥有丰富的红色旅游资源，湘鄂川黔革命根据地是中国共产党在民族地区较早建立的革命根据地，但受交通瓶颈与经济基础薄弱等诸多因素的制约，其红色旅游发展并不顺畅。然而，红色旅游又极具政治属性、文化属性，是富民生、助脱贫的重要推进器。因此，讲好湘西的红色故事，大力推动红色旅游，对推动湘西革命老区脱贫、老百姓致富具有重要意义。基于此，永顺县塔卧景区修缮了苏维埃省政府旧址、烈士陵园等革命遗址，建成了游客服务中心、停车场、旅游厕所等旅游服务设施，研发了红军水杯、红军挎包、红旗灯箱等专利产品10余种，开发了"十个红色"教学课程。龙山县茨岩塘景区建设了红色文化广场、生态停车场等项目。十八洞景区着力提升红色教育基地服务功能，突出抓好一个精准扶贫战略思想"首倡地"视频、一个红色主题图片展、一本红色教育讲解词、一批讲党课的红色教育讲解员和一个重温入党誓词仪式场地等"五个一"工程。永顺塔卧、龙山茨岩塘、花垣十八洞创建为国家3A级旅游景区，塔卧—茨岩塘湘鄂川黔革命根据地、十八洞入选"潇湘红八景"。2019年，塔卧景区、茨岩塘景区、十八洞景区分别接待游客81万人次、24.19万人次、38万人次，同比分别增长8.76%、36%、32.4%，湘西州红色旅游发展迅速，有效地助推了革命老区群众脱贫致富。

加大营销宣传力度，打造具有湘西独特魅力的乡村旅游品牌，助推湘西州乡村旅游错位竞争。乡村旅游已经成为旅游业的重要组成部分，然而随着乡村旅游发展的不断深化与广化，其竞争也日趋激烈。如何在日趋激烈的红海市场中杀出一条蓝海之路，加大差异化营销力度实现错位竞争就变得极其重要。首先，充分利用参与性极强的民俗文化，举办"节庆"等事件营销，举办乡村旅游节、苗族赶秋节、土家族舍巴节、油菜花观赏节、黄金茶采茶节、吕洞山苗族原生态文化艺术节等民俗节庆活动，做到月月有节庆，季季有精彩，炒热乡村旅游市场，吸引国内外游客，拉平乡村旅游的周期性影响。其次，出台优惠政策，增强湘西乡村旅游的吸引力，如降低湘西州多个景区门票价格，包括凤凰古城、矮寨奇观、德夯苗寨、猛洞河漂流、古丈红石林、永顺老司城等国家4A级旅游景区及坐龙峡、墨戎苗寨等3A景区，降价幅度达20%以上；积极对接全省"送客入村"活动，将湘西州"土家探源""神秘苗乡"两条精品线路共计115个村纳入奖励范围。同时，利用东西扶贫协作助推湘西乡村旅游走出湖南。湘西州制定并发布了"济南市民到湘西州旅游优惠政策"，面向济南市民，湘西州27个景区门票全免、12个景区门票半价；开展"益起走·爱同行——济南万人游湘西"扶贫公益游，推出"双飞四日"游精品线路和湘西研学游精品线路；在济南日报、济南电视台等新闻媒体刊发

《芙蓉镇、红石林、凤凰带您走进神秘湘西》《湘西自驾游精品线路》等推介报道，吸引济南市民游湘西。2020年，湘西州接待山东省游客138.57万人次，为湘西带来综合旅游收入8.31亿元①。

3.创新利益共享机制，提升乡村旅游脱贫成效

湘西州自然景观多样、生态资源丰富、民族文化浓郁，乡村旅游发展潜力巨大。2020年，湘西州域内乡村旅游接待游客超1540万人次，实现旅游收入超58亿元。如何把湘西州乡村旅游发展与贫困户脱贫致富有机对接起来？湘西州在乡村旅游脱贫工程的引领下做了大量的工作，最终形成了六大乡村旅游带贫与利益共享模式，不断提升湘西州乡村旅游的带贫脱贫成效。

（1）景区带村。依托重点景区人流量大、交通便捷等优势，加大景区内及周边村寨游客服务中心、停车场、旅游厕所等设施建设，成功打造"村在景里、景在村中、村景交融"景村一体化发展模式，实现村民和景区和谐融合、共同发展。目前，湘西州创建"国字号"生态文化旅游品牌320多个，创建国家5A级旅游景区1个、国家4A级旅游景区12个、国家3A级旅游景区25个。依托精品景区的辐射带动，积极引导当地村民发展农家乐、民宿等业态，售卖原生态农产品、特色小吃、手工艺品等土特产品，分享旅游发展带来的红利。州内37个国家级旅游景区，辐射带动100个村寨15000人脱贫②。

（2）能人带户。通过能人的引领，发挥示范带动作用，从而带动更多村民参与乡村旅游，实现与全省、全国同步全面建成小康社会。在州内举办全域旅游培训班、乡村旅游培训班，组织旅游扶贫村村干部、乡村旅游带头人外出考察学习，提升旅游发展带头人综合素质，更好地发挥能人示范作用，引领更多村民参与旅游发展。凤凰蜡染传承人姚六菊在政府支持下创办湘西蜡的世界蜡染有限责任公司，研发、销售蜡染特色旅游商品，在廖家桥镇、千工坪乡建立蜡染原料生产基地，带动当地1000余名贫困户脱贫。

（3）跨村联合。充分发挥湘西州土家族、苗族村寨保存完好、分布集中的优势，实行跨村联合、集中连片建设，打造乡村旅游精品景区。花垣县以十八洞村为核心，联合周边5个苗族村寨，大力发展乡村旅游，打造九黎部落群，十八洞成功创建国家3A级旅游景区，成为全省首批退出村和全国精准扶贫的一面旗帜。龙山县捞车河、六合、黎明、树比四个村充分发挥土家民居规模集中、保存完好的优势，大力发展乡村旅游，联合打造"惹巴拉"乡村旅游品牌，

① 《大湘西、大湘东乡村旅游市场开发专题会议》，https：//www.sohu.com/a/331587601_100010342。

② 数据来源：湘西州文化旅游广电局。

带动 1000 多人脱贫。近年来，十八洞、惹巴拉、吕洞山、马王溪、墨戎苗寨等村寨成功创建国家 3A 级旅游景区，乡村旅游扶贫效应显著提升。

（4）产业融合。推进乡村旅游与非遗产品、手工艺品、观光农业、特色农副产品等产业融合发展，乡村旅游业态不断丰富。成功打造了保靖县吕洞山黄金茶海、古丈县牛角山万亩茶海、泸溪县狮子山千亩葡萄园、花垣县现代农业科技示范园等观光农业园区。全州培育发展 21 家重点旅游商品企业，带动就业 19000 人。

（5）"公司（合作社）+农户"。鼓励农村集体经济组织成立旅游合作社，依法以古村落、集体经营性建设用地使用权入股、联营等形式引进公司开发乡村旅游，实现村寨变景点，村民变股民、变乡村旅游从业人员，走出了"公司+农户""合作社+农户"的发展模式。湘西山谷居民文化产业发展有限公司在吉首、凤凰、花垣、龙山成立了 4 家民族工艺合作社和 3 个苗绣基地，签约手工艺者 300 余名，间接带动手工艺者 1000 余人就业。永顺县西那村通过土地流转、资金入股等形式，成立了生态旅游专业合作社，带动 350 人脱贫。

（6）"非遗+扶贫"。湘西州大力推动非遗传承保护利用，出台《湘西州非遗传承人工作室支持办法》《关于设立湘西州非遗扶贫就业工坊的通知》《关于开展文化旅游产业带动妇女就业奖补工作的通知》等政策文件，认真开展"让妈妈回家"计划，扩大农村妇女就业，让留守儿童得到亲情关爱，探索"非遗+扶贫"新途径。近年来，培育扶持了 10 个非遗扶贫就业工坊和 2 所研培院校，重点支持苗绣、土家织锦、蜡染、竹编等非遗项目发展，培养了一批非遗扶贫带头人和产品研发设计师，涌现了七绣坊、农家女、比耳竹编、承菊织锦等代表性企业。2019 年，"让妈妈回家"计划直接吸引 500 余名妇女返乡就业，带动新增妇女就业 2670 余人。龙山县苗儿滩镇依托承菊织锦、秋梅织锦、成凤织锦等非遗工坊、传习所，吸引"返乡妈妈"400 多名，产品远销国内外，年产值超过 600 万元。

3.1.2.4　典型案例

案例 1：

文旅扶贫破解千年贫困
——解构发展乡村旅游扶贫的"竹山模式"①

习近平总书记多次强调要树立"绿水青山就是金山银山"的理念，湖南省文化和旅游厅（以下简称"省文旅厅"）在精准扶贫方略下，以驻村贫困点凤凰县竹

---

① 以湖南省文化和旅游厅的调查报告《文旅扶贫的神奇"裂变"——竹山村的"竹山模式"调查报告》为蓝本改编而来。

山村、老洞村为支点，积极践行"两山理论"，引导具备一定条件的乡村更好地发挥自身的生态文化优势并将其转化为经济发展动力，探索生态文明建设与精准脱贫相得益彰的文旅扶贫模式。

一、竹山村、老洞村的嬗变——文旅扶贫破解千年贫困

竹山村(见图 3.6、图 3.7)、老洞村地处湘西地区腹地、凤凰县城西北，距离凤凰古城 30 千米，共有 662 户 2808 人，是纯苗族聚居村和古传统村落。这里曾经一度交通不便，基础设施滞后，村容村貌较差，群众观念"守旧"，是湘西地区脱贫攻坚"最难啃的硬骨头"。

图 3.6 竹山村鸟瞰图

图 3.7 竹山村"竹山乡居"民宿

近年来，省文旅厅先后派出两轮扶贫工作队进驻老洞村、竹山村，联合当地党委政府，发挥行业优势，聚集各方力量，打造一村一景点、一组一主题、一户一场景，迅速将名不见经传的两个村变成了游客青睐的目的地。"竹山模式"的成效体现在"变""实""活""惠"四个关键字上：变，村庄面貌发生翻天覆地的变化；实，山村发展基础得到全面夯实；活，乡村文旅产业弄活"一池春水"；惠，贫困群众得到看得见摸得着的实惠。老洞村、竹山村年人均纯收入由 2014 年的 2200 元、1800 元分别增长到 2019 年的 5600 元、5300 元，贫困发生率当初高达 37.2%、21%，如今已成功完成整村脱贫出列的目标任务。

二、"竹山模式"解析

在省文旅厅的协助、引导下，竹山村、老洞村确立以文化旅游为脱贫攻坚的主攻方向，创造了落后山村跨越发展的"奇迹"和新农村建设的"标杆"。其之所以能成功，主要得益于以下四方面。

（1）凝聚合力是"竹山模式"成功的根本。"竹山模式"有效地将省文旅厅的引领力、地方政府的执行力、村民群众的向心力"三力"有机结合、科学整合，凝聚起求发展、促脱贫的磅礴力量。在引领力方面，省文旅厅瞄准打造文旅扶贫新样板，充分发挥行业优势，高起点高标准编制了文化旅游产业规划；省文旅厅的领导经常进村入户调研，摸实情，抓调度，"手把手"指导、"实打实"推动，帮助整合资金、协调项目、解决难题，特别是文旅融合后，继续保持焦点不散、靶心不移、力度不减、标准不降，在较短的时间内迅速凝聚起强大的帮扶力量，促成老洞村成功创建国家 3A 级景区、竹山村建成休闲度假村。在执行力方面，凤凰县委、县政府、省文旅厅驻村工作队广泛动员村民群众，推进村民培训，并以千麻公路通车为契机，聚集各方力量，先后投入 5000 余万元，17 天建成老洞露营基地，3 个月建成苗岭无边界温泉游泳池、竹山乡居民宿和"爱在竹山"沉浸式体验景区。其中，老洞露营基地成为湖南省四个露营基地之一，陆续接待长沙、怀化、铜仁、秀山等省内外游客。

（2）对接市场是"竹山模式"成功的关键。省文旅厅积极牵线搭桥，先后邀请自驾友、OAD 设计公司、美聚源、快居美、智成旅游等公司去村里"问诊把脉"，帮助谋划文旅扶贫"切入点"和相关项目工作。目前，两个村在成立老洞村旅游公司、竹山村旅游合作社的基础上，成功引进凤凰旅投公司，实现了与市场的有机嫁接，确保了乡村文旅产业的可持续、高质量发展。实践证明，凤凰旅投公司的进入是"竹山模式"成功的关键的一着棋。该公司采用现代企业管理和市场运作模式，立足山水、民情、民俗资源，挖掘苗家农耕、编织草鞋、纺纱、织布、婚嫁等民间习俗，让习俗文化在保护中得到合理利用，进而再造"实景"旅游产品，巧妙地将农村民居转化成文旅场景，较好地实现了将村内资源变资产、产品变商品、农民变股民的目标。

（3）融合发展是"竹山模式"成功的基础。"竹山模式"不仅有文化和旅游的融合，还有农业和旅游的融合，更有自然山水与民俗的融合、古老传统与时尚艺术的融合。两个村十分注重文物保护，陈渠珍公馆、麻家大院等20处文物都得到了保护维修、合理利用；十分注重文化再造，开发了"实景"旅游产品，使游客可在吃簸箕宴、春碓、磨豆腐、学苗语、唱苗歌等过程中寻觅乡愁、愉悦心灵；十分注重文化创新，引进项目资金100万元，成立非遗产业合作社，建立家庭非遗作坊，使20余名非遗传承人获得稳定收入。在农旅融合方面，竹山村种植优质油茶160亩、猕猴桃300亩、懒汉梨100亩；老洞村提出"一业带四园"思路，以乡村旅游为主业，成功开发200亩高山荷园、100亩黄桃园、100亩奈李园、100亩金银花园，实现了旅游与农业的有机融合，多层次、多维度、多方面丰富了文化旅游的内涵。

（4）群众参与是"竹山模式"成功的保障。村落变景区，村民变"演员"是"竹山模式"的真实写照。目前，"竹山乡居"租用村民住房44栋，每年每户租金3000元，并按3年递增5%的标准补助。安排村民务工42人，人均年收入可达2.7万元。建立竹山旅游合作社，直接提供就业岗位82个。签订建档立卡户委托帮扶协议书，每年每人享受固定收益160元并根据合作社的运营情况进行分红，其中2019年每户分红300元。设立农村电子商务中心，拓宽蓝莓、黄桃、莲子、腊肉、苗绣等特色产品市场，让乡村农旅产品走出"山门"。老洞村推行"农户+合作社+公司"模式，开发荷花田210亩，让农户入股定期参与分红，仅土地流转租金就增加收入6万元。此外，"竹山模式"还带动了翻身村稻花鱼、下麻村鸡蛋、凉灯村黄酒等周边村寨10多种农产品的销售。

三、"竹山模式"可复制的经验

总结"竹山模式"经验、放大"竹山模式"效应对于后发展地区来说非常重要，也很有必要，建议有条件、有资源、有潜力的地方把文旅产业作为脱贫攻坚的重要路径、乡村振兴的有效之策来抓，找准突破口，点燃"导火索"，形成促发展、促脱贫的"裂变"效应。

（1）观念要转变。当地村民群众思想僵化、观念落后是制约文旅扶贫的首要"瓶颈"。这些年，省文旅厅对症下药，先后安排村支两委、村民骨干和积极分子分批次赴省内长沙、永州、邵阳，省外山东、河南、四川、江浙等地开阔眼界，培育了一大批发展"带头人"。省文旅厅驻村工作队、当地党委政府、凤凰旅投公司定期或不定期对村民开展全员培训，以上"夜校"、看电影等方式，"现身说法"，反复沟通，引导村民群众实现了思想大转变、行为大转移。同时，在执行层面也要转变观念。开始大家对老洞村、竹山村开展乡村文旅扶贫的决心不够、信心不足。省文旅厅驻村工作队经过反复调研、多方做工作，成功促成各方统一了思想认识，激发了战贫困、促发展的"奋斗"精神。近年来，驻村工作队、当地党委政府、市场主体咬定青山不放松，一任接着一任干，以"功成不必在我、功成必定有我"的气度和敢打胜仗、善打胜仗、敢于胜利的斗争精神，硬是将昔日交通不便、基础很差，自我封闭、观念落后，无人看好、不敢想象的苗区山寨打造成如今文旅高度融合、发展势头强劲的美丽乡村。

（2）力量要整合。推进乡村发展必须综合发挥当地政府、市场主体、村民群众和社会的力量。当地党委、政府要主动引领文旅扶贫发展，将所要打造的村或地区纳入文旅发展全域规划，并作为重要节点来打造，抓实抓好水、电、路、房等基础设施建设，尤其要整合部门项目和资金，让其快速倾斜、快速集结。在此基础上，要主动对接市场，主动融入市场，将乡村文旅开发和建设具体事项交由市场去做，坚持用专业的人办专业的事，让其快速见成效。村民群众和社会力量是开展文旅扶贫的重要力量，有时甚至影响发展全局，必须发挥他们的积极性、主动性、创造性，引导他们积极参与文旅脱贫。

（3）市场要对接。很多地方在脱贫攻坚中，在政府主导期间各项工作做得非常好、非常到位，但一旦政府力量退出，则马上陷入"衰败"，极有可能"前功尽弃"。产生这一现象的主要原因是功课做得不足、市场对接不够。凤凰县委、县政府、省文旅厅驻村工作队十分注重培育市场，注重花真功、用真心，引进了专业公司、专业团队，全面开启了对接市场、市场主导开发的新局面。目前，无论是景区定位，还是市场营销；无论是客源组织，还是文化挖掘，都按照市场需求、市场规律办事，实现了文旅产品建设、产业体系构建和市场营销的有机结合，实现了与客源地的紧密衔接，走出了一条符合文旅发展规律、切合当地实际的市场化道路。

（4）机制要建好。老洞村建立了"文旅公司+合作社+农户"的"三级管理"方式、竹山村建立了"旅游合作社+农户"的"两级管理"方式。实践证明，两个村的管理方式能较好地兼顾村里、村民及市场运营主体的各方利益，尤其是能快速处理矛盾和协调各方利益，最大限度地动员群众支持文旅开发、参与文旅开发。在有条件拟开展文旅扶贫的村或地区，建议村级层面要建立以村支两委为主的矛盾协调机制、以合作社为主的村民群众自我管理、自我约束、自我发展的合作机制、以市场运营公司为主的开发运营机制，找准各方利益平衡点、契合点，形成全方位、稳步高效的运行机制。

（5）利益要共享。着眼建立利益共同体，建议成立旅游发展等专业合作社，将寨内每户村民的民居、土地、山林、资金等作为股份，注入专业合作社，让村民自主结成利益联盟，使资源变资产、产品变商品、村民变股民，实现盈利共享，风险共担。专业合作社可以代表村民群众，与市场开发主体合作开发或代表集体争取村民利益。专业合作社还可以作为投资方，以资源入股，与相关市场主体合作经营，由双方各持一定比例股权，收益采用按股分红与按劳分红相结合的分配方式，形成多方参与、风险共担、互利共赢机制，最终实现经济、社会、生态三重效益。

案例 2：

文化依托、点线结合、协同作战助脱贫
——古丈县墨戎苗寨景区旅游精品线路建设

一、墨戎苗寨景区概况

墨戎苗寨(见图 3.8、图 3.9)位于古丈县南部，地处凤凰至张家界旅游黄金线中点，2017 年被评为国家 3A 级旅游景区，是大湘西地区文化生态旅游融合发展精品线路神秘苗乡的重要节点，已被列入湖南省文化生态旅游融合发展精品线路旅行社送客入村奖励办法名录村，S229 线、枝柳铁路、永吉高速、张吉怀高铁横贯南北，素有古丈县"南大门"之称。墨戎苗寨所处的龙鼻嘴村共辖 13 个自然寨，17 个村民小组，768 户 3195 人。它是一个典型的以苗族为主的少数民族聚居村寨，苗族人占全村人口的 90%。这里民风淳朴，苗族民间文化底蕴深厚，是"乡村旅游扶贫重点村""湖南省乡村旅游扶贫项目建设示范点"，先后获得"中国民间文化艺术之乡""中国非物质文化遗产传承基地""中国传统村落""中国少数民族特色村寨""湖南省特色旅游名村""湖南省新农村建设示范村""湖南省民族团结进步示范点""湖南省美丽少数民族特色村""湖南省苗族花鼓之乡""湖南省休闲农业示范点""湘西州'千企联村'精准脱贫行动示范单位""湖南省文化和旅游扶贫示范村""湖南省示范性就业扶贫车间"等荣誉。墨戎苗寨的核心景区占地 450 多亩，现存木质特色民居 400 多栋(见图 3.9)，有"苗族银饰手工锻制技艺""苗族鼓舞""苗族民歌""苗族刺绣""古丈毛尖茶手工炒制技艺"等五个非遗项目传承基地，还有"赶秋节""苗族婚嫁""巫傩绝技""苗族歌舞""苗家长龙宴"等神秘苗族民俗文化展演。2019 年，这里共接待国内外游客 130 万人次，旅游综合收入达 1.9 亿元，年创利税 3000 多万元。

二、旅游精品线路建设总体情况

(1)规划布局。已经从特色产业、文化旅游、生态环境等方面制定了详细的乡村旅游近、中、远期发展规划。规划总体目标为：在今后的发展战略机遇期内，以习近平新时代中国特色社会主义思想为指导，深入贯彻精准扶贫和实

图 3.8 墨戎苗寨景区"南大门"

图 3.9 墨戎苗寨景区——清流绕寨

施乡村振兴战略，进行"资源、市场、产品"互动和"区位、活动、形象"组合，进一步丰富旅游产品，提升文化内涵，突出民族特色，完善乡村旅游服务体系和服务设施建设，创新旅游空间布局，把墨戎苗寨打造成"真山、真水、原生态"的集民俗体验、摄影写生、文化探秘、影视拍摄、休闲度假、健康养生于一体的高端休闲农业与民俗文化结合的旅游目的地。

（2）主导产业。以"绿水青山就是金山银山"为发展理念，差异化、品牌化发展，引进优秀旅游管理团队，挖掘和激活本地银饰手工锻制技艺、古丈毛尖茶手工炒制技艺、苗族刺绣、苗族鼓舞、苗族古歌等非物质文化遗产，为非遗创新发展注入活力并有机融入乡村旅游产业。采取"景区+合作社+村委会+基地+农户"共赢发展的模式，引导和扶持农民农副特产商品化、规范化生产和经营，以"文旅融合""茶旅结合"为抓手聚力发展乡村旅游扶贫产业。新建了非遗作坊和传习所 13 个，发展农民自营商铺 180 余个，开发生态茶园 2000 多亩，建有标准化茶叶加工厂 1 座，农户茶叶自销点 33 个，总产值逾亿元。

（3）落实送客入村政策。2018 年 12 月，省文旅厅、省发改委、省财政厅联合印发《湖南省文化生态旅游融合发展精品线路旅行社送客入村奖励办法》，根据文件精神，古丈县墨戎苗寨乡村游发展有限责任公司"送客入村"工作从 2019 年 1 月 1 日起正式实施，"送客入村"工作成效初显。

（4）基础设施建设。从 2013 年开始，景区携手龙鼻嘴村支两委把发展乡村旅游扶贫产业作为龙鼻嘴村农业农村工作、美丽乡村建设、生态文明建设的重要内容来抓，旅游精品线路建设后劲明显增强，向上争取财政项目资金、申请银行贷款、从经营中挤出资金共计 9700 多万元，逐年加大对墨戎苗寨乡村旅游基础设施建设的投入力度，使得龙鼻嘴村人居环境和旅游环境得到根本改善①，美丽乡村建设成效明显，增强了人民群众的幸福感和获得感。

（5）经营管理。景区内制定了健全的管理制度，做到了规划、品牌、营销、管理四统一，把安全生产放在首位，安排专人巡查食品安全、消防安全，定期举行消防演练和突发事件应急演练，不断强化服务意识，实行员工技能培训和安全培训制度，上岗人员培训合格率达 100%，让游客体验周到、安全、舒心的旅游服务。近年来，景区在消费维权方面成绩突出，实现了连续 3 年零投诉。

（6）党建引领。为打造助推企业发展的红色引擎，2018 年 11 月，景区成立了党支部，有 3 名党员、3 名入党积极分子、5 名发展对象，其中还有 3 名党员致富带头人。党支部定期组织加强对党员、入党积极分子和发展对象的政治理论、政策法规、市场经济和实用技术、工作作风和工作方法、民主集中制等方面的教育培训，强化学习。"感党恩、听党话、跟党走"的政治信念如同灯塔一样，为企业发展壮大指引方向，保驾护航，党建工作被根植进企业生产经营和运营管理的全过程。

---

① 2013 年 10 月，龙鼻段堤防加固工程竣工，护岸堤坝 621 米，有效保障了防洪安全并美化了村寨环境。2014 年 3 月，建设滚水坝 3 道、茶叶加工厂 1 座。2014 年 5 月，启动实施了丹青河流域默戎段治理工程项目，护岸总长 4409 米，防护河道 17.9 千米，河道疏浚 3429 米，保护农田 1.4 万亩、房屋 1000 余栋，惠及默戎、坪坝 2 个镇 7 个村 8000 余人。2015 年进行石板路铺设、特色民居改造、风雨桥架设和亮化、桐木自然寨道路硬化等。2016 年修建停车场，新扩停车位 20 余个；同年修建苗族鼓舞传习所 1 个、非遗作坊 8 个。2017 年新扩步道 4 条，共计 1380 余米；新建建筑面积为 10230 平方米的游客接待中心。2018 年，新扩停车位 60 余个，新建风雨长廊 3 座，新建旅游厕所 1 座，民居改造 100 户，新建 600 米景观游道。2019 年，新建大型人行天桥、风雨桥、风雨长廊各 1 座，民居改造 76 户。

三、旅游精品线路建设带动精准扶贫成效

近年来，墨戎苗寨景区携龙鼻嘴村支两委坚定不移地贯彻上级党委、政府的各项扶贫政策，把乡村旅游发展作为维护社会稳定、促进经济发展、带动村民脱贫致富的重要工作来抓，通过文化、旅游和茶叶等产业的有机融合，推动墨戎苗寨景区旅游精品线路项目建设，带动广大群众脱贫致富，加快全面建成小康社会步伐。景区出台了涵盖民居保护、建房补助、村民福利、老人养老、助学、公益设施建设、就业创业的"九大惠民政策"，主要以安置就业、扶持创业、农产品收购、土地和房屋租金、建设用工、技术培训、困难救助等方面落实带动精准扶贫社会责任。景区安置就业岗位 800 余个，其中：安置建档立档贫困户、五保户、低保户和残疾人等困难人员就业 85 人，人均薪酬 3 万元/年，通过产业带动当地农户年增收 5000 多万元，累计解决农民脱贫 200 多户。仅龙鼻嘴村村民人均年收入就达 12000 元，贫困发生率降到 0.4% 以下，并于 2017 年提前县计划两年实现整村脱贫。

3.1.3 转移就业脱贫工程的实施及成效

就业是民生之本。习近平总书记一直高度关注我国的就业问题，认为就业牵动着千家万户的生活，是我们这个有着 14 亿多人口的国家最大的民生问题，也是最大的民生工程、民心工程、根基工程，必须抓紧抓实抓好。为此，必须统筹抓好经济社会发展和促进就业工作，实施积极的就业政策，不断改善就业环境，不断提高劳动人口尤其是就业困难人口的就业能力，千方百计增加就业岗位，提高就业质量，努力提高劳动者特别是一线劳动者的劳动报酬。只有这样，才能更好地实现让劳动者体面劳动、全面发展的目标。党的十九大报告指出，就业是最大的民生。要坚持就业优先战略和积极就业政策，实现更高质量和更充分就业。大规模开展职业技能培训，注重解决结构性就业矛盾，鼓励创业带动就业。提供全方位公共就业服务，促进高校毕业生等青年群体、农民工多渠道就业创业。特别是 2019 年以来，面临世界经济环境的新变化和中国经济发展的新形势，以习近平同志为核心的党中央更是把就业作为我国经济"六稳"和"六保"的首要任务。

对贫困地区而言，千方百计扩大就业，通过就业带动贫困群众脱贫，具有更为重要的战略意义。2018 年春节前夕，习近平总书记在四川看望慰问各族干部群众时语重心长地说，我们搞社会主义，就是要让各族人民都过上幸福美好的生活。全面建成小康社会最艰巨最繁重的任务在贫困地区，特别是深度贫困地区，无论这块硬骨头有多硬都必须啃下，无论这场攻坚战有多难都必须打赢，全面小康路上不能忘记每一个民族、每一个家庭。贫困群众要摆脱贫困，

就必须有稳定可靠的收入来源，不断提高收入水平，就业是贫困群众增加收入最重要的途径，也是最有效、最直接的脱贫方式。因为，稳定的就业是增加收入的重要途径，贫困家庭中只要有一人就业就完全有可能实现全家脱贫。同时，就业也是社会稳定的重要保障。对个人而言，一个人有了工作，就容易安定，没有工作，就无法融入社会，也难以增强对国家和社会的认同；对家庭而言，家庭中有一个人就业，就能够增加一分稳定的力量；对社会来说，失业的人多了，社会稳定就会面临很大的威胁。更进一步的，稳定就业不仅可以改变贫困群众的生活面貌，而且可以促进贫困家庭子女接受更好的教育，增强自我发展能力，从而有效解决贫困的代际传递问题。但是，在民族地区，由于经济发展水平的限制，就业机会较少，就业问题比较突出。因此，民族地区在发展产业的过程中，无论是开发项目还是建设重点工程，无论哪个投资主体，都应当坚持就业第一的原则，积极促进当地群众增强就业能力，为群众拓宽就业渠道，扩大整个社会的就业容量，从而实现促进当地群众增收的目标。正是因为就业在扶贫中的重要作用，精准扶贫方略自提出以来，通过扶持生产和就业发展就成了帮助贫困群众脱贫的一项重要战略。在各地的扶贫工作实践中，各方也逐渐改变了过去的简单给钱、给物等办法，而是通过采用生产奖补、劳务补助、以工代赈等机制，积极教育和引导广大贫困群众用自己的辛勤劳动实现脱贫致富。习近平总书记高度重视就业在贫困群众脱贫中的重要作用，总书记对如何帮助贫困群众通过稳定就业实现增收脱贫的一系列重要讲话精神，成为贫困地区大力推进就业扶贫工作的重要行动指南。

对贫困地区来说，不仅要高度重视实现稳定就业对于贫困群众走上脱贫致富道路的重要意义，更要千方百计为贫困群众创造更多就业机会，提高就业质量。一方面，贫困地区由于自身经济发展水平低，就业机会相对有限，必须与发达地区大力开展劳务合作，实现转移就业；另一方面，为了促进贫困地区的经济社会发展，必须创造更多的就业岗位，实现贫困群众的就近就业。因此，在实施东西部协作扶贫行动时，必须着力探索形成通过就业扶贫实现稳定脱贫的长效机制，进一步加大产业扶贫、消费扶贫和劳务合作的力度，通过有组织的劳务输出，帮助有劳动能力和外出意愿的贫困群众到东部地区实现转移就业。这就需要开展协作扶贫的双方建立和完善劳务输出的对接机制，提高劳务合作促进贫困群众外出务工就业的质量。因此，必须建立劳务输出和转移就业服务平台，对接收输出劳务的东部地区来说，要加强企业用工信息的收集和分析，通过平台为劳务输出地提供更为全面的用工要求、用工数量等信息；对输出劳务的西部地区而言，应当利用平台加强针对性的劳务培训，同时及时发布相关用工信息，通过有组织的劳务输出帮助贫困群众到东部地区实现转移就业。东部地区还要加强与对口协作地区的产业合作，推动相关劳动密集型产业和企业到西部地区创办扶贫工厂和扶贫车间，为当地创造更多就业岗位，吸纳更多当地贫困群众就业，从而帮助那些有劳动能力但外出务工有困难的贫困劳动力实现就近就业和家门口就业。同时，要注意发挥市场在促进就业中的积极作用，通过改善创业环境、采取积极措施等方式鼓励和引导更多贫困人口创业。此外，扶持带贫效果显著的龙头企业不断做大做强，也是提高贫困地区贫困群众就业水平的重要途径。

随着我国经济的转型升级，企业对劳动者劳动技能的要求在不断提高。但是，由于多方面的原因，贫困地区和贫困家庭人口往往受教育程度比较低，缺乏专业的劳动技能，难以满足产业发展和企业用工的要求，造成就业层次较低、就业质量不高甚至就业不稳定的困境。因此，必须根据产业升级和企业发展的需要，有针对性地开展职业技能培训。"授人以鱼不如授人以渔"，必须通过扩大培训范围、增加培训内容、改进培训方式等多方面的努力，切实帮助有劳动能力的贫困群众真正掌握至少一项专业技能，从而提高他们的就业能力，让他们可以利用自己的双手通过就业或创业脱贫奔小康。

3.1.3.1 转移就业脱贫工程的概况

习近平总书记对发展就业脱贫的一系列重要论述和指示，是贫困地区开展转移就业、推进脱贫攻坚的工作指针。湘西州是习近平总书记精准扶贫战略思想的首倡地，是国务院开展劳务协作脱贫的试点地区。近年来，湘西州牢记习近平总书记的殷切嘱托，突出脱贫攻坚主旋律，瞄准就业脱贫总目标，精准施策，定向发力，推动就业扶贫向纵深发展，探索了一条具有湘西特色的就业扶贫好路子。

湘西州地处湖南西北部和湘、鄂、渝、黔（四省市）边区，土地面积15470平方千米，常住人口248.81万，其中农村人口137.85万（2019年）。全州共1789个行政村（社区），其中有贫困人口的村就达到1740个（其中贫困村1110个），占比97.26%；建档立卡贫困人口共165054户657735人，2014年贫困发生率为27.26%；农村劳动力总数为150.53万人，其中建档立卡贫困劳动力38.27万人（2016年）。由于自然条件的制约，湘西州山多地少，人均耕地面积不足1.5亩，经济发展水平不高，经济总量小（2016年地区生产总值只有530.9亿元），就业机会有限，大量富余劳动力必须外出务工。20个世纪80年代以来，随着我国改革开放政策的深入和沿海地区经济的发展，湘西州农村剩余劳动力纷纷自发到广东等沿海地区打工，并形成了较大的规模和产生了一定的影响力。2016年以前，湘西州有18.96万贫困劳动力实现了转移就业，占全部贫困劳动力的49.5%。劳务经济是湘西州最大的产业，劳务输出是农民增收脱贫最直接、最现实、最有效的手段。

为了进一步发挥转移就业在贫困人口脱贫中的战略作用,多渠道促进贫困劳动力通过就业获得稳定收入、实现脱贫,2016 年 4 月湘西州制定并着手实施"湘西州精准脱贫十项工程",将"转移就业脱贫工程"列为第三项工程,提出了"2016 年至 2019 年,全州实现建档立卡户转移就业脱贫 10 万人,使全州转移就业总量稳定在 70 万人左右,实现劳务收入 200 亿元以上"的总目标,并从做实劳动力资源信息数据、提升劳动者就业能力、有效开展劳务合作、提供优质就业服务、精心提供服务保障等五个方面明确了工作重点,全力推进转移就业脱贫各项工作。2018 年湘西州政府进一步出台了《关于进一步做好就业扶贫工作的实施意见》,拓展了转移就业脱贫工程的内容,提出了"到 2020 年底,全州实现新增建档立卡户劳动力转移 1.5 万人;完成建档立卡户家庭'两后生'技能培训 2500 人;建成'就业扶贫车间'300 家,开发各类就业岗位 5000 个,稳定吸纳建档立卡户劳动力就业 1000 人;建成创业示范乡镇 20 个,培育 200 个企业或专业示范合作社,打造 2000 个创业示范户,吸纳 20000 名建档立卡户劳动力就地就近转移就业"的目标任务,并对夯实基层基础、建设扶贫车间、深化劳务协作、加强技能培训、鼓励创业就业、促进稳定就业等相关工作制定了相应的政策措施,以进一步深化转移就业脱贫工程的开展。工程实施 4 年来,湘西州在全面总结过往劳务协作和各县市实践的基础上,确定了就业脱贫要坚持推动劳务输出和鼓励就地就近就业并重的总思路,形成了开展有组织劳务输出、发展扶贫车间吸纳、支持返乡创业和文创产业带动、开发公益性岗位安置的促进贫困劳动力稳定就业增收的四条主要渠道,创新了多项具有湘西特色的转移就业的脱贫措施做法,极大地发挥了转移就业在贫困人口脱贫中的战略作用。2020 年,全州累计转移农村劳动力就业 87 万人,劳务总收入达 330 亿元;其中贫困劳动力 28 万人,劳务收入 98 亿元,带动了 12 万户贫困家庭脱贫。劳务收入已成为湘西州农民增收脱贫的主渠道,对脱贫退出贡献率达 60%,就业扶贫已成为全州推动脱贫攻坚的重头戏。

3.1.3.2　转移就业脱贫工程的具体实践

湘西州坚持"政府推动、市场主导、优质服务、稳步提升"的原则,围绕"稳定就业、扩大就业、提升就业"的目标,立足"数据是基础,培训是关键,对接是重点,政策是保障"的工作路径,从"精准识别、精准对接、精准培训、精准服务、精准施策"发力,积极开展劳务协作,有效调动各方资源,帮助有就业意愿的贫困人员实现转移就业,引导劳动力转移从自发流动向有序转移转变,从向发达地区输出为主向发达地区与就近就地转移并重转变。

在实施"转移就业脱贫工程"的实践中,湘西州紧紧围绕"就业脱贫"的总目标，探索了"一个目标、两翼并重、两项基础、四轮驱动、一个保障"的转移就业脱贫的战略框架和技术路径。一个目标，就是"2016年至2019年，全州实现建档立卡户转移就业脱贫10万人，使全州转移就业总量稳定在70万人左右，实现劳务收入200亿元以上"的总目标，并按年度分解具体的目标任务；两翼并重，就是有组织的劳务输出和就近就业并重，实现贫困劳动力有序转移就业；两项基础，就是开展精准统计摸清贫困劳动力基础数据和东部地区、企业用工需求数据，实现精准对接，同时大力开展劳动力技能精准培训，提高贫困劳动力就业技能；四轮驱动，就是通过建设扶贫车间和就业基地、鼓励扶持创业带动就业、开发公益专岗，帮助贫困劳动力就近就业；一个保障，就是建立劳务服务中心等专门的组织机构，保障贫困劳动力的合法权益。

1. 大力开展有组织的劳务输出，通过劳务协作转移就业一批，帮助贫困劳动力实现有序就业

（1）签订协议，建立机制。为实现劳务协作无缝对接和常态化，湘西州分别与湖南省长株潭三市签订推进省内劳务协作框架协议，依托长沙市设立的劳务协作市场，为建档立卡贫困劳动力提供了稳定的求职平台；与广东省深圳市、广州市、东莞市、佛山市四市和山东省济南市及长三角地区签订了劳务协作框架协议，明确了双方协作范围、合作形式、工作目标，建立了长效合作机制。建立了省外、省内、州内和县内四级沟通协调对接机制，定期召开协调会议，共同破解劳务协作过程中遇到的困难和问题；建立政府对企业、企业对劳动者、基层组织对劳动者的联动机制和劳务协作信息远程交换机制，由输出地负责提供求职需求清单，输入地负责提供岗位清单，并在网上进行数据比对，极大地提升了人、岗匹配精准度。

（2）线上线下，无缝对接。线上，充分利用湖南省平台人、岗匹配功能，点对点为贫困劳动力推送岗位信息，举办就业扶贫网络视频专场招聘会；线下，先后组织专门队伍与广东四市、长三角、长株潭等地区开展了50多场次劳务协作活动，组织了68场次企业用工招聘会，开展有组织的劳务输出，有序转移农村贫困劳动力就业，同时指导各县市精心组织开展"春风行动"、民营企业招聘周等系列招聘会。

（3）深化协作，落实项目。利用山东济南市对口扶持湘西州和省内长沙、株洲、湘潭、岳阳、衡阳、常德六市对口扶持龙山、泸溪、永顺、保靖、花垣、古丈六县的有利条件，深化与对口合作城市的协作，特别是深入推进东西部劳务协作"3223+N"项目落实，组织贫困劳动力到济南市转移就业和长株潭就业，并推动山东蓝翔技师学院十八洞分院、湖南阳光阿雅职业培训学校落户湘西，开展定向培训，帮助贫困家庭"两后生"实现了入学即就业、毕业就上岗的目标。

（4）精准落实补贴政策，促进贫困劳动力稳定就业。认真落实国家和湖南省有关社保降费政策，共为全州 980 余家民营企业减少养老保险费 1.43 亿元；实施阶段性降低工伤保险、失业保险费率政策，共为全州企业、用人单位减负 1.746 亿元，切实减轻了企业负担，增强了企业吸纳就业特别是贫困劳动力就业的能力；认真落实新一轮积极促进创业就业的"1+3"政策，为转移就业贫困劳动力办理落实培训、生活费、社保等各类补贴和转移就业交通费补助，为吸纳贫困劳动力就业的企业发放稳岗补贴和社会保险补贴。

2. 大力促进就近就地就业，通过打造扶贫车间吸纳一批，推动贫困劳动力实现就近就业

（1）加强扶贫车间建设，帮助贫困劳动力与企业实现"点对点"对接，带动贫困劳动力就近就业。出台了《关于进一步做好就业扶贫工作的实施意见》《湘西州贯彻落实〈湖南省进一步促进就业工作二十条措施〉实施办法》等系列文件，对认定的就业扶贫车间给予场地费、物流费、就业服务、创业扶持等补贴，为就业扶贫车间建设提供有力的保障；坚持因企施策，引导企业发挥自身优势，利用湘西地理、政策、原材料等优势，在工业园集中区建立"厂房式"扶贫车间；因人施策，结合农村妇女需要照顾小孩和家庭的实际，采取集中加工、分散加工和计件取酬相结合的方式建设"居家式"扶贫车间，方便员工就地就业、灵活就业，不仅让贫困户每月可以有固定的收入来源，还为更多的留守孩子留住了妈妈；因地施策，结合县市产业发展实际，充分利用当地的气候、土壤特点和闲置场地，以"公司+合作社+农户+基地"的模式建立"基地式"扶贫车间。

（2）多层次加强就业扶贫基地建设。按照"帮扶 1 人、就业 1 人、稳定 1 户"要求，着力打造就业扶贫基地，吸纳贫困劳动力就近就业。

（3）突出工业园区带动。根据贫困劳动力实际情况，依托州内工业园区，分年度、分县市制定实施贫困劳动力就地就近转移就业扶持计划，帮助贫困劳动力转移就业。

3. 积极支持创业带动就业，促进贫困劳动力实现自主就业

（1）提质升级创新创业孵化基地。坚持"政府扶持、部门指导、培育特色、社会参与、市场运作"原则，全面提质扩容创新创业孵化基地，全州建成并投入使用创业孵化基地 12 个，其中武陵山片区湘西创新创业孵化基地获批国家级创业孵化示范基地，湘西州电子商务等三家创业孵化基地被评为"湖南省创新创业带动就业示范基地"，在孵各类初创企业共有 491 家，直接提供就业岗位 4151 个。推动人力资源和社会保障部"乡村创业领雁培养计划"落户湘西州，成功举办了"农产电商""农旅融合训练营""民艺文创训练营"等 3 期训练营，

搭建了乡村创业者资源互助平台。

（2）深入推进创业带动就业重点乡镇建设。立足不同乡镇的资源优势、区位优势和产业优势，坚持"一乡一业、一村一品"原则，推进湘西州创业带动就业重点乡镇建设三年规划，目前建成创新创业带动就业重点乡镇10个，共培育了示范企业和示范合作社163家、创业示范户和种养殖大户1917户，带动1.3万名贫困劳动力、就业困难人员实现就近就地就业。

（3）加大创业主体扶持，不断扩大创业主体规模。积极破解创业担保贷款政策瓶颈，率先在全省实现创业担保贷款信息化管理和线上报审，大力支持农民工、高校毕业生、退役士兵和农村能人等人员返乡下乡创业。扶持了500多家初创企业和中小微企业做大做强，帮助1.5万多名劳动力实现成功创业。积极开展创业先进典型评选活动，营造了良好的创新创业氛围，使创业主体规模不断扩大。全州累计涌现创业主体10.68万户，带动城乡就业23.84万人，其中建档立卡劳动力2.3万人。

（4）发展文创产业，推动贫困家庭妇女实现就地就业。下发了《关于发展文创产业带动城乡妇女就业的意见》《关于做好巾帼就业扶贫车间认定工作的通知》等文件，健全对巾帼创业的政策扶持体系；从职业技能培训补贴、岗位补贴、社会保险补贴和创业担保贷款等方面加大扶持力度；通过"公司+农户""公司+协会+农户""能人+基地+农户"等模式，发挥能工巧匠带头引领作用，促进妇女文创产业整村、整寨、整乡推进，全面增强带动农村妇女就业的能力；围绕全州文化旅游发展，积极整合人社、扶贫、科技、文旅等部门的资源，大力发展文创产业，打造文创产业平台和就业扶贫车间，吸纳家庭妇女特别是贫困妇女劳动力就业。支持惹巴妹、山谷居民、七绣坊等本土优秀文创企业创办"巾帼创业扶贫车间"110个，共吸纳2.5万多人就业，其中有家庭妇女1.9万人、建档立卡劳动力1.1万人。"巾帼就业扶贫车间"使湘西农村妇女就近就地就业创业的愿望成了真，既解决了企业发展壮大劳动力短缺难题，又实现了农村妇女居家就业、稳定增收的目标，促进了社会稳定、家庭和谐，获得了多方共赢的社会效益。

4. 开发公益性岗位托底安置，促进贫困劳动力实现兜底就业

（1）瞄准重点群体。针对无法转移就业的贫困户劳动力，依托乡村振兴、园区建设、重点项目、旅游服务等发展重点，统筹开发以环境绿化、卫生保洁、道路维护、治安巡逻等为主的公益性岗位，帮助其在家门口实现就业。

（2）出台扶持政策。出台了《关于进一步做好就业扶贫工作的实施意见》，从22个方面进一步明确了就业扶贫工作的具体政策。配套出台了《关于进一步做好就业扶贫实施意见的操作办法》，设立农村公益性专岗，用于安置贫困

家庭劳动力，岗位补贴标准为每月每人 500 至 600 元。

（3）有序组织开发。结合实际，针对本地户籍农村建档立卡贫困劳动力，县市配套制定农村公益性专岗开发工作方案，明确在每个行政村设 2 个岗位（乡村保洁和公共设施维护），对就业困难重点群体进行就业兜底安置，由各村初审、乡镇（街道）复审后，再由人社部门最终审定。同时完善管理机制，确保能进能出。建立退出机制，对农村公益性岗位就业人员实行动态管理，确保岗位能够最大化地发挥托底就业安置的效果。

5.大规模开展职业技能培训，提高贫困劳动力的就业创业能力

以就业为导向，按照"培训一人、就业一人、脱贫一户、带动一片"的目标，大力开展订单培训、定向培训、精准培训，帮助建档立卡贫困户至少有一人掌握一门就业技能，帮助贫困劳动力实现稳定就业。

（1）利用东西部劳务协作平台开展职业技能培训。湘西州在对口协作城市山东济南的帮助下，引进蓝翔技师学院和济南阳光大姐培训学校，创办了山东蓝翔技师学院十八洞分院和湖南阳光阿娅职业学校，通过借理念、借师资、借技术，实施因岗定培、因需施教，打造品牌培训，同时健全政策体系、落实培训政策、建立任务清单，瞄准贫困劳动力等重点群体开展培训，准确掌握贫困劳动力技能需求、培训愿望和接收程度以及参加培训的特殊困难，灵活多样地开展职业技能培训，增强针对性、实效性，提升了贫困人口职业技能培训精准度。

（2）狠抓"两后生"培训。以就业为导向，对贫困家庭"两后生"实施"定员、定点、定向、定岗"免费技能培训，实现了入学即就业、毕业就上岗的目标。先后举办济南市技师学院"轨道交通湘西班"、永顺吉利班、保靖龙骧巴士班等定向培训。

（3）狠抓贫困劳动力专业技能培训。整合培训资金、培训场地和培训师资，着力打造"湘西家政""湘西绣娘""湘西育婴师""湘西电焊工"等劳务品牌，大力开展订单培训、定向培训和精准培训，帮助建档立卡贫困户至少有一人掌握一门就业技能，帮助贫困劳动力实现稳定就业。

（4）强化农村妇女职业技能培训。根据本土文创企业需求，结合建档立卡妇女劳动力、留守妇女和残疾人等特殊群体实际，与人社部、扶贫办、文旅局、妇联等单位协作开展"湘西绣娘"等编织技能培训。

（5）狠抓技能提升培训。在全省率先出台《湘西州职业技能提升行动实施方案（2019—2021 年）》等文件，把建档立卡贫困劳动力作为培训重点，从失业保险节余基金中按要求提取 4876.6 万元，深入开展失业保险援企稳岗"护航行动"和技能提升补贴"展翅行动"。

6.切实加强组织保障，维护贫困劳动力的合法权益

(1)设立专门的劳务服务中心。在转移就业人员比较集中的广东、长株潭、济南、长三角等中心城市和地区设立专门的劳务服务中心，负责协调与劳务输入地政府、中介机构、用人单位的关系，密切劳务对接，提供维权帮助。

(2)夯实基层基础。全州所有行政村(社区)都配设一名以上劳动保障协理员，全州共配设劳动保障协理员1768名，将人社服务延伸、做实到村和社区。建立全州劳动力资源信息系统，加强建档立卡户劳动力基础信息的收集，及时更新贫困劳动力信息数据，确保系统信息准确真实。

(3)建立劳务输转平台。依托派驻劳务输入中心城市的农民工服务中心优势，分类建立了贫困村劳动力资源数据库和劳务输出信息数据库，结合各职能部门收集务工人员信息，严格按照外出务工人员提供的就业信息进行"实地走访、政策宣传、就业引导、关怀提供"，并对劳务相关信息进行逐一核实，确保信息底数清晰，积极拓宽农民工输出转移就业渠道，在外出务工人员比较集中的大企业建立湘西州省外劳务输转基地，为有意愿外出转移就业的贫困劳动力提供帮助。

(4)疏通输转渠道。针对贫困劳动力的不同需求，提供有针对性的个性化服务，大力开展线上服务，为用工企业和劳动者搭建了规范、有序的网络服务平台，实现点对点信息推送，帮助农村贫困劳动力实现高质量就业。同时，联合对口扶持城市组织线上招聘和"民营企业招聘周"活动，提供优质招聘岗位，实现了贫困劳动力的有组织输出转移就业。

3.1.3.3 转移就业脱贫工程实施的成效

湘西州紧紧围绕就业脱贫总目标，精准施策，不断探索创新，转移就业脱贫工程取得了良好的效果，转移就业成为湘西州贫困群众脱贫的主渠道。湘西州的劳务协作脱贫经验得到了湖南省和国家的高度肯定，2016年10月湘西州的试点经验在全省推广，同年12月被人社部、财政部、国务院扶贫办联合下发《关于切实做好就业扶贫工作的指导意见》(人社部发〔2016〕119号)文件明确在全国推广。2018年、2019年湘西州连续两年被湖南省人民政府评为稳就业真抓实干先进市州。

1.劳务协作帮助贫困劳动力实现有序就业，形成了湘西模式

湘西州积极利用山东济南对口扶持湘西和省内6市对口扶持湘西6县，特别是珠三角、长三角和长株潭地区经济发达，对劳务需求量较大的有利条件，与这些输入地签订劳务协作框架协议，建立了省外、省内、州内和县内四级沟通协调对接机制，定期召开协调会议，共同破解劳务协作过程中遇到的困难和问题；建立政府对企业、企业对劳动者、基层组织对劳动者的联动机制和劳务协作信息远程交换机制；先后组织专门队伍与广东四市、长三角、长株潭等地

区开展 50 多场次劳务协作活动，组织 68 场次企业用工招聘会，实现了贫困劳动力的有组织输出和有序转移就业。据统计，到 2020 年底，全州累计转移农村劳动力就业 87 万人，劳务总收入达 330 亿元，其中贫困劳动力 28 万人。在湘西州全部外出务工的农村劳动力中，在长株潭就业的有 6 万人，其中建档立卡劳动力有 3 万人；在广东省广州、深圳、东莞、佛山四市就业的有 26 万人，其中建档立卡劳动力有 5 万人；在长三角就业的有 25 万人，其中建档立卡劳动力有 7.4 万人，这三个主要劳务协作市场转移的贫困劳动力占湘西转移就业贫困劳动力总数的 55%。湘西州探索的机制保障、精准对接、有序输出的劳务协作模式和显著的脱贫效果获得了国家领导的肯定，在全国成了可复制、可推广的经验。

2. 扶贫车间推动贫困劳动力实现就近就业，彰显了湘西特色

湘西州不仅注重有组织地推动贫困劳动力向发达地区转移，而且加大对贫困劳动力就近就业的支持，把发展地方特色经济、促进乡村振兴与贫困劳动力就近就业有机地结合起来。坚持因企施策、因人施策、因地施策，积极打造"厂房式"扶贫车间、"居家式"扶贫车间和"基地式"扶贫车间，全州累计建成规模厂房式"扶贫车间"313 家、合作社和家庭作坊式"扶贫平台"2000 多个，共带动就业 5 万多人，其中贫困劳动力 2 万余人。涌现了凤凰县周生堂扶贫车间、龙山县惹巴妹扶贫车间、花垣县龙门村扶贫车间等一大批带头作用明显、企业发展迅速的就业扶贫典型。扶贫车间成功做法连续两年作为湘西州脱贫攻坚典型案例上报国家考核组并得到充分肯定，成了全国的亮点。同时，突出就业扶贫基地带动和工业园区带动，建成国家级就业扶贫基地 6 家、省级就业扶贫基地 21 家、州级就业扶贫基地 57 家、县级就业扶贫基地 10 家，吸纳贫困劳动力就业 2100 多人；依托州内工业园区，扶持湘西经开区、泸溪高新区等 9 个省级工业园区企业 659 家，就地就近转移就业 4.4 万人，其中农村贫困劳动力有 7600 余名。

3. 支持创业带动就业，促进了贫困劳动力实现自主就业，打造了湘西样板

以创业带动就业、以创业促进发展不仅能够使创业者自身改变命运、实现脱贫，而且可以带动更多劳动力实现就近就业。湘西州采取多项有力措施大力支持创业带动就业，取得了丰硕的成果。

（1）全面提质扩容创新创业孵化基地。全州建成并投入使用的创业孵化基地有 12 个，其中武陵山片区湘西创新创业孵化基地获批国家级创业孵化示范基地、州电子商务等三家创业孵化基地被评为"湖南省创新创业带动就业示范基地"，共有在孵各类初创企业 491 家，直接提供就业岗位 4151 个。推动湖南省"乡村创业领雁培养计划"落户湘西州，成功举办了"农产电商""农旅融合训练营""民艺文创训练营"等 3 期训练营，培养乡村创业领雁人才 90 名，搭建了乡村创业者资源互助平台。2019 年湘西州的"湖南省返乡创业领雁培养计划"

获得了第二届全国创业就业服务主题展优秀项目奖。

（2）深入推进创业带动就业重点乡镇建设。目前共建成创新创业带动就业重点乡镇10个，培育了示范企业和示范合作社163家、创业示范户和种养殖大户1917户，带动1.3万名贫困劳动力、就业困难人员实现就近就地就业。

（3）乡村创业氛围日益浓厚，创业主体不断扩大。目前全州在贷创业担保贷款共4.23亿元，扶持500多家初创企业和中小微企业做大做强，帮助1.5万多名劳动力实现成功创业。一批县市和企业成为全国试点和先进典型，泸溪县被列入第三批结合新型城镇化开展支持农民工等人员返乡创业试点地区，花垣县、凤凰县入选商务部全国电子商务进农村示范县，盘古电商被商务部评为国家级电子商务示范企业。全州共有创业主体10.68万户，带动城乡就业23.84万人，其中建档立卡劳动力2.3万人。湘西州有7家企业被评为"湖南省百家创新创业带动就业优质初创企业"，6名创业者被评为"湖南省百名自主创业就业先进个人"。

（4）发展文创产业支持巾帼创业成为创业带动就业的突出亮点。通过制定《关于发展文创产业带动城乡妇女就业的意见》《关于做好巾帼就业扶贫车间认定工作的通知》等相关政策，积极打造文创产业平台，引导和支持巾帼创业，依托企业能人带动和扶贫协作推动，创办"巾帼创业扶贫车间"110个，实现州内8县市全覆盖，共吸纳就业2.5万多人，其中家庭妇女1.9万人、建档立卡劳动力1.1万人。

4. 开发公益性岗位，促进了贫困劳动力实现兜底就业，走出了湘西路子

湘西州把无法转移就业的贫困户劳动力作为托底安置的重点群体，出台专门的扶持政策设立了农村公益性专岗，每个行政村开发乡村保洁、公共设施维护2个公益性岗位，并建立退出机制实行动态管理。同时，制定《关于进一步做好就业扶贫工作的实施意见》等就业扶贫文件，明确农村公益性专岗补贴程序、招用条件、监督管理等，按照"先培训后上岗"的原则，对公益性专岗人员进行专项培训，培训结束后，通过结业考核，签订就业协议，正式上岗履职履责。目前，全州人社系统稳定开发农村公益性岗位1.24万个，带动贫困劳动力就业1.24万人。

5. 专业技能培训提高了贫困劳动力的就业创业能力，形成了湘西品牌

按照"培训一人、就业一人、脱贫一户、带动一片"的目标，大力开展订单培训、定向培训、精准培训，帮助建档立卡贫困户至少有一人掌握一门就业技能，帮助贫困劳动力实现稳定就业。在东西部劳务协作技能培训方面，2020年两地联合开展各类技能培训73期，培训贫困劳动力2187人，带动20363名建档立卡贫困人口实现稳定就业；在"两后生"培训方面，实施"定

员、定点、定向、定岗"免费技能培训，实现了入学即就业、毕业就上岗的目标，有力阻断贫困代际传递。2016—2019 年通过山东蓝翔技师学院及十八洞分院、济南市技师学院"轨道交通湘西班"、永顺吉利班、保靖龙骧巴士班等定向培训湘西贫困家庭"两后生"5000 多名，累计培训"两后生"6369 名。在贫困劳动力培训和职业培训方面，2016—2020 年，累计培训贫困劳动力 2.89 万人，带动 20363 名建档立卡贫困人口实现稳定就业，实施职业培训 27.38 万人次。围绕湘西支柱产业和劳务输出企业需要开展职业技能培训，积极打造焊工、维修电工、缝纫工、中式烹调师、育婴师、汽车驾驶员等培训品牌，逐渐形成了"湘西家政""湘西绣娘""湘西育婴师""湘西电焊工"等劳务品牌。全州先后举办文创产业妇女培训班 146 期，培训农村妇女 1.26 万人，签约 8200 多人，其中建档立卡劳动力 5360 人。在技能提升培训方面，到 2020 年底全州已培训 7 万多人。

6. 转移就业脱贫成效显著，已成为湘西州贫困家庭脱贫的主渠道

湘西州通过积极开展劳务协作组织有就业意愿的贫困劳动力转移就业，大力支持创业带动就业，大力开展扶贫就业基地、创业示范乡镇、创业孵化基地建设，积极扶持车间建设，不断加强专业技能培训，转移就业脱贫工程取得了显著的成效。据统计，2016—2020 年，全州累计转移农村劳动力就业 87 万人，劳务总收入达 330 亿元，其中贫困劳动力 28 万人，劳务收入 98 亿元。累计新增农村贫困劳动力转移 54022 人，分别完成农村贫困劳动力和"两后生"培训 28942 人、7472 人，建成扶贫车间 313 个，建成国家级就业扶贫基地 6 家、省级就业扶贫基地 21 家、州级就业扶贫基地 57 家、县级就业扶贫基地 10 家、创业孵化基地 12 个、创业示范乡镇 10 个。转移就业已经成为湘西州贫困群众脱贫的主渠道(见表 3.8)。

表 3.8　湘西州转移就业脱贫工程相关统计

年度	新增农村贫困劳动力转移就业/人	农村贫困劳动力培训/人	"两后生"培训/人	扶贫车间（累计）/人	累计带动脱贫户数/万户
2016	15010		2099		6.3
2017	12627	5019	1530	5	
2018	10464	5656	1352	33	7.5
2019	7368	6914	1388	211	6.6
2020	8553	11353	1103	313	
合计	54022	28942	7472	—	—

资料来源：湘西州人力资源和社会保障局。

3.1.3.4　典型案例
案例1：

"小车间"成就"大梦想"
——谭艳林与她的"惹巴妹"手工织品有限公司

按语：龙山县惹巴妹手工织品有限公司以"公司+车间+农户"的经营模式，通过开展培训、设立扶贫车间来带动贫困户特别是留守妇女在家门口实现就业和脱贫致富，创造了"小车间"成就"大梦想"的鲜活经验。

谭艳林（见图3.10），是龙山县惹巴妹手工织品有限公司总经理，也是一个带领社会弱势群体靠着编织脱贫致富的善良的龙山妹子。谭艳林是土生土长的龙山人，16岁那年，成绩优异的她为了让弟弟妹妹完成学业，忍痛远离故土南下打工。24岁那年，她在照顾因伤致残的姑姑时发现了商机——让手巧的姑姑编织自己设计的织品，通过饰品店售卖出去。手工织品上市后很受欢迎，供不应求，市场空间极大。

图3.10　谭艳林（左）为扶贫车间的留守妇女开展培训

"在社会上像姑姑这样的残疾人和留守妇女还有很多，安置她们就业，让她们用民族传统手工编织来实现自身价值，不仅精神能得到慰藉，而且能在家门口就业挣钱，还能更好地照顾家庭！"一个以善良与爱为土壤的创业计划在谭艳林心里滋生，善良的她毅然踏上了带领伤残弱势群体以及留守妇女创业的崎岖路。

2011年，谭艳林成立了龙山县惹巴妹手工织品有限公司，身残志坚的姑姑成了公司的第一个员工。在龙山县相关部门的支持和指导下，公司在全县 21 个乡镇(街道)开展了手工编织巡回培训，培训会的第一天便招聘了 89 名职工，其中包括 23 名残疾人。在谭艳林的公司，几乎所有的工人都是留守妇女和残疾人，她说希望让那些妇女在家门口就业，"如果她们都出去打工，孩子就都成了留守儿童"。

公司通过产品回收、劳动力入股、产业帮扶等方式，按照"公司+车间+农户"的经营模式，灵活务工，让村民们在家门口就可挣钱顾家"两不误"，平均每人每月可收入 2000 元左右。2016 年"惹巴妹"公司开始研发民间手工编织品和整合湘西民俗织品，实现了从"中国制造"到"中国创造"的转型，主要研发湘西民族民间手工编织品，同时将其与现代时尚元素融合，其原创设计的 500 余种编织品，通过电商平台远销海外，订单纷至沓来。公司目前主要生产编织包、婴儿鞋帽服饰和旅游产品小盆景三大系列产品，拥有"乖苗苗""惹巴妹"两个品牌，产品大部分远销欧美国家，并与国内知名母婴公司合作，向全国各景区供货。2018 年公司实现销售收入 3126 万元，2019 年公司产值达 4122 万元。

2017 年底，"惹巴妹"手工织品在第 22 届"意大利米兰国际手工艺品展销会"上，深受意大利等多个国家多年龄阶段消费者的青睐，全部销售一空。在会展现场，"惹巴妹"与意大利动漫公司达成合作意向并成功签约，与电商亚马逊欧洲站的代理人签约，聘请了 2 名意大利留学生设计师为公司研发设计总工程师，还在意大利唐人街开拓了市场。2018 年初，"惹巴妹"手工织品参加法国巴黎国际博览会，带去的 210 件产品不到 3 天就被抢购一空。

2018 年初，"惹巴妹"公司开始面向全州 8 县市开展免费手工技能培训，每年培训 3000 人次，并计划在全州每个县设立扶贫车间。2018 年以来，"惹巴妹"公司在 8 县市累计培训 5100 多人，其中建档立卡户 2000 人；共有 2221 人实现稳定就业，其中贫困户 636 人，残疾人 210 人。2018 年 7 月 9 日，"惹巴妹"首家"巾帼就业扶贫车间"在保靖县普戎镇正式挂牌，2019 年又在龙山、古丈、凤凰、保靖、花垣和吉首等 6 个县市设立了 23 个"扶贫车间"，2000 多名农村留守妇女和贫困户得以就地就近就业，惠及 217 名残疾人和 1100 多名建档立卡贫困户。

惹巴妹手工织品有限公司 80% 产品出口，销售渠道多。在线下，和多家外贸公司合作，签订了长期供货协议，公司产品销往欧美、中东、东亚、南亚等地，同时和国内知名母婴店签约代理分销，向全国各景区展开分销铺货；在线上，与经营 6 年的阿里电商批发站、成熟的淘宝零售站、苏宁易购、国际速卖通分销网、敦煌网、亚马逊等达成合作意向并给分销商长期供货。一头连着湘西偏远农村的留守妇女和残疾人，一头连着国内外的各大商场和柜台；一头连着"四通八达"的电商平台，一头连着遍布深山的扶贫车间，这就是龙山惹巴妹手工织品有限公司扩散性"扶贫车间"的典型意义。

"惹巴妹"从一个县城的"小作坊"逐步发展成年销售额达 4200 万元的湘西手工编织龙头企业，其产品通过电商平台远销海外。公司先后被评为全国就业扶贫基地、湖南省"巾帼巧手创业基地"、湖南省创新创业优秀企业，谭艳林本人也获评 2017 年湖南省"先进助残个人"、2018 年"全国脱贫攻坚奋进奖"(见图 3.11)。

图 3.11　谭艳林获得的部分荣誉

案例 2：

阳光阿娅，打造湘西扶贫技能培训品牌

按语：提高贫困劳动力的劳动技能，是促进他们转移就业、实现脱贫致富的重要途径。湖南阳光阿娅职业培训学校通过与济南阳光大姐公司合作，提升师资水平，打造专业课程，开展针对性培训，成功地培育了"湘西育婴师"这个劳务品牌，为湘西农村贫困妇女实现高质量转移就业作出了贡献。本案例的典型意义在于：要依托自身的优势，结合市场需求和贫困劳动力的需要，通过专业培训帮助贫困劳动力提高就业技能实现转移就业。

湖南阳光阿娅职业培训学校成立于 2019 年 6 月 26 日，由吉首市好日子家政服务有限公司和济南阳光大姐服务有限责任公司联合创办，是一所正规化、标准化、职业化的培训学校。学校现有专职教师 22 名、兼职教师 18 名、高级技师 2 名、技师 4 名、高级教师 5 名。培训对象主要以建档立卡贫困户劳动力、农村转移就业劳动者、"两后生"等为主。学校的特色项目是以育婴服务为代表的家政服务培训，主要致力于打造"湘西月嫂""湘西育婴师"培训品牌，向长株潭、济南、珠三角、长三角等经济发达地区输送专业的"湘西月嫂",助力精准扶贫,帮助湘西农村家庭女性实现转移就业脱贫。

吉首市好日子家政服务有限公司成立于 2003 年,除了向市场派遣专业人员提供家政服务,还专门从事催乳师、月嫂培训,小儿推拿、产后恢复师培训,育婴师、烹饪师等特色专业培训,是湘西州历史最悠久、实力最雄厚的家政服务培训机构之一。多年来,公司通过培训,招聘和培养了 200 多名建档立卡户家庭女性从事家政服务,帮助她们通过就业实现了脱贫。在湘西州人社局和济南市人社局的具体指导下,公司与山东济南阳光大姐服务有限责任公司联合创办了湖南阳光阿娅职业培训学校。

学校自成立以来,通过引进济南"阳光大姐"的先进培训理念、接受"阳光大姐"的师资培训,并按照"阳光大姐"标准化培训运营模式进行复制,建立了较为完善且领先当地的家政服务培训体系,主要开设了家政服务、母婴生活护理、养老护理、营养、育婴、医院陪护等与家庭服务相关的专业的短、中、长期培训班。学校积极适应社会需要,先后在花垣县、湘西高新区、吉首市、凤凰县、龙山县、永顺县、泸溪县、保靖县等 7 县市开展育婴师、家政服务等专业技能培训,取得了良好的社会效果。共开展育婴员、家政服务、养老护理、化妆师等各类培训 100 余期。育婴员培训班开设了 45 期,共培训 2309 人,其中农村贫困劳动力 745 人;培训后实现就业 2077 人,其中建档立卡户劳动力 707 人。学员通过培训上岗月工资在 6500 元左右,很好地促进了农村女性就业,带动脱贫人数近 2.7 万,有效地促进了建档立卡贫困户脱贫。

2019 年 8 月学校在花垣县十八洞村专门举办了一期"初级育婴员培训班"(见图 3.12),招收学员 34 名,其中建档立卡户 14 人;培训合格并实现就业 28 人,其中 12 名建档立卡户学员进入山东济南就业(见图 3.13)。2020 年 6 月,阳光阿娅职业培训学校又在十八洞村举办了新一期育婴员培训班,招收学员 38 名。

经过培训,一批又一批的农村贫困家庭女性不仅拥有了专业技能,而且充满了自信,走上了新的工作岗位,实现了转移就业和脱贫的目标。在公司的学员中,涌现了不少就业明星。张春艳就是其中的一位典型代表。她 1983 年出生在吉首市河溪镇,家里是建档立卡户,由于缺乏技术,以前只能在家务农,收入有限,2019 年经过"阳光阿娅"培训后,成了"蓝丝带"产后理疗师。培训前,她性格胆小,缺乏自信。经过专门培训,她不仅掌握了实用技能,人也变得活泼开朗,还加入了吉首"蓝丝带产后恢复中心"。她通过不断提升自己的技术,收获良多,目前的月工资为 3000~4000 元。她激动地说:"我很高兴自己掌握了这个技能,不但能帮助身边的顾客,给他们带来健康,也成就了我多年的梦想。"

图 3.12　2019 年十八洞培训班开班仪式

图 3.13　十八洞培训班学员代表到济南就业时，济南人社局专门派人接机

3.1.4　易地搬迁脱贫工程的实施及成效

　　易地搬迁是脱贫攻坚的重要方式，是对贫中之贫、困中之困采取的超常规措施。特别是对自然条件比较恶劣、常规扶贫措施难以从根本上解决生产生活困难、很难实现脱贫致富的地区而言，易地搬迁是实现贫困群众跨越式发展的根本途径，也是打赢脱贫攻坚战的重要途径。习近平总书记十分重视易地扶贫搬迁，在不同场合多次对搞好易地搬迁扶贫提出了重要的指导性意见、方针。

1. 易地搬迁可以化解"一方水土养不起一方人"的困境

对于那些生存条件恶劣、自然灾害频发的地方，由于通水、通路、通电等成本很高，贫困人口往往很难实现就地脱贫。只有实施易地搬迁，从根本上改变贫困群众的生活环境和条件，才能打破导致贫困的生态环境制约，进而通过发展相关产业、带动新的就业，帮助贫困群众实现脱贫。可以说，易地搬迁不仅是一项不得不为的艰巨任务，也是一项复杂的系统工程。它涉及面广、政策性强、难度大，必须精心谋划、精心组织、精细实施。尤其是集中连片贫困地区的高寒山区、石漠化地区、干旱地区，往往是"贫中之贫、困中之困"。为了解决这些地方的贫困群众的生产生活困难，帮助他们真正实现脱贫奔小康，党的十八大以来，从中央到地方各级政府在全面推进脱贫攻坚的同时，对居住在生存条件恶劣、生态环境脆弱、自然灾害频发等"一方水土养不起一方人"地区的贫困群众，大力实施易地搬迁工程。

2. 易地搬迁是实现精准脱贫的有效途径，也是"五个一批"工程的重要内容

精准扶贫方略提出以来，各级政府按照贫困地区和贫困人口的具体情况，全面实施了"五个一批"工程，"易地搬迁脱贫一批"是其中的一项重要内容。在实施易地搬迁的深度贫困地区，坚决按照习近平总书记的重要指示和中央的要求，认真做好规划，合理确定搬迁规模，注重区分轻重缓急，明确搬迁目标任务和建设时序，按规划、分年度、有计划组织地实施，取得了良好的效果。各地在实施易地搬迁的过程中，注重根据当地资源条件和环境承载能力，科学确定安置点，将生活在自然条件恶劣地区的贫困群众尽量搬迁到县城和交通便利的乡镇及中心村，并采取多种有效措施促进就近就地转移。同时，通过建设扶贫工厂和扶贫车间、因地制宜发展相关产业，想方设法为搬迁人口创造就业机会，确保他们有稳定的收入。为了帮助搬迁群众适应新的生活，易地搬迁安置区还注意配套建设了义务教育、基本医疗和生活服务等公共服务设施，让他们与当地群众能够享受同等的基本公共服务，确保贫困群众搬得出、稳得住、能致富。对于那些虽然生活艰难，但故土难离观念很重的贫困群众，注重加强思想引导，坚持群众自愿、积极稳妥的原则，稳步实施易地搬迁工作，创造了很多先进的典型。尤其是在实施整村搬迁的过程中，对如何搞好搬迁工作做到了规划先行，统筹解决了人往哪里搬、钱从哪里筹、地在哪里划、房屋如何建、收入如何增、生态如何护、新村如何管等具体问题。

3. 易地搬迁是决战脱贫攻坚和保护生态环境的双赢之策

作为需要实施易地搬迁的贫困地区，由于历史等多方面的原因，往往都是生态环境脆弱，甚至生存条件都非常困难的地区，难以通过发展生产实现脱贫。因此，通过易地搬迁，将贫困群众搬出来，到适宜生产生活的新地方定居，

可以大大减轻被搬迁地区的生态压力。特别是通过配套实施退耕还林还草等生态建设行动，可使原来的生态环境不断修复和改善。通过易地搬迁，还可以改善贫困群众的生产生活环境和条件，帮助他们通过发展生产、转移就业和就近就业实现脱贫。可以说，易地搬迁是解决深度贫困地区脱贫攻坚和保护生态环境的双赢之策。

要实现"搬得出、稳得住、能致富"的目标，首先是要改善搬迁群众的生活条件。因此，必须把易地移民搬迁的住房工程建设好，保质保量让搬迁的贫困群众搬入新居，切实改善他们的生活条件。同时，还要根据安置规模配套建设相关的学校、医务室、生活超市、文化广场等公共服务设施，使搬迁群众能够安居乐业。其次，对搬迁群众的配套扶贫措施要跟上，要为搬迁群众创造就业机会，特别是要发展后续产业，帮助搬迁群众稳定增收，实现可持续发展。因此，要实现搬得出、稳得住、能致富的目标，就必须加强易地扶贫搬迁就业安置工作，想方设法为搬迁人口创造就业机会，使他们有稳定的收入，同当地群众享受同等的基本公共服务，顺利开启新的生活。

随着易地搬迁工程的顺利推进，贫困群众搬得出的问题已基本解决。但是，如何加强对搬迁群众的后续扶持，成为易地搬迁工程更重要的问题。只有加强后续扶持，确保搬迁群众能够稳定就业、有稳定的产业，实现逐步致富，防止致贫和返贫，才能让搬迁群众与全国人民一道进入小康社会。为此，要因地制宜发展扶贫产业，积极推进在易地搬迁安置区建设扶贫工厂和扶贫车间工作，加强对搬迁群众的专业技能培训，确保搬迁群众通过发展产业、转移就业和就近就地就业，实现稳得住、逐步能致富的目标。

围绕新时期易地搬迁面临的新情况和新任务，特别是帮助搬迁群众逐步致富的目标，湘西州一方面要保持现有帮扶政策总体稳定，对搬迁群众做到"扶上马送一程"；另一方面，要在安置区加强社区建设，特别是发挥基层党组织的领导核心作用，真正把社区管理和服务工作抓好，求真务实，让搬迁群众获得实实在在的好处。同时，还要通过开展培训、发展教育和思想引导，实现扶贫同扶志扶智相结合，让脱贫具有可持续的内生动力。

3.1.4.1 易地搬迁脱贫工程的概况

易地扶贫搬迁是按照"政府主导、群众自愿"原则，将居住在生存条件恶劣、生态环境脆弱、自然灾害频发等"一方水土养不起一方人"地区的农村贫困人口搬迁到生存发展条件较好的地方，并通过产业、就业、培训、教育、健康、社会保障等系列帮扶措施，使其摆脱贫困、实现稳定脱贫的综合性扶贫方式。作为解决"怎么扶"问题的重要举措，其目的是通过"挪穷窝""换穷业"，从根本上解决搬迁群众的脱贫发展问题。我国的易地扶贫搬迁经历了地方探索、试点推广、有计划实施等三个阶段。

第一阶段，新中国成立以来至 20 世纪末，以各地自行探索为主。1983 年，我国针对"三西"地区严重干旱缺水和当地群众生存困难的情况，探索实施了"三西吊庄移民"扶贫，帮助当地群众摆脱贫困，取得了良好的经济、社会和生态效益，开了搬迁扶贫的先河。随后，易地扶贫搬迁成为我国扶贫开发的一项重要措施，受到重视并逐步推广。

第二阶段，21 世纪初至 2015 年，以国家层面试点推广为主。2001 年，我国在内蒙古、贵州、云南、宁夏 4 省（自治区）开展易地扶贫搬迁试点，随后又陆续扩大到全国 17 个省（自治区、直辖市）。

第三阶段，自打响脱贫攻坚战至今，以大规模有计划推进为主。易地扶贫搬迁作为"五个一批"精准扶贫工程的重要组成部分，被摆到了更加突出且重要的位置。按照精准扶贫精准脱贫基本方略，各地组织开展了大规模的扶贫对象精准识别工作。根据全国扶贫开发信息系统数据，2015 年全国还有约 1000 万建档立卡贫困人口仍生活在"一方水土养不起一方人"地区。基于这一现实情况，党中央、国务院决定用 5 年时间，把这 1000 万贫困群众搬迁出来，使他们彻底摆脱恶劣的生存环境和艰苦的生产生活条件，增加就业机会，实现稳定脱贫。

易地扶贫搬迁工作从地方探索、试点推广到有计划实施，积累了宝贵的经验，逐渐成为我国开发式扶贫的重要措施。新时期的易地搬迁扶贫工作将针对不同安置方式，立足不同类型安置区的资源禀赋，推动工作重心由搬迁安置向后续脱贫转移，推动易地扶贫搬迁后续扶持工作与推进新型城镇化、推进乡村振兴战略有机衔接，确保搬迁贫困人口"稳得住""能脱贫"，有效提升搬迁群众的获得感、幸福感、安全感。

湘西州地处武陵山贫困片区，这里山多地少，人均耕地面积不足 1.5 亩，且土地贫瘠、水源缺乏，贫困程度较深。尤其是以腊尔山、吕洞山、永龙界和红土壤片区为代表的高寒山区和溶岩干旱区，是湘西州"贫中之贫、困中之困、难中之难"的深度贫困地区。这里气候条件恶劣，旱灾涝灾并存，雪灾冰灾频发；地质灾害严重，生态恶化，生存条件差，人均旱涝保收面积不足 0.3 亩，生产发展潜力不大。居住在这些地区的苗族、土家族同胞就地脱贫的难度大，且极易因灾因病致贫返贫。因此，实施易地搬迁成为湘西州摆脱千年贫困不得不为的措施，并较早就进行了有益的探索。

自 2003 年起，湘西州探索实施"退人还山"扶贫开发模式，对贫困山区农民实行分类安排、分步实施，通过基础教育、职业教育、技能培训、劳务输出、低保救济、移民搬迁等一系列综合措施，把多数人口逐步转移到城镇学习、就业、发展，或者就地就近转移从事非农生产，实现增产增收。同时，在稳定承包责任制政策和群众自愿的前提下，对山林、田土进行有序的流转整合，调整产业结构，实行规模经营和科学管理，提高劳动效率和经济效益。另外，探索建立长效机制，不断减轻人口对山林的压力，实现农民脱贫致富与山区生态建设的互利共赢。

自精准扶贫方略实施以来，特别是 2015 年国家将"易地搬迁"作为精准脱贫的"五个一批"工程以来，湘西州牢记习近平总书记的殷切嘱托，围绕省委、省政府决战脱贫攻坚的总体部署，系统谋划与推进易地搬迁各项工作，取得了显著成效。2016 年 4 月，湘西州专门印发《湘西州精准脱贫"十项工程"单项工程指导意见》，将"易地搬迁"作为精准脱贫的第四项工程，提出了完成全州2016—2019 年有意愿搬迁的建档立卡贫困人口 24952 户 93063 人的搬迁任务。湘西州突出搬迁对象精准识别、安置方式选择和安置区选址、项目建设和工程管理、后续脱贫、拆旧复垦复绿、社区管理和融入"六个环节"，统筹解决人往哪里搬、钱从哪里筹、地在哪里划、房屋如何建、收入如何增、生态如何护、新村（区）如何管等具体问题，按照"五年任务、一次规划、两年实施、三年扫尾"的工作思路，统筹推进建设、搬迁、后扶、管理等各项工作，于 2018 年底提前一年实现既定目标，为易地搬迁群众实现跨越式发展、促进稳定脱贫、迈进全面小康、达到共同富裕，发挥了不可替代的作用。全州"十三五"易地扶贫搬迁199 个安置项目建设已全面完成，累计完成投资 50 亿元，建成安置住房 1.97万套约 204 万平方米，让 1.97 万建档立卡搬迁户共 8.18 万人全部搬入新居，全面开启新生活。

3.1.4.2 易地搬迁脱贫工程的具体实践

湘西州严格按照"搬得出、稳得住、能致富"的总体要求，紧紧围绕帮助搬迁群众解决生产生活困难、实现脱贫致富的总目标，全力推进易地搬迁脱贫工程各项工作的实施。

1. 明确易地搬迁脱贫工程的任务、目标和路线图

湘西州制定了"政府主导、群众自愿、量力而行、就近方便安置"的基本原则，围绕完成 2016—2019 年有意愿搬迁的建档立卡贫困人口 24952 户 93063 人的搬迁任务，提出了"精准识别搬迁对象""合理确定安置方式""严格控制住房建筑面积"和"抓好监测验收工作"等四个工作重点，从建房资金补助、旧房拆除和宅基地复垦等七个方面完善了相关引导、扶持政策，尤其是分解了 2016—2019 年各县市易地扶贫搬迁目标任务，细化了相关政府部门的职责分工，为易地搬迁脱贫工程的实施构建了坚强的组织保障。

2. 强化党的领导，建立四级联动的工作推进机制

建立了"州委常委联县市、州级干部包乡镇、县市常委班子联乡、乡镇党委

班子联村、帮扶干部联户"的责任捆绑机制。州委、州政府主要领导带头开展脱贫攻坚"三排查、三走访",深入易地扶贫搬迁安置点和搬迁户家中走访调研,安排部署调度易地扶贫搬迁工作,始终坚持高位推动各项工作的进行。建立了"党政负总责、部门抓推进、公司抓建设、乡镇抓落实"的工作推进机制,州县易地扶贫搬迁联席办负责统筹调度,协调各方;牵头部门和联席办成员单位各司其职,尽责履职;项目公司负责安置点项目建设,按照时间节点推进项目建设;乡镇负责搞好对象确认、建设用地选址、施工环境优化、政策解释等工作。注重"一把手"办点示范。各县市委书记、县市长带头办点,每个安置点均落实了一名县级领导挂点,统筹推进项目建设、搬迁入住、拆旧复垦、竣工验收、工程结算、后续帮扶、管理服务、档案整理、问题整改等各方面工作。通过州、县、乡镇、村(社区)四级联动,同向发力,靶向施策,不断推进易地扶贫搬迁工作取得新成效。

3. 强化政策指导,严守"四线"标准

在严格贯彻落实国家和湖南省易地搬迁相关政策精神和要求的基础上,结合湘西州实际,各县市先后制定了《易地扶贫搬迁实施办法》《城乡建设用地增减挂钩项目拆旧复垦实施方案》等,有序推进易地搬迁工作的开展;特别是针对搬迁户的后续支持问题,先后制定和出台了《湘西州人民政府关于加强易地扶贫搬迁后续帮扶工作的实施意见》《湘西州易地扶贫搬迁集中安置点管理服务标准化建设指导细则》《关于强化易地扶贫搬迁后续扶持发展工作十二条举措》等系列政策文件。湘西州始终严守"四线"标准,加强对各县市易地搬迁脱贫工作的科学指导。一是严守搬迁对象识别"界线"。严格落实"一方水土养不起一方人"的界定标准,易地扶贫搬迁对象主要为居住在生态条件恶劣、生态环境脆弱、自然灾害频发、公益性水库淹没区、偏远分散和禁止或限制开发的自然保护区、文化保护区等地有搬迁意愿的建档立卡贫困人口和非贫困人口。严格执行"农户申请,村、乡镇、县三级审核公示"的确认程序,精准确认搬迁对象,对符合条件对象做到"应搬尽搬"。二是严守住房面积"标线"。严格执行易地扶贫搬迁安置住房建设面积人均不超过 25 平方米的国家政策标准。三是严守不因搬迁举债"底线"。切实加强建房成本控制,合理制定补助标准,确保建档立卡搬迁户自筹资金人均不超过 3000 元、户均不超过 1 万元。四是严守资金项目管理"红线"。及时承接易地扶贫搬迁各类资金,按合同和工程进度及时支付工程款,防止资金滞留,严禁截留、挤占、挪用,提高资金使用效率。严格履行项目基建程序和财务管理规定,加强对项目施工单位和监理单位的履职管理,及时办理规划、环评、用地审批及施工许可、项目竣工验收等建设手续，确保工程建设合法合规，让搬迁群众住上安全房、放心房、满意房。

4. 多渠道筹措资金，保障易地搬迁脱贫工程的顺利实施

按照"五年任务、一次规划、两年实施、三年扫尾"的工作思路，为了高质量完成易地搬迁的任务，湘西州千方百计拓展融资渠道，对接利用好中央、省及对口支援单位的扶贫政策，积极争取上级资金支持；用好用活金融扶贫政策，推动政策性、开发性金融合作，促进政银合作，充分发挥金融资金优势；科学整合部门资金，优先保证易地搬迁项目工程建设，最大限度保障建设资金需求。2016—2019 年共筹措资金 57.89 亿元，其中中央资金 6.14 亿元，省级资金 40.98 亿元，县级配套资金 10.77 亿元(其中，土地增减挂钩收入 6.08 亿元)，有力地支持了住房建设、配套设施建设和配套公共服务设施建设，强化了对易地搬迁建档立卡户的后续扶持。

5. 强化模板向导，夯实推进易地扶贫搬迁工作基础

湘西州始终坚持各安置点选址紧靠交通较为便利、基础设施和公共服务设施较为完善、后续扶持发展较有条件的城区、镇区、工业园区、乡村旅游区等四区选址原则，并同步谋划后续扶持发展工作。全州依托城镇安置 1.02 万户 4.41 万人、工业园区安置 0.22 万户 0.81 万人、旅游景区安置 0.21 万户 0.79 万人、中心村安置 0.52 户 2.17 万人。各安置点坚持以"五通、五化、七有一落实"为标准("五通"即通水、通电、通公路、通有线电视、通网络；"五化"即硬化、绿化、美化、亮化、净化，"七有一落实"即有网格化服务管理、有综合便民服务中心、有卫生室、有义务教育阶段学校、有文化活动场所、有就业服务站、有环卫设施，落实好 10 户以上集中安置点物业管理工作)，切实加强安置区基础设施配套和公共服务建设，积极为搬迁群众提供便利的生产生活条件。

6. 强化结对辅导，加强帮扶后续扶持

全面推进安置点基层党组织建设、安置区管理服务等各项工作，推行"党建引领、互助五兴"农村基层治理模式，在各地安置点形成了安置点党组织领导、管委会管理、楼栋长分片负责、搬迁群众共同参与的良性管理格局。按照"五个一"增收目标(有劳动能力的搬迁家庭有一人以上稳定就业，掌握一门以上脱贫发展技能，发展一项以上脱贫增收产业，有条件的集中安置点每户安排一块菜地，无劳动能力的搬迁家庭享有一套完整的社会保障兜底措施)，统筹协调各方力量，充分发挥各职能部门优势，推进搬迁群众多渠道增收，确保实现稳定脱贫。做细便民生活服务，加强规模以上安置区便民生活服务中心建设，建立完善便民服务"四个一"机制(一条

便民服务热线、一个便民服务微信群、一套便民管理服务制度、一支维修维护队伍），落实便民服务"三个三"问题快速处理制度（对搬迁群众反映的问题在三分钟内回应，三个小时内到达现场处理，三天内解决或答复），不断提升群众获得感、安全感、幸福感和满意度。为了实现"稳得住，能致富"的目标，湘西州通过大力实施产业强基、就业固本、素质提升、管理提质、暖心服务、权益保障"六大行动"，全力做好易地扶贫搬迁后续扶持发展"后半篇"文章。一方面，针对搬迁家庭"两后生"，采取校企合作、以工代训、"互联网+职业培训"等多种形式，着力提升其就业技能；另一方面，通过不定期组织开展党情党恩、社会法制、社会美德等主题教育活动，公共安全、消防安全、健康卫生、传统文化、文明新风等专题讲座，以及文明卫生家庭评比等活动，促进搬迁群众转变生活方式，融入新生活。

7. 强化考核督查，激发推进易地扶贫搬迁工作动力

2019 年以来先后组织实施了项目质量安全建设排查、县市交叉调研、县市自查自纠、"主题教育"整改行动、州级重点核查、州脱贫攻坚常态化调研等工作，对全州易地扶贫搬迁工作进行反复"体检"，全面排查问题，不留死角。对各类巡查检查发现的问题形成问题清单台账，迅速交办有关县市，限时催办督办。各县市认真制定问题整改方案，建立问题整改动态销号台账，对标对表整改问题。同时，实行"排名通报促清零"制度，对连续两次排名靠后的县市进行通报批评，约谈县市主要领导，视情节进行问责处理。形成狠抓责任落实、严抓问题整改、抢抓后续工作的良好局面，有力地推进了全州易地扶贫搬迁工作。

3.1.4.3　易地搬迁脱贫工程实施的成效

湘西州把"易地搬迁脱贫工程"作为精准扶贫十项工程的重要内容，着力破除"一方水土养不起一方人"的困境，帮助在生态条件恶劣、生态环境脆弱、自然灾害频发的高寒山区、岩溶干旱区，以及公益性水库淹没区、偏远分散和禁止或限制开发的自然保护区、文化保护区等地难以就地脱贫的贫困群众通过搬迁改变生产生活环境、转移就业等实现脱贫。坚持与产业基地建设、小城镇建设、新农村建设、乡村旅游开发、新型工业园区建设等有机结合，全力实现资源和人口的优化重组，确保贫困群众搬得出、稳得住、能致富，积极探索可复制可推广的易地扶贫搬迁"湘西模式"。

2016—2018 年，通过三年的艰苦奋斗和不懈努力，"十三五"建档立卡贫困户易地扶贫搬迁任务全面完成，到 2019 年底共建成安置住房 1.97 万套约 204 万平方米，共有 1.97 万建档立卡搬迁户 8.18 万人搬入新居。后续帮扶措施实现全覆盖，得到了国家发改委高度肯定，湖南省易地扶贫搬迁后续扶持发展工

作现场会在湘西州成功召开。在 2018、2019 年度湖南省易地扶贫搬迁工作市州考核中，湘西州连续两年排第一位。2019 年 4 月 2 日中央电视台"新闻联播"以《湖南湘西：易地搬迁筑牢脱贫根基》为题对湘西州易地搬迁脱贫工程的实践经验进行了专题报道。2020 年 9 月初，湘西州、永顺县代表湖南省顺利通过国家易地扶贫搬迁全面核查评估，得到国检组高度肯定；10 月 14 日，湘西州人民政府州长龙晓华受邀参加 2020 年全国易地扶贫搬迁论坛，并作主旨发言，全面推介了易地扶贫搬迁"湘西经验"；11 月 3 日，国家发改委办公厅印发了《关于全国"十三五"时期易地扶贫搬迁典型案例的通报》，湘西州有 10 个典型案例入选，州发改委亦荣获"搬迁工作担当有为集体"。

湘西州易地搬迁脱贫工程的实践，主要取得了以下四个方面的突出成效：

1. 易地搬迁工作全面完成，建档立卡搬迁户全部搬入新居

全州共建成集中安置点 147 个，集中安置了 15685 户 64147 人；实现县城安置 19771 人、乡镇安置 40305 人、农村安置 21539 人（见表 3.9）。同时，实现拆旧率 100%，复垦面积 3591 亩，高标准、高质量完成了"十三五"易地扶贫搬迁任务，实现了"搬得出"的目标。

2. 配套设施日趋完善，实现了搬迁户"稳得住"的目标

为了改善搬迁户的生产生活条件，湘西州通过多方筹措资金，为搬迁安置区配套建设道路、管网、污水处理和垃圾处理等配套基础设施，还专门投资建设了幼儿园、学校、医疗卫生设施、社区服务设施、综合活动室等配套公共服务设施。在基础设施建设方面，到 2020 年底，已建成道路 163.8 千米、配套管网 222 千米、污水处理设施 126 个、垃圾处理设施 181 个，基本实现了集中安置点基础设施全覆盖。在公共服务设施方面，到 2020 年底，已建成或利用幼儿园 48 个、小学 48 所、初中 45 所、医疗卫生 77 个、社区服务设施 88 个、综合活动室 75 个、文化广场 69 个。同时，还建立了 132 个社区管理机构、53 个基层党组织，不断加强集中搬迁安置点的社区服务和管理。公共设施的完善配套，使搬迁户实现了安居梦（见图 3.14、图 3.15）。

3. 强化搬迁后续支持服务，帮助搬迁户实现了"能致富"目标

为了帮助搬迁户脱贫致富，湘西州制定实施了"五个一"增收计划，每户落实好 2 种以上主要帮扶措施，精细化开展后续扶持。

表3.9 湘西州易地扶贫搬迁基本情况统计表

地区	基本情况							建档立卡人口安置情况								
										分散安置					
	建档立卡户数	建档立卡人数	同步搬迁户数	同步搬迁人数	集中安置点个数	集中安置户数	集中安置人数	分散安置户数	分散安置人数	自建住房人数	自购住房人数	投亲靠友人数	县城安置人数	乡镇安置人数	农村安置人数
合计	19772	81815	341	1448	147	15685	64147	4087	17668	14668	2694	0	19971	40305	21539
吉首市	1961	7901	197	842	14	1603	6500	358	1401	1109	292	0	4275	556	3070
泸溪县	1695	6620	0	0	3	1023	3575	672	3045	1550	1495	0	678	4627	1315
凤凰县	2388	10929	144	606	23	2388	10929	0	0	0	0	0	393	9142	1394
古丈县	1020	4556	0	0	6	575	2341	106	490	412	78	0	2178	114	539
花垣县	2277	10174	0	0	7	641	2933	379	1623	1615	8	0	352	2589	1615
保靖县	681	2831	0	0	12	1518	6734	759	3440	3400	40	0	5846	574	3754
永顺县	6746	26532	0	0	57	6254	24481	492	2051	1639	412	0	4510	18493	3529
龙山县	3004	12272	0	0	25	1683	6654	1321	5618	5249	369	0	1739	4210	6323

资料来源：湘西州发改委。

图 3.14　吉首经开区易地扶贫搬迁安置点搬迁户

图 3.15　2019 年春节"搬新家 过新年"的情景

如表 3.10 所示，湘西州通过发展特色农林业、劳务经济、现代服务业、资产收益扶贫和社会保障兜底等方式帮助建档立卡搬迁户脱贫发展，精准帮扶率达到 100%。在就业扶持方面，累计帮助就近就业 12090 人，开发公益岗位就业 1820 人，县外务工就业 19657 人，接受劳动技能培训 13542 人。

多方面的精准帮扶，使搬迁户能够通过多种途径实现脱贫致富的目标。以吉首经开区易地搬迁安置点为例，该安置点共有易地扶贫搬迁户 612 户 1954人，已实现园内就近就业、转移就业和公益岗位就业 559 户 577 人，户就业率高达 91.3%。对接经开区 18 家规模企业用工需求，落实就业岗位容量 1300个，已在园区企业实现就业的搬迁户有 119 户 131 人；有序组织转移就业 422户 428 人搬迁群众到广东、浙江等发达地区实现就业，人均年创收 3 万元；开发公益性保安保洁岗位 18 个。将搬迁户原有的土地、山林资源通过流转或入股专业合作社方式，发展"一村一品""一户一业"，实现搬迁户与经济组织利益共享。搬迁户子女就近分片入学，享受城市教育资源"一个都不能少"，截至 2020 年春，已有 195 名搬迁户子女就读乾元小学，140 名搬迁户子女就读市区中学。

4. 脱贫成效显著，基本实现了"能融入"目标

一方面，通过多种形式的精准帮扶，提高了搬迁户的劳动技能，拓展了搬迁户的就业渠道和致富门路，使湘西州各县市的建档立卡搬迁人口在 2020 年全部实现了稳定脱贫；另一方面，不定期组织开展党情党恩、社会法制、社会美德等主题教育活动，举办公共安全、消防安全、健康卫生、传统文化、文明新风等专题讲座，积极开展文明卫生家庭评比等活动，促进搬迁群众转变生活方式，融入新生活。以花垣县民乐集中安置区为例，该安置区是花垣最大的搬迁安置区，安置了位于深山石山、边远高寒、地质灾害频发和交通、电力、通信等基础设施十分薄弱的梳子山村等 9 个村的整体搬迁或部分搬迁人口。该安置区安置了 450 户 1975 人，其中易地扶贫搬迁 374 户 1731 人，地灾搬迁 76 户 244人。湘西州从"规划、建设、管理"三方面齐着手，系统推进安全适用住房建设、配套基础设施和公共服务设施建设、搬迁群众就业创业、社区管理、文化传承、迁出区生态修复等，促进人口、资源、生态的协调发展。重点开展技术帮扶、产业帮扶、就业帮扶，帮助搬迁群众融入新环境、建设新家园、共创致富路，通过"四个一"来确保搬迁群众稳定增收。

表 3.10　湘西州易地扶贫搬迁后续扶持情况

单位：人

县市	法定劳动人口（按人社部门口径）	建档立卡人口脱贫发展（精准帮扶到人到户，选择一种主要方式，不重复统计）						精准帮扶率（%）	就业扶持				社区治理					
		发展特色农林业	发展劳务经济	发展现代服务业	资产收益扶贫	社会保障兜底	其他		县内就业就近就业		县外务工 人数	接受劳动技能培训 人数	建立社区管理机构				建立基层党组织	
									总人数	公益岗位			应建数量	已建 数量	服务人口		数量	党员数量
合计	44246	20069	28703	1793	14898	5630	7685	100	12090	1820	19657	13542	132	132	66391		53	780
吉首市	4501	3169	3012	331	109	1045	235	100	2967	72	1584	627	14	14	6750		14	111
泸溪县	3583	1161	2349	0	0	73	0	100	2349	175	1642	2230	2	2	3499		2	22
凤凰县	5478	3645	3826	498	1401	1559	0	100	1268	383	1650	1600	23	23	10929		8	138
古丈县	1712	617	732	80	75	68	1259	100	398	0	334	536	5	5	2831		5	21
花垣县	2424	1370	1107	64	122	86	1807	100	738	116	1686	200	6	6	2933		5	180
保靖县	5792	1562	3729	16	719	877	3271	100	866	152	2863	297	12	12	6263		1	50
永顺县	13516	2089	9150	804	12472	1696	321	100	2439	567	7028	4552	45	45	26532		12	209
龙山县	7240	6456	4798	0	0	226	792	100	1065	355	2870	3500	25	25	6654		6	49

资料来源：湘西州发改委。

一份菜地，解决搬迁户基本生活问题，让他们自给自足。根据农户的生活习俗，在安置区的前期规划中，为每一户搬迁户在屋后留有一份菜地，供搬迁户免费耕种，保障搬迁户日常生活需求。

一人就业，确保搬迁户稳定脱贫。2018年以来共为全镇易地扶贫搬迁户开展创业就业技能培训、苗秀培训、月嫂培训等5次职业培训，培训人员200多人次，通过培训新增转移转业80余人。搬迁劳动力1089人，已就业818人，已就业户达90%，基本实现了一户至少就业一人的目标，其中兜底9户21人，低保62户255人。

一个扶贫车间，解决搬迁户就近就业务工问题。通过东西部扶贫协作和衡阳市衡东县对口扶持，建设湘诚电子厂扶贫车间，目前可提供80多个就业岗位，已吸纳易地扶贫搬迁户50人，很好地解决了搬迁区妇女就近就业问题。

一亩茶叶，实现搬迁户长期有稳定收入的目标。重点在涉及搬迁的村发展湘西十八洞黄金茶叶产业共5000余亩，通过土地流转、务工、产业分红实现搬迁户增收，已完成搬迁户土地流转600余亩，每年可实现土地流转增收约36万元惠及180余户，茶园务工每年可实现搬迁户增收2200元，茶园预计三至五年可实现增收年人均2000元，惠及搬迁户413户1920人，实现户均一亩黄金茶的目标。

3.1.4.4　典型案例

案例1：

凤凰县禾库镇易地扶贫搬迁安置区：打造新型特色小城镇

按语：禾库镇易地搬迁安置区（图3.16）是湘西州最大的易地搬迁集中安置区之一。它所创造的安置经验主要是：以科学规划为引领，将易地搬迁与特色小城镇建设有机结合起来，统筹安排搬迁群众的就业、生活、医疗、教育和相关公共服务设施，将安置区打造成新型的特色小镇。

禾库镇位于凤凰县西北部的腊尔山台地，地处云贵高原边缘，距县城49千米，共辖25个村、1个社区，有18个深度贫困村，人口3.4万，其中贫困人口1.2万，是苗族聚居区。由于自然条件恶劣、山陡地贫缺水、人均耕地不足、公共设施建设成本过高，村民群众生产、出行、就医、就学等困难突出，属于典型的"一方水土养不起一方人"区域。

禾库安置区位于凤凰县禾库镇区西南，项目总用地599亩，规划建设安置住房12.73万平方米，人均25平方米，总投资5.9亿元，建设安置房756栋，安置来自禾库镇、两林乡、腊尔山镇等4个乡镇的建档立卡户932户4784人。安置区配套建设管理服务中心、幼儿园、卫生院、派出所、殡葬服务中心、图书

图 3.16 全新规划建设的禾库镇易地扶贫搬迁安置区

室、文化广场、篮球场、停车场、电商生活馆等设施，建筑风貌融合当地民族元素，安置房依山而建、错落有致，国道 G352、县道 048 与区内道路"五纵七横"，行洪水渠穿区而过，形成特有的天坑水景，区内道路均用苗族文化符号命名，一人、一房、一路、一巷皆为景的"特色小镇"浑然天成。

为实现"搬得出、稳得住、能融入、能致富"的目标，禾库安置区成立管委会，与禾库社区合署办公，抽调政府干部 15 人，增加社区干部岗位 15 个，负责落实"三个三"的管理服务机制，实行社区化、网格化、专职化管理。组建安置区党支部，把搬迁的 48 名党员按居住区域分成 7 个党小组，推行"互助五兴"工作模式，发挥党员在搬迁入住、和睦邻里、家庭和谐、就业创业、志愿服务等方面的带头作用。安置区分为 8 个网格，从公益性岗位中择优选配党小组长、片区网格长、楼栋长、网格管理员，推动搬迁群众自我管理、自我服务、自我监督。制定居民公约，创办第一课堂，建立居家出行实训站，设立爱国主义"露天剧场"和"爱心超市"，组建志愿消防队、助老助残队、水电维修队，开展"星级家庭"和优秀公益性岗位评比，激发群众内生动力，通过"复合式"引导、网格化管理和"全天候"服务，让搬迁户搬得安心、住得舒心、过得开心。

按照"农民变工人、村民变居民"的思路，坚持"长中短"相结合和就业创业相促进，突出地域特色，结合当地实际，实施以"一户一人就业、一户一块菜地、一人一门技能、一人一亩漆树、一人一亩油桐、一人一头黄牛"为主要内容的"六个一"帮扶措施。配套建设 1.7 万平方米易扶产业园，引进同康服饰、同康电子、校厂一体技能培训、惹巴妹手工织品等企业，开办劳动密集型"扶贫车间"4 个，提供就业岗位 1100 余个，特别是苗绣、手工编织，这类工作对年龄、文化水平、身体状况等要求不高，工作时间灵活，可对有意愿的非法定劳力就业进行补充。引导有条件的搬迁户外出务工、就地创业，组织各类技能培训 6 个班近 1000 人次，常年外出务工 700 人左右，开办早餐店、夜宵摊、日用品、米酒、电器等小卖部 11 家。依托湖南泰美农业公司，推行产业托管模式，流转盘活搬迁户土地，等面积就近置换菜地，2018、2019 年仅油桐、漆树、黄牛等提前分红人均就分别达 247 元、404 元，托管项目实施完后，人均分红将达到 880 元。

未来，安置区计划通过易扶后续产业的带动和安置区特色小镇建设，加快湘西地质公园天星山景区、尖朵朵瀑布、九龙沟等景点开发和原生红苗文化的挖掘展示，利用 G352 国道将禾库镇融入州府吉首半小时经济圈，打造凤凰农村产业融合发展示范园和"旅游北线集散地"，呼应凤凰古城、德夯、茶峒、十八洞等，建成湘西州苗族文化旅游精品线上的一颗明珠。

案例 2：

永顺县芙蓉镇易地扶贫搬迁安置区大力发展后扶产业

按语： 芙蓉镇易地搬迁安置区（图 3.17）是湘西州永顺县最大的集中安置区。它以湘西州著名的旅游景区芙蓉镇为依托，以国家级一二三产业融合发展先导区为支撑，集中安置了 1567 户 5865 人。该安置区的主要经验是：以三产融合为抓手，做实易地扶贫搬迁的后扶产业发展，实现了搬迁群众的"搬得出，稳得住，能致富"目标。

图 3.17 芙蓉镇易地扶贫搬迁安置点全貌

芙蓉镇易地扶贫搬迁安置区是永顺县最大的集中安置点，项目占地 226

亩，总建筑面积 16.98 万平方米，概算投资 3.05 亿元，共安置易地搬迁对象 1567 户 5865 人，迁出区域涉及小溪镇、芙蓉镇、高坪乡、朗溪乡 4 个乡镇 36 个村 146 个边远偏僻、交通闭塞、自然灾害频发、自身发展条件不足、脱贫难度较大的村组或自然寨。项目分两期建设，一期项目规模 30 栋 958 套安置房，安置易地搬迁群众 824 户 3339 人，2017 年 5 月动工，2018 年 12 月 10 日完成搬迁入住；二期项目规划建设 28 栋 810 套安置房，安置搬迁群众 743 户 2526 人，2018 年 3 月动工，2019 年 6 月全面完成安置房主体和绿化亮化美化等配套基础设施建设，9 月完成搬迁入住。

2018 年以来，芙蓉镇易地扶贫搬迁安置区多措并举推进后续管理服务工作，大力发展后扶产业，基本实现了搬迁群众"搬得出、稳得住、能致富"的目标。

一、基础配套不断完善，打造"六位一体"便捷宜居环境

按照"五通五化""七有一落实"标准，多方筹集资金，建设完成了文化活动中心、便民服务中心、村民活动会馆、休闲文化广场等公共文体服务设施；配套完善供电、供水、绿化、亮化等配套基础设施；配套新建了卫生服务中心、幼儿园、县民族中学等医疗教育保障设施，为搬迁户打造了就近就医、就学、就业、娱乐、办事、购物"六位一体"的便捷宜居环境。

二、就业帮扶不断精细，实现户户有稳定就业渠道

动员有劳动能力的搬迁对象参加劳动技能培训，免费提供职业介绍和职业指导服务，引导外出务工 1455 人；大力推进扶贫车间（见图 3.18）建设，引进同康服饰、国兴家具等公司，实现园区就业 102 人；鼓励搬迁户从事餐饮、住宿、山货贸易等旅游附属产业，扶持搬迁群众创办经营家庭作坊、农家乐、电商网店等现代服务项目，帮助 540 人就近就业创业，其中芙蓉镇景区就业 131 人、自主创业 173 人；结合安置区综合管理和环境卫生清洁等工作，积极开发公益岗位，吸纳就业 134 人，实现了有劳动能力的搬迁户至少有 1 人稳定就业的帮扶目标。

三、利益联结不断紧密，实现人人有产业帮扶收益

安置区大力发展相关产业，对搬迁户实施精准帮扶，助力搬迁户脱贫致富。一是依托合作社发展特色种植业、特种养殖业，形成了"搬迁＋"农业产业的帮扶模式。通过成立专业合作社，重点发展猕猴桃、湘西黄牛、蜜蜂养殖等特色产业，通过统一品牌、统一管理模式、统一销售，拉动了一批搬迁群众脱贫致富。34 岁的鲁开辉，2018 年 12 月从永顺最偏远的小溪镇老村搬迁到产业、旅游业发展较为成熟、综合功能较为完善的芙蓉镇。搬家不搬业，鲁开辉在"后扶产业办"的帮助下，在老家种植了 4 亩七叶一枝花和 2 亩洋姜。他还通

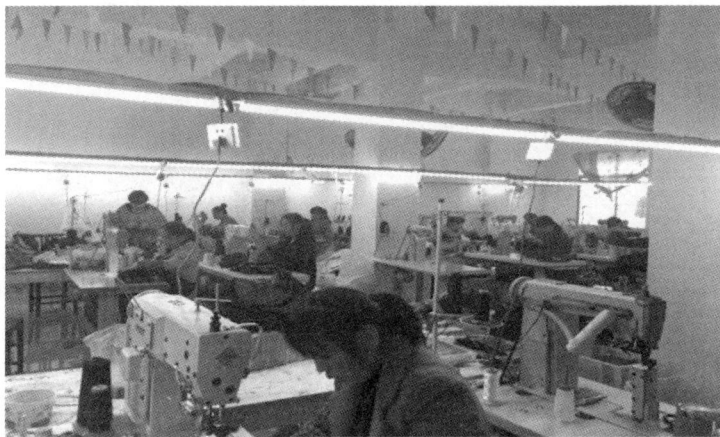

图 3.18　安置区内同康公司的扶贫车间

过市场调查和技术学习，发展了市场价格不菲的胡蜂养殖，一年收入近 7 万元，实现了搬进新家、发展新业的目标。二是依托集镇和旅游产业发展服务业，形成了"搬迁+"服务经商的帮扶模式。49 岁的王刚，2018 年和妻子搬迁至芙蓉镇后，在安置区便民服务中心帮助下，租下第 28 栋 1 号门面开店经商，月收入近4000 元，使全家生活得到了有效保障。每每谈及如今的生活，夫妻俩总是赞不绝口："党的政策好，让我们全家终于搬出了大山；现在集镇生活，随便做点生意都比在家务农强，脱贫不是问题，我们托了搬迁政策的福。"三是依托公司发展产业分红。安置区实施了湘西老爹易地扶贫搬迁千亩猕猴桃产业园、伟佳柑橘、银饰加工等产业项目，实现产业扶持全覆盖。其中湘西老爹易地扶贫搬迁千亩猕猴桃产业园项目通过入股分红方式，从 2018 年起，由湘西老爹生物有限公司每年分红 100 万元，连续分红 15 年，可累计为安置区易地扶贫搬迁户分红200 万元。引进天禾莓茶公司，投入 1.4 亿元资金大力开发莓茶产业，通过"公司+基地+农户"的形式带动贫困户脱贫。四是依托原有产业，提升产业发展水平，实现产业帮扶。安置区重点扶持油茶、莓茶等管护密度较低的产业，拉通产业路，完善水利灌溉工程，相关部门则积极对产品销售实施指导协调、配送果肥、技术培训等举措，实现搬家不搬业、产业新发展。

四、完善配套服务，提高社区治理水平

安置区统筹规划，建设了幼儿园（见图 3.19）、学校、卫生室等公共服务基础设施，方便搬迁群众的生活。同时，成立了安置区临时党支部和易地扶贫搬迁安置区管委会，设立楼栋长 58 名，形成了"党组织领导、管委会主抓、楼栋

长具体负责"的管理体制机制，建立了便民服务"四个一"机制和"三个三"快速反应机制，及时化解矛盾，协调解决搬迁群众实际困难；设置公益岗位，明确专人开展安置区环境保洁、治安巡防、水电管理、宣传培训等综合管理服务，不断提高安置区综合治理水平，实现了"能融入"的目标。

图 3.19　芙蓉镇安置区内幼儿园

案例 3：

古丈县易地搬迁户张文志

按语： 本案例通过张文志的小故事，说明搬迁户在易地搬迁政策的帮扶下，不仅能够实现脱贫致富，而且可以更好地回报社会，带动更多贫困群众的发展。

张文志，男，苗族，1981 年生，古丈县岩头寨镇老寨村矮坳组人，2018 年 9 月从老寨村易地搬迁到古丈县城。在湖南省公安厅驻老寨村扶贫工作队的帮助下，他抢抓机会，锐意进取，成功创办林下鸡养殖基地。他致富不忘乡亲，牵头成立迷迭香种植合作社，带领村民共同致富。

一、抢抓机遇，锐意进取，创办林下鸡养殖基地

易地扶贫搬迁到县城，解决了张文志居住、子女教育的后顾之忧，也点燃了他创业"要为孩子赚钱"的激情。自从省公安厅扶贫工作队进驻老寨村，张文志便看到了致富希望。当扶贫工作队鼓励村民发展特色产业时，他反复琢磨，决定从事林下鸡的养殖。几经磨砺，辛勤的汗水换来了丰硕的成果，2018 年首批林下鸡长势良好，获纯利 12 万余元。2019 年第二批又引进了 4000 只林下鸡，产值达 40 万元。

二、互帮互助，共同致富

张文志的成功吸引了很多的村民，许多村民想与他一起发展养殖业。张文志相继吸收了张古行、张时旺、张时详、张时国等 5 户村民成立了古丈县强志发种植养殖专业合作社，并流转了李光坤、张时国、张时炎、符明云、张时俊等 7 户村民的 480 亩山林，每亩给予 150 元流转费，并让村民到养殖场务工，以增加大家的收入。他了解到庄上组吴玉民在扶贫队支持下种植了 200 多亩迷迭香，当年 10 月左右就可以回本，从第二年开始能每年收割两次，有厂家上门来收，每亩可以收入 6000 元左右，并能持续 8 年受益，而且市场上迷迭香原材料奇缺，价格还在不断上涨。通过学习和考察，他认为可行，便自己请人用挖机在山上修了一条 3.3 千米的产业路，在扶贫队的支持下走家串户，发动组上村民发展迷迭香的种植，这家 30 亩，那家 50 亩，很快就自愿报名了 420 多亩，并和矮坳组 28 户村民共同成立了瑞仟农业发展有限公司，由村里负责山林开荒，龙头企业负责提供种苗和回收，村民负责种植，带领大家共同致富。

三、情系父老，热心公益，从源头上解决村民饮水问题

2019 年老寨遇到了百年罕见的旱情，很多水源都干了，水池也派不上用场了，必须重新寻找新的水源。扶贫队李小军把找水困难的情况告诉了张文志，希望他能挑起这个重担。张文志二话没说，主动承担了找水、修建水池和铺设水管的担子。当天晚上，张文志就约好了张时国等几个熟悉山上地形的村民，并且第二天一早就上山，翻山越岭，在密林深处寻找水源，衣服划破了，身上到处伤痕累累，吃睡都在山上。在岩坎波勘察宋家组的水源时，由于山洞异常狭窄，张文志钻进去十多米时，人卡在里面出不来，扶贫队员用绳子才把他倒拉出来。如果抢救不及时，他很可能因缺氧窒息。就这样，他们冒着生命危险，经过半个月的艰苦努力，终于找到了大大小小十几个泉眼，紧接着又从山下把沉重的水管艰难地运送到山上，把泉水汇集到新修的两个大型水池，再与原来修建的水池对接，这才把山泉水送到了家家户户。

3.1.5　教育发展脱贫工程的实施及成效

百年大计，教育为本。习近平总书记指出，中国将坚定实施科教兴国战略，始终把教育摆在优先发展的战略位置，不断扩大投入，努力发展全民教育、终身教育，建设学习型社会，努力让每个孩子享有受教育的机会，努力让 13 亿人民享有更好更公平的教育，获得发展自身、奉献社会、造福人民的能力。尊师重教是中华民族的优良传统，"再苦不能苦孩子，再穷不能穷教育"也是全社会的共识。但是，由于经济发展水平的制约，贫困地区的教育投入有限、教育质量不高，从根本上制约了贫困群众改变命运的能力，并导致了贫困的代际传递。

要从根本上摆脱贫困，就必须治"穷根"。这个"穷根"就是贫困人口没有获得高质量的教育，缺乏自我发展能力。早在 20 世纪 80 年代，习近平总书记在福建工作的时候就对贫困地区发展教育的重要性和困难有着深刻的认识，越穷的地方越难办教育，但越穷的地方越需要办教育，越不办教育就越穷。党的十八大以来，特别是精准扶贫方略实施以来，习近平总书记对贫困地区发展教育特别是如何通过教育发展帮助贫困群众脱贫非常关注，也为贫困地区如何通过发展教育实现脱贫指明了方向。

对贫困地区来说，要从根本上解决贫困问题，就必须特别重视并着力解决以下四个方面的问题。

首先，要特别重视贫困孩子的教育。贫困人口的自我发展能力弱，要通过自身努力改变贫困面貌的难度非常大。尤其是如果贫困孩子没有接受好的教育，没有掌握更多知识和技能，就会在与同龄人的竞争中输在起跑线上，将来的就业和发展就会受到极大的局限，甚至导致贫困的代际传递。因此，加大对贫困孩子的教育投入，切实发展好农村教育，把贫困地区孩子培养出来，是根本的扶贫之策。贫困地区脱贫的核心是实现"两不愁三保障"，而义务教育有保障是其中的重要内容。特别是针对贫困农村的留守儿童，更要探索建立贫困地区学前教育公共服务体系，给予特殊关爱，不仅要让他们感受到党和政府的温暖，而且要通过教育让他们获得更好的成长条件和发展机会。

其次，把教育发展作为贫困群众脱贫的重要途径。扶贫，必须先扶智和扶志。从根本上说，扶贫不仅仅是帮助贫困群众解决生活上物资上的贫困，更重要的是要实现人的全面发展。因此，通过发展教育，解决贫困群众的智力贫困问题，有利于帮助贫困群众获得发展生产、实现就业和创业的技能，从而积极投入发展产业、转移就业和自主创业的活动中，进而实现靠劳动改变贫困的目标。同时，贫困群众的知识水平提高以后，还可以改变落后的意识，形成新的观念和新的思路，进一步产生追求幸福生活的动力。发展教育，特别是通过开展丰富多彩的文化活动和脱贫致富典型的引领活动，可以改变贫困群众过去那种甘心贫困或者等靠要的落后思想，树立自我发展的志气，坚定脱贫致富的信念，敢闯敢干，真正走出一条生活的新路来。同时，通过发展教育可以提升贫困地区整体的文化素质和思想意识，振奋贫困地区和贫困群众的精神风貌，从而加快贫困地区的脱贫进程。

再次，必须更加注重教育公平，加快农村地区教育发展。由于历史的原因和城乡经济发展的差距，贫困地区的农村教育投入欠账多、教育质量不高。这突出表现在贫困地区农村义务教育学校教学条件较差、师资力量不足、教学水平不高。因此，必须重点解决贫困人口子女公平接受教育的问题，阻断贫困代际传递；解决农村留守儿童、进城务工人员随迁子女和特殊儿童的教育问题；促进教育均衡发展，缩小城乡基础教育差距，特别是要提高占学生规模一半以上的农村和乡镇学校的办学水平和教育教学质量；缩小区域教育差距，加大对革命老区、民族地区、边远地区和贫困地区的基础教育投入；缩小校际差距，加强薄弱学校建设，扩大和公平配置优质教育资源；加快教育信息化，推动优质教育资源共享。发展贫困地区农村教育的关键是要造就一支高水平的农村教师队伍，因此必须着力加强贫困地区教师队伍建设，切实提高教师待遇和教师学历水平，努力打造一支素质优良、甘于奉献、扎根乡村的教师队伍，从而提升贫困地区农村义务教育的水平。

最后，要大力发展贫困地区的职业教育。义务教育的根本目的是提高贫困地区孩子的素质，但是，要想让贫困地区的群众能够通过发展生产和高质量的稳定就业来实现脱贫，还必须大力发展职业教育。通过开展针对性的职业培训和专业技能培训，可以让贫困劳动力和贫困孩子掌握一技之长，从而能够适应产业发展和企业用工的要求，真正实现高质量的稳定就业。而贫困家庭只要有一人有了就业，就能够实现稳定增收，全家就有可能脱贫。

3.1.5.1　教育发展脱贫工程的概况

脱贫攻坚，教育先行。教育脱贫是顺利实现脱贫攻坚的基础保障，是国家脱贫战略的基本组成部分。由于历史的原因和经济发展水平的限制，湘西州农村劳动者的素质比较低。《湘西州第三次全国农业普查主要数据公报》数据显示，2016 年全州农业生产经营人员共 62.08 万人，占农村常住人口的 41.4%。同时，教育支出占贫困家庭总支出的比重较高，导致有不少家庭因学致贫或者返贫。

因此，自 20 世纪 80 年代开始扶贫特别是《"八七"扶贫攻坚计划》实施以来，湘西州围绕大力发展农村义务教育和职业教育，推进教育公平，提高农村教育质量，增加对贫困学生的资助，进行了有益的探索。自精准扶贫方略实施以来，特别是 2015 年国家将"发展教育"作为精准脱贫的"五个一批"工程以来，湘西州牢记习近平总书记的殷切嘱托，围绕省委、省政府决战脱贫攻坚的总体部署，围绕"教育发展脱贫一批"，凝聚共识，创新举措，狠抓落实，努力做好教育发展脱贫攻坚的"加减乘除法"，全力阻断贫困代际传递。2016 年 4月，湘西州专门印发《湘西州精准脱贫"十项工程"单项工程指导意见》，将"教育发展脱贫"作为精准脱贫的第五项工程，提出了具体的总目标和各县市、各年度目标任务，明确了工作重点和各相关部门的职责分工，全力推进发展教育脱贫的各项工作。

"教育发展脱贫工程"实施近五年来，湘西州立足精准施策，按照攻坚目标精准、规律把握精准、保障举措精准的要求，瞄准突出问题和薄弱环节狠抓落实。

控辍保学突出"实"，学生资助工作突出"准"，教师队伍建设突出"补"，职业教育扶贫突出"强"，切实履行教育扶贫责任，不断完善教育扶贫措施，突出抓好义务教育，成效显著，确保了教育优先发展，全面提升了教育教学整体水平。2013—2019年，全州累计发放学生资助资金22.609亿元，惠及学生145万余人(次)，其中仅2019年就有4.6亿元，惠及学生17.85万人，其中建档立卡家庭学生13.75万人；优化调整教育布局，加快推进城乡学校建设，2015年以来累计投入资金60亿元，新建城区学校18所，改扩建城区学校50所，改扩建农村学校210所，扩大学位6万个；创新举措，教师队伍素质加速提升，2006年起累计完成省、州各类各层次农村小学、幼儿园教师定向培养计划共4577人；大力发展职业教育，实施了职教"一家一"工程(一个家庭有一个孩子接受两年免费职业教育)，确保建档立卡贫困户家庭子女接受学历教育与培训面达100%，中等职业学校就业率达98%以上。2018年10月20日，教育部官网、《中国教育报》头版头条以《教育精准扶贫的"湘西路径"》为题对湘西州教育决战决胜脱贫攻坚中所形成的"建立15年免费教育资助体系，教学点资源全覆盖"的典型经验做了专门报道推介。

3.1.5.2 教育发展脱贫工程的实践

湘西州牢记习近平总书记嘱托，把"发展教育脱贫一批"作为帮助贫困群众脱贫和阻断贫困代际传递的重要举措，以贫困家庭子女义务教育有保障为基本目标，以提高贫困群众发展能力为根本目标，把精准控辍保学、保障义务教育、全面落实精准资助政策、实现教育公平、关爱留守儿童和残疾学生等特困群体、大力发展贫困家庭子女的职业教育作为教育脱贫攻坚的主攻方向，从强化责任担当、加大教育投入、精准控辍、精准资助、均衡资源配置和发展职业教育等五个方面探索了一条教育精准扶贫的"湘西路径"。

1. 强化责任担当，坚持教育优先发展

湘西州委、州政府把优先发展教育、保障贫困家庭孩子的义务教育作为首要的政治责任，2016年制定出台的《关于打赢精准脱贫攻坚战的意见》(州委1号文件)明确提出，把落实"五个一批"作为精准脱贫的工作重点，并在此基础上制定了《教育发展脱贫工程指导意见》，提出了"确保建档立卡贫困家庭子女接受学前至高中阶段15年免费教育；实现贫困家庭学前幼儿和学生救助全覆盖；实现贫困户免费技能培训全覆盖，帮助脱贫 10 万人。全州学前 3 年毛入园率达 80% 以上，中小学巩固率分别达 97%、99% 以上，高中阶段毛入学率达 93% 以上；中等职业教育在校生 2019 年达 3.5 万人以上，就业率达 95% 以上"的总体目标任务，还先后出台了《湘西州教育发展脱贫工程实施方案》《关于进一步加快发展学前教育的意见》《关于加快发展现代职业教育的意见》《湘西州教育质量提升三年行动计划（2018—2020 年）》《关于实施教育优先发展战略推动新时代民族教育振兴的若干意见》等一系列的意见、方案和最严格的考核办法，确保了教育优先发展战略落地和教育扶贫各项工作落实到位。2018 年 3 月制定的《关于坚决打好打赢脱贫攻坚冲刺战的实施意见》，进一步提出了"确保贫困学生义务教育阶段入学率达到 100%"等深入推进教育发展脱贫工程的目标和任务。州政府成立了教育发展脱贫工作领导小组，制定了精准、细致、翔实的实施方案；教育行政部门出台了有针对性、可操作的具体实施细则，强化了对基层的指导服务，确保了工程顺利推进；各县市区按照"州里统揽、县市主体、乡镇配合、部门联村、干部结对、责任到人"的要求，各司其职，高效运转，形成合力，及时研究调度教育扶贫项目落地、资金使用、人力调配、推进实施等情况，围绕贫困对象分布图、计划措施细则图、事业发展规划图、任务进度进展图"四张图"，倒逼教育扶贫政策措施的落实到位。

2. 加大投入，强化教育事业保障

在坚决落实教育投入的政府主体责任的基础上，积极争取上级政策支持，同时加强横向联系，协调有关部门统筹使用农网改造、人饮工程、公租房、危房改造、绿化硬化等方面资金，确保教育扶贫项目尽早落地开工，发挥效益。大力改善贫困地区义务教育基本办学条件，加强乡镇寄宿制学校和乡村小规模学校"两类"学校建设，推进教育信息化建设，提升基本办学能力，确保每一个贫困家庭孩子进校上学。同时，采取强有力措施提高农村教师水平，切实提高乡村教师待遇。2014—2019 年，湘西州共组织参加国培计划、省培计划项目855 项，培训教师 51292 人次；2010 年起州本级定向培养教师 3632 人。其中，农村小学教师 1958 人、幼儿园教师 1200 人、初中教师 474 人。州本级财政每年用于农村中小学教师公费定向培养的经费达 1200 万元。湘西州委、州政府专门出台了《关于加强全州农村教育人才发展的实施意见》和《湘西州〈乡村教师支持计划〉（2016—2020 年）实施细则》，明确设立农村教师人才津贴，在奖励性绩效工资中增设"农村基层教育人才津贴"，对在农村学校工作期间具有初级以上职称（含初级）的在编在岗教师，按学校设在自然村寨、村委会所在地、乡镇政府所在地（不含县城关镇）三类情况，分别给予每人每月不低于 700 元、500 元、300 元的人才津贴。各县市在此基础上自筹资金提高边远农村教师津贴，全州所有边远山区教学点人才津贴均达到 1200 元/人·月。同时，所有乡村教师均按月享受 100 至 500 元不等的乡镇工作补贴。

3. 以精准控辍保学为手段，不断提升义务教育巩固率

坚持"六个到位"，结合线上与线下，开展精准控辍保学。即通过建立建档立卡学生数据库，将学籍核对到位、数据比对到位，实现线上对每一名建档立卡贫困学生在读状态的精准识别与实时监控；线下通过"三帮一"（一名教师、一名村干部、一名家长或监护人帮扶一名辍学学生）劝返到位、"送教上门"到位、控辍情况报告到位和依法督导到位，开展"三帮一"劝返复学专项行动。同时，建立和完善"主体控辍、管理控辍、联动控辍、情感控辍、质量控辍、发展控辍、考评控辍"机制，落实"双线三级"[双线：党政线、教育线；三级：县市、乡镇(街道)、村(社区)]和"六长"（县市长、局长、乡镇长、校长、村主任、家长）保学控辍责任制，破解了精准识别和精准施策两大难题，实现"应返尽返"，不断提升义务教育巩固率。

4. 精准施策，降低收费和扩面资助并举，努力消除因学致贫问题

一方面，采取积极措施降低收费，切实减轻贫困群众负担。湘西州以规范征订教辅材料为突破口，成立了违规征订教辅材料专项整治办公室，对教辅材料选用坚持"五限"（限年级、限学科、限范围、限数量、限总额）原则，并要求各县市、学校坚决做到"三个不得"——从 2017 年秋季开始，任何学校和教师不得向学生推荐购买州定目录外任何教辅材料；不得引导学生到指定的书店、书摊购买任何教辅材料；不得配合新华书店，宣传推荐任何教辅材料。另一方面，对学生资助实现"应助尽助"。从 2016 年起，在义务教育"两免一补"的基础上，对所有建档立卡贫困家庭子女免除学前保教费和高中学费：按每人每年 1500 元标准免除学前教育保教费；按省级示范高中和省级特色实验高中每人每年 2000 元、一般普通高中每人每年 1600 元标准免除高中杂费；对建档立卡贫困家庭和城乡低保户子女按学前、小学、初中、高中、中职学段每生每年分别给予不低于 1000 元、1500 元、2000 元、3000 元、2500 元的生活补助；对所有考取本科、专科的建档立卡贫困家庭大学新生分别一次性资助 5000 元、3000 元以上。其中，花垣县率先落实了学生资助全覆盖政策，古丈县将义务教育阶段资助对象扩展至所有农村学生，龙山县、凤凰县提高了贫困大学生资助标准。

在学生资助管理的过程中，通过建立困难学生数据库及"一共享两清理三比对"的资助信息标准化管理流程，完善贫困学生资助体系，做到资助底子明明白白；落实义务教育有保障政策，实现"助前""助后"公开、公示，确保政策家喻户晓、人人皆知；改进贫困学生认定、资助程序，将原来以学生申请为主

的"自下而上"方式改进为"自上而下，上下结合，线上比对，线下核实"，使学生无须申请就能享受资助；上好"两课"（开学时给学生上一节资助政策宣传课，毕业时为学生上一节下学段资助政策宣传课），发放"两封信"（《致初、高中毕业生及其家长的一封信》），制作"两张卡"（"湘西州建档立卡贫困家庭学生资助政策明白卡"和"建档立卡贫困家庭学生受助情况明白卡"），强化宣传，做到了"四个明白"，确保了"一个不漏"。

同时，深入推进营养改善计划。在国家财政的支持下，2018 年全州共有享受营养改善计划的各级各类学校 1034 所，受益学生 177358 名，每人每天（全年按 200 天计算）可享受 4 元生活补助；在"实事助学基金会"的支持下，2018 年 3 月启动了课间营养餐项目，全州 8 县市共 29 所农村中小学幼儿园实施了课间营养餐，惠及 10076 名学生，其中建档立卡户子女 7035 名。

5. 推进课间"四大工程"，均衡教育资源配置，促进实现教育公平

针对"农村学校差、乡镇学校弱、城区学校挤"的现实问题，湘西州以问题为导向，扎实推进教育"四大工程"（城镇班额均衡化工程、农村学校标准化工程、城乡教育信息化工程、教师队伍素质提升工程），优化调整教育布局，加快推进城区学校建设。2015 年以来累计投入资金 60 亿元，新建城区学校 18 所，改扩建城区学校 50 所，改扩建农村学校 210 所，维修改造农村薄弱学校校舍实施面积 58.4 万平方米，扩大学位 6 万个，添置了一大批设施设备，全面消除了农村学校 D 级危房和大通铺现象，全面实现了一人一桌椅、一人一床位目标，使义务教育薄弱学校基本办学条件得到显著改善。7 所芙蓉学校已建成并交付使用，确保了每一个贫困家庭孩子进校上学。同时，抓普惠办园，2014 年以来新建幼儿园 71 所，提升了学前教育入园率。学前三年毛入园率达 86.73%，高于全省平均水平。其中，古丈县与国务院"发展研究基金会"合作的"山村幼儿园计划"项目，已经成了学前教育领域中一张响亮的名片。组织"千名教师下村支教活动"惠及贫困村，全州共有 719 名城镇公办教师下村支教，其中在教学点支教的有 323 人，特别是 99 名公办教师深入深度贫困村教学点支教，实现了全州 49 个深度贫困乡镇 101 个深度贫困村 102 个村教学点公办教师执教的全覆盖，使 3273 名边远山区贫困学子直接受益。

6. 大力发展职业教育，助力精准扶贫

争取中央和省对湘西州职业教育投入 1.85 亿元，特别是州本级加大了投入，2018 年组建湘西现代职业教育集团，"十三五"期间大手笔投入 20 亿元发展现代职业教育。2016 年 6 月专门出台了《关于加快发展现代职业教育的意见》，各县市按照"教育费附加的 30% 用于职业教育，按人均 1 元的标准设立职教专项经费"的要求设立了职业教育发展基金，使全州职业学校办学条件得到

有效改善；实施了职教"一家一"工程，确保建档立卡贫困户家庭子女接受学历教育与培训面达100%。2018年推行了农技特岗生招生，州内284名农技特岗生进入湘西职院学习，毕业后直接进编，既补充了乡镇农村专业技术队伍，又助力了精准脱贫。2019年全州中等职业学校毕业生总数为7433人，就业7353人，中等职业学校就业率达98%以上。同时，实施职业学历教育补助"雨露计划"，资助学生数量从2016年秋季的4164人增加到2019年秋季的20045人；加强对农村致富带头人的培训，仅2019年就培训了1812人。

3.1.5.3 教育发展脱贫工程实施的成效

自2016年实施"教育发展脱贫工程"以来，湘西州紧紧围绕保障义务教育、推进教育公平、落实教育资助、发展职业教育等教育扶贫的主要任务，不断加大投入，创新政策，探索了教育发展脱贫的"湘西路径"，专项工程成效显著。

1. 控辍保学实现"应返尽返"，义务教育巩固率稳步提升

通过扎实开展"六个到位""三帮一"劝返复学和"送教上门"行动，湘西州的义务教育巩固率稳步提升，2019年全州小学入学率达100%，较2013年的99.2%提升0.8个百分点；2019年全州小学年巩固率达100%，较2013年的95.4%提升4.6个百分点；2019年全州初中年巩固率达99.98%，较2013年的94.2%提升5.8个百分点，详见表3.11。

表 3.11 湘西州 2013—2020 年以来义务教育巩固情况统计   %

年度	小学入学率	小学年巩固率	初中年巩固率
2013	99.2	95.4	94.2
2014	99.8	99.4	96.32
2015	99.8	100	96.7
2016	99.9	100	97.6
2017	99.8	100	98.37
2018	100	100	98.52
2019	100	100	99.98
2020	100	100	99.99

资料来源：湘西州教育和体育局。

同时，特别关注特殊群体，提升了残疾儿童入学率。建立了留守儿童台账和电子档案，深入推进关爱农村留守儿童工程，在中心完小以上学校建设"留

守儿童之家""爱心屋"，搭设亲情沟通桥梁。建设了特殊教育学校 4 所，落实了特殊教育生均公用经费 6000 元/年政策，确定特殊教育随班就读试点学校 10 所，建设普通学校特殊教育资源教室 9 间。采取"特殊教育学校+普通中小学随班就读"措施提高残疾儿童入学率，将三类残疾儿童义务教育入学率提高到 95%。

湘西州通过一系列扎实有效的工作，切实保障了贫困孩子的义务教育权利，使教育成为阻断贫困代际传递的重要途径。

2. 推进教育资源均衡发展，保障了教育公平

通过落实现有政策、用好上面政策、积极创新政策，湘西州扎实推进教育城镇班额均衡化、农村学校标准化、城乡教育信息化、教师队伍素质提升等"四大工程"，优化调整教育布局，补齐短板，不断改善贫困农村义务教育办学条件。2015 年以来累计投入资金 60 亿元，新建城区学校 18 所，新建幼儿园 71 所、中小学 24 所、职业高中 6 所；改扩建城区学校 50 所，改扩建农村学校 210 所，维修改造农村薄弱学校校舍实施面积 58.4 万平方米，全面消除了农村学校 D 级危房，扩大学位 6 万个，全面完成消除大班额的历史性任务；7 所芙蓉学校已建成并交付使用，全面实现了一人一桌椅、一人一床位目标，义务教育薄弱学校基本办学条件得到大力改善，确保了每一个贫困家庭孩子进校上学。随着农村学校办学条件的大力改善，近年来湘西州农村中小学生出现了"返乡回流"现象，扭转了中小学生逐年减少的局面。

教育信息化加速推进。2015 年以来，湘西州大力推进城乡教育信息化工程，全面建成了"三通两平台"，实现了以信息化手段不断扩大优质教育资源覆盖面的目标。近 5 年投入 10 亿多元，在全州建起了 10 个"网络联校"，使所有中心完小以上学校全部完成了"宽带网络校校通"建设，所有教学点都完成了教学资源全覆盖项目建设。借助互联网的力量，即便是在四周皆是悬崖峭壁、无法送教上门的凤凰县叭仁教学点，13 个孩子也开始在线上上起了音乐、美术课。湘西州承担了教育部教育信息化试点项目 1 项、省级试点项目 22 项、省级教育信息化创新应用"十百千万工程"36 项，创建了省级现代教育技术实验县市 2 个，荣获全国教育管理信息化应用优秀案例 2 个。

乡村教师队伍素质明显提升。2014—2019 年，湘西州共组织参加国培计划、省培计划项目 855 项，培训教师 51292 人次；2010 年起州本级定向培养教师 3632 人。其中，农村小学教师 1958 人、幼儿园教师 1200 人、初中教师 474 人。新建"名师工作室"100 个，招聘特岗教师 862 名，引进部属高校免费师范生 74 名，评选州级学科带头人 100 名、县级学科带头人 260 名，中小学教师信息技术应用能力提升工程培训专任教师 25110 人，大幅提升教师素质。

义务教育向优质均衡迈进，教育质量不断提高。湘西州高中在校学生约7.86万人，高中阶段毛入学率为90.04%。如2018年全国高考中全州应届生一本上线1915人，上线率为14.93%，二本以上上线3665人，上线率为28.58%。2019年高考全州一本上线2394人，上线率为15.75%，较2015年增加883人、7.06个百分点；二本上线4573人，上线率为30.08%，较2015年增加1637人、12.85个百分点。"千名教师下村支教活动"惠及贫困村，实现了湘西州49个深度贫困乡镇101个深度贫困村102个村教学点公办教师执教全覆盖，使3273名边远山区贫困学子直接受益。泸溪县教育均衡发展改革经验在全国全省推介，古丈县山村幼儿园建设、全州教育信息化等工作经验多次在全国全省进行交流。

3. 贫困生资助实现了"应助尽助"，解决了因学致贫问题

从2016年起，湘西州在义务教育两免一补的基础上，对所有建档立卡贫困家庭子女免除学前保教费和高中学费，按每人每年1500元标准免除学前教育保教费；按省级示范高中和省级特色实验高中每人每年2000元、一般普通高中每人每年1600元标准免除高中学杂费；对建档立卡贫困家庭和城乡低保户子女按学前、小学、中学、中职学段每生每年分别给予不低于1000元、1500元、2000元、2500元的生活补助；对所有考取本科、专科的建档立卡贫困家庭大学新生分别一次性资助5000元、3000元以上。将各学段贫困学生教育生活补助均按时足额发放到位，2013—2019年全州累计发放学生资助资金26.609亿元，惠及学生145万余人（次）。其中，2019年全州共发放学生资助全覆盖资金4.6亿元，惠及学生17.85万人，其中建档立卡家庭学生13.75万人。泸溪县潭溪镇大陂流村4组向建民的爷爷由衷感慨："儿子早逝，媳妇外嫁，三个孙儿全由我一个人抚养。不要说读好书，就是能吃饱饭都困难。好在现在国家政策好，我家被纳入建档立卡户，三个孙儿都能享受免学费和生活补助的政策，解决了我家天大的困难。"

4. 职业教育得到了快速发展，实现了"就业一人，脱贫一户"的目标

争取中央和湖南省对湘西州职业教育投入1.85亿元，特别是州本级加大了投入，其中湘西民族职业技术学院的新校区建设5年累计投入达5.7亿元，办学条件显著提升；2018年1月10日，湘西现代职业教育集团正式挂牌成立，职业教育发展有了新突破。2018年以来共招收了479名农技特岗生。2019年全州中等职业学校毕业7433人，就业7353人，就业率达98.9%，对口就业率达87.8%。全州"十三五"期间投入20亿元资金，使全州职业学校办学条件得到了有效改善；职教"一家一"工程确保了建档立卡贫困户家庭子女接受学历教育与培训面达100%，中等职业学校就业率达98%以上。实施"雨露计划"对职

业教育进行资助，资助学生数量从 2016 年秋季的 4164 人增加到 2019 年秋季的
20045 人（见表 3.12）；加强对农村致富带头人的培训，2016—2019 年累计培训
了 7311 人（见表 3.13）。

表 3.12　2016—2019 年全州"雨露计划"职业学历教育补助人数统计　　人

年度	2016 年春季	2016 年秋季	2017 年春季	2017 年秋季	2018 年春季	2018 年秋季	2019 年春季	2019 年秋季
湘西州	2545	4164	11259	16105	15556	17568	17198	20045

资料来源：原湘西州扶贫办。

以花垣县为例，2018 年花垣县与山东蓝翔技师学院签订合作办学协议，使
山东蓝翔技师学院十八洞分院落户花垣，首批 59 名建档立卡贫困户子女赴济
南免费学习。东西部协作办还为学生提供了每人每学期 1500 元的生活补贴和
900 元新生来回车补，由济南方面推荐工作，极大地提升了职教助力脱贫的能
力。首批挖掘机培训学员 101 人已培训结业，月薪在 8000 元以上。2019 年 76
名贫困学生又赴山东蓝翔，开始了学习生涯。全州建档立卡户子女 7909 人通
过学历教育和职业技能培训拔掉了穷根，有 7.8%的学员还成为当地脱贫致富
的带头人。

表 3.13　湘西州 2016—2019 创业致富带头人培训情况　　人

年度	2016 年	2017 年	2018 年	2019 年
人数	1530	2248	1721	1812

资料来源：原湘西州扶贫办。

3.1.5.4　典型案例
案例 1：

湖南泸溪："穷"县办出"富"教育

按语： 泸溪县紧紧围绕"教育发展脱贫"这个中心任务，通过加大教育投
入、均衡教育资源配置、落实精准帮扶政策等措施，不仅实现了贫困家庭孩子
义务教育有保障这个基本目标，而且实现了教育公平，提高了整体教育质量，
为贫困地区如何办好教育提供了较好的经验。

近年来，湖南省泸溪县把教育作为"一号工程"来抓，以教育扶贫为统揽，

突出责任落实、帮扶落地、资源配优，保障资金投入，夯基石、补短板、促均衡，成效显著，先后荣获全国义务教育均衡发展先进县、湖南省教育强县等荣誉。2019 年 5 月湖南省教育厅要求在全省学习推广泸溪县教育改革经验，2019 年 10 月 10 日、11 日《中国教育报》连续两天以《乡村教育振兴的县域探索——来自国家级贫困县泸溪的教育报告》对泸溪县发展农村教育的经验进行了深度报道。

一、尊师重教，优先发展教育

牢固树立"抓教育就是抓经济、抓教育就是抓发展"理念，突出"工作优先部署、问题优先解决、项目优先建设、经费优先保障"，先后出台了《泸溪县教育事业发展"十三五"规划》《关于进一步推进教育优先发展的决定》《泸溪县教育质量提升三年行动计划（2018—2020 年）》等指导性文件，成立了由县长任组长、分管副县长任副组长的教育强县领导小组，建立了县委常委会会议、县政府常务会议议教制度。同时，加大教育投入。尽管泸溪县是个财政穷县，2018 年全县 GDP 才 56.48 亿元，财政性经常收入不到 5 亿元，但在教育投入上，泸溪从不吝啬（见图 3.20）。除了学前教育，这里没有一所民办学校。全县共有 175 所学校，没有强行撤并一所村小，几乎每个村都有学校。

图 3.20 泸溪县全新建设的农村学校泸溪二中全景

制定了《泸溪县乡村教师支持计划（2016—2020 年）实施细则》，完善师资补充机制，扩大乡村教师增量；狠抓专业素质提升，提高乡村教师质量；在全面落实国家规定的各项教师工资待遇基础上，对教师待遇实行"三优先"，即教师工资优先发放、教师政策性福利待遇优先落实、教师培训奖励经费优先保障。在全国率先推行农村教师岗位津贴制度，每年县里拿出 1200 多万元，为农村片村小教师发放岗位津贴每人每月 1200 元、农教补贴每人每月 200 元；为农村中心完小和初中学校教师发放岗位津贴每人每月 400 元、农教补贴每人每月 100 元；先后投入资金 7000 多万元，建成农村教师住房 1500 多套；教师节表彰优秀乡村教师，奖金 2000 到 5000 元不等。泸溪县在全国率先实施的"用待遇留人、安心农村、教得好书"的尊师重教经验得到国家和省教育部门的充分肯定，并在全国推介。

二、优化布局，推动教育均衡发展

科学制定了"一条环线、两个片区"的教育布局调整思路，按照均衡配置、适度超前、有序推进的原则，以教育"四大工程"和"全面改薄"为主抓手，大力实施义务教育标准化学校建设、农村全面改薄计划、"四改三化"等项目建设，促进了城乡教育一体化发展。近三年来，投入 7.8 亿元，新建和改扩建农村校舍 51 所、城镇学校 6 所，新建武溪镇第二小学，新增校舍面积 11.3315 万平方米，扩建运动场面积 2.01 万平方米。建起城乡教育信息化"三通两平台"，全县中心完小以上学校数字教育资源达 100%，教育信息化"班班通"全覆盖，解决了师生"上网难"。2018 年该县成为全省唯一入围"全国教育均衡发展优秀案例"的县市。2018 年 8 月 3 日，《中国教育报》头版以《"村小 18 条"助农村校升级换代》为题报道了泸溪县乡村义务教育小规模学校的建设与管理经验。

开展城乡学校结对帮扶，按照"以强带弱、深度融合、全面帮扶、共同发展"的思路，结成 125 对帮扶学校，以 5 年为一个周期，通过管理互通、顶岗交流、名师引路等措施，着力帮扶管理、师训、资源、文化、教学等，并实行年终考核双挂钩管理，精心编织了一张覆盖城区学校、乡镇中心学校、村小的教育扶贫网，推进城乡一体化发展。

三、以"控辍保学"为核心，全面提高教学质量

全面落实"双线三级六长"控辍保学责任制。县长亲自挂帅工作组，建立健全"乡镇—村(社区)—学校"联控联保机制和动态报告机制，常态化开展控辍保学工作，每学期初集中开展一次大宣教、大排查、大劝返活动，由县政府督查室对活动开展情况进行督查并通报全县，确保学生能够按期返校读书。

完善教学质量科学评价机制，推进教育信息化，落实村小管理"30 个一"规定，保障教育质量健康稳步发展。按照"物质文化打基础、精神文化铸品牌、制度文化添魅力、活动文化创特色"的思路，大力推进"一校一品"民族特色文化进校园活动(见图 3.21)、"点燃读书激情，让阅读成为习惯"全员阅读行动，常态化交叉举办学生运动会、艺术节等艺体竞赛，全面提升学校办学品位。教学质量稳步提升，高考本科上线率、本科上线万人比、全州"三独"比赛团体总分连续 15 年稳居全州第一。

图 3.21　泸溪乡村学校开展校园文化建设情景

四、精准施策，全面落实贫困家庭子女学生资助政策

全面落实建档立卡贫困家庭子女学前至高中阶段 15 年免费教育政策、大学新生救助政策和生源地助学贷款政策，并按学前教育、小学、中学、职业教育四个阶段每生每年分别给予 1000 元、1500 元、2000 元、2500 元的生活补助，确保不让一个学生因贫困而失学。近三年，共发放教育帮扶资金 7782.045 万元，惠及幼儿、中小学生、高中、职中学生 70586 人次；同时，为 4836 名贫困大学生办理生源地信用助学贷款 3802.08 万元，有效解决了贫困学生"入学难"问题。泸溪县先后 5 次在省资助工作会议上作典型发言，并被评为"全省百佳学生资助工作单位"。

五、认真办好职业教育，着力强化职教培训，搭建让每个学生"好就业"的培养平台

始终把职教培训作为脱贫攻坚的重要抓手，以省级示范职业中学泸溪县职中为平台，狠抓"三个对接"。对接职业岗位抓培训，大力推进面向职业岗位的"工学结合"一体化课程建设，加强电商、汽修、平面设计等特色专业实践教学，让学生学到"一技之长"。深化项目教学改革，引项目入校，引产品入教，让学生一边学习专业技能，一边完成商业作品，实现了技能培养与创新创业的无缝对接；对接就业安置抓培训，加大产教融合、校企对接力度，强化学生就业跟踪服务指导，让学生能就业、就好业，先后向各方企业输送毕业生 2000 多

人，职校毕业生就业率达 100%，学生对口满意就业率达 95% 以上，毕业生人均月工资超过 4000 元；对接服务经济抓培训，深入对接全县农业"八大产业、八大品牌"，大力整合"新型职业农民培训""雨露计划"等培训资源，大力实施"一家一"职教工程，以县职中为依托，对青年农民、贫困户等免费实施"订单式、定向式、定岗式"精准培训。近三年，完成免费职业技能教育培训 2 万多人次，带动农民创收 1.5 亿元，引导"两后生"900 人、青年农民大学生 123 人就业创业，取得了"培训一人、就业一个、脱贫一户"的良好效果。

案例 2：

湘西大山里令人动心的劝学故事

按语："控辍保学"是提高义务教育入学率、实现建档立卡户孩子义务教育有保障的重要措施。湘西州在实施精准控辍方面，创造了政府、教育双线控辍，乡镇、村委、村民小组三级劝学，县乡领导包片、学校领导包校、后盾单位包村、村组干部包户、教师包生等"五包"措施，构建了"主体控辍、管理控辍、联动控辍、情感控辍、质量控辍、发展控辍、考评控辍"机制体系，确保了"应返尽返"。

问天台前接天唱

从吉首市矮寨镇出发，进入德夯大峡谷约一公里处，右侧有条盘山公路通往素有"中国少数民族特色村""世外桃源"之称的家庭村。家庭村的对面就是有名的"问天台"，也称"天问台"。据说，屈原当年流放时曾路遇此，在此"问天"并写出了著名的长诗《天问》，后人纪之而名传天下。矮寨中学校长杨生岩、副校长彭玲莉、教务主任向雪莉和班主任老师陈芳从这里进入，踏上了劝学之路。车在悬崖峭壁上开凿出来的盘山公路上爬行，公路一侧是高耸的岩石峭壁，另一侧是万丈悬崖。汽车一路小心翼翼地爬到山顶，再下坡，然后继续爬坡。不过，因为家访的原因，这样的路途老师们都已经非常熟悉，并没有第一次上来的时候那么紧张了。

汽车行驶了近 1 个小时到达了家庭村。杨生岩校长、彭玲莉副校长、向雪莉主任和陈芳老师顾不上休息，就在村主任秧云江的带领下，一路直奔已经辍学的初中二年级学生石天唱同学家。

到达石天唱家后，其爷爷奶奶热情地接待来访的教师，四位老师则耐心地向两位老人了解他们的家庭情况及石天唱的去向、辍学原因和有无返校意向。"他的爸爸妈妈都在外面(浙江台州)打工，只有我和他奶奶在家里。我们老了，也管不动孩子了，他也不听我们的。现在他一个人一整天不着家，都是在吉首(市里)和他一些朋友玩，也不做事。我们老的也很着急，喊他好好读书，就是不听。班主任陈老师已经打了很多次电话来问，很关心他，但他就是厌学不肯回来。杨校长，这次你们四个老师领导都来了，真是太感谢了！希望你们帮帮我们，帮帮他。"石天唱爷爷一边叹气，一边说着。

听完爷爷的话，班主任陈芳老师又拨通了学生的电话。"我不想读书……感觉读书没有什么意思，我就是不愿意去读书"，在电话的那头，石天唱依然强烈地表达着自己不愿读书的想法。

杨校长接过电话，耐心地以自己成长的故事对石天唱分析了学习的好处，规劝他不要陷进"少壮不努力，老大徒伤悲"的悲剧里，还特别询问道"学习上、生活上有什么困难，我们老师一起帮你解决，好吗？"电话那头沉默着。村主任秧云江也在电话中语重心长地对石天唱进行劝说："天唱，你哥哥这么优秀(矮寨中学2016届毕业生，中考成绩排名第一)，你要向他学习，打工什么年龄都可以去，读书的时间错过了就是错过了。"可是，不管老师、村干部、家长如何劝导，石天唱不愿回校的想法还是很坚定。

天色愈渐昏暗，劝学小组只好与天唱的爷爷告别，离开家庭村。路上，大家一声不吭，氛围沉重。

杨生岩校长说，"明天我们去一趟吉首，与他面对面谈心。陈芳老师，你明天早上先和学生联系好。"大家都异口同声地说好。从此，以杨生岩校长、彭玲莉副校长、向雪莉老师和陈芳老师组成的劝学小组每逢上完课就在吉首市区和家庭村之间来回劝学。路越走越熟悉，这是第5次上家庭村，杨校长跟老师们开玩笑说："开始来家庭村的时候，这条路要小心翼翼地走，现在我闭着眼睛都能知道哪里有拐弯。"大家都笑了。经过多次的沟通，石天唱同学也逐渐打开心扉，开始和老师交流起来。

2019年10月8日晚，陈芳老师接到一通电话——"老师，我想回学校读书，我可以回来读书吗？"

10月9日清早，杨生岩校长、彭玲莉副校长、向雪莉老师和陈芳老师再次开车在那条悬崖峭壁上开凿出来的公路上行走，去往世外桃源的家庭村。不过，这次，他们下山时车后座上多了一个人——石天唱。

千里奔波，只为接回辍学学生

"龙校长，孩子联系上了，在湖北黄冈师范学院附近打工，答应回来，她就讲一个人坐车有点怕。"

"我们马上接她回来。"

与家长通完话后，花垣县边城镇团结中学校长龙长生迅速做了接阿欢(化名)同学返校读书的安排。晚上9点，龙长生就与学生家长一起从花垣出发了，累了就在车上简单休息，饿了就吃方便面。第二天早上9点在黄冈师范学院附近看到正在打工的阿欢时，其父老泪纵横，自言对不起阿欢。阿欢见到满脸泪水的父亲，跑上去扑进父亲怀里，哭着说自己以后再也不惹父亲生气了。

父女俩抱在一起痛哭的那一刻，龙长生校长的心里很不是滋味，但觉得不负此行，付出再大代价也是值得的。吃完早餐，龙长生一行踏上回程。路上，阿欢很少讲话。龙长生从老师关心、父母期盼、政府扶贫政策、大中专学校丰富多彩的生活等多方开导，打开了孩子的心结。阿欢表态一定要读书，能上高中就读高中考大学，考不上也要读中专。回到花垣时，已是晚上8点多了。算算时间和里程，足足有23小时和往返行程3000余里。

原来，阿欢是花垣县边城镇通州村一建档立卡户子女，团结中学初三学生，父母离异多年，平时都由婆婆照顾。父亲出车祸后双腿行动不便，但一家老小的生计仍全靠父亲一人操持，其父忙于生计而与阿欢相处时间很少。开学报名前，阿欢与父亲发生矛盾便负气出走。得知这一情况后，龙长生高度重视，多次入户劝返，动之以情晓之以理，做通了阿欢及家长的思想工作，阿欢才终于同意继续求学。

"经济上有困难，就核实上报想办法解决，思想不通就苦口婆心讲道理做思想工作。鞋子跑破了、嘴皮子磨破了不要紧，只要能把学生劝回来读书，就是值得的!"龙长生如是说。

家访七次，濒临失学终返校园

"背时的狗崽崽，叫、叫、叫什么蛮!"凤凰县民族一中204班学生金秀(化名)的婆婆一边制止狗吠，一边大声招呼："快，来、来、来，进屋坐!"

进屋落座，狗时不时地嗅着凤凰县一中的劝学教师熊华、谭艳、胡娇一行人的裤脚，老师们的心里都有点紧张，生怕被狗咬。

"老师，你们来了就好。帮我劝劝她，我年纪大了，只管得着她的吃穿，学习根本管不着。我给她讲了无数次，要好好读书，就是不听，还犟着让我给她取身份证，要去打工……"婆婆连连叹气地给几位劝学老师讲金秀不想读书的原因。

原来，同村的族姐在温州打工，不时打电话给金秀描绘山外世界有多么精彩，加之金秀觉得自己学习基础差，努力了又不见起色，就有了不想读书的念头。这次，金秀以奶奶生病需要照顾为借口回家后，就不想去学校读书了。

"学习和生活上有什么困难，我们一起帮你解决，好吗?"劝学老师用金秀熟悉的人和事，谈读书与打工挣钱的关系，金秀一直低头不作声。一旁的婆婆骂她是"茅坑里的石头，又臭又硬"。不管婆婆如何骂，劝学教师如何劝导，她噙着眼泪就是不答应回学校。

天色渐暗，劝学教师起身离开，那条狗又很不友好地狂吠着。

"明天再来劝吧！最后的一个一定要坚持到最后！"在回校的路上，熊华、谭艳、胡娇不约而同地说。打那以后，他们每天上完课就推着两辆自行车颠簸着走在腊尔山镇贺村1组坑洼的山路上。路，越走越熟了，金秀也开始和劝学教师谈心交流起来了，那条狗也一天天地变得和善起来了。

这又是一个星期天，春风和煦，阳光明媚。劝学教师骑着两辆车子早早来到金秀家。狗从老远就迎来摇头摆尾亲昵着，不再吠了。

这是他们第7次上金秀家。第二天，教室里的座位摆放得格外整齐，学生个个坐得笔直，没有一个空位！

3.1.6 医疗救助帮扶工程的实施及成效

因病致贫和返贫是脱贫攻坚"最难啃的硬骨头"。习近平总书记指出，要建立健全医疗保险和医疗救助制度，对因病致贫或返贫的群众给予及时有效救助。

湘西州以习近平总书记关于医疗救助扶贫的重要指示精神为指导，大力推进"医疗救助帮扶工程"，在力争减少因病致贫、因病返贫现象发生的同时，为从根本上消除贫困奠定了坚实的医疗卫生环境基础。

3.1.6.1 医疗救助扶贫的概况

2016年7月，湘西州开始启动"医疗救助帮扶工程"即健康扶贫各项工作。近四年来，通过全面落实国家和省健康扶贫系列政策，湘西州农村贫困人口基本医保参保率达100%，参保个人缴费部分财政给予50%以上的补贴；州内所有定点医疗机构"先诊疗后付费"和"一站式"结算工作全面开展，严格落实大病集中救治一批、慢病签约管理一批和重病兜底保障一批的"三个一批"及健康扶贫系列优惠政策和便民惠民措施；贫困人口县域内住院报销比例达87.02%，33种大病定点医院专项救治率达95.03%，贫困人口县域内就诊率达92.65%；截至2019年底全面消除了行政村卫生室"空白村"。可以看出，伴随着"医疗救助帮扶工程"的深入推进，湘西州贫困群众医疗保障水平持续提升，基层卫生服务能力稳步提高，医药卫生体制改革不断深化，贫困人口获得感、满意度日益增强，因病致贫和因病返贫现象得到了有效遏制。

3.1.6.2 医疗救助帮扶工程的具体实践

"医疗救助帮扶工程"启动以来，湘西州始终牢记习近平总书记关于健康扶贫的殷切嘱托，加快推进基层医药卫生体制改革，全面贯彻落实国家和省健康扶贫"三个一批"①政策要求，积极探索健康扶贫的创新模式及长效巩固机制，逐步从完善政策、严控费用、夯实基础、创新体制等四个层面构建起一套切合自身实际的医疗救助帮扶措施体系(见图 3.22)。

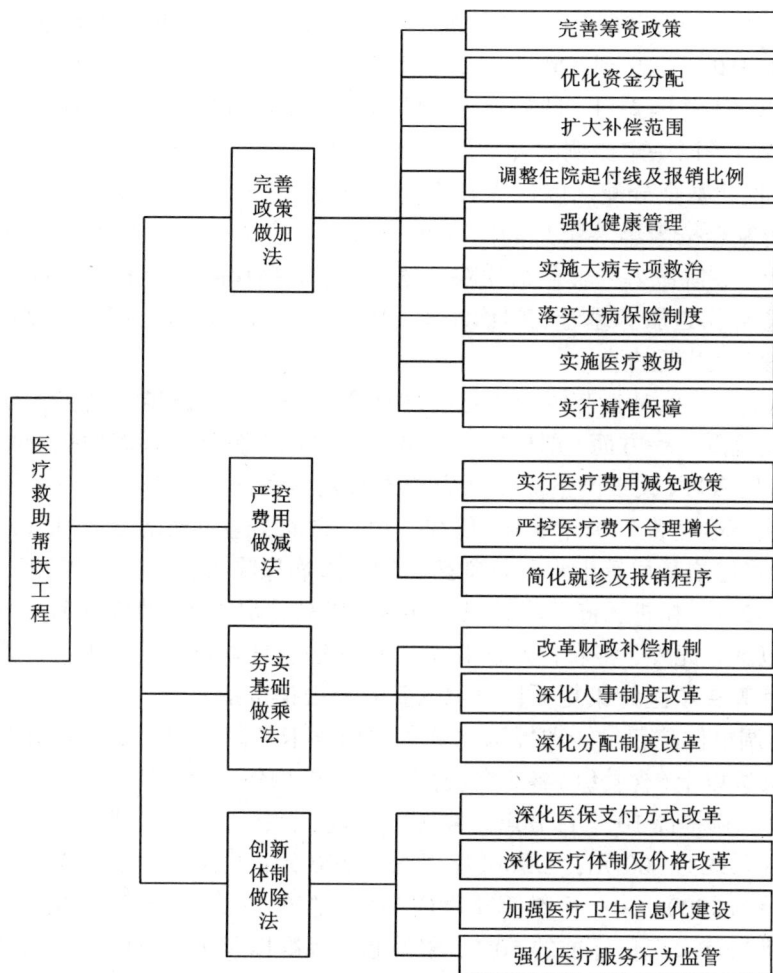

图 3.22　湘西州"医疗救助帮扶工程"的具体实践

1. 完善政策做加法

"医疗救助帮扶工程"启动以来，湘西州按照"保基本、兜底线、可持续"的

① "三个一批"即"大病集中救治一批、慢病签约服务管理一批和重病兜底保障一批"。

原则，加快建立完善多层次医疗救助帮扶政策体系，确保贫困人口"看得起病"。

（1）完善筹资政策。以提升参保率和保障水平为目标，分年度适时调整完善新农合筹资政策。以2016年为例，当年湘西州新农合农民个人缴费标准由2015年的每人每年90元提高到120元，与此同时，各级政府补助也由原来的每人每年350元提高到420元，人均筹资总额为540元。此外，2016年及以后年度建档立卡贫困人口、计划生育特殊困难家庭参加城乡居民医保的个人缴费部分由政府予以一定比例的补贴。

（2）优化基金分配。以最大化资金使用效益为原则，持续优化基金分配。住院统筹基金按当年筹资总额的82%分配，门诊统筹基金按当年筹资总额的18%分配。住院统筹基金包括住院补偿基金、大病保险基金和委托商业保险机构经办意外伤害服务基金，门诊统筹基金包括一般诊疗费、特殊慢性病门诊、普通门诊、大病筛查费。

（3）适度扩大补偿范围。立足经济社会发展实际，稳步适度扩大新农合报销和补偿范围。一方面，严格要求各县市三级定点医院认真贯彻执行湖南省卫计委、省财政厅《关于调整优化新农合省级定点医疗机构普通住院补偿政策的通知》（湘卫合管发〔2015〕6号）精神。另一方面，遵照湖南省人社厅、省卫计委《关于将尼洛替尼等十六种特殊药品纳入大病保险支付范围的通知》（湘人社发〔2016〕2号）精神，将尼洛替尼、甲磺酸伊马替尼等16种特殊药品纳入新农合报销范围。此外，将农村残疾儿童运动疗法、偏瘫肢体综合训练、脑瘫肢体综合训练等9项医疗康复项目也纳入新农合报销范围。

（4）调整住院起付线和报销比例。建档立卡贫困人口患者、农村低保对象患者在县级以上（含县级）各级各类定点医疗机构住院，住院费用报销起付线减半，报销比例提高10个百分点。乡镇卫生院、社区卫生服务机构和一级医疗机构住院起付线为100元；二级医疗机构为500元；州民族中医院为700元，州人民医院为1000元；一个结算年度内多次住院的，第二次起住院起付标准为同级医疗机构首次起付标准的50%，累计起付标准以省级定点医疗机构最高起付标准为限额。2016年起，一个结算年度内，城乡居民基本医疗保险（不含城乡居民大病保险）累计最高支付限额统一为15万元。实施农村脑瘫患儿抢救性康复全免费工程，纳入国家、省、州残联0～6岁抢救性康复项目的脑瘫患儿在州三级医院、二级医院和定点康复机构治疗康复的，每例每年分别定额报销8500元和7500元，剩余费用由残联部门全额补贴。实施农村贫困白内障患者复明全免费工程，白内障患者在州三级医院、二级医院住院治疗的，每例分别定额报销2700元和2200元（残联、扶贫等部门项目除外）。

（5）强化贫困慢病患者健康管理。其一，建立农村贫困人口健康卡（码）。为每位农村贫困人口发放一张健康卡（码），并与健康管理数据库保持同步更新，以查看健康状况和患病信息。落实基本公共卫生服务项目，以县为单位，对符合条件的农村贫困人口每年开展 1 次健康体检。其二，实行家庭医生签约服务。组织乡镇卫生院医生或村医与农村贫困家庭进行签约，鼓励县医院医生与乡村两级医务人员组成医生团队与贫困家庭签约。针对贫困户做到每人建 1 份动态管理的电子健康档案、每个家庭有 1 名签约的家庭医生。按照高危人群和普通慢病患者分类管理，为贫困人口提供公共卫生、慢病管理、健康咨询和中医干预等综合服务。对已经核准的慢性疾病患者，签约医生或医生团队负责制订个性化健康管理方案，并提供签约服务。对需住院治疗的，帮助联系定点医院，确定治疗方案，实施有效治疗。充分发挥中医药治疗慢性病的优势，为常见病、多发病患者提供价廉有效的中医药服务。其三，加强健康管理。确定定点医疗机构，细化诊疗流程，加强基本药物配备使用。乡镇卫生院等基层医疗卫生机构在县级医院指导下，每年根据农村贫困家庭慢性病患者病情安排个性化健康管理，定期开展面对面随访，询问病情，检查并评估心率、血糖和血压等基础性健康指标，在饮食、运动、心理等方面提供健康指导。签约医生和团队做好随访记录，填写居民健康档案各类表单并将有关信息录入健康卡。

（6）实施贫困人口大病专项救治工作。其一，建立救治台账。由卫生健康行政部门牵头，会同当地民政、扶贫部门对符合救治条件的农村贫困患者按照"乡村摸底排查、县级审核确定、州级建立台账"的工作流程，逐级定期上报信息；其二，确定定点救治与定点指导医院。定点救治医院主要承担辖区内符合救治条件患者的医疗救治工作，定点指导医院主要在患者病情复杂、定点救治医院不具备救治能力或救治中出现危急、疑难病情时，派出专家会诊、指导手术或协助抢救，并根据病情需要接受定点救治医院上转患者；其三，落实救治力量，优化诊疗方案。为保证救治技术力量，州卫生健康委组建"湘西州农村贫困人口大病救治医疗专家组"，主要承担定点救治医院救治能力评估、救治方案审核、疑难危重病例救治指导等工作。定点救治医院要根据定点救治病种，分病种成立救治专家组。救治专家组应本着"保基本，兜底线"的原则，为每位救治对象制订细化的诊疗方案，以及优先选择基本医保目录内安全、有效且经济适宜的诊疗技术、药品和耗材。定点指导医院要成立救治指导专家组，通过巡回指导、派驻帮扶、远程会诊等方式对定点救治医院疑难、危重症病例实施会诊、病例讨论和手术指导，同时接收定点救治医院因诊疗条件与技术能力不足而确需转诊的病例。

（7）全面实施城乡居民大病保险制度。2015 年湘西州出台了《湘西州城乡居民大病保险实施方案》，确保大病保险覆盖所有城镇居民基本医疗保险和新型农村合作医疗参保人群。2016年湘西州将原城镇居民基本医疗保险和原新型农村合作医疗两种制度统一整合为城乡居民医疗保险制度，同年城乡居民大病保险制度实施，当年度的筹资标准为每人24元(个人不需另行缴费)，一般人群大病保险的补偿起付线标准为10000元(含)，低保困难群众和特困人员大病保险的补偿起付线标准为5000元(含)，对合规费用起付线以上部分分四段累计补偿：3万元(含)以内部分报销50%，3万元以上至8万元(含)部分报销60%，8万元以上至15万元(含)部分报销70%，15万元以上部分报销80%。根据《关于调整城乡居民大病保险政策的通知》(州人社发〔2018〕31号)、《转发〈关于调整城乡居民大病保险政策的通知〉》(州医保发〔2019〕28号)，湘西州城乡居民大病保险筹资标准、起付线标准、报销比例、报销封顶线均作出相应调整，按照省相关规定向贫困人口倾斜，历年大病保险调标情况见表3.14。

表 3.14　历年城乡居民大病保险调整标准

年份	筹资标准	人员类别	起付线标准	报销比例				封顶限额
				3万元以内	3万~8万元	8万~15万元	15万元以上	
2016	24元	一般人群	1万元	50%	60%	70%	80%	20万元
		低保对象特困人员	0.5万元					
2017	30元	一般人群	1万元	50%	60%	70%	80%	20万元
		低保对象特困人员	0.5万元					
2018	50元	一般人群	1万元	55%	65%	75%	85%	30万元
		低保对象特困人员	0.5万元	60%	70%	80%	90%	
2019	65元	一般人群	0.8万元	60%	65%	75%	85%	30万元，全面取消建档立卡户人口大病保险封顶线
		低保对象特困人员	0.4万元	65%	70%	80%	90%	
2020	与2019年政策标准一致							

资源来源：湘西州医疗保障局。

（8）实施民政医疗救助。对通过基本医保、大病保险支付后自付费用仍有困难的建档立卡贫困患者、农村低保患者，加大医疗救助、临时救助、慈善救助等帮扶力度，使贫困人口大病医治得到有效保障。将建档立卡贫困人口重特大疾病患者全部纳入救助范围，对患重大疾病、长期慢性病和残疾的贫困人口实行系统化管理，制定有针对性的分类救助政策。

（9）实行精准保障。2016 年以来，湘西州发动各乡镇、村、组干部，扶贫办和各乡镇（中心）卫生院、乡村医生等组成调查组，对辖区内因病致贫、因病返贫人员基本信息、病种、医疗费用等基础信息和 93 个病种进行调查，将其录入并上传到国家卫计委农村贫困人口"因病致贫、因病返贫"管理数据库离线数据采集系统，完成了全州 18 万人的调查和及时动态更新。同时，摸底调查不只为了"准入"，还将通过定期调查审核，开展对健康扶贫后得到治疗并康复的贫困群众的退出确认，来实现因病致贫、因病返贫人口有进有出的科学化、动态式管理，让健康扶贫资源得到最大化利用。

2. 严控费用做减法

"医疗救助帮扶工程"实施以来，湘西州相继出台了《湘西州控制医疗费用不合理增长的实施方案（试行）》《关于做好控制医疗费用不合理增长的通知》等政策文件，有效遏止了医疗费用的不合理增长，降低了贫困患者的医疗费用，精简了就医、报销程序，减轻了就医负担。

（1）实行医疗费用减免政策。针对建档立卡贫困患者、农村低保患者和超过大病保险起付线的大病患者，在州、县级（含县级）定点医院住院的，其政策范围外的费用由救治医院减免 10%。

（2）严控医疗费不合理增长。其一，规范医疗检查行为，严禁将检查项目"打包"或随意扩大检查范围，严格控制大型医疗仪器检查，严格把握检查指征和检查部位。实行县级及以上医疗机构抗生素备案管理制度，严格落实特殊使用级抗生素品种的管理，加强对限制使用级抗生素品种的监控。其二，规范医疗服务收费。加强对各级医疗机构执行医疗服务价格政策情况的监督检查，严肃查处擅自设立项目收费、分解收费、比照收费和重复收费等违规行为。其三，发挥医保政策的杠杆作用，引导患者合理就医。对未按照基层首诊、双向转诊有关规定办理转诊证明的参保对象，其医疗费用政策范围内报销比例相应下调 15 个百分点。对下转的病人免收起付线费用，并享受下转医疗机构的待遇政策。其四，加强行风建设。严格执行原国家卫计委《加强医疗卫生行风建设"九不准"》，严禁向科室或个人下达创收指标，严禁将医务人员奖金、工资等收入分配与药品耗材、医学检查等直接挂钩，严禁开单提成。其五，提升基层医疗服务能力，建立完善分级诊疗制度。加快推进医联体建设，推动优质医疗资源下沉，建立基层首诊、双向转诊、急慢分治、上下联动的分级诊疗模式。落实县以上医务人员晋升职称前必须到基层医疗卫生单位服务的规定，提升基层医疗卫生单位服务能力，努力实现90%以上患者在县域内就诊的目标。其六，建立重点监控药品目录。通过湘西州药品（耗材）采购平台遴选编制州公立医疗机构重点监控目录，对一些价格高、疗效不确切的辅助用药、营养用药，每月进行跟踪，并采取限制性采购、使用等措施。

（3）简化就诊、报销程序，开辟就诊、报销绿色通道。其一，建立先诊疗后付费结算机制。综合利用信息化等手段，实现"四类患者"（建档立卡贫困患者、农村低保患者、大病患者及特殊慢性病患者）在州内定点医疗机构入院时不需缴纳住院押金，出院时只需支付定点医疗机构与城乡居民基本医疗保险等经费保障渠道结算后的个人承担部分，医疗总费用报销比例达80%以上，切实减轻患者垫资压力和经济负担。其二，实行"一站式"结算。定点医疗机构要及时与城乡居民基本医保、大病保险、医疗救助、疾病应急救助、慈善救助等经办机构对接，提升信息化水平，构建"一站式"结算平台，为贫困患者提供"一站式"结算服务。定点医疗机构定期将实际发生的报销补偿与救助资金分别向县级城乡居民基本医保经办机构和县民政局申报（含大病保险）。城乡居民基本医保按月、民政医疗救助按季结清政策应付款。鼓励县级城乡居民基本医保经办机构和民政部门实行预拨付制度，减轻医疗机构垫资压力。对确因家境贫困，个人自付部分无法一次性结清的患者，如符合疾病应急救助条件，由患者及家属或签订协议人按相关程序申请救助。对不符合疾病应急救助对象条件的，由患者及家属或签订协议人向慈善机构等申请救助。

3.夯实基层做乘法

"十三五"以来，湘西州以"保基本、强基层、建机制"的医改目标为指引，深入推进基层医疗卫生机构综合改革，逐步完善运行机制，持续激发内部活力，基层医疗服务"乘数效应"不断放大。

（1）改革财政补偿机制。其一，各县市区基层医疗卫生机构不再实行"收支两条线"的管理模式，转而实施"核定任务、核定收支、绩效考核补助、超支不补、结余按规定使用"的预算管理办法。其二，按照医疗卫生领域各级财政事权和支出责任划分的有关规定，各基层医疗卫生机构的改革和发展建设由所属地方财政承担支出责任，各县市区足额保障基层医疗卫生机构基本建设经费、设备购置更新经费、周转房建设经费以及突发公共卫生事件处置经费。到2020年，确保每个乡镇建好一所标准化乡镇卫生院，1567个行政村卫生室标准化建设达标率达90.36%，公有产权率达88.32%。按照"填平补齐"的原则，为每所乡镇卫生院配备救护车、彩超、DR、全自动生化分析仪等设备。其三，各县市区财政按编制内实有人数全额核拨基层医疗机构人员基本工资、国家统一的津贴补贴、绩效工资、"五险一金"，并纳入财政预算。严禁将基本公共卫生服务经费和基本药物专项经费冲抵人员工资。其四，建立健全各县市区财政对基层医疗卫生机构投入的长效增长机制，逐年增加对基层卫生机构的财政补助，增长幅度不低于同期财政经常性支出的增长幅度，增加的卫生事业经费主要用于基层医疗卫生事业发展。其五，按照"制止新债、锁定旧债、明确责任、分类处理、逐步化解"的原则，力争 3~5 年内基本完成各县市区基层医疗卫生机构长期债务清理化解工作。

（2）深化人事制度改革。其一，完善机构编制管理。本着定编定岗不定人、编制一次核定、人员分步到位的办法，乡镇卫生院人员编制按每 1000 服务人口配备 1.4 人的标准核定，社区卫生服务中心人员编制按每 1000 服务人口配备 1人的标准核定。各县市区可在核定编制总额内进行动态调整，向乡镇中心卫生院和偏远地区乡镇卫生院倾斜。严禁挤占基层医疗卫生机构编制和借用基层医疗卫生机构在编在岗人员。对基层医疗卫生机构长期占编不在岗的人员予以清退，逐步消除基层医疗卫生机构空编和临聘并存现象。其二，落实招聘自主权。基层医疗卫生机构所需专业技术人才，由县市区卫健部门在编制限额内，制定公开招聘方案，经同级人社、机构编制部门同意，报州人社部门核准后，组织实施招聘工作，将拟聘结果报同级人社部门备案后，再办理聘用手续。基层医疗卫生机构招聘高层次、紧缺岗位人才的，由县市区卫健部门与同级人社部门、机构编制部门协商后，报州人社部门核准，可以采取直接考核的方式招聘。对取得《住院医师规范化培训合格证书》的人员，可以采取直接考核的方式招聘。可以采取面试、组织考察等方式公开招聘全日制医学本科生。订单定向医学生毕业后，由与其签订"订单定向培养服务协议"的县市区卫健部门办理编制使用核准手续后，由同级人社部门安排到乡镇卫生院工作，确保有编有岗。其三，加大人才培养力度。实施订单定向免费本科、本土化大专医学生培养计划，为基层医疗卫生机构培养临床医学、中西医临床、全科医学等方向医学毕业生，到 2020 年每个乡镇卫生院至少设立 2 个全科医生特岗。实施乡村医生中专学历教育项目，力争 95%以上的乡村医生达到全日制中专以上学历。实施乡村卫生人才能力提升培训三年计划，以补短板为目标，以提高基层医疗卫生服务能力和家庭医生团队使用技能为重点，强化基层卫生人员常见病、多发病的诊疗能力以及实操能力，全面提升基层医疗卫生机构人才专业水平和服务能力。实施对口帮扶，进一步深化二级及以上医疗机构对口支援乡镇卫生院工作，选派优秀帮扶团队，从医院管理、建设规划、医护质量、适宜技术、科学设置、人才培养等多方面进行帮扶，实现带好一所乡镇卫生院、服务一方群众、培养一批人才的目标。其四，实施留人工程。对到乡镇卫生院工作的副高级专业职务人员、医学类专业全日制本科生，给予每人每月不低于2000元的生活补贴，所需经费由县市区财政予以安排。对具有初级及以上职称的在编在岗医疗卫生技术人员在乡镇卫生院工作期间，给予每人每月不低于300元的人才津贴，各县市区所需经费由省财政全额负担的同时，应充分结合地区实际，适当增加相应补贴。其五，完善职称评聘制度。加大基层卫生专业技术人员专业技术职务评定和岗位设置的倾斜力度。建立以医疗服务数量和质量为导向的基层医疗卫生技术人员职称评价机制，在乡镇和社区医疗卫生机构从业的高级专业技术人员不再受岗位职数限制，实行即评即聘。对引进的高层次卫生专业技术人才如无相应等级的空缺岗位，可不受单位岗位总量、最高等级和结构比例的限制，通过设置特设岗位予以聘用。增加基层医疗机构中、高级职称岗位比例，大力推广"基卫高"①职称评审。严格落实城市医院卫生技术人员晋升各阶段职称前到基层连续工作半年的政策，对取得全科医生培养合格证书的全科医生到基层医疗卫生机构工作的，可提前一年参加相应职称考试，同等条件下优先聘用到全科主治医师岗位。

（3）深化分配制度改革。其一，明确薪酬总量。各基层医疗卫生机构薪酬总量由县市区人社、财政、卫健部门核定。基本公共卫生服务经费和基本药物专项经费不得冲抵人员基本工资和绩效工资。其二，改革薪酬分配制度。按照习近平总书记"允许医疗卫生机构突破现行事业单位工资调控水平，允许医疗服务收入扣除成本，并按规定提取各项基金后，主要用于人员奖励"的指示，基层医疗卫生机构实行院长目标年薪制，院长年薪由各县市区人社、财政、卫健部门在基层医疗卫生机构薪酬总量内合理确定。建立院长年度绩效考核评价体系。健全基层医疗卫生机构内部分配办法和绩效考核制度，院内医务人员绩效工资由医院在薪酬总量内自主进行分配。绩效分配重点向关键岗位、业务骨干和做出突出成绩的医务人员倾斜。其三，改革用人用工制度。对于基层医疗卫生机构临聘人员实行总量控制、同岗同酬，临聘人员所需基本工资和基础性绩效工资由县市区财政按不低于60%的比例核拨，并纳入财政预算。

4. 创新体制破除法

"医疗救助帮扶工程"启动以来，湘西州积极创新工作机制，大胆革除制约发展的各种体制弊端，寻求医改工作社会认同的最大公约数，不断增强人民群众尤其是贫困人群的获得感，让人民群众共享改革发展成果。

（1）深化医保支付方式改革。其一，建立基层首诊、双向转诊制度。从基

---

① "基卫高"即"基层卫生计生系列高级职称"的简称。

层医疗卫生机构上转的住院病人，起付标准累计计算；从上级医院下转到基层医疗卫生机构的住院病人，取消起付标准。对未办理转诊备案的参保对象在县级及以上医疗机构住院的，其医疗费用政策范围内报销比例相应下调 15 个百分点；对未办理转诊备案的建档立卡贫困患者，不享受健康扶贫医疗保障待遇。其二，改革基本医保支付方式。加强医保支付范围和支付比例精细化管理，通过数据测算，调整医保支付比例。统一在基层医疗卫生机构实施普通门诊统筹，门诊统筹政策与住院统筹政策相衔接，防止基层医疗机构挂床住院、小病大治。

（2）深化医疗体制和医疗服务价格改革。其一，借鉴"三明医改"①经验，加快组建医保基金管理中心，充分发挥医保对药品生产流通企业、医院和医生的监督制约作用，同时加快完善药品耗材供应保障体系改革，尽快加入药品耗材联合限价采购"三明联盟"②，减轻群众看病就医费用负担。其二，按照"腾空间、调结构、保衔接"的步骤，将基层医疗卫生机构腾出的药品耗材空间用于调整基层医疗卫生机构医疗服务价格。参照公立医院价格改革方案，重点提高诊疗费、手术费、床位费、护理费、中医药服务费等医疗服务收费，并纳入城乡医保报销范围。

（3）加强基层医疗卫生信息化建设。加快健全完善以全员人口信息、居民电子档案、电子病历、电子处方等为核心的基础数据库，整合公共卫生、计划生育、医疗服务、医疗保障、药品供应、综合管理等业务应用系统。坚持推进基层医疗机构信息化建设，通过上接"天线"，下接"地气"，全面建成为实行基层首诊、双向转诊、急慢分治提供技术支撑的分级诊疗信息系统。加快实施"互联网+医疗"健康工程，实现健康扶贫信息系统与医保支付对接，推进基层医疗机构院内信息互联互通、县域内医疗机构互联互通。

（4）强化医疗服务行为监管。其一，加强对基层医疗卫生机构采购和使用药品、耗材、医疗器械等医疗相关产品的监管。落实处方点评制度。建立完善临床用药超常预警制度和对辅助用药、医用耗材等的跟踪监控制度，依法纠正和处理违法违规使用行为。其二，积极发挥基本医疗保险对医疗服务行为的引导与监督制约作用，加强对医疗费用的调控。全面推行医疗保险智能监控，积极探索将医保监管延伸到医务人员医疗服务行为的有效方式。严厉打击欺诈骗保行为，对骗取套取医保资金行为依法依规加大惩处力度，保障医保基金安

---

① "三明医改"即福建省三明市的医药卫生体制改革实践。

② "三明联盟"是原国务院医改办、原国家卫生计生委直接指导下跨区域、非行政隶属、开放共享的药品耗材（含试剂）联合限价采购全国联盟。

全。其三，强化从业人员执业行为监管，加强对医师资格证、医师执业证的监管。加大医疗卫生行业行风建设力度，落实医务人员医德考评制度。继续加强"九不准"等相关制度执行。严肃查处违法违规和违反医德医风的执业行为，将对违法违规行为的处罚纳入医疗卫生行业信用机制。其四，严厉打击医药购销领域内的违法违规和商业贿赂行为，以零容忍态度严肃查处损害群众利益的案件。严厉打击骗取、套取公共卫生资金行为。严厉打击涉医违法犯罪行为，完善医疗纠纷预防和处理机制，加强平安医院建设。

3.1.6.3 医疗救助帮扶工程实施的成效

2016 年以来，湘西州针对因病致贫占贫困人口约 44.6% 的实际情况，按方抓药，深入开展"医疗救助帮扶工程"，全力推进医疗卫生精准扶贫工作，为贫困群众身体健康和看病就医构筑坚实保障，有效解决了因病致贫、因病返贫问题，有力推动了脱贫攻坚任务目标的达成。

1. 医疗救助政策日臻完善，贫困患者报销比例不断提高

"十三五"以来，湘西州各县市不断建立健全医疗救助相关政策，农村贫困人口享受的优惠越来越多。基本医保、大病保险等实现了"应保尽保"，参保率均达 100%，个人缴费部分均有 50% 以上的补贴。全面落实了"先诊疗后付费"和"一站式"结算服务，贫困人口县域内住院实际报销比例超过 85%。对贫困人口 33 种大病患者进行集中救治，33 种大病定点医院专项救治率达 94.96%，慢病签约服务实现了全覆盖，重病兜底有保障。其中，凤凰县出台了《关于开展深度贫困县农村建档立卡贫困人口医疗救助工作实施方案》，将建档立卡贫困户县域内住院报销提高到 85%，并进一步加大了对大病患者的救治救助力度，除了总费用报销 85% 后，剩余的自付费用由大病定点医疗机构给予 50% 的减免。泸溪县针对贫困群众慢性病患者需经常门诊检查和长期服药，导致家庭负担偏重的问题，创新建立慢性病救助机制。2017 年以来出台了一系列政策，将特殊慢性疾病和农村贫困人口大病门诊救助病种从 15 种扩大到 51 种，截至2020 年 12 月底，共救助慢病患者 6400 余人次，救助金额达 710 万元。保靖县2017 年出台了《保靖县血液透析病人医疗帮扶生活救助暂行办法》，明确要求对于户籍在保靖县且在保靖县县级医疗机构治疗的城乡血液透析贫困患者，从医疗费用报销、租房保障和交通补助等方面进行医疗帮扶和生活救助。对于透析治疗需要进城租房的患者，由县房产局提供保障住房，按规定收取租金。由县民政局每人每年给予 2500 元临时救助。对于不需要进城租房的患者，因每周 2~3 次乡村至县城往返带来的经济负担，由民政局给予每人每年 2500 元临时救助。

五年来，湘西州各县市全面落实救助帮扶政策和健康扶贫综合保障惠民措

施，在县市财政部门设立了医疗救助帮扶工程"一站式"结算专户，并归集各部门资金，由县市医保基金管理中心统筹实施。统计显示，2016 年以来湘西州各县市均通过医保报销、现场发放救助和财政兜底补助等方式，对建档立卡贫困患者住院费用进行追补，统筹补助资金达 3.84 亿元，受惠贫困户逾 5.86 万人。湘西州建档立卡贫困患者、农村低保患者、大病患者及特殊慢性病患者"四类人群"医疗费用平均实际报销比例从 2015 年的 56.5% 提高到 2020 年的 87.2%，合规费用报销比例超过 95%。

2. 医疗监管体制日益健全，贫困患者就医负担持续减轻

"医疗救助帮扶工程"实施以来，湘西州积极建立健全医疗监管体制，医疗费用不合理增长的现象得到有效遏制。到 2019 年底，湘西州所有公立医疗机构已全面取消药品加成，实施药品零差率销售，破除了公立医疗机构以药养医机制。与此同时，湘西州二级医院住院次均费用大幅下降，以 2019 年为例，平均降幅为 15.8%，控费效果明显。此外，湘西州包含三级医院在内的各级医疗卫生机构全部建立了"先诊疗后付费"机制和"一站式"结算窗口，实现了基本医疗保险、大病保险、疾病应急救助、扶贫特惠保、医院减免和财政兜底等六重保障"一站式"信息交换和即时结算，大大精简了贫困患者的就医及报销程序，为贫困患者提供便利的同时，有效减轻了其就医负担。

3. 医卫改革持续深入，贫困群众健康管理逐步规范

"十三五"以来，湘西州大力改革创新，强力推进医药卫生体制改革，使贫困群众的健康管理得到了更为科学合理的保障。

（1）在全省率先取消二级以上医院门诊输液。从 2017 年 6 月 1 日起，湘西州全面取消二级以上医疗卫生机构（除儿科门诊）门诊输液，确定了门诊、急诊不需要输液治疗的 53 种常见病、多发病，对乡镇卫生院、社区卫生服务中心、民营医院的门诊、急诊输液提出了严格要求。

（2）分级诊疗得到有序推广。湘西州选取花垣县作为分级诊疗试点县。从 2013 年起，花垣县创新乡镇卫生院报销机制，规定农民在乡镇卫生院住院 100 元起付线以外的医疗费用可报销部分 100% 报销。2017 年 8 月，进一步完善"百元治病"机制，城乡参保居民在乡镇卫生院住院只收 100 元起付线，其余（除城乡合作医疗局报销外）全部由财政补贴，真正做实百元看大病，减轻了农民负担，深受好评。在花垣县成功开展了分级诊疗试点工作，初步形成"基层首诊、双向转诊、急慢分治、上下联动"分级诊疗模式。湘西州总结花垣县经验，2018 年 6 月 1 日出台了《湘西州基层首诊和双向转诊实施方案》，并于同年 7 月 1 日全面实施，2020 年底，贫困人口县域内就诊率达 92.65%。

（3）家庭医生签约服务稳步推进。截至 2019 年底，湘西州农村建档立卡贫

困人口实现了家庭医生签约服务全覆盖。家庭医生为签约贫困慢性病患者规范提供基本医疗和公共卫生服务，做到了签约一人、服务一人、做实一人。湘西州高血压、糖尿病规划管理率均超过70%，重性精神病和结核病的规范化管理率超过90%。2018年，永顺县卫计局创新基层医疗机构服务模式，引进家庭医生手机App平台，采取"分村包干、团队合作、责任到人"的工作机制，实施"手机签约，面对面服务"模式，初步形成了以辖区居民慢性病重点人群为服务对象、签约服务团队为指导、签约医师为服务主体的工作格局，实现了家庭医生服务的电子化管理。

4. 基层卫生服务能力不断提升，贫困群众医疗服务更为优质

"医疗救助帮扶工程"实施以来，湘西州加大对基层医疗卫生服务能力的重视和投入力度，各县市基层医疗卫生服务能力稳步提升，贫困群众享受的医疗服务质量和水平不断提高。

(1)基础设施建设不断强化。2016年以来，湘西州先后投入22亿元用于基层基础设施建设，其中，县级医院基建和设备投入14亿元，乡镇卫生院基建和设备购置5.2亿元。2019年，湘西州共争取上级支持基层卫生基建项目建设和仪器设备配置金额5565万元。其中，乡镇卫生院房屋修缮项目68个，面积50000平方米；乡镇卫生院配置仪器DR18台、全自动生化仪18台、呼吸机29台、彩超31台、救护车8辆。此外，2019年湘西州90个行政村卫生室"空白村"被纳入湖南省为民办实事项目并全部完工，行政村卫生室"空白村"全面消除。2020年，州级财政投资1380万元，为60家基层医疗卫生机构配备了结核病初筛设备和试剂，免费开展结核病初筛检测，使检测关口前移，进一步提高筛查率和救治率。争取省级财政投入908万元，为38个乡镇卫生院实施业务用房修缮项目，修缮总面积为22700平方米。争取省财政为湘西州1567个行政村安排村卫生室运行经费940.2万元(6000元/年/室)，改善和保障村卫生室运行条件，进一步筑牢基层卫生服务网底。利用国家资金420万元，为国家片区重点已脱贫县14个乡镇卫生院开展高血压、肺病、结石病等专病专科建设。

(2)医联体建设及对口帮扶不断推进。湘西州共建立州直医疗单位与基层医疗卫生单位医联体(专科联盟)17个、县级公立医院与乡镇卫生院医共体38个，其中紧密型医共体4个，为优质医疗资源下沉夯实基础。2018年至2020年，湘西州下基层医生共有430余名，他们被派驻全州43家乡镇中心卫生院和一般乡镇卫生院及部分县级医院进行传帮带，辐射带动基层卫生服务能力大提升，真正让老百姓在家门口就能享受到优质医疗服务。

(3)基层医卫人才队伍不断充实。2016年以来，湘西州引进医卫类高层次

人才 370 余名，县、乡、村招聘招录医疗卫生人员 1700 余人，新增执业医师
（助理）、执业护士 540 名。仅 2019 年一年，湘西州就通过"引进一批、培养一
批、培训一批、支援一批"等手段措施，引进执业医师（助理）26 人，培养农村
订单定向免费医学本科生 206 名、本土化免费医学专科生 108 名、本土化免费
护士专科生 32 名和中专层次村医 30 名，培训全科医生转岗 127 名、基层骨干
医生 138 人、基层骨干护士 171 人、培训村医 2030 人，省、州三级医院对口支
援县级公立医院 15 家。

（4）村卫生室建设不断加强。2019 年 7 月，湘西州人民政府出台《关于切
实加强乡村医生队伍建设的通知》，明确加强村医监督管理，保障村医合理收
入，对取得乡村医生执业证的村医每人每月补助 1000 元，对取得乡村全科执业
助理医师的村医每人每月补助 1200 元，对取得执业助理医师以上资格的每人
每月补助 1500 元，对开展中草药服务的每人每年补助 1000 万元。据测算，加
上新增财政补贴加上基本公卫补助和药品零差率补助，湘西州村医年均收入可
达 3.9 万元，有效确保了村医队伍的稳定。

3.1.6.4　典型案例

"医疗救助帮扶工程"实施以来，湘西州各县市在完善健康扶贫政策体系、
减少贫困患者就医费用及报销程序、推进基层医疗卫生机构综合改革、破除制
约发展的体制机制弊端等方面涌现了一大批优秀典型，形成了具有自身特色的
健康扶贫"湘西模式"。其中，又以花垣县的基层医疗服务改革、凤凰县的医疗
救助帮扶实践以及泸溪县的"一站式"结算最为突出。

案例 1：

狠抓基层医疗服务的健康扶贫"花垣模式"[①]

近年来，花垣县委、县政府始终牢记习近平总书记考察十八洞村时首次提
出的"精准扶贫"重要思想，按照省委、省政府部署要求，将健康扶贫作为脱贫
攻坚的主攻方向，通过保基本、强基础、建机制等措施，促进了健康扶贫工作
系统化、规范化开展。2018 年 10 月花垣县荣获全国健康扶贫示范县，2019 年
2 月花垣县政府荣获全国基层中医药工作先进单位称号，时任省委书记杜家毫
（见图 3.23）、省长许达哲（见图 3.24）和省委副书记乌兰（见图 3.25）等先后带
队视察并予以充分肯定，湖南日报、湖南卫视、湖南经视等媒体多次聚焦报道。

---

① 资料源于花垣县卫生健康局。

图 3.23　时任湖南省委书记杜家毫到十八洞村卫生室视察工作

图 3.24　时任湖南省委副书记、省长许达哲一行深入花垣县视察健康扶贫工作

图 3.25　湖南省委副书记乌兰到麻栗场镇中心卫生院调研健康扶贫工作

2018 年，贫困人口在花垣县域内住院 38529 人次，住院率达 90.95%，住院总费用 14364.82 万元，政策外减免金额 184.53 万元，城乡医保报销 9390.06 万元，民政救助 332.33 万元，大病救助 419.80 万元，特惠保报销 51.87 万元，医疗补偿 2852.86 万元，合计补偿 13231.45 万元，补偿率达 92.1%。截至 2019 年 4 月底，花垣县因病致贫返贫人数由 2017 年的 30611 人下降到 11370 人，下降率为 62.9%。

一、精准施策，让贫困人口"应保尽保"

（一）不断提升筹资精准度

2019 年以来，花垣县持续加大财政投入，对农村低保户、特困供养人员、兜底脱贫对象等特困人员全额补助参保；对建档立卡非低保户，财政补助 120 元、个人筹资 100 元参保。此外，参保对象由县级财政统一补助 30 元，最大限度提升城乡居民参保覆盖面，实现贫困人口 100% 参保。全县城乡居民参加城乡医保和大病保险 273045 人，参保率为 96.4%。

（二）积极扩大医疗救助范围

花垣县立足县内实际，合理增加救治病种，将儿童先心病、白血病、乳腺癌、重性精神病等 30 多个病种列入新农合重大疾病医疗救助病种范围，同时将住院费用报销比例提高到 80%。

（三）积极开展临时医疗救助

2019 年，花垣县将城乡低保对象住院救助金额由每人每年最高不超过 3000 元提高到 6000 元；将农村分散供养五保对象和城镇低保户中"三无"人员的住院救助金额由每人每年限额 5000 元提高到 15000 元；将参合农民每人每年累计最高报销限额由原来的 15 万元提高到 20 万元。

二、精准保障，让贫困人口"治得起病"

（一）强化部门协作，健全服务体系

花垣县通过积极构建由卫生健康局、财政局、医保局、民政局等 15 个部门共同参与的健康扶贫工作机制，以及大力完善基本医保、大病保险、医疗救助、扶贫特惠保、医院减免等医疗保障服务体系，有效统筹了各部门救助渠道，整合了各种社会救助力量，充分发挥了城乡居民医保报销、社会保险公司赔付、民政部门救助、财政部门兜底的综合效应。2017 年，花垣县全面启动先诊疗后付费工作，并在县域内定点医疗机构建立"一站式"结算服务，农村贫困人口只需支付个人自付部分，其余由医疗机构同城乡居民医保、保险公司、民政部门、财政部门统一结算，切实方便群众就医。同年 8 月，花垣县对医疗救助报销补助标准进一步调整，确保了一般农村大病患者和农村特殊慢性病患者住院总费用报销比例达 80%，农村建档立卡户和农村低保户及农村贫困残疾人住院总费用报销比例达 90%，农村社会保障兜底脱贫患者和农村特困供养患者住院费用报销比例达 100%，不足部分由县财政兜底补助。2018 年，全县建档立卡的 77413 名贫困人口全部参加了基本医保和大病保险，并且全部纳入了医疗救助和政府兜底保障范围，实现了全覆盖。

（二）创新乡镇医院"百元治大病"模式

从 2013 年起，花垣县创新乡镇卫生院报销机制，规定农民在乡镇卫生院住院 100 元起付线以外的医疗费用可报销部分 100% 报销。2017 年 8 月，进一步完善"百元治病"机制，城乡参保居民在乡镇卫生院住院只收 100 元起付线，其余（除城乡合作医疗局报销外）全部由财政补贴，真正做实百元看大病，减轻了农民负担，深受好评。

三、精准配置，让贫困人口"治得好病"

为实现老百姓在"家门口看病"的愿望，全县加快推进基层医疗卫生机构提档升级，不断优化、提升卫生健康服务能力，筑牢服务网底，提高农村贫困人口县域内就诊率，达到"三个一"目标建设任务。

（一）不断提升县级医疗服务水平

依托湘雅附二、南华附一等医疗机构的对口扶持和自身素质提升工程，近几年花垣县累计投入 6 亿多元，加快县乡医疗卫生事业建设，医疗卫生机构服务能力显著提升，县人民医院达到综合二甲标准，县中医院成功创建中医二甲，医疗资源配置日趋优化，急危重症、疑难复杂疾病的诊疗服务能力持续增强。

（二）大力加强乡镇医疗服务能力建设

通过加快推进乡镇卫生院项目建设，花垣县目前 20 所乡镇卫生院中有 5 所乡镇卫生院可开展下腹部手术，麻栗场镇中心卫生院、边城镇中心卫生院等 9 所卫生院荣获"国家群众满意的乡镇卫生院"称号。此外，花垣县还通过争取国家开发银行支持，先后贷款 1915 万元为乡镇卫生院更新医疗设备、配备急救车辆，有效提升了其医疗服务能力。

（三）全面巩固村卫生室网底

不断加强村医业务知识培训，开展基本公共卫生和重大公共卫生项目。全县 217 个村全部建立了卫生室，其中 42 个村卫生室可以开展中医药服务，群众常见的小病小痛，在村里就能及时就诊。借助医联体模式推进分级诊疗，率先在湘西州启动分级诊疗试点，积极引导病源下沉，形成了"基层首诊、双向转诊、急慢分治、上下联动"的分级诊疗模式和符合县情的分级诊疗制度，全县县、乡、村三级服务网络基本建成，极大地方便了城乡居民就近就医。

四、精准管理，让贫困人口"少生病"

花垣县按照"慢病签约服务一批、大病集中救治一批、重病兜底保障一批"

的要求,将健康扶贫任务落实到人、精准到病。全县组建 218 个医师团队进村入户开展家庭医生签约服务,2018 年签约 207908 人,实际签约率为 67.58%,除去外出务工和外迁贫困人口,贫困人口签约实现全覆盖。每年为贫困人口开展 1 次全面健康体检。对 4875 名建档立卡贫困慢病患者在实行基本公共卫生服务的基础上提供慢病管理服务,提供定期随访、中医干预、转诊服务等个性化健康管理服务。专门制定出台了贫困人口大病集中救治方案,明确在定点医院对贫困人口 27 种疾病进行集中救治,大病救治率达 100%。目前已累计为 13580 名贫困人口实施大病集中救治。2018 年为 300 余名农村贫困白内障患者实施"光明工程"并提供免费救治,完成对 6177 名贫困妇女的"两癌"免费筛查。

案例 2:

医疗救助帮扶的"凤凰路径"①

2018 年以来,凤凰县以"三个一批"为重点,以实施分类救治为主要抓手,加大帮扶力度,把健康扶贫落实到人、精准到病,保障了农村贫困人口享有基本医疗卫生服务,有效防止了因病致贫、因病返贫等现象的发生。

一、实施大病救治,减轻大病患者就医压力

向华,男,29 岁,凤凰县新场镇木根塘村 3 组村民,家中有 5 口人。原本正值壮年的他却因 2018 年 9 月的一张尿毒症疾病诊断书陷入绝望。在百姓眼中,患上此病像是被判了死刑。病痛的折磨一度让向华对生活失去了信心,高昂的医疗费用更是让他感到绝望与无助。每次发病他都只能忍住病痛,强撑下去,实在支撑不住了才去医院就医。艰难时刻,凤凰县出台的《关于开展深度贫困县农村建档立卡贫困人口医疗救助工作实施方案》让向华看到了曙光,该方案将建档立卡贫困户县域内住院报销比例提高到 85%,并进一步加大对大病患者的救治救助力度,除了总费用报销 85% 后,剩余的自付费用由大病定点医疗机构给予 50% 减免。2018 年,向华共在县人民医院住院 6 次,住院总费用为 2.37 万元,经综合报销 2.25 万元后,个人仅支付 1000 余元,总报销比例超过了 95%。

家住凤凰县阿拉营镇葡萄村 2 组的田珍连,今年 48 岁,村中与她同龄的人大多在外务工或享受天伦之乐,而她却因患上结肠癌,一年四季不得不往医院跑。2018 年 7 月的这次住院已是她当年第 5 次住院。在健康扶贫工作实施以前,为减轻家庭负担,她同向华一样也是经常忍着病痛的折磨而不去就医。大病报销比例大幅度的提高,让她看病再也没有后顾之忧,病情也得到了稳定。

罹患重大疾病是导致贫困的重要原因之一,为切实做好农村贫困人口大病

---

① 资料源于凤凰县卫生健康局。

专项救治工作，最大程度解决大病患者就医负担，凤凰县制定出台了《凤凰县农村贫困人口大病专项救治工作实施方案》(凤卫计发〔2017〕47号)、《关于进一步做好农村贫困人口大病专项救治工作的通知》(凤卫计发〔2018〕88号)等惠民文件，确定县人民医院为大病定点救治医院(见图3.26)。2018年大病救治病种由2017年5种增加到7种，分别是食管癌、胃癌、结肠癌、直肠癌、终末期肾病、急性心肌梗死、白内障。罹患这7种大病的贫困患者在县人民医院住院除了享受基本医保等综合报销，个人自付费用医院再给予50%减免政策，经综合补偿后，大病住院总费用报销比例可达92.5%以上。

图3.26 凤凰县医保局工作人员深入贫困地区宣传大病救助政策

二、履行家庭医生签约职责，有效阻止疾病的发生

张红妹，凤凰县山江镇人，2016年之前，年过七旬的她因各种身体疾病需要三天两头地往医院跑，不仅自己耗时耗力，女儿也不得不经常放弃工作来陪伴她去医院看病。2016年以来，随着凤凰县家庭医生签约服务工作的启动，彻底解决了张红妹等农村年老人群的看病难问题。凤凰县在家庭医生签约工作中建立了由辖区所在地卫生院医护人员和村医组成的医疗团队，对辖区内居民进行不定期随访，指导其规范用药，引导其选择正确的生活方式(见图3.27)。

与此同时，随着生活水平的提高，人们的健康意识逐步增强，为从源头上有效预防疾病的发生，凤凰县逐年增加家庭医生团队力量，优先向全县建档立卡贫困户、大病、慢性病等重点人群实施家庭医生签约服务，制订针对性的健康管理方案、个性化服务包，提供健康咨询和中医干预等服务，并为农村贫困人口开展每年1次以上健康体检，通过契约服务的形式为重点人群提供连续、安全、有效且适宜的综合医疗卫生和健康管理服务。2018年，凤凰县为89054名建档立卡贫困人口实行家庭医生签约服务，贫困人口签约率达100%。其中，

图 3.27　凤凰县家庭签约医生上门服务贫困患者

高血压、糖尿病、肺结核、重型精神病等 4 类慢性病患者管理 1071 人，服务管理率达 100%。

三、加大兜底力度，减轻贫困患者就医负担

2018 年 3 月 1 日，对凤凰县箬子坪镇泡水村 2 组贫困户吴中刘来说，是一个不吉利的日子。为了赶工，不误农作，他在去地里的路程中不慎从 5 米多高的田坎上重重摔下，当场失去知觉，幸亏被村民及时发现，并送到湘西州人民医院抢救，经过 3 个月的治疗，现已恢复良好。当县卫生计生局局长冯传良前去看望慰问他时，他激动万分："要是没有好政策，我可能已经成为植物人了。我赶上了好时代，国家政府都关心我们贫穷人家，这次花了 19 万元，一共报了 15.4 万元，报销比例比以前高了很多。"

陈达君，男，61 岁，凤凰县沱江镇金坪村 6 组人，家中共 2 口人，因患扩张型心肌病，常年需要服药治疗。家中劳力少，其子不得已，只得外出打工，每月以微薄之薪供父亲治病。自从实施"先诊疗，后付费"政策后，陈达君终于卸下心中包袱，安心接受治疗。方便、快捷的"一站式"结算机制，让他轻松享受到多重医疗救助保障政策。2018 年陈达君共住院 24 次，住院总费用为 12.57 万元，经综合报销 10.89 万后，个人仅支付 1.68 余元，总报销比例达 86.63%。

自健康扶贫工程实施以来，凤凰县始终坚持服务民生，坚持以群众满意为核心，以机构改革、整合资源为侧重点，攻坚克难，大力推进健康扶贫（见图 3.28）。2018 年，凤凰县整合本级财政、民政、民宗等多个部门救助资金，筹集医疗救助帮扶资金 2269 万元，为健康帮扶提供坚实的资金保障。同时，还制定出台《关于开展深度贫困县农村建档立卡贫困人口医疗救助工作实施方案》(凤政办函〔2018〕52 号)文件，实现建档立卡贫困人口县域内住院总费用报销 85% 以上、县域外住院总费用报销 80% 以上救助目标。2018 年，建档立卡贫困人口住院救治 22573 人次，住院总费用为 13242.04 万元，总费用报销 11161.89 万元，其中：医保报销 7989.08 万元，医院减免 98.94 万元，自付医院减免 12.52 万元，民政救助 79.39 万元，大病报销 448.73 万元，特惠保报销 309.04 万元，政府兜底 2224.19 万元，总费用报销比例为 84.3%，有效减轻了农村建档立卡贫困人群看病就医负担。

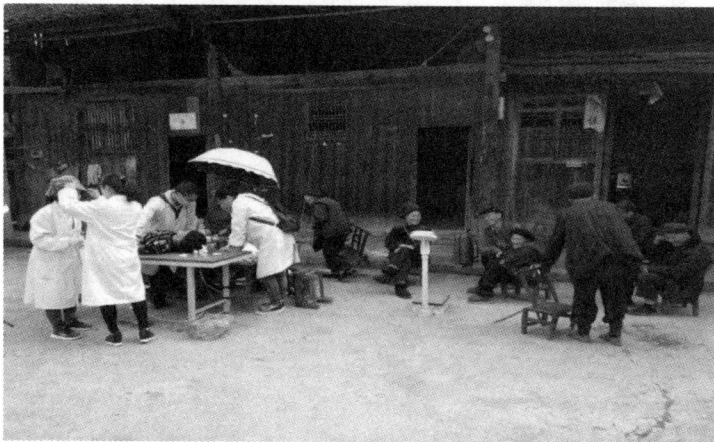

图 3.28　凤凰县乡镇卫生院开展贫困人群健康体检

案例 3：

健康扶贫"一站式"结算的"泸溪模式"①

深秋时节，泸溪县小章乡梓木坪村地回垅组，贫困户石连青刚刚从州人民医院住院回来。她说："住院治疗医疗费 83273 元，自己只掏了 8326 元。要不是政策好，有报销有补助，我这命估计得丢了。"在石连青住院费用"一站式"结算单上，各种费用，均已列出，清清楚楚，明明白白。"党和政府的健康扶贫政策，是真的好，不仅能报销，还省得我到处跑腿。"石连青的丈夫陈铁好动情地说。

----

① 资料源于泸溪县卫生健康局。

　　近几年来，泸溪县深入推进健康扶贫医疗救助帮扶工程，率先在湘西州启动"一站式"服务模式，完善平台建设，运用大数据，让群众少跑腿。"住院零押金，报销超九成，出院零跑腿"为贫困群众"看得起病，看得好病"夯实了基础。

一、健康扶贫"一站式"

　　泸溪县是武陵山片区区域发展与扶贫攻坚试点县，也是深度贫困县。截至 2016 年 12 月，全县共有贫困村 94 个，贫困户 16481 户，贫困人口 6.4129 万人，其中因病致贫、因病返贫的接近 40%，大病、长期慢病是群众致贫、返贫的重要原因。

　　推进健康扶贫，早已成为共识，关键是如何破解健康扶贫中存在的"审批程序繁多、报销多头奔波"弊端。

　　2016 年春天，泸溪县委常委会在潭溪镇下都村召开，专题研究精准扶贫政策扶持实施意见。随后，经过多次实地考察，反复征求意见，旨在帮助困难群众健康扶贫的《泸溪县医疗救助帮扶工程实施细则》《泸溪县建档立卡贫困人口医疗救助"一站式"结算服务工作方案》等相关文件出台。

　　自 2016 年 8 月 15 日起，泸溪县实行"一站式"结算服务，对"四类对象"（建档立卡贫困患者、农村低保患者、大病患者及特殊慢性病门诊患者），实施"三大措施"（起付线减半；定点医疗机构减免，其中自付部分减免 10%，提高新农合报销比例，其中乡镇住院报销 90%、县级医院住院报销 75%、州级医院报销 60%；实施医疗救助），进行"两个追补"（进村入户现场医疗追补兑现、银行集中打卡追补兑现）。

　　2017 年来，泸溪县继续在县城乡医保中心设立"两个基金"，即医保基金和医疗救助基金。按照"一套人马、一个窗口、一支笔审批"的"一站式"模式，泸溪县将贫困患者的基本医疗保险补偿、大病保险报销、医疗救助等优惠政策集中在县城乡医保中心一个窗口结算完成。

　　相比以前，实行"一站式"结算模式后，群众方便多了。但是在实施过程中，还是未能真正实现完全意义上的"一站式"。于是，2018 年泸溪县委、县政府决策层，县计卫局、县医保局等相关负责人，再次调研，再次会商，决定最大限度地方便群众，防止群众因病致贫、返贫。

　　2018 年春天，泸溪再次打造"一站式"服务升级版，依托城乡居民医疗保险管理信息系统，全面启动基本医保、大病保险、特惠保、医疗机构减免、民政医疗救助、财政兜底保障补偿救助等"一站式"结算服务。

二、政策兑现"真把式"

　　好的政策，关键在于落实和兑现。泸溪县的健康扶贫政策，包括基本医保、大病保险、特惠保、医疗机构减免、民政医疗救助、财政兜底保障补偿救助等方面面，那么如何让这些惠民政策在基层特别是在农村贫困户患者身上"落地生根"呢？

经过泸溪县卫计局、县医保中心以及县乡医疗机构的共同努力，2018年8月1日，泸溪县健康扶贫"一站式"结算平台正式上线，贫困户患者先住院后付费，出院时在一个窗口办结，自付个人部分即可，不用再跑相关部门，省时又节力。

"一站式"健康扶贫结算为贫困人口就医、缴费、结算开辟了一条便利、高效的通道。

合水镇祖坟山村贫困户张梓龙患寰枢椎脱位，到省城长沙的湘雅治病，只要在县医保中心，就能一次性报销好，医疗总费用是93157元，自己只花了9315元。

健康扶贫"一站式"结算平台正式启动之后，政策实现了对接，信息实现了共享……"一站式"结算，不仅在县城可以办理，在乡镇同样也行。

浦市镇浦溪村民胡远水患脑溢血到县人民医院住院治疗，总费用8452元，自己只掏了845元。以前要到医院、民政等相关部门分别报销，非常麻烦，现在可以在一个地方一次性全部结算到位。

浦市镇田家溪村兜底贫困户老邓，患有脊髓型颈椎病，时常到浦市镇中心卫生院住院治疗。"以前，我住院治疗要先交钱，现在不用了，而且镇卫生院也能一次性报销完。这次花了4616元，出院就在镇卫生院报销，我一分钱不花。"老邓感慨道。

以2018年为例，截至当年9月16日，全县农村贫困人口累计住院14724人次，总医疗费用8182.87万元，总报销金额为7464.49万元，综合报销比例达91.22%。泸溪县贫困人口"看病难、看病贵"的问题得到了有效解决。

三、便民才是"硬道理"

健康扶贫"一站式"结算涉及家家户户，必须强基固本，方能行稳致远。

健康扶贫，"粮草"先行。2016年7月，泸溪县在农商行开设健康扶贫医疗救助帮扶资金专户。两年后，作为健康扶贫"一站式"结算专用账户，它整合相关部门资金，实行备用金预拨制度，按月结算，年终清算。2017年全县整合资金1700万元用于贫困人口医疗救助。2018年，全县整合资金3200万元专用于贫困人口的医疗救助，通过一系列措施，确保贫困人口住院费用实际补偿超过90%，特殊困难对象实行全报销。

同时，泸溪县不断加强管理，按照"医院垫付、集中支付、内部结算"的原则，在县医保局的服务大厅或定点医院设立贫困人口医疗救助"一站式"服务窗口等,为贫困患者同时办理基本医疗保险+医院减免+大病保险+特惠保+医疗救助的医疗费用补偿手续,确保贫困人口住院医疗总费用实际补偿比例超过 90%。

在泸溪县人民医院,"一站式"服务窗口的标识十分醒目,一看便知。导诊台的工作人员说,这是为贫困群众专门开设的绿色通道,贫困群众只需将本人的医保证件、身份证(复印件)、贫困证明等交由医院暂时保管,并与医院签订"先诊疗、后付费"协议即可,十分方便快捷。

此外,泸溪县加强医疗机构卫生队伍建设,重点抓好医保政策的落实,强化监督,规范行为,严控过渡医疗和不合理医疗费用,减轻贫困患者负担,基本上形成了建档立卡贫困户"小病不出村、常见病不出乡镇、大病不出县"的就医新格局。

县医保局局长罗云结说,推行健康扶贫"一站式"结算,诊疗"无缝对接",费用"一次办结",结算"精准明了",单子"清清楚楚"……进一步提升了办事效率与服务质量。

3.1.7　生态补偿脱贫工程的实施及成效

生态补偿脱贫是解决脱贫攻坚"怎么扶"问题的重要方式之一。习近平总书记指出,要把生态补偿扶贫作为双赢之策,让有劳动能力的贫困人口实现生态就业,既加强生态环境建设,又增加贫困人口就业收入。围绕习近平总书记有关生态补偿扶贫的重要论述,湘西州大力推进"生态补偿脱贫工程",探索了一条契合湘西州实际的生态补偿扶贫之路。

3.1.7.1　生态补偿脱贫工程的概况

近年来,湘西州按照创新、协调、绿色、开放、共享的发展理念,积极践行"绿水青山就是金山银山"的发展理念,充分发挥本地区生态资源优势,坚持生态保护建设与扶贫开发相结合,以实施生态补偿脱贫工程为抓手,通过实施生态工程建设、加大生态补偿力度,大力发展生态产业,创新生态扶贫方式,让贫困群众在生态保护建设中获得更多实惠,实现脱贫攻坚与生态文明建设"双赢"。据统计,2013 年至 2020 年底,湘西州森林覆盖率由 66.86% 增加到 70.24%,森林蓄积量由 3122.3 万立方米增加到 5017.24 万立方米,林地面积由 1152 万亩增加到 1741 万亩,全州年生态效益总价值由 996 亿元增加到 1250.2 亿元。林业产业总产值由 2013 年的 61.7 亿元增长到 2019 年的 148 亿元,增幅达 140%。通过实施生态扶贫工程,2020 年全州 5 万贫困人口实现脱贫。生态扶贫工程让湘西州的绿水青山真正变成了贫困群众脱贫致富的金山银山。

3.1.7.2 生态补偿脱贫工程的具体实践

"生态补偿脱贫工程"启动以来，湘西州按照习近平总书记关于生态补偿扶贫的重要指示精神，依托林业重点项目，大力实施生态转岗脱贫，加快推进林业生态修复脱贫，积极发展绿色生态扶贫产业，持续建立健全相关保障体系，以实际行动为"绿水青山就是金山银山"的绿色发展理念作出了最有力的诠释（见图3.29）。

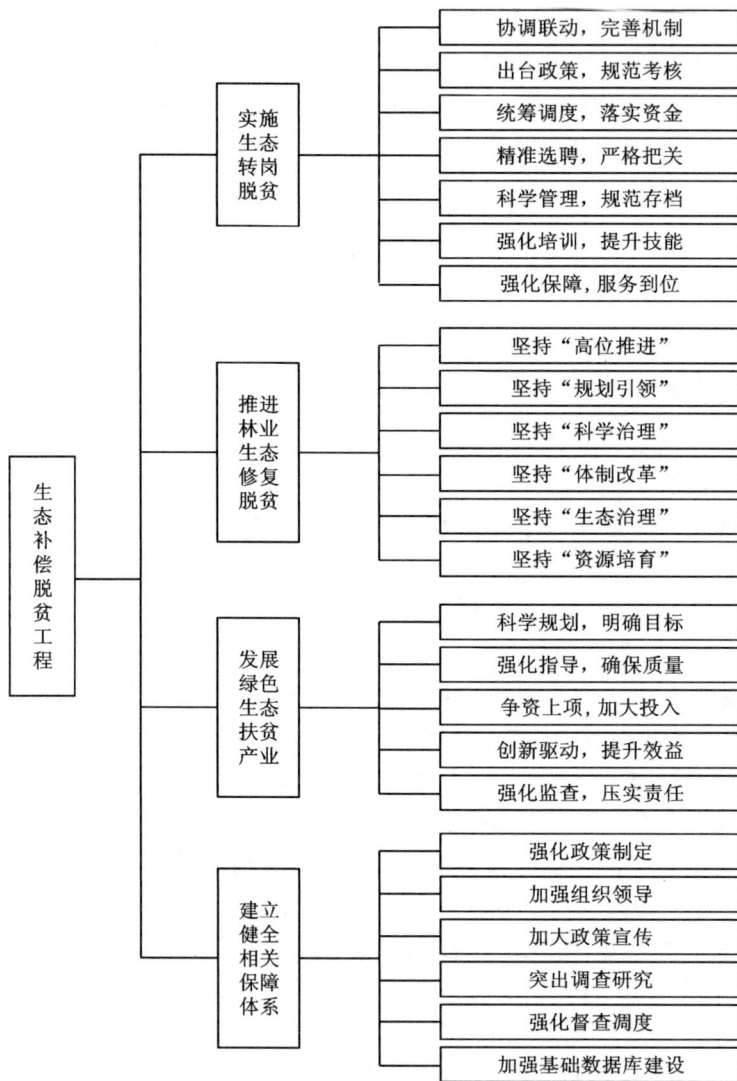

图 3.29 湘西州"生态补偿脱贫工程"的具体实践

1. 实施生态转岗脱贫工程

2016 年以来，湘西州结合地方实际情况，大力推进生态补偿转岗脱贫工程，将具备条件的建档立卡贫困人口转为生态护林员，按照每人每年 1 万元的劳务补贴，增加贫困户收入。全州通过系列举措，确保建档立卡贫困人口转岗生态护林员工作有序开展，贫困人口转岗生态护林员人数排全省第一。

（1）协调联动，完善机制。湘西州各县市均成立了以县市人民政府副县市长为组长、县市林业局局长为副组长的县市生态脱贫领导小组，形成了县市林业局、县市扶贫办、县市财政局、县市人社局等多个部门联手，乡镇、村齐抓共管的组织机构，并且将职责任务细分到人，推动生态脱贫转岗工作纵深开展。县市扶贫开发办负责提供建档立卡贫困户信息，县市财政局负责落实护林员管护资金并按季拨付到位，县市人社局负责组织护林员岗前培训。各责任单位密切配合，为生态补偿转岗脱贫工作的开展奠定了坚实基础。

（2）出台政策，规范考核。"十三五"以来，湘西州相继出台《县市生态补偿工程实施方案（2016—2020）》《县市生态补偿脱贫工程实施细则》《县市建档立卡贫困人口生态护林员管理办法》等系列文件，明确了护林员工作职责、考核标准，为生态护林员的日常管理、资金兑现等工作提供了依据，规范了考核体系，建立了科学有序的生态护林员管理模式。

（3）统筹调度，落实资金。湘西州各县市相继出台《生态扶贫资金使用管理办法》，用以规范资金的使用和管理。为确保管护资金及时足额到位，各县市建立了由县市委书记、县长主抓，相关部门及人员参加的联合办公机制，定期或不定期召开联合办公会，调度生态补偿转岗脱贫资金工作，有效保障了相关资金的及时到位。

（4）精准选聘，严格把关。其一，选聘条件精准。湘西州各县市均出台了《关于选聘建档立卡贫困人口生态护林员工作方案或者通知》，明确了生态护林员选聘条件，即生态护林员必须是建档立卡贫困户，续聘护林员年龄严格按照省局有关文件规定且常年在家，兜底户和一、二级残疾人员不能担任护林员。其二，选聘比对精准。实行"部门联合比对制"，由扶贫办牵头，各负其责，召集公安局、人社局、残联实行三集中即集中时间、集中人员、集中办公，对生态护林员信息进行比对。扶贫办确认是否为建档立卡贫困户，公安局确认年龄，残联确认是否为残疾人，人社局确认是否为外出打工人员。通过四部门信息综合比对，精准选聘符合条件的生态护林员。其三，选聘程序精准。坚持实行"县建、乡聘、站管、村用"的管理机制，严格按照"公告、申报、审核、公示、聘用"5 个程序，严格把关，扎实开展生态护林员遴选工作，做到每一个环节都不漏，每一个程序都不少，确保程序严谨规范，对象选聘精准。截至 2020 年底，全州共选聘中央财政建档立卡贫困人口生态护林员 8501 名。

（5）科学管理，规范存档。其一，分类管理，存档规范。湘西州对各县市生态补偿脱贫资料实行三级存档管理模式，以县市林业局为单位存管县市生态补偿脱贫综合资料，以乡镇为单位存管生态护林员日常管理的基本资料，以村为单位存管生态护林员的选聘资料并统一印制巡山日志和管护劳务协议。各县市的档案盒及存档资料名目实行统一标准，便于查询和管理。其二，动态管理，适时调整。各县市均建立动态管理台账，对变动护林员及时进行登记、资料收集和整理，确保生态护林员资料的完整性和规范性。每年定期与其他部门进行数据比对，对在比对中发现的问题适时调整，及时更新，确保登记的信息真实准确。其三，精细管理，形成常态。各乡镇按月定期实行护林员报告签到制度，确保护林员在职在岗。乡镇按月进行月考核，并将考核结果作为年底护林员绩效工资发放的重要依据。乡镇林业站工作人员负责监督管理护林员。县生态补偿脱贫办对乡镇护林员实行季督查制度，并将督查结果作为对乡镇生态补偿脱贫工作考核的重要依据。

（6）强化培训，提升技能。其一，狠抓上岗培训。各县市以乡镇集中培训为主对每个护林员进行岗前培训，使其掌握生态护林员岗位职责。培训结束后组织统一考试，只有考试合格的人才能聘为生态护林员。其二，狠抓业务培训。每年定期对护林员集中进行技能培训，使其明确护林员岗位职责，熟悉林业法律法规，掌握森林防火的主要方法和紧急避险、野生动植物保护、森林病虫害预防等知识，认真学习生态护林员考核管理办法。同时组织护林员参加由县市就业主管部门牵头举行的创业培训和实用技能培训，为护林员脱贫致富打下坚实基础。其三，狠抓实践培训。用实践培养提升生态护林员的能力，鼓励生态护林员积极参加绿化造林，建设美丽村庄，发展油茶产业、养殖和中药材产业，促进生态护林员在实践中提升脱贫致富本领。

（7）强化保障，服务到位。其一，强化资金保障，稳定生态护林员工资。按照年工资不低于 1 万元的标准，给护林员按季发放工资，并且在每一季度后 20 个工作日内准时发放，确保生态护林员工资报酬按时到位。其二，强化组织保障，将责任分工明确到位。州县市分别成立了生态补偿脱贫工程领导小组，州林业局印发了《关于进一步落实生态补偿脱贫攻坚工作责任制的通知》。认真落实州局处级领导包县市、县市局领导班子包片包乡镇、林业站包护林员的工作责任。同时按照月考核、季督查的管理模式开展定期抽查，确保将生态补偿脱贫工作责任落实到位。其三，强化安全保障，确保服务到位。以每人 100～330 元不等的标准为每个护林员购买人身意外伤害保险，保证生态护林员在野外工作的人身安全，激发他们的护林热情。

2. 推进林业生态修复脱贫

近年来，湘西州相继实施推进了人工造林工程、长江防护林建设以及退耕还林、石漠化综合治理、湿地保护修复等林业生态修复，为实施生态扶贫工程奠定了坚实基础，蓄积了强大动能。

（1）坚持"高位推进"。21 世纪以来，湘西州始终将退耕还林作为湘西生态恢复与重建的关键举措，连续写入州党代会报告、政府工作报告，并且纳入年度目标责任考核体系，逐级签订目标责任书。从退耕还林初期的"生态州"建设，到后来的"八百里绿色行动"和创建"国家森林城市"，每一个阶段，每一项工作，每一幅蓝图，湘西州各级各部门都坚持以上带下、精锐尽出、全民参与，层层建立党政"一把手"亲自抓、负总责，分管领导具体抓，各级各部门分头落实的工作机制，形成了党委领导、政府主导、部门牵头、全民参与的工作格局。"保护生态环境、建设绿色湘西"已经成为湘西州人民群众的普遍共识。

（2）坚持"规划引领"。2000 年，湘西州被列入国家西部大开发范围，率先开展退耕还林工程试点示范，出台《关于实施生态州建设战略的意见》。2001年，按照"因地制宜、统一规划、突出重点、分步实施，注重实效"的原则，湘西州出台《湘西州退耕还林总体规划》，始终坚持把退耕还林与农业产业结构调整、农民脱贫致富和森林资源保护管理相结合，明确提出生态林、兼用林、经济林各占 30%、50% 和 20% 的比例，紧紧围绕林业三大体系建设，立足第一产业，强化第二产业，推动第三产业，开启了全面加强生态环境保护和生态修复，打好打赢绿水青山保卫战，加快建设美丽开放幸福新湘西的新征程。

（3）坚持"科学治理"。湘西州始终坚持生态效益优先、兼顾经济效益的原则，大力推广"林竹、林油、林药、林果、林茶、林旅、林粮、林菜、林草、林禽畜"等创新经营模式，将退耕还林等林业重点工程与精准扶贫工作有机结合，向困难群众倾斜，集中连片开发。"湘西猕猴桃""古丈毛尖""泸溪椪柑""神秘湘西游"等绿色产品和品牌享誉省内外，林业产业发展和农村产业结构调整、林区脱贫攻坚及群众增收致富齐头并进。

（4）坚持"体制改革"。2011 年，湘西州深化基层林业站管理体制改革，将全州 119 个乡镇林业站、19 个木材检查站纳入行业管理，1218 名工作人员工资纳入地方财政预算，使基层林业站"归属不清、罚款养人"的问题成为历史。与此同时，湘西州还大力深化国有林场改革，将全州国有林场全部定性为公益一类事业单位，林场职工全部纳入社会养老保险，职工工资纳入同级财政预算。

（5）坚持"生态治理"。近年来，湘西州相继出台了《湘西州退耕还林管理办法》《关于实施生态州建设战略的意见》《关于加快推进绿色湘西建设的实施意见》《关于实施千里生态走廊建设创建国家森林城市的决定》《关于加快农村人居环境整治建设美丽乡村三年行动实施方案》等政策措施，大力推进"绿色湘西"建设。同时，湘西州人大常委会发挥少数民族自治州立法优势，先后出台了《关于保护和发展森林资源加快林业建设的决议》《关于坚持生态优先推进绿色发展的决定》《湘西土家族苗族自治州酉水河保护条例》《湘西土家族苗族自治州传统村落保护条例》等一批生态文化保护法规，加大林业、生态环保执法力度，州人大常委会每年都要开展一次生态保护执法检查活动，州政协每年都开展一次生态建设和保护调研视察活动，确保各项政策执行落到实处。

(6)21世纪以来，湘西州先后建成各级各类自然保护地60个，其中国字号品牌19个，具体为国家级自然保护区3个、国家森林公园4个、国家湿地公园5个、国家地质公园3个、国家级风景名胜区4个，总面积324776.99公顷，占全州国土面积21%。另有国有林场8个，总面积49.6万亩。划定国家和省级重点生态公益林面积716.79万亩，建立生态灾害监测点180个，落实国家天然林保护面积313.34万亩。森林覆盖率稳定在70.24%以上，林地面积1740万亩(占国土面积74.9%)，有林地面积1349万亩，活立木蓄积量5017.2万立方米，均居全省前列。植物种类占全省总数的51%，动物种类占全省总数的78%，享有"中南地区物种基因库"和"全球200个重要生态地区"等美誉。近年来，中华秋沙鸭、桃花水母、红点齿蟾、脆蛇蜥、蓝嘴鸥等濒危物种相继在境内发现。

3.发展绿色生态扶贫产业

近年来，湘西州以贫困群众增收脱贫为目标，以油茶等产业为抓手，坚持绿色惠民的总体要求，持续推进林业产业供给侧结构性改革，积极引导林业产业走绿色生态发展的道路，大力打造以"林药、林果、林茶、林畜、林禽、林旅、林菌、林粮、林菜、林草"为主，一二三产业融合发展的多种经营发展模式，不断用实际行动诠释"绿水青山就是金山银山"的绿色发展理念。

(1)科学规划，明确目标。湘西州编制了油茶产业发展规划，力争2022年底全州优质高产油茶面积达到150万亩以上，知名油茶品牌和企业达到2个以上，2025年油茶产业综合年产值达到60亿元以上。在湘西州规划指导下，各县市以"统一规划、集中连片、综合开发、择优划区"为原则，选择群众意愿高、土地资源丰富的地段实施油茶造林建设，精心编制油茶新造、低产林改造、抚育作业设计。同时，油茶造林实行县市领导包乡镇、林业站人员包村、技术干部包山头地块的分级责任包干制，并签订目标管理责任状，明确目标任务、实施标准，制定工作进度和奖罚措施，形成了一级抓一级，一级对一级负责的目标责任体系。

(2)强化指导，确保质量。通过建立林业技术员联系油茶工程的技术负责制，加大油茶造林苗木质量监管，大力推进两年生以上轻基质容器油茶苗造林、带状垦复更新造林等营造林技术，以乡镇为单位举办油茶实用技术培训，严格落实油茶基地后期培管工作措施，确保油茶造林成活率、保存率达到 90% 以上，基地管护率达到 95% 以上。

（3）争资上项，加大投入。抢抓湖南省茶油小作坊转型升级和油茶低产林提质改造三年行动计划及"湖南茶油"公用品牌营销等发展机遇，认真做好有关项目的对接工作，积极争取国家长防工程油茶造林项目、省财政油茶产业专项资金等项目支持，同时做好省级林业龙头企业、省级林业现代特色产业园、省级林下经济示范基地、中央财政林业产业贷款贴息政策申报工作，尽可能提升国家和省级层面的相关资金投入。

（4）创新驱动，提升效益。大力推广"企业+合作社（大户）+基地+农户"发展模式，加大扶持力度，完善产业链条，着力提升产业发展对农民脱贫致富的带动力。坚持"以短养长、长短结合"的产业发展思路，大力推广"林药、林茶、林粮、林养"等林下经济套种模式，积极发展短效特色产业。积极探索油茶产业发展考核评估和奖补机制，着力调动地方、企业和农户发展油茶产业的积极性。加强与省油茶科研机构和省重点油茶企业的技术合作，努力提升油茶产业发展的质量和效益。

（5）强化督查，压实责任。制定科学的督察机制，积极开展工作督查，推动落实县市和部门责任任务。强化行业监督指导职能，建立州林业局处级领导干部和业务科室包县工作责任制，调整加强州林业局油茶办力量，实行"一月一调度、一季一督导、半年一考核"工作机制，确保各项目标任务按期完成。

4.建立健全相关保障体系

"生态补偿脱贫"是党中央、国务院打赢脱贫攻坚战"五个一批"工作内容之一，也是湘西州打赢脱贫攻坚战"十大工程"内容之一。一直以来，湘西州高度重视生态建设和生态扶贫工作，并就做好"生态补偿脱贫"工作构建了多维系统的保障体系。

（1）强化政策制定，积极完善相关制度。湘西州先后制定出台了《关于打赢精准脱贫攻坚战的意见》《关于进一步加强精准扶贫精准脱贫工作的意见》《关于实施产业发展三年行动计划的意见》《关于坚持生态优先推进绿色发展的意见》《绿色湘西建设行动方案》《关于实施千里生态走廊建设创建国家森林城市的决定》《发展绿色产业实施方案》等政策文件，并编制了《湘西州国家森林城市建设总体规划》。与此同时，湘西州委、州政府还将生态扶贫工程建设纳入各县市区和各部门的重要绩效考核内容，州财政每年投入 1000 万元实施生态建设修复工程。此外，湘西州人大常委会根据全州生态建设发展需要，制定出台了一系列生态文化保护的地方性法规。

（2）加强组织领导，建立健全工作机制。湘西州以州林业局为牵头单位，建立了精准脱贫领导小组及其办公室，并将生态补偿脱贫的工作职责分解到各科室站，确定办公室成员10名。同时，各县市相继建立了生态补偿脱贫工程协调领导小组及其办公室8个，协调小组组长分别由分管的副县市长担任，确定办公室人员35名。各县市相继将生态补偿脱贫工程纳入县市"五个文明"绩效考核，把生态补偿的各项工作职责明确到各个责任单位，并建立健全了联席会议制度、工作预安销号制度、督查考核制度等。湘西州林业系统建立了生态补偿脱贫工程年度目标管理制度，从2016年开始，州林业局对全州8县市林业局主要工作进行目标管理，将生态补偿脱贫工程作为林业第一位工作进行考核，并且其考核权重占10%。

（3）加大政策宣传，统一思想认识。其一，在林业系统内广泛宣传贯彻精准脱贫的精神。2016年以来，湘西州、县市林业局先后召开了近百次局党组会议、局务会议和干部职工大会，传达贯彻中央、省委、州委关于精准脱贫的有关会议和文件精神，统一思想认识，增强大家的责任感和使命感。其二，召开专项工作会议研究生态脱贫工程事宜。据统计，近两年来湘西州、县市共计召开这类会议近50次，就生态补偿脱贫的相关工作进行了深入细致的讨论与安排，明确了下阶段工作重心及任务目标。其三，深入扶贫联系村进行宣传发动。湘西州、县市林业局组织机关干部深入扶贫联系村调查研究、落实结对帮扶工作，积极向广大干部群众宣讲中央、省、州精准扶贫的精神，帮助扶贫村理清工作思路，提振干部群众脱贫致富的信心和勇气。其四，大力开展媒体宣传活动。湘西州在《团结报》、湘西电视台、州林业局门户网站上相继开辟了"绿色湘西""生态补偿脱贫工程"专栏，编发了《湘西州生态补偿脱贫工程建设简报》，在州林业局机关宣传橱窗开设了"生态脱贫工程宣传栏"。各县市也积极利用州《团结报》、湘西电视台和当地电视、报纸等媒体对生态补偿脱贫工程建设展开广泛宣传。

（4）开展调查研究，优化实施意见。其一，在制定《关于打赢精准脱贫攻坚战的意见》《湘西州精准脱贫"十项工程"实施方案（试行）》等文件的过程中，湘西州林业局等有关部门积极组织力量，开展了生态补偿脱贫工程建设专项调研活动，提出了供州委、州政府决策的有关生态补偿脱贫工程的实施意见及实施方案的草案。其二，通过广泛调查研究和上下衔接，湘西州林业局结合各县市脱贫时间不同的实际，对全州各县市的生态补偿脱贫工程各年度的目标任务进行针对性的调整，确保了分解到县市的考核指标符合县市实际，并起草下发了《生态补偿脱贫工程指导意见》。其三，在州委、州政府出台精准脱贫系列文件之后，湘西州林业局结合国家林业局谋划的生态护林员遴选办法、生态旅游助推精准脱贫政策的制定，又组织各县市开展了护林员摸底调查和重点生态旅游区(点)贫困人口的摸底调查，为今后争取国家生态保护脱贫一批优惠政策奠定了基础；其四，各县市结合本地实际，相继制定下发了《生态补偿脱贫工程实施意见》《生态补偿脱贫工程工作方案》和《生态补偿脱贫工程考核管理办法》等文件，为生态补偿脱贫工程建设有序开展提供了政策保障。

(5)强化督查调度，确保有力推进。湘西州通过建立专项督查制度，定期召开相关生态补偿脱贫工程的推进会，确保各项生态补偿脱贫工程目标任务得到落实。同时，在日常工作中注重加强电话调度和指导，每月对生态补偿脱贫工程进展情况进行跟踪统计，确保及时掌握情况。

(6)加强基础数据库建设，做好动态化管理。结合生态补偿脱贫工程和林业工作实际，湘西州各县市林业部门相继建立了与建档立卡贫困户对接的生态护林员数据库、生态保护造林工程数据库、生态旅游休闲村庄建设数据库、生态公益林补偿资金发放数据库、退耕还林补助资金发放数据库等。这些数据库的建设与完善，在有效提升湘西州生态补偿脱贫工程相关工作信息化水平的同时，也为有关工作更好地实现动态化管理创造了条件。

3.1.7.3　生态补偿脱贫工程实施的成效[①]

"生态补偿脱贫工程"实施以来，湘西州以绿色发展理念为指导，切实加强组织领导，明确责任分工，对标对表，做实基础工作，完善实施方案，强化工作督促检查，生态补偿脱贫工作取得显著成效，脱贫攻坚与生态文明实现了"双赢"。

1.贫困群众增收脱贫的渠道日益拓宽

湘西州通过实施系列生态建设修复工程，不仅进一步改善了生态环境，提升了环境承载力，也为贫困群众提供了造林绿化劳务岗位，有效拓宽了贫困群众增收脱贫的渠道。

(1)树立绿色发展理念，彻底改善了生态环境。湘西州山多地少，"九山半水半分田"的地理格局和传统的农业耕作模式限制了农民的发展空间。从以前大规模毁林开荒种地、乱砍滥伐、越垦越穷、越穷越垦的恶性循环，到现在全民植树护绿，坚持生态效益优先，绿色发展已成为全州上下的政治自觉、思想自觉和行动自觉。昔日濯濯童山，已变成今日绿色海洋，昔日的贫瘠荒凉，已变成今日生机勃勃。如今，湘西大地山川处处披上了锦绣绿装，全州空气质量优，负氧离子高，生态秀美，已成为全国旅游观光、休闲度假、健康养老的好地

---

① 相关数据资料源于湘西州林业局。

方。如今的湘西，正把打造国内外知名生态文化公园作为总愿景，把建设绿色、文化、开放、和谐"四个湘西"作为目标，积极践行"绿水青山就是金山银山"的理念，力争守好这一片生态屏障，建设绿色美丽家园。

（2）实施生态修复工程，收获了一个绿色湘西。通过严守森林、林地、湿地、植被保护四条红线制度，以退耕还林等林业重点生态修复工程为载体，大力推进森林城市、绿色通道、绿色城镇、秀美村庄和人居生态工程建设，努力打造绿色生态景观和乡村田园风光。森林生态系统多种防护功能的增强，有效地遏制了水土流失，促进了小流域综合治理，增强了农业防灾减灾能力，优化了生态环境。目前，湘西州内铁路、高速公路、国省道沿线以及城镇、水库、河流周围宜林山地已实现基本绿化，全州有林地面积、森林覆盖率和活立木蓄积量分别列湖南省第5、第3和第5位。山青水碧好生态，绿色生态成了世人认识湘西的"第一印象"，产于湘西的特色农产品成了健康安全农产品的"代名词"，良好的生态环境成了湘西最大的"发展优势"。2018年10月15日，湘西州以城区绿化覆盖率41.87%、城区道路绿化率81.58%、人均公园绿地面积达到12.46平方米、空气质量优良天数保持在260天以上、新增城区绿地面积1333公顷、新增公园绿地面积340万平方米等靓丽成绩，成为全国30个少数民族自治州中第一个荣获"国家森林城市"称号的城市。

（3）传播绿色理念，推动了高质量发展。近年来，湘西州积极开展绿色发展理念宣传活动，始终将绿色发展作为检验各级政府工作绩效的重要标尺，逐步走出了一条绿色高质量发展的新道路。其一，湘西州乡村环境基本实现由"脏、乱、差"向"绿、富、美"的转变，获评美丽乡村示范村的村子日益增多，村民的幸福指数持续提升。其二，广大群众尤其是贫困群众的思想观念得到转变，生产力从贫瘠的土地中解放出来，越来越多的贫困群众依托山地资源发展经济林，实现了真正意义上的"靠山吃山"，通过发展经济林和林下经济，生活越来越富裕。其三，绿色产业已成为湘西人民脱贫致富，过上幸福美好生活的支柱产业。截至2020年底，湘西州已成为全球最大富硒猕猴桃基地、中国最大的椪柑和百合基地、中国优质烟叶基地、中国黄金茶的故乡，全州林业产业总产值达到148亿元。

2.精准扶贫的绿色生态优势愈发凸显

近年来，湘西州通过推进人工造林工程、长江防护林建设以及退耕还林、石漠化综合治理、湿地保护修复等林业生态修复工作，有效激发和释放了本区域精准扶贫中的绿色优势与生态力量。

（1）扎稳筑牢了绿色生态屏障。2013年以来，依托"绿色湘西"建设和国家森林城市创建，湘西州大力实施植树造林和退耕还林、生态公益林、石漠化治理等重点生态工程，累计整合涉林资金 44.5 亿元，完成营造林面积 120 万亩，建设"秀美村庄"1168 个，新建义务植树基地 47 个，义务植树 3305 万棵，初步构建了以矮寨国家森林公园为中心，以酉水、沅水水系为脉络，以八面山、羊峰山、腊尔山为架构的"一园二水三山"生态屏障，为生态扶贫、林业惠民发挥了积极作用。2018 年 10 月，湘西州被国家林业和草原局授予"国家森林城市"称号。

（2）用好用实了退耕还林资金。2000 年，永顺县率先开展退耕还林工程试点。2001 年退耕还林工程在湘西州全面推开。截至 2019 年底，湘西州共完成退耕还林 420.2 万亩（2003—2020 年 7.75 万亩），其中，退耕地造林 202.45 万亩，宜林荒地造林 192 万亩，封山育林 25.75 万亩。国家累计下拨退耕还林资金 71.74 亿元（其中 2013—2020 年退耕还林工程资金 18.97 亿元），涉及全州114 个乡镇 1798 个行政村的 39.8 万农户 162 万人，户均累计获得补助 18025元，人均 4428 元，惠及建档立卡户 10.31 万户 41.33 万人。

（3）全面实施了石漠化治理。2013 年，湘西州全面实施石漠化综合治理工程，2016 年经国家发改委和林业局重新核定，湘西州保留龙山县、永顺县、花垣县、凤凰县 4 个石漠化综合治理县。截至 2020 年底，湘西州实施石漠化综合治理工程投资 3 亿多元，通过人工造林和封山育林等措施，石漠化治理面积达46.25 万亩。2017 年至 2020 年，全州完成石漠化综合治理林业项目建设任务15.21 万亩，其中人工造林 4.21 万亩，封山育林 11 万亩。

（4）系统构筑了防护林体系。湘西州长防林工程自 1989 年在保靖试点，1990 年正式在保靖、永顺、花垣启动实施后，全州有 8 县市先后被列为工程启动县和辐射县，是湘西州实施时间最长的林业重点工程。据统计，截至 2020 年底，湘西州累计投入资金 16533.5 万元，其中，国家投资 12123.5 万元，地方配套投资 4410 万元；全州共完成长防林工程建设面积 295.5 万亩。2017 年至2020 年，全州完成长防林工程建设面积 16.06 万亩，其中人工造林 3.76 万亩，封山育林 10.1 万亩，森林质量精准提升 2.2 万亩。长防林工程建设不仅使湘西州境内的河流、水库、公路及水土流失严重地段得到了治理，而且构筑了湘西州防护林体系的基本骨架，使湘西州的生态环境得到了改善。

3. 生态补偿的政策红利持续增强

近年来，湘西州积极争取国家各项生态补偿政策，将政策落实作为生态补偿脱贫重要举措加以推进，努力消除"绿水青山掩盖下的贫穷问题"。通过落实公益林补偿、天然林保护补偿、退耕还林补助、湿地保护修复补助等增收政策，有效保障了贫困群众共享生态红利的权利，让贫困群众真正实现了"绿色增收"。

（1）林业生态补助种类全，资金多，受益面广。其一，2013 年以来，湘西州累计发放生态公益林补偿资金 9.44 亿元、天然林保护补偿资金 2.41 亿元、退耕还林补助资金 18.97 亿元，惠及全州各族群众 160 多万人。其二，2014 年至 2018 年，湘西州生态公益林管护面积达 718.51 万亩，其中国家级 572.36 万亩，省级 146.15 万亩，年补助资金 11620.43 万元，五年累计补助资金 58102.15 万元。2019 年全州生态公益林补助 12648.03 万元。2020 年全州生态公益林补助 12634.25 万元，共覆盖 119 个乡镇 1487 个行政村 30.32 万农户 118.88 万人，其中涉及建档立卡户 81063 户 327218 人。其三，2016 年，湘西州启动天然林保护工程，湖南省下达任务 298.33 万亩，其中集体个人面积 292.35 万亩，国有面积 5.89 万亩，两年累计获得国家天然林保护补助资金 9314.5 万元。2019 年国家天然林保护补助 4957.28 万元，2020 年国家天然林保护补助 6054.94 万元，覆盖 93 个乡镇 1108 个行政村 16.38 万农户 61.76 万人，其中涉及建档立卡户 51714 户 210713 人。

（2）贫困人口转岗生态护林员的脱贫带贫成效显著。长期以来，湘西州结合地方实际情况，大力推进生态转岗脱贫工程，将具备条件的建档立卡贫困人口转为生态护林员，按照每人每年 1 万元的劳务补贴，增加贫困户收入。2016 年，湘西州地方自筹资金安排建档立卡户 5132 人成为生态护林员。2017 年，湘西州地方自筹资金生态护林员 5555 人，中央财政保障 1919 人，总人数达到 7474 人。2018 年，在国家分配 3218 名建档立卡贫困人口生态护林员指标的基础上，湘西州自筹资金，增加了 4437 个建档立卡贫困人口生态护林员名额，全州建档立卡贫困人口护林员总数达到了 7655 人，为国家分配计划的 237.88%，生态护林员转岗带动全州 2.1 万人脱贫，贫困人口转岗护林员人数列全省第一。2019 年，国家和湖南省下达生态护林员转岗指标 4221 名、自筹 3152 名，合计 7373 名，带动脱贫 2.1 万人。2020 年，国家和湖南省下达生态护林员转岗指标 8501 人，自筹 55 人，合计 8556 人，全州完成选聘 8556 人，带动脱贫 2.1 万人。2016—2020 年，湘西州生态护林员累计 36188 人次，其中中央财政护林员累计 17859 人次，地方自筹资金护林员累计 18329 人次。此外，湘西州林业部门还组织各村组有能力、有意愿的贫困户参与到经常性的森林管护经营工作中，在提高群众收入水平的同时，推动了湘西州在森林防火、森林有害生物防治和护林员队伍建设方面趋向专业化，促进了湘西州林业管护经营工作的科学化发展。

4. 林业产业的带贫脱贫效应稳步提升

近年来，在退耕还林、生态公益林、油茶造林、天然林保护等林业重点工程的带动下，湘西州林业产业快速发展，经济效益稳步提升，木本药材、油茶等特色优势产业不断壮大,生物医药、森林旅游、森林康养等新兴产业迅速崛起,带贫脱贫效应愈发突出。

(1)林业产业总体规模与收益持续扩大。截至 2020 年底,湘西州林业产业总产值达 148 亿元,其中第一产业 60.5 亿元,第二产业 27 亿元,第三产业 60.5 亿元;建有省级以上林业特色产业园 8 家、省级以上龙头企业 18 家;发展油茶、木本药材等特色经济林 132 万亩;拥有林下经济经营主体 553 家,林下经济参与农户 11.0657 万户,经营面积达 187.82 万亩,林下经济综合产值 19.2 亿元;成立各类林业专业合作社 553 家,有会员 2.7 万人;拥有国家级林业专业合作示范社 4 个、国家林下经济及绿色产业示范基地 4 个、省级林下经济示范社 16 个、林下经济示范建设项目 36 个。

(2)木本药材、油茶等特色林业产业的带贫效应日益增强。为有效释放林业产业的脱贫带贫效应,湘西州跳出以木材加工为主的单一发展模式,大力发展木本药材、油茶等特色林业产业,使其成为湘西州“生态补偿脱贫工程”的新亮点。木本药材方面,截至 2020 年底,湘西州共有木本药材林 16.2 万亩,年产值约 15 亿元,建有龙山恒龙中药材产业园、龙山县鸿光现代林业特色产业园、湘西自治州和益生物科技有限公司杜仲中药材产业园等 3 家省级产业园,及湖南湘泉药业股份有限公司、湘西宏成制药有限责任公司、泸溪县湖南先伟阳光生物科技有限责任公司、湘西奥瑞克医药化工有限责任公司、龙山现代中药材有限责任公司等 5 家省级龙头企业,总经营面积达 6.9 万亩,年产值 5.1 亿元。油茶方面(见表 3.15),截至 2019 年底,湘西州共有油茶林 107.16 万亩,年产值近 7.3 亿元。其中,按县市分永顺县 44.14 万亩,龙山县 25.92 万亩,泸溪县 13.08 万亩,花垣县 7.34 万亩,凤凰县 6.27 万亩,古丈县 5.54 万亩,保靖县 4.49 万亩,吉首市 0.38 万亩。2010 年以来,全州共完成油茶基地建设 94.36 万亩,其中新造 22.4 万余亩,低改垦复 71.96 万亩。建有永顺沃康、泸溪荣泰、保靖汇丰、古丈益康源、花垣中方铁马等 5 家省级油茶产业园,面积达 2.67 万亩,年产值 1.63 亿元。成功创建了永顺、花垣、泸溪等 3 个国家油茶重点县,发展油茶专业合作社(协会、经济组织)250 个,油茶产业扶贫参与户数为 17902 户,参与人数为 77811 人,其中有 70744 人来自贫困户家庭。

表 3.15　2019 年湘西州油茶林分布情况　　　　　　　　　　　　　　万亩

县市名称	永顺县	龙山县	泸溪县	花垣县	凤凰县	古丈县	保靖县	吉首市
油茶林面积	44.14	25.92	13.08	7.34	6.27	5.54	4.49	0.38

资料来源:湘西州林业局。

（3）森林旅游和康养产业快速发展。湘西州立足资源禀赋，大力发展森林旅游和康养产业，全州现有国家级和省级森林公园 7 个，国家湿地公园 5 个，各级自然保护区 33 个。建有永顺县溪洲新城森林旅游省级林业产业园、吉首红山旅游康养省级林业产业园、不二门国家森林公园森林康养中心等 3 家森林旅游康养产业园。2018 年全州森林公园接待国内外游客 207.6 万人次，实现旅游收入 11717.5 万元，其中门票收入 1757.5 万元，食宿收入 204 万元，游乐收入 8360 万元，其他收入 1396 万元。2019 年全州森林康养与休闲接待游客 135 万人次，直接经济收入 7.4 亿元，带动其他产业产值 5.2 亿元。2020 年受疫情影响，全州森林旅游接待游客 98.66 万人次，实现旅游收入 2385.74 万元，其中食宿收入 419.14 万元，门票收入 437.43 万元，游乐收入 679.04 万元，其他收入 850.13 万元，带动社会旅游从业人员 420 人。

3.1.7.4　典型案例①

"生态补偿脱贫工程"实施以来，湘西州各县市结合地方实际，大力推进生态转岗脱贫工程，积极开展林业生态修复与治理，持续引导林业产业走绿色生态发展之路，着力构建生态建设和生态扶贫保障体系，涌现了许多生态扶贫的优秀典型和先进代表，走出了一条具有湘西特色的生态补偿脱贫之路。众多优秀代表中，又以保靖县的生态转岗脱贫、花垣县的退耕还林及木本药材种植脱贫、凤凰县的森林农业产业助贫等最为典型。

案例 1：

生态转岗促脱贫

江世友，男，土家族，保靖县长潭河乡马湖村人，1965 年 7 月出生，建档立卡贫困户，家庭人口 4 人，2018 年 3 月通过遴选成为马湖村生态护林员。担任生态护林员以来，江世友积极参加业务培训，耐心宣传林业政策，认真巡护辖区山林，仔细填写巡山纪录，严格执行林政法规，默默守护着每一棵林木，每日风雨无阻，黑了皮肤却绿了山头。

一、爱学习，会学习，不断提高自己的业务水平

为做好生态护林员工作，江世友积极参加县、乡、村组织的各种生态护林员业务培训班，学习认真，做好学习笔记，真正做到了宣传政策不走样、执行政策不偏差。

二、爱岗敬业，工作积极，做好生态护林员本职工作

江世友坚持天天进山巡护（见图 3.30），仔细做好巡山纪录；书写宣传标

---

① 案例相关资料均源于湘西州林业局。

语，宣传森林防火、森林病虫害防治、野生动植物保护等林业政策；敢于同违法乱纪的人做斗争，坚决制止乱砍滥伐的行为。2018 年 9 月 16 日晚 9 时许，江世友发现一车木材正往保靖县方向运输，第一时间报告林业管理站后，又开着三轮车在后面追赶，最后在县林业局林政股的协助下，查获了无证运输木材 5.6 立方米。2018 年，针对马湖村 14 户危房改造用材量大的农户，江世友专门建立巡查台账，确保做好伐前办证指导、伐中实地监督、伐后协助验收等工作。

图 3.30　江世友日常巡护山林

三、艰苦创业，成为发家致富带头人

江世友常说："脱贫靠双手，不能等吃等喝！"他不仅是这样说的，也是这样做的。江世友所在的马湖村地处海拔 500 米的 026 县道旁，年轻人多外出务工，村里田地大多抛荒无人种植。江世友率先尝试将这些抛荒田地用来种植烤烟（见图 3.31），实现年纯收入 6 万多元。长年栽种烤烟，土壤板结，不适合再种烟叶。江世友又在驻村工作组的帮助下，引进保靖县碗米坡镇二艳蔬菜产销专业合作社培育的省农科院 3 号椒种和 8 号椒种，尝试栽种了 30 亩地膜辣椒，实现产量约 15 万斤，年纯收入约 8 万元。江世友在自己脱贫致富的同时，还不忘带动周边贫困户。目前，他正积极牵头成立马湖村辣椒合作社，预计种植辣椒 200 余亩，带动 10 户以上的贫困户脱贫致富。

图 3.31　江世友的烤烟基地

2018 年，江世友在第五个"国家扶贫日"，被评为湘西州最美脱贫攻坚人物（见图 3.32）。

图 3.32　江世友被评为"湘西州最美脱贫攻坚人物"

案例2:

以退耕还林促山绿民富

2001年到2017年,湖南省花垣县自然资源局总工程师吴建勇每年都会在同一个位置,用同样的角度拍一张照片(部分年份照片见图3.33至图3.36)。17张照片记录的,是位于花垣县雅酉镇、在苗语里被称为"班邦任"的一座山头,它从寸草不生到郁郁葱葱实现了美丽的转变。

图3.33 2001年花垣县雅酉镇山头

图3.34 2006年花垣县雅酉镇山头

图 3.35　2013 年花垣县雅酉镇山头

图 3.36　2017 年花垣县雅酉镇山头

"看这些照片，有一种很难用语言来形容的奇妙感觉。"吴建勇说，就像看着一个婴儿，出落成了一位婀娜多姿的姑娘。他之所以有心拍下这些照片，不仅因为其曾经在雅酉镇工作多年，而且因为其一直负责当地退耕还林的技术指导。这组照片把吴建勇锻炼成了一名风光摄影"发烧友"，也让雅酉镇成为湖南退耕还林工程的"打卡景点"。

"以前整个雅酉镇，就和第一张照片一模一样，全是灰色的石头和黄色的土，即使有点绿，也被人砍了当柴烧。"雅酉镇东卫村村主任隆绍武回忆，"因为太穷，巴掌大的一块地，也要种五六株玉米进去。即便如此，一些人家还是吃不饱饭。"

2001 年 9 月实施退耕还林工程以来，雅酉镇在所辖东卫、排达扣、油麻、排腊、高务、扪岱、高达、坡脚、下水、伍斗等 10 个行政村采取"桤木+酸枣块状混交""桤木+马褂木块状混交""桤木+枫香块状混交"等多种方式，共完成退耕还林面积 2.15 万亩，截至 2018 年底，累计兑现退耕还林补助资金 2513 万元，使 1621 户村民户均获得 1.55 万元。当地还通过引导农民种植黄檗等中药材和开展苗绣培训等方式脱贫。目前仅东卫村就有"绣娘"100 多人，人均年收入超过 1 万元。

村民的生活富了，雅酉的山也绿了。在湘西，有一个美丽生态的特别指标——桃花虫，苗语叫作"达给吾"。每年 3 月桃花盛开，正是以水蜈蚣为代表的七八种小水虫最鲜嫩肥美的时节，苗家人会成群结伴到河里将它们捞上来，做成看起来吓人吃起来却无比鲜美的原生美食。隆绍武说，这道在雅酉消失了几十年的佳肴，如今又出现在村民的餐桌上了。

案例 3:

药材种植助力绿色产业扶贫

花垣县东晟中药材种植专业合作社是一家以湘西特色中药材种植、开发与加工销售为主，致力于现代农业推广示范和农业产业化建设的农民经济协作组织。它坚持"面向农村、立足农业、服务农民"的办社理念，按照"合作社+基地+标准化+农户"的产业化经营模式，在花垣县花垣镇窝勺社区建立了标准化吴茱萸示范基地 1063 亩(见图 3.37)，探索林下套种丹参、白术、芍药、黄精、七叶一枝花、何首乌等特色草本中药材并取得成功，先后被授予农民专业合作社省级示范社、农民林业专业合作社省级示范社、湘西州农村科技示范基地、湘西州创新创业带动就业"310 工程"农村专业示范合作社等荣誉称号。

2016 年，为响应省州"万企联村"精准扶贫行动号召，东晟合作社在核心示范基地种植取得成功的基础上，组织发动窝勺村附近村组 47 户建档立卡户种植吴茱萸 500 多亩，并免费为他们提供中药材种苗、技术指导(见图 3.38)、上门收购和联系销路等全方位服务，当年即通过林下套种丹参中药材带动农户人均增收 4000 元。同时招收当地农村留守老人、中青年妇女(以建档立卡户为主)近 20 人在基地务工(见图 3.39)，人均年收入达 5000 元以上。2017 年，公司带动周边村镇 556 户、2045 人从事吴茱萸种植，其中建档立卡户 176 户，种植吴茱萸 1560 多亩，当年即通过林下套种丹参等中药材带动农户人均增收 5000 元。2015—2017 年，通过示范推广，公司累计带动窝勺社区及周边村镇近 1200 户农户、4500 余人从事中药材种植产业。2018—2019 年，带动周边村镇 4263 户从事吴茱萸种植，其中建档立卡户 2763 户。目前，以吴茱萸种植为代表的中药材产业已成为花垣县乃至整个湘西州精准扶贫、精准脱贫的支柱产业。

图 3.37　花垣县东晟中药材种植基地

图 3.38　花垣县林业局技术人员指导中药材种植

图 3.39 花垣县建档立卡户采摘吴茱萸

案例 4:

发展森林农业产业 实现脱贫致富

湖南凤凰兰科中药材股份有限公司于 2016 年 3 月成立于凤凰县千工坪镇木里村,注册资金 5000 万元,是一家以健康产业链为主线,产学研相结合,科工贸一体化,由工厂化育苗、生态种养、乡村旅游、生物制药集成式发展的现代农业企业。公司现有员工 26 人,其中科研技术人员 17 人,高级管理人员 9 人,另有聘请的当地老百姓工人 150 人。公司已注册了凤凰兰科、凤凰有福、凤小妞等多个商标,生产的产品包括铁皮石斛鲜条、铁皮石斛干花、铁皮石斛枫斗、铁皮石斛冻干条等。公司生产和加工的中药材获得了有机产品认证,并且成功打入了北京、上海和香港等高端消费市场。公司的销售收入逐年提升,2019 年公司实现销售收入 2340 万元。

公司积极响应贯彻党和政府提出的"精准扶贫"思想,将扶贫工作由过去的"送血"转变成当下的"造血",让当地农民从普通的打工者转变到如今的参股者再到产业发展的主体,产生了显著的经济效益和社会效益。公司在凤凰县木里村建设了 1576 亩"石斛、白及规范化规模化产业化基地"(见图 3.40),项目投资 7600 万元,带动凤凰县千工坪镇 12 个村 2438 名贫困人口摆脱贫困,人均增加收入 3000 元,帮助木里村 318 个贫困家庭每年增加收入 3000 元。产业发展则通过"三金"带领老百姓脱贫致富。一是租金,公司自进驻木里村起共支付木里村土地租金 200 多万元；二是薪金，公司自进驻木里村起共支付木里村村民劳务（见图 3.41）工资 400 多万元；三是股金，公司带动了 8 个村 576 户 2438 名贫困户加入产业，共分红 300 多万元（见图 3.42）。

图 3.40　贫困户帮扶协议签约仪式

图 3.41　贫困户进行石斛挂种

图 3.42　贫困户分红仪式

公司采取森林农业产业模式，在树上挂种珍贵兰科植物石斛(铁皮石斛、金钗石斛、鼓槌石斛、珍虫石斛等)，在树下林地进行耕地翻整，种植白及、金线莲、天麻等药用兰科植物，羊肚菌等珍贵菌菇，传统中草药、药食两用的苗药及土家族药材等高附加值作物。该模式既不与农业争农田，也不与林业争林地，有利于提高土地综合生产力，是一种高产、优质、安全的绿色产业模式，在绿水青山和金山银山间架起了一座桥梁。该森林农业产业模式利用树木但不砍树，充分遵循自然，既保护了生态环境，又实现了良好的经济效益，其推广应用将极大改善湘西乃至湖南山区生态环境，有利于维系生态安全、促进贫困山区经济社会发展、助推当地脱贫致富。

3.1.8　社会保障兜底工程的实施及成效

社会救助兜底保障是打赢脱贫攻坚战的底线制度安排，是脱贫攻坚的最后一道防线。一直以来，习近平总书记都十分重视社会保障兜底扶贫工作，并在不同场合多次强调，要把社会保障兜底扶贫作为基本防线，加大重点人群救助力度，用社会保障兜住失去劳动能力人口的基本生活。以习近平总书记对民政工作的重要指示精神为指导，湘西州积极推进"社会保障兜底工程"，不断织密筑牢特殊贫困人口的民生保障安全网。

3.1.8.1　社会保障兜底脱贫工程的概况

2014 年以来，湘西州民政系统和住建部门深入学习贯彻习近平总书记关于扶贫工作重要论述、关于民政及住建工作重要指示精神，将脱贫攻坚中的社会救助兜底保障作为重大政治任务，积极推进农村低保制度、危房改造与扶贫开发政策衔接，确保纳入兜底保障范围的建档立卡贫困人口实现吃穿"两不愁、三保障"，为决战决胜脱贫攻坚奠定坚实基础。特别是认真贯彻落实 2016 年 3 月习近平总书记参加全国"两会"湖南代表团讨论审议时重要讲话精神及民生保障指示批示精神，聚焦脱贫攻坚，履行兜底保障职责，对丧失劳动能力无法依靠产业扶持和就业帮助脱贫的家庭实行政策性保障兜底，织密扎牢基本民生保障安全网，使困难群众基本生活保障水平逐年迈上新台阶，实现应保尽保、应救尽救、应补尽补、应养尽养、应帮尽帮目标，为打赢脱贫攻坚战、决胜全面小康和建设美丽开放幸福新湘西作出了新贡献。

3.1.8.2　社会保障兜底脱贫工程的具体实践

"社会保障兜底脱贫工程"启动以来，湘西州按照习近平总书记关于社会保障兜底扶贫的重要指示精神，积极履行各项兜底保障职责，扎实开展专项行动确保兜住底，科学制定分类救助措施确保兜准底，大力构建综合救助体系确保兜好底，深入完善有关制度机制确保兜稳底，不断织密扎牢脱贫攻坚的底线制度安排及最后一道防线（见图 3.43）。

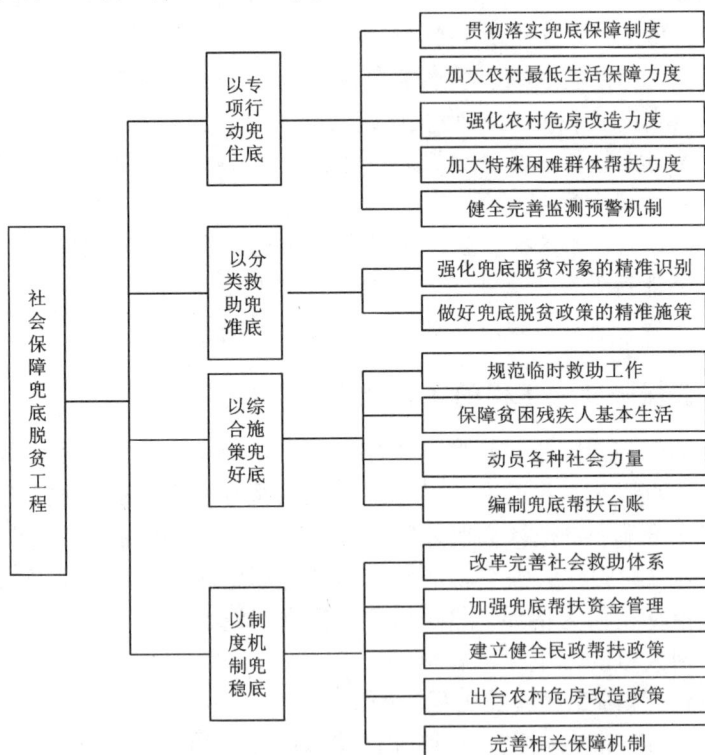

图 3.43　湘西州"社会保障兜底脱贫工程"的具体实践

1. 开展专项行动，确保兜住底

为坚决履行社会救助兜底保障政治责任，确保脱贫攻坚兜底保障"不漏一户、不落一人"，湘西州专门成立了由州委常委、州人民政府常务副州长为牵头负责人、州民政局为牵头单位的社会保障兜底脱贫工程工作小组，出台了《湘西州社会保障兜底脱贫对象认定工作方案》等政策文件，有效推动了社会救助兜底保障政策体系的健全完善。

（1）贯彻落实兜底保障制度。依照省、州《社会保障兜底脱贫对象认定工作方案》《"社会保障兜底一批"脱贫工作实施方案》等文件精神，将符合条件的贫困人口，特别是重病、重残对象，及时按程序纳入农村低保保障范围。通过加强组织领导，层层传导压力，压实工作责任，推动担当作为、履职尽责。坚持目标导向、问题导向、结果导向，瞄准社会兜底政策实施的"最后一公里"，深入调查研究，加强督促指导，推动兜底保障政策精准落地，确保社会保障兜底"万无一失"。

（2）加大农村最低生活保障力度。对丧失劳动能力无法依靠产业扶持和就业帮助脱贫的家庭实行政策性保障兜底。加强低保制度与扶贫开发政策的有效衔接，逐步提高农村低保对象的最低生活保障补助水平，达到国家扶贫标准。争取中央和省城乡低保财政专项补助资金，县市财政预算足额安排城乡低保配套资金，州财政给予适当补助，将所有符合条件的贫困家庭纳入低保，做到应保尽保。

（3）强化农村危房改造力度。突出重点，在聚焦建档立卡贫困户等 4 类重点对象的同时，统筹兼顾，注重非 4 类重点对象投入综合平衡。加大资金筹措力度，着力解决补助标准低与资金缺口大的"瓶颈"。通过规划先行，切实提升农村危房改造效果，依托奖补结合，着力提高群众改造积极性。加强质量监管和督促指导，确保巡查监管的规范化和常态化。

（4）加大特殊困难群体帮扶力度。加大退伍军人、下岗失业职工中特困群体的救助力度，建立农村"三留守"人员和残疾人动态信息管理系统，特殊关爱农村贫困家庭幼儿特别是孤儿、困境儿童和留守儿童，建立家庭、学校、基层组织、政府和社会力量相衔接的留守儿童、孤儿关爱服务网络。加大贫困残疾人康复工程、特殊教育、技能培训、托养服务实施力度，全面实施困难残疾人生活补贴和重度残疾人护理补贴制度。对因自然灾害等突发因素返贫致贫人员，采取"因事施策"的办法救助其脱贫。

（5）健全完善监测预警机制。定期开展信息比对，及时掌握未脱贫人口和收入不稳定、持续增收能力较弱、返贫风险较高的已脱贫人口以及建档立卡边缘人口中，尚未纳入农村低保、特困救助供养范围人员的相关信息，组织各级民政部门开展摸排核查，逐户逐人掌握情况、分析返贫致贫风险，做好兜底保障基础性工作。与此同时，建立社会救助部门之间信息共享机制，以低保对象、特困人员、临时救助对象数据为基础，汇聚残疾人帮扶、教育救助、住房救助、医疗救助等人员相关信息，分析可能存在的风险是否影响基本生活，对符合条件的及时给予救助，尽可能做到主动发现、主动救助。

2. 强化分类救助，确保兜准底

贫困人口中的重病患者、重度残疾人、老年人和未成年人等特殊群体，是民政服务的重点对象，是脱贫攻坚的困中之困、坚中之坚，要格外关注、格外关爱、格外关心。对于这些特殊贫困群体，湘西州在系统掌握相关信息的基础上，通过探索建立分类救助的政策措施，不断提升社会保障兜底的精准性。

（1）强化兜底脱贫对象的精准识别。从优化识别技术标准和发扬基层民主两个方向着力，不断提升社会保障兜底脱贫对象识别的科学性和精准性，不断提高老百姓的理解和认同度。在实际工作中切实加强对优亲厚友等有失社会公平现象的督察力度，积极调动基层干部群众的参与热情，压实主体责任，特别是要明确乡、村两级书记为第一责任人，并且激励其对兜底保障及其他各项扶贫工作的支持。通过部门自查、档案审查、领导带队督查、入户核实、群众监督、及时公开、部门联合推进等方式，不断建立健全社会兜底保障的动态管理机制，根据实际情况有进有出，维护政策的权威性和公正性。注重矫正社会保障兜底脱贫中不严不实不精准的问题，尤其是要注重纠正形式主义，谨防弄虚作假。通过教育培训等措施，不断增强基层扶贫干部的"绣花"能力，让社会保障兜底扶贫精准发挥作用。

（2）做好兜底脱贫政策的精准施策。其一，对于重度残疾人、重病患者等获得低保后生活仍有困难的特殊困难群体，通过适当增发低保金等方式，不断加大救助力度，及时将符合条件人口纳入社会救助范围，确保"应保尽保、应兜尽兜"。其二，持续完善困难残疾人生活补贴和重度残疾人护理补贴制度，健全完善补贴标准动态调整机制，确保"应补尽补、按标施补"。其三，进一步加强残疾特困人员的照料护理工作，通过政府购买服务、托养照料等多种方式，为贫困重度残疾人提供集中或社会化照料护理服务。全面与分散供养特困人员及所在村委会和亲属签订委托照料护理协议，发放照料护理费。健全完善定期走访探视制度和工作台账，督促监护人落实责任。多方筹集资金增加实物配给，每年为特困人员发放棉衣、棉被和米、面、油等基本生活物品，使其基本生活得到有效保障。其四，加快推进失能半失能特困人员集中供养工作，强化农村特困人员集中供养机构的改造及机构管理服务人员队伍的建设，不断增强特困供养服务机构的兜底保障功能。其五，不断改善贫困儿童的营养和健康状况，积极完善并落实事实无人抚养儿童生活保障政策，加快探索儿童福利机构转型升级，健全完善政府兜底养育体系，大力实施慈善助孤项目，积极发动社会力量支持孤儿助学，选优配强儿童福利工作队伍，切实提高困境儿童关爱保护能力，建好用好留守儿童之家，不断提升留守儿童关爱保护水平。其六，扶贫、民政、残联等部门与乡镇密切配合，在共同对建档立卡贫困户、分散供养特困人员、低保户及贫困残疾人家庭等 4 类危改对象进行全面精准识别的同时，共享信息资源，比对筛查危改对象信息，有效杜绝不符合条件对象违规享受危改政策的现象。与此同时，住建部门积极开展危房核查鉴定，针对 C 级和 D 级危房分别进行整修加固和拆旧建新。依据农户人口等实际，设计多种户型样本图集，印发房屋新建参考方案、危房改造验收程序及标准等资料，供乡镇、村支两委及驻村扶贫队等指导农户实施危改时参考。

3. 推进综合施策，确保兜好底

做好社会保障兜底脱贫，需要统筹资源、加强衔接、合力攻坚。为确保各项政策措施的最大效用，湘西州一直以来都十分注重凝聚各方面力量以形成强大合力。

(1)规范临时救助工作。充分发挥临时救助"全覆盖、托底线、救急难、扫盲区、补短板"作用，进一步明确对象范围，量化救助标准，规范实施程序，积极推行"先行救助、后置审批"办法，突出"应急""过渡"功能，推动全面建立乡镇临时救助备用金制度，适当提高救助标准，加强临时救助和低保政策衔接，织牢社会救助最后一道安全网。

(2)保障贫困残疾人基本生活。其一，全面实施困难残疾人生活补贴和重度残疾人护理补贴(简称两项补贴)制度。按照"政府领导、民政牵头、残联配合、部门协作、社会参与"的工作机制和"一门受理、协同办理"的工作原则，对家庭或者本人为最低生活保障对象的持证残疾人和残疾等级为一、二级的重度残疾人，分别按每人每月 100 元的标准给予生活补贴或护理补贴，并且允许有条件的县市区扩大补贴对象，提高补贴标准。其二，积极开展针对残疾人的社会保障兜底脱贫对象认定工作。坚持认定标准，准确把握政策，以户为单位，将家庭主要劳动力是一、二级重度残疾人，或三、四级智力、精神残疾人，或一户多残，或老残同户，且无其他经济来源的特殊困难残疾人家庭，纳入社会保障兜底脱贫对象范围，实现应兜应兜、应扶尽扶，逐一建档立卡。其三，加大低保、特困等社会救助力度。将符合条件的残疾人家庭及时纳入最低生活保障范围，对生活困难、靠家庭供养且无法单独立户的成年无业重度残疾人，经本人或监护人申请，可按照单人户纳入最低生活保障范围。

(3)动员各种社会力量。制订下发《动员州本级社会组织参与五个专项行动助力打赢脱贫攻坚战的工作方案》，动员社会组织参与精准扶贫，积极引导社会组织和慈善、社会工作、志愿服务力量等参与社会救助，妥善解决特殊困难群众遇到的个案问题，切实做到弱有所扶、困有所助、难有所帮。

（4）编制兜底帮扶台账。通过摸底排查，认真编制建档立卡贫困人口及其他困难群众社会保障兜底脱贫帮扶台账，对贫困人口中"无业可扶、无力脱贫"人口，以及因灾致贫、因病返贫、因学致贫及其他临时性、紧迫性困难家庭等实行精准分类、精准施策，指定兜底帮扶联系人，制定兜底帮扶措施，明确兜底帮扶目标与责任，盯准问题靶向，抓实办法措施，严格督促落实相关兜底保障政策，确保兜底帮扶对象"困有所扶、难有所助、弱有所帮"。

4. 完善制度机制，确保兜稳底

困扰中华民族几千年的绝对贫困问题已经历史性地得到解决，但相对贫困问题仍会长期存在。为此，湘西州一直以来都十分注重健全完善解决相对贫困问题的长效机制。

（1）不断改革完善社会救助体系。其一，加快构建以基本生活救助、专项社会救助、急难社会救助为主体，社会力量参与为补充的分层分类救助制度体系，逐步完善涵盖低保、特困、低收入家庭的多层次救助体系，有效化解"低保捆绑""悬崖效应"，巩固提高脱贫攻坚成效质量。其二，加强社会救助信息化建设，推进现代信息技术在社会救助领域的运用，全面推行基层社会救助"一门受理、协同办理"，强化部门协同联动，打通信息孤岛，健全社会救助家庭经济状况核对机制。其三，实施基层社会救助能力提升工程，统筹制定按照社会救助对象数量、人员机构等因素配备基层工作人员的政策措施。强化乡镇（街道）社会救助工作条件，保障必要的工作人员、工作场所、工作经费，确保事有人管、责有人负。其四，加快推进社会救助立法进程，推动社会救助体系更加优化、成熟和定型，实现兜底保障法治化、规范化，建立健全"两不愁三保障"兜底保障长效机制，使民生兜底保障安全网更加密实牢靠。

（2）大力加强兜底帮扶资金管理。重点调整各县市财政支出结构，不断增加资金投入力度，增强财政兜底扶贫保障能力，简化资金审拨程序，尽量减少中间管理环节，加快社会保障兜底扶贫资金拨付进度，提高社会保障兜底帮扶资金使用效率，确保兜底扶贫各项事务有序开展。同时，健全资金保障制度，尝试引入社会资本、社会公益基金等，增加社会保障兜底资金渠道来源。

（3）建立健全民政帮扶政策。全面梳理民政惠民政策，加快建立以农村低保制度为主体，以特困供养、医疗救助、临时救助等制度为补充，以灾害救助、养老服务、儿童福利、福利慈善、优抚安置、基层政权建设、社会事务、社会组织等政策为辅助的民政帮扶政策体系，加大政策执行力度和督促指导力度，确保将所有符合条件的对象全部纳入社会兜底保障服务范围，织密织牢民政兜底保障网，进而为下一阶段相对贫困问题的有效解决奠定坚实的基础。

（4）积极出台农村危房改造政策。按照"扶贫一村、改造一村、带动一村"的工作目标，结合新一轮精准扶贫发展规划，湘西州住建局先后编制和出台了《湘西自治州危房改造扶贫实施规划(2016—2020)》《湘西自治州精准脱贫攻坚农村危房改造实施方案》《关于切实提高建档立卡贫困户易地扶贫搬迁和农村危房改造精准率脱贫率的通知》等数十个指导性文件，为湘西州建档立卡贫困户等 4 类重点对象的危房改造工作提供了可靠的制度保障。

（5）持续完善相关保障机制。其一，建立健全社会救助和保障标准与物价水平联动的低保标准动态调整机制，保证农村低保指导标准高于国家扶贫标准，不断提升救助水平。与此同时，在保障城乡低保对象和特困人员基础上，将孤儿和事实无人抚养儿童纳入覆盖范围，并不断提高救助标准。其二，持续强化作风建设，为社会保障兜底脱贫提供纪律保证。不断深化农村低保专项治理，紧扣"两不愁三保障"目标标准，聚焦"漏保"、形式主义、官僚主义和资金监管不力等重点问题精准发力，严肃查处农村低保工作中的腐败和作风问题，坚决防止"兜不住底"的情况发生。落实"三个区分开来"①的要求，探索建立纠错容错机制，做到既严肃问责、精准追责，又激励基层干部担当作为，保护好基层经办服务人员干事创业的积极性。

3.1.8.3　社会保障兜底脱贫工程实施的成效②

社会保障兜底脱贫工程实施以来，湘西州民政部门积极发挥"织密网、兜底线"作用，牵头扎实推进农村低保制度与扶贫开发政策衔接等民生实事，让群众的"获得感"和"幸福感"显著提升，为湘西州冲刺脱贫攻坚、决胜全面小康筑牢织密了一道稳固可靠的安全网。

1. 兜底保障政策全面落实，实现了应保尽保

近年来，湘西州通过大力实施社会保障兜底工程，使社会兜底保障制度日趋完善，相关政策措施全面落实，应保尽保目标基本实现。

（1）城乡低保标准和救助水平稳步提升。2019 年底的数据显示，湘西州共保障农村低保 157078 人，约占全州农业户籍人口的 6.5%。全州农村低保标准由 2014 年的 1980 元提升至 2020 年的 4200 元，增幅为 112%，农村低保月人均

---

① "三个区分开来"即把干部在推进改革中因缺乏经验、先行先试出现的失误和错误，同明知故犯的违纪违法行为区分开来；把上级尚无明确限制的探索性试验中的失误和错误，同上级明令禁止后依然我行我素的违纪违法行为区分开来；把为推动发展的无意过失，同为谋取私利的违纪违法行为区分开来。

② 相关数据资料源于湘西州民政局。

救助水平由 2014 年的 106 元提升至 2020 年的 229 元，增幅为 116%，2014 年以来累计发放农村低保金 26.1 亿元。城市低保方面，湘西州保障城市低保对象 3.2 万人，约占全州城镇居民的 5.5%，城市低保标准由 2014 年的每月 330 元提高至 2020 年的每月 580 元，增长 76%，城市低保月人均救助水平从 2014 年的 241 元提升至 2020 年的 370 元，增长 54%，2014 至 2020 年累计发放城市低保资金 12.3 亿元。

（2）特困供养人员保障水平不断提高。目前，湘西州保障农村特困人员共计 1.26 万人，2014 年以来，基本生活费标准从每人每年 2640 元增长到 2020 年的 5460 元，增幅为 107%，累计发放资金 4.1 亿元。特困人员照料护理工作进一步加强，全面与分散供养特困人员及所在村委会和亲属签订委托照料护理协议，并发放照料护理费。定期走访探视制度和工作台账日益健全完善，相关监护人的责任得到有效监督与落实。

（3）临时救助工作日趋规范。通过全面落实"分级审批""先行救助"等临时救助规定，湘西州临时救助审核审批程序得以明显简化优化，临时救助备用金制度初步建立并逐步完善，救助标准不断提高，救助时效性显著增强。据统计，2014 年以来湘西州累计临时救助 10.8 万人次，累计发放临时救助资金 1.8 亿元。

2. 残疾人"两项补贴"政策全面落实，做到了应补尽补

根据第二次全国残疾人抽样调查数据，湘西州残疾人总数为 19 万多人，有康复需求的残疾人为 10 万左右，占湖南省残疾人总数的 50% 以上。社会保障兜底脱贫工程实施以来，湘西州逐步建立健全残疾人帮扶相关政策措施，有效确保了残疾人的应补尽补。

（1）残疾人两项补贴制度得到有效落实。近年来，湘西州通过建立政府领导、民政牵头、残联配合、部门协作、社会参与的残疾人帮扶工作机制，有效保障了低保对象家庭中的困难残疾人和持有二级以上证件的重度残疾人都被及时纳入生活补贴范围及护理补贴范围。

（2）补贴标准稳步提升。重度残疾人护理补贴标准由 2016 年的每人每月 50 元提升至 2019 年的每人每月 60 元，困难残疾人生活标准由 2016 年的每人每月 50 元提升至 2019 年的每人每月 100 元。2020 年，重度残疾人护理补贴标准也提升至每人每月 100 元。2016 年以来，湘西州累计发放困难残疾人生活补贴 143.6 万余人次，累计发放重度残疾人护理补贴 139 万余人次，累计发放补贴资金近 2 亿元。

3. 关爱服务政策全面落实，实现了应帮尽帮

社会保障兜底脱贫工程实施以来，湘西州不断完善"一老一小"关爱保护体

系，确保了"一老一小"的应帮尽帮。

（1）儿童关爱保护体系日趋完善。目前，湘西州的儿童福利机构实现全覆盖，除吉首市为州市共建外，其余七县均设有儿童福利机构。孤儿基本生活费不断提标，分散供养和集中供养孤儿基本生活费标准从 2016 年的 600 元/人/月和 1000 元/人/月提高到 2019 年的 950 元/人/月和 1350 元/人/月，增幅分别达 58.3% 和 35%。完善困境儿童分类保障制度。湘西州人民政府出台了《关于进一步加强困境儿童保障工作的通知》(州政发〔2019〕11 号)，明确了困境儿童保障范围、规范认定流程，建立了基本生活、基本医疗、教育等保障机制，并且深入调查摸底，澄清困境儿童底数，率先在全省启动事实无人抚养儿童救助工作，按照每人每月 800 元的标准补差发放救助金。关爱残疾儿童，依托州残联康复大楼，成立 4 家残疾儿童康复中心，先后为 1500 多名残疾儿童提供康复训练，共有 198 名听障儿童接受人工耳蜗手术，200 多名儿童进入幼儿园、小学和特殊学校学习。关爱留守儿童，认真开展农村留守儿童"合力监护、相伴成长"关爱保护专项行动，全州 105 个乡镇配备了 124 名儿童督导员和 1813 名村（居）儿童主任，建成了 1726 个留守儿童之家，覆盖了 91.9% 的建制村，永顺县首车镇龙潭居委会示范儿童之家被评为"全国优秀儿童之家"。2016 年以来，利用春节、"六一"、暑假等重要时间节点，开展留守儿童和困境儿童关爱活动 50 余次，结对帮扶 4236 余对，捐赠款物价值 104 万元。

（2）完善老人关爱保护体系。加强养老服务设施建设。2019 年湘西州有养老服务机构 161 家(其中乡镇敬老院 157 家，社会福利院 4 家)，老年人口 48.38 万人。2016 年以来新建乡镇敬老院 10 家，养老床位数由 2016 年的 8653 张增加到 18104 张，每千名老年人拥有养老床位数由 2016 年的 18.7 张提高到 37.4 张，失能半失能特困人员入住率达 40%。扎实推进养老院服务质量建设专项行动。湘西州养老机构 55 项基础性指标中的管理服务类指标合格率均达 90% 以上。深入推进养老服务机构从业人员优化、培训工作，近几年来，对敬老院的管理服务人员进行了管理和护理培训 8 次，共培训人员 800 余人次，有效提升了湘西州敬老院的管理服务水平。关爱农村留守老人，2018 年各县市均建立了农村留守老人探访制度，按季开展走访探访，90 岁以上高龄补贴、百岁老人津贴、基本养老服务补贴等政策也得到了全面有效落实。

4. 社会救助力量全面动员，做到了应助尽助

近年来，湘西州通过积极探索"社会组织+慈善事业"模式，初步建立了社会慈善力量参与脱贫攻坚的工作体系，提高了社会力量助力脱贫攻坚的积极性。

（1）社会组织助力。湘西州制订下发了《动员州本级社会组织参与"五个专

项行动"①助力打赢脱贫攻坚战的工作方案》，动员社会组织参与精准扶贫。2019 年的数据显示，湘西州超过 600 家社会组织积极参与到精准扶贫中来，共开展扶贫项目 409 个，制定扶贫工作计划 382 个，投入资金 814 余万元，投入人员 2904 人次，受益贫困人口达 5323 户 19421 人。

（2）慈善事业给力。2016 年以来，湘西州慈善事业快速发展，共开设慈善超市 30 家，受益困难群众达 3 万余人次。慈善助学扎实推进，开设"慈爱阳光班""朝阳助学"等项目，帮助孤儿、低保户、建档立卡户子女完成学业，同时开拓职业教育新渠道，与省内外职业学院合作，通过职业教育培养适龄孤儿就业创业能力。精心组织慈善一日捐，创新运用互联网+慈善模式，开展"关爱贫困孤儿助学、相约 99 公益日"募捐活动，2016 年来累计筹募资金 2992.1 万元，筹募物资价值 790 万元。

3.1.8.4 典型案例②

社会保障兜底脱贫工程实施以来，湘西州各县市以"兜住底"为目标开展专项行动，健全完善相关政策体系，以"兜准底"为目标做好贫困人口精准分类，探索建立分类救助措施，以"兜好底"为目标强化资源统筹与衔接，凝聚强大合力，以"兜稳底"为目标谋划长效机制，提升脱贫攻坚的质量，涌现了许多社会保障兜底脱贫的先进与典型。

案例 1：

为贫困残疾儿童创造一片希望的田野

湘西州天籁听力语言康复中心，曾用名为湘西州聋儿听力语训康复中心，成立于 2008 年，是经州民政局批准成立的湘西州首家残疾儿童康复机构，也是州内唯一一家听力语言、言语康复定点机构，2018 年被湘西州民政局评为 3A 级社会组织，2019 年被评为湖南省"十百千"示范社会组织。中心主要承担 0~6 岁听力语言、言语残疾儿童康复工作。目前中心近 70 名学生当中，有 53 名来自建档立卡、低保贫困户，13 名来自一户多残家庭，年龄在 1~15 岁之间。

中心创办人向季平，湘西州人，原本在深圳做化妆品代理，由于第二个孩子先天失聪，她毅然放弃了深圳的事业，全身心投入孩子的康复治疗。在孩子康复训练期间，她发现不少与她一样遭遇的也是来自湘西州，并亲眼见到许多来自湘西州的贫困家庭因负担不起康复费用而放弃了孩子的治疗。于是，她萌生了在湘西创办一家听力语言康复机构的想法，觉得如此不但可以让湘西州的

---

① "五个专项行动"即光明专项行动、甜蜜专项行动、希望专项行动、农技专项行动、牵手专项行动。

② 相关案例资料源于湘西州民政局。

孩子在本地就能进行康复训练，而且还可以更好地为湘西州贫困家庭的听障儿童提供康复机会（见图 3.44）。

图 3.44 中心举办走出无声世界 听见美好未来——湘西州关爱听障儿童专场晚会

十余年来，沐浴着党和政府对残疾儿童的阳光政策，在社会各界的关心和支持下，中心一路风雨兼程，从 1 名学生、3 个工作人员开始，到如今的 17 名专业师资团队、400 多名听障儿童（198 名为人工耳蜗项目，156 名为助听器项目，其余的均由中心和社会各界资助）。其中，有 350 多名听障儿童经过受训相继走出无声世界，融入主流社会。通过后续回访跟踪，凡是从该中心康复毕业的学生完全可以按照同龄正常儿童入普小、普幼随班就读，而且除了听力稍微欠缺以外，学习能力及其他方面与正常孩子差别不大，甚至有个别学生一些方面特别突出。如凤凰县戴佳丽同学，参加全省舞蹈大赛荣获一等奖。花垣县吴梦阳同学，2019 年参加全省第五届康复明星大赛个人朗诵，取得了全省第一名的好成绩，毕业后，又在艺术培训机构学习古筝，并在庆元旦活动中，代表该机构做古筝领奏汇报演出，得到了有关专家的高度评价。永顺县瞿怡琳同学 2017 年参加全省"青柠檬杯"少儿书画大赛荣获特等奖，2019 年参加国际少儿书画大赛荣获特别金奖，作品入选世界儿童绘画展及中国少儿艺教网。

十余年来，中心也取得了各种荣誉：参加湘西州聋儿康复明星大赛，囊括了一、二、三等奖；多次参加全省听障儿童康复明星大赛，并获得特、一、二、三等奖，还被湖南省"蒲公英"行动指定为大湘西唯一听力康复检测机构；先后被定为国家、省、州启聪扶贫定点康复机构；2015 年 12 月 3 日，作为全国唯一应邀代表，与千手观音等著名演出团队在国家政协礼堂参加"世界残疾人日"大型文艺汇演，节目获得时任全国人大常委会副委员长顾秀莲的高度评价。中心主任向季平被评为"十一五"全国听力语言康复工作先进个人，并当选湖南省第十三届妇女代表、湘西州第十一届、第十二届州政协委员，还荣获了湘西州首届慈善奖"爱心个人"、永顺县"最美劳动模范者"等荣誉称号。中心老师彭霞参加全国基层康复教师技能考核取得了全国第二名的好成绩。这些成绩为中心的发展插上了腾飞的翅膀。湖南省残疾人脱贫攻坚先进典型重点报道采访团、上海东方卫视、天津卫视、湖南公共频道、湖南经视、湘西团结报、湘西电视台等多家媒体对中心走过的历程及取得的成绩进行了采访报道。

中心认为"只要不抛弃、不放弃，孩子们无声的世界就会有新天地"，并一直坚信，有党和国家对残疾人事业的关怀，有各级领导的关心，有社会各界的关爱，他们的脚下将是一片希望的田野。

案例 2：

关爱特殊儿童，助力绽放梦想

认真贯彻落实习近平总书记 2013 年视察湘西时提出的"不要让贫困地区的孩子输在起跑线上"的指示精神，围绕脱贫攻坚大局，积极探索儿童福利工作新路子，精准对焦孤残儿童、困境儿童、留守儿童等弱势群体，开拓创新，积极探索儿童福利机构转型升级，健全完善政府兜底养育体系；大力实施慈善助孤项目，积极发动社会力量支持孤儿助学；选优配强儿童福利工作队伍，建好用好留守儿童之家；不断提升留守儿童关爱保护水平，切实提高困境儿童关爱保护能力；逐年提高儿童福利水平，不断取得新成效。

一、积极探索儿童福利机构转型升级，健全完善兜底养育体系

根据习近平总书记在湘西视察时"决不能让贫困孩子输在起跑线上"的指示，州委、州政府积极探索政府兜底养育体系。一是湘西州社会福利院承担全州孤儿、弃婴、伤残儿童的收养、教育和康复工作，累计收养孤残儿童 194 名。二是为解决湘西监护缺失的贫困孤儿和困境儿童的生活、教育、医疗等问题，筹建了湘西州慈爱园（见图 3.45），为州内监护缺失的 145 名孤儿和困境儿童提供生活照料、心理辅导、中高等教育、素质拓展、社会实践、就业指导等服务，促进湘西地区贫困孤儿和困境儿童身心健康成长。三是设立州未成年人保护中心，对流浪未成年人和困境儿童发挥临时监护作用。

二、大力实施慈善助孤项目，积极发动社会力量参与孤儿救助行动

一是积极做好孤儿助学，实施"慈爱阳光班""孤儿职业教育""慈爱阳光幼师班"助学项目，积极与长沙民政职业技术学院、广东新华科技职业培训学院

图 3.45　省州领导在湘西州慈爱园调研

等多所学校签订《教育扶贫合作协议》(见图 3.46),先后有 288 名孤儿进入有关学校班级上学,学杂费全免。二是在"福彩圆梦·孤儿助学"工程的基础上,针对二本以上孤儿大学生实施"朝阳助学"项目,每人每年 1 万元助学金,资助孤儿 158 人次 79 万元。三是大力开展助学项目募捐。通过组织开展"慈善一日捐""关爱贫困孤儿助学"等活动募集资金 2000 余万元。

图 3.46　签订教育扶贫协议

三、选优配强儿童福利工作队伍，切实提高困境儿童关爱保护能力

一是出台《湘西州人民政府关于进一步加强困境儿童保障工作的通知》，健全困境儿童保障机制，对孤儿、特困救助供养儿童、残疾儿童、事实无人抚养儿童等六类困境儿童提供了有效保障，在全省率先对事实无人抚养儿童按照每人每月800元的标准补差发放基本生活补贴，并在省里文件出台后及时进行提标。二是为贯彻落实加强留守儿童和困境儿童关爱保护工作，以一村一个留守儿童之家、一村一个儿童主任的形式来落实这项工作，举办了儿童督导员和儿童主任培训班(见图3.47)，选优配强儿童福利工作队伍。三是会同州残联支持3家残疾儿童康复中心为困境残疾儿童提供康复救助工作，先后为1500多名听障儿童、脑瘫儿童、自闭症儿童、智障儿童提供康复训练，有198名听障儿童接受人工耳蜗手术，从此告别无声世界，还有200多名儿童进入幼儿园、小学和特殊学校学习，重塑了残疾儿童的身体和心灵。

图3.47　第一届村居儿童主任培训

四、建好用好留守儿童之家，不断提升留守儿童关爱保护水平

一是先后投入700余万元，建成"儿童之家"1726处，占湘西州建制村(居委会)的91.9%。永顺县首车镇龙潭居委会示范儿童之家被评为"全国优秀儿童之家"，吉首市石家冲街道寨阳村等7个儿童之家被省民政厅评为2019年度"省级示范儿童之家"。二是建立健全农村留守儿童信息台账，完善强制报告、应急处置、评估帮扶、监护干预的救助保护机制。三是利用春节、"六一"暑假等重要时间节点，开展留守儿童和困境儿童关爱活动50余次，结对帮扶4236余对，捐赠款物价值104万元。落实监护责任、户口登记、控辍保学工作，切实维护农村留守儿童的合法利益。

案例 3：

聚焦"四类重点对象"，打好危房改造"歼灭战"

近年来，凤凰县始终牢记习近平总书记的殷切嘱托，认真贯彻落实州委、州政府和上级部门的决策部署，紧紧围绕县委、县政府工作安排，坚持精准脱贫统揽全局，聚焦"四类重点对象"安全住房问题，全面打好危房改造"歼灭战"（见图 3.48、图 3.49），确保实现"住房安全保障"目标，切实提高贫困群众的获得感、幸福感。2014 年至 2020 年，凤凰县累计实施危房改造 12849 户，投入资金 38499.62 万元，涉及建档立卡贫困户 8761 户，投入资金 29695.64 万元。

图 3.48　凤凰县吉信镇得胜营社区 11 组建档立卡户住房改造前照片

图 3.49　凤凰县吉信镇得胜营社区 11 组建档立卡户住房改造后照片

一、以台账销号为基本原则，因地制宜、分类推进，全面澄清危房家底

一是根据省、州两级工作安排，凤凰县先后于2019年5月、2020年3月，以"村摸底、乡审批、县复核"为主要工作方式，通过台账销号的方式对4类重点对象房屋等级、安全保障情况进行全面排查，累计完成房屋排查22721户（建档立卡贫困户22020户，分散供养五保户701户），确定安全住房22542户（A级危房16454户，B级6088户）；存量危房179户（C级24户，D级60户，无房95户），已纳入年度改造计划45户，通过其他途径解决住房安全保障134户。二是建立"凤凰县脱贫攻坚大数据业务平台"，累计完成22018户建档立卡贫困户25014栋房屋的信息采集（前、后各1张，侧面2张，内2张），收集照片150084张。

二、以高位推进为主要方式，部门协作、上下联动，统筹推进改造进度

一是建立了以人大常委会主任统筹调度、县住建局现场核查的工作机制，根据上报进度、排查情况进行一日一调度、一周一排名，细分责任，倒排工期，全力推进全县房屋改造进度，确保危房改造全面实现竣工验收。二是线上积极组建问题工作交流QQ群和微信群，构建"互联网+督查"的工作机制，通过互联网在线指导、解答疑惑，横向推进政策的指导与审批；线下组织4队8名专业技术人员，深入一线对存在问题进行现场交流、逐个击破，纵向推进工作的落实与销号。

三、以政策引领为辅助机制，广泛宣传、营造氛围，强化群众政策知晓

一是利用广播电视、报刊、"村村通户户响"等宣传手段及"村支两委"、驻村干部等基层力量，加大对农村危房改造政策的宣传力度，让广大群众了解政策，提高改造积极性。二是印发宣传单3万份、宣传画1万份、小册子5000份，张贴到村、宣传到户，确保农村危房改造政策宣传全方位、全覆盖、无死角，形成领导重视、干部参与、群众支持的良好工作氛围。三是充分发挥包乡包村领导、帮扶部门、驻村工作队和第一书记的作用，深入到各家各户走访宣传，编制印发《凤凰县农村危房改造政策宣传手册》1.2万余份、《农村危房改造鉴定指南》6000余份。四是通过现场告知、电话访问等方式，累计悬挂住房安全等级明白牌2.6万张。

四、以反馈问题为工作导向，举一反三、立行立改，全力推进问题清零

一是全面排查2016年以来省、州审计、检查反馈问题整改情况，以台账归档的方式进行建档备查，确保反馈问题件件有落实、事事有回应，截至2020年底，所有问题已经整改到位，其中：州审计局审计2次，州拉网式巡查1次，省扶贫交叉检查1次，省联点督查1次，省第三方评估1次，审计厅审计2次，中央审计署审计2次。二是根据审计、检查发现的问题类型，积极组织开展自查自纠"回头看"工作，发现问题立行立改。

五、以帮贫扶困为工作目标，多方筹集、共同参与，聚焦提升三率一度

一是通过整合老旧革命区土坯房改造资金，全面推进"两山"地区竹篾笆墙、"亭廊"房等围挡结构缺失房屋改造，累计完成禾库镇米良村、落潮井镇武岗村 59 户的房屋改造。二是 2016 年以来，通过国家开发银行贷款资金，按照维修 0.5 万元/户、重建 1.25 万元/户的标准，累计完成非 4 类重点对象房屋改造 1488 户，投入贷款资金 3525.5 万元。

3.1.9　基础设施配套工程的实施及成效

近年来，习近平总书记在一系列重要论述中对决胜脱贫攻坚中贫困地区基础设施配套工程建设作了重要指示。

2014 年 3 月 14 日，习近平总书记就我国水安全问题发表重要讲话，首次提出"节水优先、空间均衡、系统治理、两手发力"的十六字治水方针。这些年，"十六字"治水方针早已成为指导实践的有力武器，成为水利设施建设工作的指导思想和根本遵循。

2016 年 3 月 25 日，时任中共中央政治局常委、国务院副总理张高丽同志传达了习近平总书记关于水电气路等基础建设的重要指示精神，指出要切实做到补齐基础设施短板，提高投资有效性和精准性，加快"最后一公里"水电气路等建设，加大对农田水利、农机作业配套设施等建设的支持力度。

2017 年 12 月 25 日，习近平总书记对"四好农村路"建设作出重要指示，要求各地区认真贯彻落实党的十九大精神，从实施乡村振兴战略、打赢脱贫攻坚战的高度，进一步深化对建设农村公路重要意义的认识，聚焦突出问题，完善政策机制，既要把农村公路建好，更要管好、护好、运营好，为广大农民致富奔小康和加快推进农业农村现代化提供更好的保障。

2018 年 4 月 20 日至 21 日，习近平总书记就全国信息网络建设发表重要讲话，从党和国家事业全局出发，科学分析了信息化变革趋势和肩负的历史使命，并强调信息网络建设对农村人口脱贫和实现全面小康社会具有积极意义。

湘西州认真贯彻习近平总书记关于精准扶贫的重要论述，大力推进农村基础设施建设，建好、管好、护好和运营好农村公路，为各贫困村村民打破制约经济社会发展的交通瓶颈，同时严格按照习近平总书记提出的"节水优先、空间均衡、系统治理、两手发力"十六字治水方针，新建和改建了一批水利设施和生态保护水利工程，切实解决了贫困人口的饮水安全问题，并且积极加快水电气路等基础设施建设，全面完成了全州农村电网改造，实现了城乡同网同价，同时大力开展农村信号基站建设、光纤建设，实现村村通有 4G 信号、村村通光纤网络，为决战决胜脱贫攻坚提供了基础设施保障。

3.1.9.1 基础设施配套工程概况

2016 年初，湘西州印发了《湘西州精准脱贫"十项工程"实施方案（试行）》（州办发〔2016〕3 号），开始实施"精准扶贫基础设施配套工程"（见图 3.50），其目标任务是到 2020 年，基本实现"外通内联、通村畅乡、班车到村、安全便捷"的农村交通网络体系；全面完成农网改造任务，实现城乡用电同网同价，切实发挥光伏扶贫的作用；全面解决贫困人口饮水安全问题；实现全州所有行政村通宽带网络，村村通广播，户户通直播卫星。

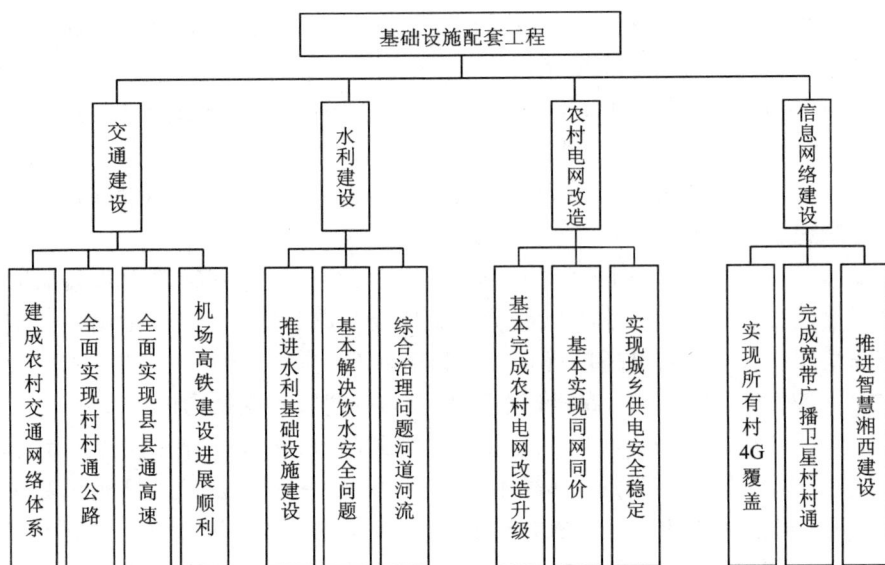

图 3.50 基础设施配套工程建设结构示意图

在州委、州政府的领导下，在州精准脱贫攻坚办公室的具体指导下，湘西"基础设施配套工程"协调小组精心周密部署，严格落实责任，创新工作举措，各项工程进展顺利，超额完成既定目标任务，为全州决胜脱贫攻坚和建设全面小康社会奠定了坚实的基础。

湘西基础设施配套工程协调小组围绕全州脱贫人口任务数、贫困村退出目标数，对照国家、省、州明确的减贫成效考核指标和贫困村退出验收标准，经过几年的努力，迅速推进湘西精准扶贫基础设施配套工程，使全州基础设施条件得到了极大改善，着力解决了贫困村基础设施配套问题，确保了"户脱贫、村退出、县摘帽"基础设施配套指标达标。2019 年 12 月，湘西全州基础设施配套工程目标任务均已完成或超额完成。

3.1.9.2　基础设施配套工程扶贫的具体实践

1. 实施概述

（1）交通建设。湘西州围绕破解地理困境，全面打响"交通突围战"，每年的交通建设投资接近全州固定资产总投资的 1/3，实现了县县通高速公路，州府吉首市成为全国 18 个高速公路枢纽城市之一，湘西州也已经融入长沙、重庆、桂林、贵阳"4 小时经济圈"。同时，围绕改善农村交通环境，湘西州大力实施农村公路通达通畅和公路安全生命防护工程，不断提高农村公路通达度和安全性。目前，全州适宜通公路的行政村通公路率达 100%，基本实现了县县通二级路，乡乡通沥青水泥路，村村道路硬化，行政村通客车。在此基础上，湘西州围绕服务产业发展，积极探索"交通+旅游+扶贫"深度融合发展的新业态、新产品、新模式，瞄准把湘西州打造成为国内外知名生态文化公园这一总目标、总愿景，全面启动 1000 千米旅游公路、1000 千米生态旅游景观走廊、1000 千米旅游慢行体系建设，使城镇交通路网与主要景区、乡村游景点实现有效连接，构建了"快进慢游"的旅游交通格局。

（2）水利建设。湘西州境内水资源丰富，主要河流有沅江、酉水、武水、猛洞河、花垣河等，河流总长度 6308 千米。近年来，湘西州立足民族地区水利事业发展，立足水利实际，切实改善了民族地区群众的生活生产水利基础设施，积极实施古丈古阳河、永顺中秋河、花垣吉辽河、凤凰乌巢河、龙山龙潭河、泸溪辛女溪、保靖三岔河水库等烟草援建水源工程及永顺芙蓉、保靖小溪、龙山楠竹坪抗旱应急水源工程。同时，积极推进花垣小排吾、保靖长潭中型水库及保靖狮子桥、双溶滩、泸溪甘溪桥、花垣红卫等大中型水闸除险加固项目建设，并继续实施中小河流治理工程和酉水、武水大型灌区续建配套与节水改造工程，积极推进中央财政农田水利工程建设，加快"五小水利"建设，提高抗旱减灾能力。另外，积极实施农村饮水安全巩固提升工程，全面解决农村贫困人口安全饮水问题，截至 2020 年底，全州自来水普及率达到了 85.96%。

（3）农村电网改造。湘西州始终秉持"大发展必须要有大电网支撑"的理念，在国家电网的支持下，持续加大电力基础设施投入，让大电网供电能力稳步提升，不断完善电力沟通合作机制，积极衔接争取和落实大工业优惠电价政策，不断加大农村电网改造升级力度，全面完成 172 个扶贫村电网改造、476 个贫困村电网升级完善。同时，还完成了对 804 个贫困村的光伏项目投资，基本实现了全州城乡用电"同网同价"，使农村低电压和县域电网供电保障问题基本解决。另外，通过上争和落实大工业优惠电价政策，有效地降低了企业生产成本，为湘西州工业转型升级和调整产业结构发挥了重要作用。

（4）信息网络设施建设。湘西州积极响应党中央、国务院提出的网络强国战略，在全省率先启动"互联网+"行动计划，创建"互联网+"先行先试示范州和"宽带中国"示范城市，并结合自身实际，制订并出台了《湘西州信息通信基础设施能力提升行动计划（2019—2021年）》，加快构建高速、移动、安全、泛在的新一代信息通信基础设施，不断提升全州信息化水平，基本实现了乡乡通宽带、所有行政村 4G 网络和光纤（宽带）全覆盖，基本建成直播卫星"户户通"工程和农村广播"村村响"工程，"互联网+湘西"建设也取得了阶段性成效，为湘西州工业化、信息化补齐短板、夯实基础，有力地推动了湘西州工业化与信息化的融合发展。在此基础上，湘西州大力推进"智慧湘西"政务信息化建设工作，制订和出台了《湘西州智慧湘西政务信息化项目建设管理实施办法》《关于加快推进"互联网+湘西"暨"智慧湘西"建设的实施意见》，加大了资金投入力度，加快了顶层规划设计，加速了基础设施建设，实现了数据初步共享，切实扭转了信息化建设各自为政的局面。同时，由湘西州智慧办牵头制订了《湘西新型智慧城市总体技术架构》《湘西州数据共享责任清单（第一批）》以及《大数据融合管理技术规范》等一系列技术管理规定和办法，从源头上约束和规范了方案设计、资金使用。全州公安、交通、教育等各级各部门严格按照系列技术管理规范进行操作并加以推进，取得了明显成效。

2. 主要做法

（1）聚焦扶贫，明确目标。2016年，湘西州提出了"到2020年基本实现'外通内联、通村畅乡、班车到村、安全便捷'的农村交通网络体系"的总体目标任务，并明确了工作重点，即加快道路建设。通过各部门协同努力，使农村公路通行条件得到不断改善，城乡差距在农民的出行之间进一步缩短，农村公路"由线成网""由窄变宽""由通向好"，切实为服务脱贫攻坚、助力乡村振兴提供了坚实交通基础保障。同时，湘西州全面解决贫困人口饮水安全问题，加快水利设施建设，实施农村饮水安全巩固提升工程。2019年底，湘西州全面解决了农村贫困人口安全饮水问题，如今自来水普及率达到 85.96%，湘西州还全面完成了农网改造任务；实现了城乡用电同网同年价的总体目标，并且在明确了工作重点的基础上，加快实施农网改造升级工程，开展贫困村"低压电"综合治理。国家电网湘西供电公司全面完成了 172 个扶贫村的电网改造、476 个贫困村的电网升级完善。同时，湘西州还全面加快信息网络建设，实现了全州所有行政村通宽带网络，并不断推进农村网络完善工程和"宽带乡村"工程，实现了人口相对集中的组（寨）通宽带网络。

（2）完善机制，强化分工。湘西州制定了道路建设、水利建设、农村电网改造、信息网络建设规划，明确了规章制度，细化了实施方案。

一是强化组织领导。湘西州交通运输局、湘西州水利局、国家电网湘西供电公司、中国移动湘西分公司、中国联通湘西分公司、中国电信湘西分公司等部门单位加入由湘西州政府牵头领导的精准脱贫基础设施配套工程协调小组，定期参加会议并接受考察监督，各县市政府和基础设施配套工程建设相关部门积极响应，形成"主要领导亲自抓、分管领导具体抓、具体人员落实"的工作机制。

二是细化责任目标。湘西州依据相关安排，细化了工作目标，将道路建设、水利建设、农村电网改造、信息网络建设目标和任务按单位、按年份、按季度划分，逐项落实到责任单位、责任人和具体时间节点上。同时，要求各单位围绕工作目标，各司其职，要求各级政府切实履行主体责任，将相关任务进一步分解到村，并且明确了各项任务的完成时间。

三是创新工作举措。湘西州着力破除资金和土地两个"瓶颈"。一方面，千方百计拓展融资渠道，对接利用好中央、省及对口支援单位的扶贫政策，积极争取上级资金支持，同时优先保证基础设施配套工程建设，最大限度保障基础设施建设项目的资金需求。另一方面，想方设法保证项目用地，各县市按照统一安排部署，提前进行精心谋划，储备了一批基础设施建设项目用地。

（3）注重考核，持续推进。2016 年以来，湘西州严格实行"一月一巡查调度、一季一督查、半年一小结、一年一考评"的考核制度，将精准脱贫基础设施配套工程中"交通建设""水利建设""农村电网改造""信息网络建设"项目推进情况纳入县市绩效考核内容。

同时，湘西州始终将目标导向和问题导向相结合，紧紧围绕基础设施配套工程建设的目标，步步为营，强化道路建设的资金、土地等要素保障，持续推进农村交通建设、水利建设、农村电网改造、信息网络建设向纵深推进。

3.1.9.3　基础设施配套工程扶贫实施的显著成效

2013 年以来，州委、州政府立足湘西实际和经济增长的主要特性，牢固树立经济社会发展"一切靠项目支撑"的理念，把主要精力和生产要素集中在基础设施建设上。

近年来，湘西州抢抓国家精准扶贫和西部开发战略，精心谋划和实施了一批事关长远发展和民生福祉的大项目、好项目，城乡面貌日新月异。目前，湘西州累计完成基础设施投资 873.4 亿元，全州城市面貌焕然一新，各县市城市路网、电网、水网、管网、互联网等设施逐步完善，城市道路面积、供电、供水、供气及互联网用户较 2013 年分别增长 130%、38.9%、62.7%、12.1%、78.9%，城市污水处理率提高到 95.05%，提高了 9.05 个百分点。湘西州智慧城市、海绵城市、天然氧吧等项目建设持续稳步深入实施，城镇扩容提质步伐加快，建成区面积达 108 平方千米，较 2013 年增长了 45.9%。全州户籍制度改革全面实施，城镇化率由 2013 年的 38.8% 增长到 2020 年的 50%，提高了 11.2 个百分点，平均每年增长 1.4 个百分点，城镇常住人口较 2013 年增长了 22.2%。目前，以吉首市州府新城建设为中心、7 个县域新城为依托、30 个特色小镇为节点的新型城市群正在加快形成。

1. 内外交通通达性显著提升

公路通，百业兴。随着湘西州交通事业的迅速发展，"交通+特色产业""交通+旅游"等扶贫模式得以不断拓展，湘西州农村交通状况发生了翻天覆地的变化。湘西州将农村公路建设深度融入脱贫攻坚实施计划，建造了一批"产业路、致富路、景观路、旅游路"。从过去泥泞不堪的进村道路，到如今所有建制村100%通硬化道路，而且实现了与主骨架的高速公路、干线公路网的互联互通，也打通了乡村振兴、农民致富的快捷通道，从而带动贫困村、贫困县因路而变、因路而美、因路而兴。同时，湘西州各级交通运输部门、各有关单位以"十条最美生态公路"创建为载体，紧扣目标抓进度，加快推进交通驿站建设，并结合全域旅游发展的总体要求，依据功能片区划分驿站的不同类别和形式，完善标识系统，突出特点，切实把地方文化与娱乐休闲有机结合，把营造特色与强化服务有机深化，积极打造湘西州全域旅游的新亮点、新名片。

(1) 基本建成"四好"农村交通网络体系。小康不小康，关键看老乡；老乡奔小康，路要先通畅。路通畅了，生产运输活动就方便了，生产效率就提高了，农产品运输销量就增加了，贫困村的农民口袋也就比以前鼓了。交通项目建设铺下的是路，连接的是心，通达的是富。一条条农村公路帮助贫困地区和贫困群众打开了致富大门。

2016 年，湘西州农村公路改造完成 494.4 千米。2017 年湘西州农村公路提质改造完成 493.384 千米，完成投资 4.17 亿元，为年度任务的 123.3%；安防工程完成 1005 千米，完成投资 1.5 亿元；农村危桥改造任务完成 50 座，完成投资 0.98 亿元，确保了预脱贫村村组道路达到退出标准，基础设施配套工程 16 项考核指标全面完成或超额完成年度任务。2018 年，湘西州农村公路提质改造完成 355 千米，完成投资 1.9 亿元；自然村通水泥(沥青)路完成 1303.8 千米，完成投资 5.8 亿元；农村危桥改造 50 座；安防工程完成 2015.3 千米，完成投资 2.59 亿元，全州精准脱贫基础设施配套工程各项工作有序推进，完成年度任务。2019 年，湘西州农村公路提质改造完成 181.4 千米，完成投资 0.51 亿元；安防工程完成 2316.363 千米，完成投资 3.09 亿元；自然村通水泥(沥青)路完成 952 千米，完成投资 4.28 亿元。2020 年，农村公路提质改造完成 259 千米，完成投资 4.9 亿元；自然村通水泥(沥青)路完成 332 千米，完成投资 1.6 亿元；安防工程完成 711 千米，完成投资 1.29 亿元；农村公路危桥改造完成 55 座，完成投资 0.68 元。截至 2020 年底，基础设施配套工程目标任务均已完成或超额完成。

"四好农村路"对于农民群众脱贫致富奔小康，对于实施乡村振兴战略，对于加快农业农村现代化都有重要的意义。同时，农村公路的大范围修建，给贫困农村地区带来了大量的就业岗位，增加了贫困人口的收入来源，提高了贫困人口的收入，也有利于助力农村贫困户脱贫。2016 年以来，湘西州加快道路建设，不断改善农村公路通行条件，有序推进县乡村公路提档升级，加强农村危桥改造和安防工程建设，完善农村道路标识标牌，实现所有具备通公路条件的建制村特别是贫困村全部通公路。目前，湘西州基本实现了"外通内联、通村畅乡、班车到村、安全便捷"的农村交通网络体系。

截至 2020 年底，全州农村公路共完成投资 37.09 亿元，其中完成提质改造（窄路面加宽）1254 千米 4.06 亿元、县乡道硬化 99 千米 0.79 亿元、旅游资源产业路 301 千米 7.20 亿元、自然村通水泥（沥青）路 2271 千米 10.56 亿元、生命防护工程 6000 多千米 9.76 亿元、危桥改造 501 座 4.71 亿元，实现了 100% 的行政村通客班车，实现了县县通二级路、乡乡通水泥（沥青）路、村村道路硬化的工作目标。同时，大力实施 25 户/100 人以上的自然村通水泥（沥青）路建设，实现了全州自然村"组组通"，打通了群众出行"最后一千米"。此外，湘西州还探索实行了"农村公路养护+扶贫"政策，开发了一批农村公路养护等公益性岗位，优先聘用有意愿且有一定劳动能力的贫困农牧民，增加贫困户收入，惠及自然村 6287 个，惠及人数达 857700 人。

（2）全面实现县县通高速。湘西州地处武陵山脉腹地。改革开放前，湘西人走出去难，外面的人走进来也难。改革开放 40 多年来，湘西紧跟时代步伐，走进脱贫致富新时期。其中，湘西最大的变迁，当数交通；湘西交通最大的变迁，当数高速公路。2008 年 12 月，湘西第一条高速公路——常吉高速公路建成通车，湘西圆了盼望已久的"高速梦"。截至 2020 年底，全州境内高速公路建成 7 条共 482 千米，完成固定资产投资 588 亿元，州内实现了县县通高速，并形成了以吉首为中心的湘西"2 小时经济圈"，融入了长沙、重庆、桂林、贵阳等大城市的"4 小时经济圈"。湘西高速公路的跨越式发展，打破了湘西人与外界沟通的地理困境，让湘西不再偏远。

目前，"互联网+"的发展如火如荼，拉近了贫困山区和国内外市场的距离，为贫困地区带来了巨大的发展机遇。湘西州通过不断完善县城高速公路、农村公路等基础设施建设，促进交通运输与电子商务信息产业融合，推动"交通+电商快递"扶贫。

（3）湘西机场、张吉怀高铁建设取得重大进展。截至 2020 年 12 月，湘西（里耶）机场建设已完成投资 17 亿元，预计 2021 年底实现试飞、验收、通航。张吉怀高铁全长 246 千米，全线设张家界西、芙蓉镇、古丈西、吉首东、凤凰、麻阳西、怀化南 7 座车站，设计时速 350 千米，计划 2021 年建成通车。届时从怀化到张家界的通行时间将由 3.5 小时缩至 1 小时，凤凰古城等旅游文化圣地也将进入高铁时代，对改善沿线交通条件和完善湖南快速铁路网架构具有重要意义。

湘西（里耶）机场、张吉怀高铁建成后，将给当地交通带来质的飞跃，湘西州将实现高速、高铁、航空等交通枢纽连贯汇通，武陵山区也将迎来自己的航空时代，这必将有利于进一步增强湘西州与其他地方的经济、文化交流，促进人流、物流的流通，吸引投资，扩大就业，推进乡村旅游发展，提高当地人民收入，帮助湘西贫困村早日实现脱贫和建成小康社会。

2. 水利建设成效显著

水利建设既关系到民生，也事关经济社会发展大局。湘西州按照"542"发展思路，即大力实施"五大建设"，着力建设"四个湘西"，努力实现"两个率先"的发展思路。"五大建设"，即优势产业建设、基础设施建设、新型城镇建设、生态文明建设和民生事业建设；"四个湘西"，即绿色湘西、文化湘西、开放湘西、和谐湘西；"两个率先"，即在武陵山区率先发展、率先脱贫，不断抓重点、补短板、强弱项、夯基础，扎实推进全州水利大发展，为经济社会持续健康发展提供坚实的水利支撑和保障。2019 年，湘西州水利局与湖南省交水建集团签订合作框架协议，共同助力全州水利事业发展。近年来，全州完成了辛女溪、乌巢河、龙潭河、三岔河水库等重点水源工程年度建设任务；实施了泸溪县、凤凰县、花垣县等多处中小河流治理工程，并对全州出现问题的河道进行综合治理，全州完成安全饮水巩固提升项目投资近 4 亿元，泸溪县浦市古镇防洪工程治理项目已全面完工。通过科学选址，强化管理，全州完成高效节水灌溉面积近 3 万亩，完成 10 余个乡镇水利服务站的标准化建设，治理了近 20 座小型病险水库，扎实推进水土流失综合治理，治理水土流失面积达 30 平方千米，开展坡耕地治理近万亩。

（1）持续推进水利基础设施建设。2017 年，湘西州完成投资 10.25 亿元，共完成修复水毁工程 252 处，新建渠道 85.64 千米，加固改造渠系建筑物 889 处，新修加固堤防 81.1 千米，疏浚河道 13.56 千米，清淤沟渠 26.4 千米，新建及改造泵站 69 座，建设村镇供水工程 543 处，改造加固病险水库 23 座。保靖县长潭、花垣县小排吾二期 2 座中型病险水库除险加固接近尾声，完成龙山县酉水里耶镇防洪堤修复及加高项目，完成了白蚁防治、酉水里耶镇防洪堤迎水面修复加固和长潭河段防洪堤迎水面修复加固，中小河流综合治理长度达 42.2

千米。完成坡耕地水土流失综合整治 4 平方千米。

2018—2019 年,湘西州水利建设重点开展灾毁水利工程修复、农村饮水安全、农田水利项目、病险水库除险加固和新建水库、中小河流及四水治理、水土保持项目、农村水电建设、大型灌区续建配套及其他水利工程项目建设。其中,灾毁水利工程修复 182 处;新建水库 2 座,改造加固病险水库 30 座;建设村镇供水工程 527 处,新增供水受益人口 61.39 万;新增、恢复灌溉面积 5.6 万亩,改善灌溉面积 3.5 万亩,新增节水灌溉工程面积 1.14 万亩,新增旱涝保收面积 2.34 万亩,新增供水能力 2049 万立方米,新增年节水能力 1725 万立方米,治理水土流失面积 34.29 千平方米,新增水电装机容量 0.42 万千瓦,为保障湘西州粮食安全、防洪安全、供水安全和生态安全以及实现经济社会持续健康发展提供了有力支撑。

截至 2020 年底,湘西州水利建设完成投资 15.09 亿元,完成年度计划投资的 117.2%,“小农水”、“五小水利”、中小河段治理、酉水武水大型灌区等水利项目均超额完成任务。这些项目帮助湘西州成功应对了多次强降雨及局部地区旱灾。同时,居民的饮水安全问题基本解决,“四乱”问题全部完成整改销号,烟草水源工程建设进展顺利,水土流失综合治理、河流治理得到加强,多座大小型病险水库除险加固完成,库区建档立卡户移民工作取得突破,水利行业监管逐步完善,全州水质实现全面达标。

(2)基本解决农村饮水安全问题。农村饮水安全是一项重大民生工程,也是“两不愁、三保障”中的关键性指标,解决农村居民饮水安全问题,是实现脱贫的必要条件。近年来,湘西州坚持把保障农村饮水安全作为重点任务来抓,紧扣脱贫攻坚重心,大力推进农村饮水安全工程建设和自来水入户工作,保障了农村饮水安全,实现了农村饮水从“面的覆盖”迈向“质的提升”,让越来越多的群众喝上“放心水”,使农村贫困人口的安全饮水问题得到了全面解决,让村民的幸福感、获得感不断增强,同时为打赢脱贫攻坚战提供了有力支撑。

2006 年,湘西州开始实施农村饮水安全工程,截至 2015 年共投入资金 7.69 亿元,基本解决了全州农村居民饮水不安全的问题。

2014 年至 2020 年,湘西州共投资 15.09 亿元,兴建农村供水工程 2643 处,累计解决全州 236.03 万农村居民(其中 2014 至 2015 年解决 48.45 万人的饮水安全问题,2016 至 2020 年巩固提升了 187.58 万人的饮水安全)的饮水安全保障问题,实现了全州所有行政村和所有贫困人口安全饮水全覆盖,农村自来水普及率达到了 85.96%。

2016 年,湘西州启动实施农村饮水安全巩固提升工程,完成投资 14270.25 万元,巩固农村饮水安全人口 23.94 万人,农村自来水普及率达到了 69.8%;2017 年,完成投资 32548.45 万元,巩固提升农村饮水安全人口 57.07 万人,确保贫困人口安全饮水人数为 41.12 万人，全州农村自来水普及率达到 75.99%；2018 年，完成投资 35194.07 万元，巩固提升农村饮水安全人口 43.26 万，全州农村自来水普及率达到 79.61%；2019 年，完成投资 30681.5 万元，巩固提升农村饮水安全人口 50.05 万，全州农村自来水普及率达到 83.73%（见表 3.16）。

2020 年实现了全州安全饮水覆盖，农村自来水普及率达到 85.96%。

表 3.16 湘西州农村饮水安全巩固人数与投资情况一览表

时间	类别	合计	吉首市	泸溪县	凤凰县	古丈县	花垣县	保靖县	永顺县	龙山县
2013 年	解决人数/万人	18.30	1.27	2.00	2.48	1.06	2.51	1.89	3.33	3.73
	完成投资/万元	8865.82	642.31	987.69	1209.05	520.67	1219.34	916.62	1567.11	1805.03
2014 年	解决人数/万人	23.92	1.59	2.61	3.41	1.64	3.18	2.27	5.22	3.96
	完成投资/万元	11699.36	790.02	1278.22	1675.91	814.36	1492.03	1108.09	2603.29	1937.44
2015 年	解决人数/万人	22.9907	1.414	2.39	3.86	1.62	2.87	2.14	4.03	4.64
	完成投资/万元	11039.38	663	1157.77	1840.7	797.16	1433.06	1001.17	1959.21	2187.31
2015 年（第二批）	解决人数/万人	1.53	0.09	—	1.02	—	—	—	0.42	—
	完成投资/万元	766.89	44.99	—	511.91	—	—	—	209.99	—
2016 年	巩固提升人数/万人	23.93	1.32	1.93	5.28	0.69	2.49	3.15	5.01	4.02
	完成投资/万元	14270.25	1004.28	1222.42	2681.92	520.77	1291.61	1657.85	3766.34	2125.06
2017 年	巩固提升人数/万人	57.07	2.75	4.40	9.04	1.38	9.30	6.09	11.89	12.1
	完成投资/万元	32548.45	1855.24	3830.14	5843.73	933.62	3634.07	3224.96	7058.64	6168.05
2018 年	巩固提升人数/万人	43.25	—	4.73	2.07	0.49	12.66	2.54	14.17	6.56
	完成投资/万元	35194.07	—	4605.08	6373.04	614.97	5073.42	885	13183.2	4459.36

续表3.16

时间	类别	合计	吉首市	泸溪县	凤凰县	古丈县	花垣县	保靖县	永顺县	龙山县
2019 年	巩固提升人数/万人	49.08	—	6.29	9.87	0.63	11.00	3.20	3.16	14.91
	完成投资/万元	30681.5	434	4986.91	4920.01	1253.79	3261.5	2378	2690.12	10757.17

数据来源：湘西州水利局。

3. 农村电网改造全面完成

近年来，湘西州充分认识到农村电网改造升级对打赢脱贫攻坚战的重大意义和对扩大有效投资的明显作用，也充分认识到村电农网改造升级不仅惠及农村，也有利于补齐农村基础设施短板，能带动社会投资、相关产业发展，促进地区经济平稳增长，不断加快农村电网改造工作，切实提高湘西广大农村地区供电的安全性、可靠性、稳定性，让农村贫困人口用上放心电、优质电、安全电，以此提高了农民生活质量，促进了农村经济发展，推动了农村脱贫致富。

如表 3.17 所示，2016 年，湘西州农村电网建设完成投资 2.1 亿元，完成 95 个扶贫村电网改造、146 个村电网升级完善；2017 年，完成 77 个贫困村电网改造和 155 个贫困村电网升级完善，完成投资 18140 万元；2018 年，完成 253 个贫困村电网升级完善，同步实现同网同价；2019 年，完成 70 个村农村电网改造升级，实现同网同价，其中吉首市 5 个、泸溪县 8 个、凤凰县 11 个、花垣县 10 个、永顺县 21 个、龙山县 15 个。国家电网湘西供电公司也全面完成了辖区内所有行政村电网改造任务，网改率达到 100%，全面实现了湘西州全州城乡供电安全稳定和城乡居民用电同网同价。由此，湘西州农村低电压和县域电网供电保障问题基本解决，有效地保障了村民的正常生产生活，降低了带有扶贫项目的小企业、合作社的生产成本，为村民实现脱贫致富提供了坚实的保障。

表 3.17　湘西州农村电网改造实施成效一览表

时间	完成电网改造村数/个	完成电网升级村数/个	完成投资/亿元
2016 年	95	146	2.1
2017 年	77	155	1.81
2018 年	190	253	2.2
2019 年	—	139	2.38
2020 年	—	198	3.43

数据来源：湘西州发改委、湘西州工信局。

4. 信息网络建设取得较大成效

（1）基本实现所有行政村 4G 信号全覆盖。2017 年，湘西州三家运营商新建农村无线 4G 基站 888 个，新建铁塔和改造站址 828 个，4G 网络有效覆盖的行政村数与总行政村数的比例达到 99.34%；2018 年，湘西州铁塔公司统一整合新建和改造农村无线基站 1542 个，以满足三家运营商无线网络覆盖需求，确保实现 4G 网络有效覆盖的行政村数与总行政村数的比例达 99.3%。

截至 2020 年底，电信、移动、联通三大运营商累计建成 4G 基站 9808 个，4G 信号实现全州所有行政村全覆盖，主要城区建设完工 5G 基站 1103 个。通过农村信号基站建设和广泛布局，从一定程度上带动了农村贫困劳动者就业，也有利于贫困村民通过 4G 网络切实加强与外界的沟通交流，真正实现"线下少跑腿，线上多沟通"，从而推动生产生活效率的提高，为乡村实现脱贫创造了"技术条件"。

（2）基本完成"村村通宽带（光纤）"。信息网络建设是发展农村电子商务产业的前提，全州信息网络建设的基本完成，促进了电子商务产业兴起，加强了与外界的信息、文化交流，有效破除了经济发展的信息屏障，补齐补强了短板，为湘西州脱贫攻坚事业和经济社会发展插上了信息的"翅膀"。同时，湘西州农村宽带信息网络的建设给农村带来了新模式和新业态，促进了农村人口生产和消费方式的转变，以宽带网络和 4G 网络为基础的新一代信息通信技术与传统产业深度融合，有利于实施"互联网+"项目，从而为农村传统产业带来了新机遇、新空间，推动了农村生产提质升级，加快了湘西农村脱贫致富的进程。近年来，湘西州持续推进农村网络完善工程和"宽带乡村"工程，启动通信为民办实事项目，实现人口相对集中的组（寨）通宽带（光纤）网络，基本实现贫困村学校、乡村旅游区全覆盖。

如表 3.18 所示，2018 年，湘西州新建农村有线宽带行政村 339 个，完成通信建设投资 53500 万元，全州宽带（光纤）覆盖率达 99.78%。2019 年，湘西州新建有线宽带行政村 900 个，完成投资 66100 万元，全州宽带（光纤）覆盖率达 100%；2020 年 11 月底，湘西州新建有线宽带行政村 125 个，完成投资 110000 万元，全州行政村宽带（光纤）深度覆盖率达 100%。

表 3.18 湘西州农村 4G 和宽带覆盖工程建设成效一览表

年份	新建 4G 基站数/个	新建铁塔和改造站址数/个	4G 覆盖率/%	新建农村有线宽带行政村数/个	宽带覆盖率/%	宽带投资/万元
2017	888	828	—	1000	96.02	35253
2018	1542	—	—	339	99.78	53500
2019	9808	—	100	900	100	66100
2020	352	—	100	574	100	74015

注：2020 年新建 5G 基站 1094 个。

数据来源：湘西州发改委。

(3)基本完成"村村通广播"。农村广播是基层组织管理事务、农民群众了解村务的重要渠道，同时也是基层组织的舆论宣传工具。对越来越多的公共危机事件，农村广播系统有着应急广播的功能，是保护群众生命和财产的有效手段。同时，农村广播系统也是基层农民群众精神文化生活的重要依托。湘西州农村的"广播村村响"工程建设对发展农村民主政治、应对农村突发事件、减少农村灾害损失、促进农村社会稳定、带动村民脱贫致富有着重要作用和意义。

湘西州"广播村村响"工程于 2015 年开始建设，如表 3.19 所示，2016 年全面建成农村"广播村村响"系统，项目总投入 4181.21 万元，其中省补资金 1425.3 万元，县市配套资金 2755.91 万元。农村网络信息建设完成 8 个县市广播中心、113 个乡镇(街道)广播站、1658 个建制村广播室。

2019 年，中央启动深度贫困县应急广播体系建设，中央财政为湘西州 7 县市共计投入 1680 万元(每县 240 万元)，全州共建设 8 个县(市)级、115 个乡镇(街道)级、1787 个村(社区)级广播播控平台，按照每个行政村 4 个点建设广播接收点，共建设 6268 个广播接收点，布设 15300 个高音喇叭、1358 个 IP 音柱。

表 3.19　湘西州农村广播建设成效一览表

年份	县市广播中心数 /个	乡镇(街道)广播站数 /个	建制村广播室数 /个	广播覆盖率 /%	完成投资 /万元	新建广播接收点数 /个	新建喇叭数 /个	IP音柱数 /个
2016	8	113	1658	100%	4181.21	—	—	—
2019	8	115	1787	100%	1680	6268	15300	1358

数据来源：湘西州发改委。

(4)基本完成"户户通卫星"。"户户通卫星"工程是管理区域的一项重要惠民工程，湘西州通过发放"户户通"设备，提高了广大群众收视电视的覆盖率，改变了山区贫困人口信息闭塞的现状，有利于农村居民了解党和政府的路线方针，丰富了村民的精神文化生活，"户户通"也逐渐成为农村广大群众文化娱乐休闲和增收致富的有力助手，对建设农村精神文明，实现"精神脱贫"起到了重要的推动作用。

截至 2019 年底，湘西州在农村安装完毕、投入使用了 52200 套直播卫星"户户通"设备，完成"户户通"建设 12000 户，其中永顺县 3000 户、龙山县 2000 户、花垣县和保靖县各 1500 户，吉首市、泸溪县、凤凰县、古丈县各 1000 户，预期目标任务已全部完成。

(5)推进"智慧湘西"政务信息化建设。湘西州近年来已投入资金 4 亿元，建成了大数据中心，完成了全州大数据中心机房建设，大数据中心第一期云平台等基础设施已投入使用。同时，湘西州州直各部门和全州 8 县市共梳理出 1832 个系统、8815 个信息资源、132491 个信息项，并且全部录入州数据中心数据资源管理系统和提供数据目录服务。

截至目前，湘西州已打通了财政、公安、税务、教育、气象等州直部门专网，将 20000 多个视频图像资源整体迁移或共享接入全州大数据中心，并供全州统一共用，同时还推进了 25 个部门业务系统与州"互联网+政务服务"一体化平台对接，助推"放管服"改革落地。此外，湘西州在全省率先开通了国家人口基础信息库查询功能，还组织州直各部门申请调用教育部、公安部、交通运输部等 11 个部委 19 条数据资源。

3.1.9.4 典型案例

案例 1：

泸溪县洗溪镇峒头寨村的"盘山路，致富路"

在湘西州精准脱贫"十项工程"政策推动下，泸溪县大力加强农村基础设施建设，为峒头寨村新修公路，解决了该村交通偏僻、先天不足的问题。"想致富，先修路"，峒头寨村农村公路的修建和改善，让当地村民脱贫致富的希望大大提升，也是湘西州"交通脱贫"的生动写照。

一、峒头寨村基本情况

洗溪镇的峒头寨村位于洗溪镇北方，这个典型的苗族聚居地有稻田面积 540 亩、耕地面积 1660 多亩，放眼望去还有 14 平方千米的森林，它们是全村 1000 余名村民的固定资产。这里地势偏高，山路蜿蜒曲折，交通不便，有太多的"先天不足"。2015 年末，峒头寨村共精准识别建档立卡贫困人口 137 户 522 人，占全村总人口的 40.5%。

二、项目建设实施情况

为彻底打通洗溪镇峒头寨村的通行"瓶颈"，泸溪县 2014 年开始对峒头寨农村公路进行提质改造（见图 3.51）。项目总投资 635.50 万元，使全村实现了硬化、净化、绿化、美化的目标，将峒头寨村变成了幸福村。2017 年，全村村间道路硬化 3 千米，新修产业路 2 千米，村硬件设施顺利"扫尾"。目前，在峒头寨村附近建有专门的高速公路服务区，当地村寨有 40 余人在服务区务工，每人每月工资 1400 至 1800 元不等，已成为持续稳定的收入来源。

目前，日益畅通的"组组通"公路带动了当地柑橘种植业，鸡、鸭、猪、牛养殖业等数个产业的发展，一条条"致富路"修到了当地百姓家门前，加快了峒头寨致富奔小康的速度。

图 3.51　峒头寨村新修建道路
图片来源：湘西州交通局。

案例 2：

永顺县三家田村："水厂建成了，村民幸福了"

在湘西州精准脱贫"十项工程"政策推动下，当地政府为三家田村修建了水厂，解决了远距离取水难、生活生产用水缺乏的问题，从而产生了巨大的经济和社会效益，为该村村民实现脱贫致富提供了重要基础设施保障。该村水利设施建设对于脱贫攻坚的积极影响也对其他类似贫困村有较强的学习借鉴意义。

一、三家田村基本情况

三家田村位于永顺县塔卧镇，总面积 18 平方千米，有 24 个村民小组共 825 户，主要以白皮柚为产业。该村四面环山，村民们祖祖辈辈都是靠肩挑背驮取井水，或自引山泉水、溪水来解决日常饮水问题。每到枯水季节，便存在一定的季节性缺水问题，水质、水量、供水保证率均达不到饮水安全标准。"山上的水不干净，井里的水放一天就会变成锈黄色。"这是当地村民们普遍反映的情况。

二、项目建设实施情况

建设高规格、高标准的集镇小型水厂一直是湘西州农村饮水安全工程建设坚持不变的基调和原则。结合三家田村的实际，在省水利厅的支持以及驻村扶贫队的协调下，2015 年 11 月，三家田村安全饮水工程正式启动，工程建设者踏遍了三家田村及其周边村镇的山山水水，终于找到了位于砂坝镇合亲村的水量大、水质好且能实现自流式联村供水的泥不咱洞水，为后续工程的顺利进行提供了可靠的水源保障。工程总投资 548 万元，根据当地实际建立了水厂（见图3.52），铺设了供水管道 108.6 千米。项目竣工供水后，水质经 42 项指标检测均达标，三家田村以及周边的大坝村共 6000 余名村民从此用上了优质的自来水，解决了他们安全饮水的大问题。

图 3.52　三家田村水厂全貌

图片来源：湘西州水利局。

案例 3：

古丈县牛角山村："小改造，大变化"

在湘西州精准脱贫"十项工程"政策推动下，牛角山村依托湘西州国家电网公司新一轮农村电网改造，彻底解决了该村之前用电质量差、电价高的问题，解除了该村生产发展的电力制约，推动了当地传统优势产业茶叶和旅游业的发展，提高了村民收入，为村民脱贫致富提供了重要基础保障，也成了农村电网改造推动脱贫攻坚的典型。

一、牛角山村基本情况

牛角山村位于古丈县默戎镇，有 5 个自然寨、8 个村民小组、313 户农户。在农网改造实施前，当地供电质量差、电价高，乡亲们守着青山绿水过穷日子，年轻人基本上都外出务工，供电设施的落后和高昂的生产生活成本严重制约了当地经济社会发展,也从一个方面影响了村民脱贫的进度。

二、项目建设实施成效

通过农村电网改造,村里的电力设施建设情况得到了根本的改变,供电稳定性和安全性都得到了较大改善和提高,基本实现了同网同价。良好的供电环境和强劲的电能促进支撑了牛角山村茶叶产业和乡村旅游业的快速发展。目前牛角山村已拥有村办企业6个,新建标准化茶叶加工生产线4条,年生产加工茶叶40万斤。茶叶加工营销和乡村旅游为本村和周边苗寨解决就业人数达300多人。村办企业和旅游业的快速发展,给村民带来了丰厚的收益。牛角山村村民的年收入连年上翻,从2008年的人均791元提高到2020年的19618元,12年间增长了24.8倍!产业扶贫已见实效。2017年全村50户建档立卡户136人也全部脱贫。目前,牛角山村(见图3.53)是远近闻名的全国乡村旅游示范村、民俗保护村、百佳茶叶村、农民合作示范村、一村一品示范村。

图3.53 农村电网改造后的牛角山村
图片来源:湘西州发改委。

3.1.10 公共服务保障工程的实施及成效

党的十八大以来,习近平总书记在很多重要讲话和论述中都提到了关于在决战决胜脱贫攻坚中,贫困地区的公共服务保障情况和实施成效。

2015年,习近平总书记指示要实现贫困地区农民基本公共服务主要领域指标接近全国平均水平,就必须在资金投入、要素配置、公共服务、干部配备等方面采取有力举措,加快补齐农业农村发展短板,不断缩小城乡差距,让农业成为有奔头的产业,让农民成为有吸引力的职业,让农村成为安居乐业的家园。

2018年5月19日,习近平总书记就新时代加强和推进生态文明建设,提出必须坚持"六大原则"：一是坚持人与自然和谐；二是贯彻创新、协调、绿色、开放、共享的发展理念；三是重点解决损害群众健康的突出环境问题，不断满足人民日益增长的优美生态环境需要；四是要统筹兼顾、整体施策、多措并举，全方位、全地域、全过程开展生态文明建设；五是用最严格制度最严密法治保护生态环境；六是共谋全球生态文明建设。

2019年8月16日，习近平总书记针对我国老年人口增加很快，老年服务产业发展还比较滞后的现状，强调要推动养老事业多元化、多样化发展，让所有老年人都能老有所养、老有所依、老有所乐、老有所安。同时，要关心留守儿童、留守老年人，完善工作机制和措施，加强管理和服务，让他们都感受到社会主义大家庭的温暖。

2019年10月28日至31日，在党的十九届四中全会上，习近平总书记提出"构建基层社会治理新格局"，强调要把加强和创新基层社会治理作为长远之计和固本之策，把党的领导落实到基层社会治理中，充分发挥基层群众自治的积极作用，将自治与法治、德治相结合。

近年来，湘西州不断深入学习习近平总书记关于公共服务保障的系列重要讲话和指示精神，并严格落实上级各项扶贫政策，大力发展农村社会事业，实行农村留守儿童营养改善计划并新建养老院、福利院、文化和体育中心，为农村贫困人口提供基本的公共服务。同时，加强生态文明建设，整治农村环境卫生，建设秀美村庄，借此推动乡村旅游发展，改善农村贫困人口居住环境和生活水平，并通过加大资金投入、优化资源配置，开展农村招呼站、客源站、农民市场建设，推动实现城乡公共服务公平化。另外，湘西州积极构建基层社会治理新格局，大力推行网格化治理，发挥基层群众自治的积极作用，将农村网格化治理与城市网格化治理统一起来，实现网格化治理全覆盖，提高政府工作效率，让村民获得感、幸福感、满意度不断增强。

3.1.10.1 公共服务保障工程概况

近年来，湘西州大力推进公共服务保障工程项目建设，通过加大财力支撑、实施项目带动、健全保障制度，推动公共资源向农村、落后地区、困难群众、社会事业倾斜，着力解决人民群众在教育、健身、卫生、交通、文化等方面的突出问题，并通过强基础，重规划，精心安排，积极筹措资金，在改善村级生态环境方面稳步推进，着力开展农村环境综合整治，推进秀美村庄建设，推进生态村建设。同时，把村综合文化服务中心建设作为基层文化建设的重要阵地和公共服务的综合平台，按照"七个一"建设标准统筹规划，因地制宜，整合资源，建用并重，推进村综合文化服务中心标准化建设，打通公共文化服务最后"一公里"（见图3.54）。

公共服务保障工程

社会服务 | 人居环境整治 | 站场建设 | 社会治理

社会服务：
- 实现村文体中心全覆盖
- 大力建设农村体育设施
- 不断完善农村金融服务
- 持续推进弱势群体帮扶

人居环境整治：
- 生活垃圾治理效果良好
- 生活污水治理效果良好
- 畜禽养殖污染治理效果良好

站场建设：
- 基本完成乡镇客运站站建设
- 基本完成乡镇招呼站建设
- 基本完成农贸市场改造

社会治理：
- 全面实施城乡同建同治
- 全面推进智慧政法建设
- 全面推行网格化管理

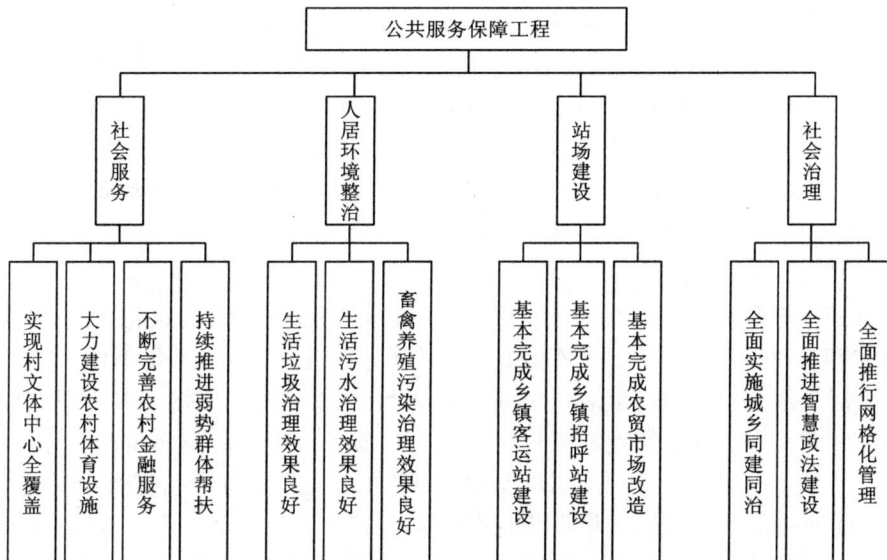

图 3.54　公共服务保障工程建设结构示意图

2019 年的数据显示，湘西州公共文化基础设施面积达 486.09 万平方米，全州接待游客 5700 万人次，旅游总收入达 526 亿元，同比分别增长 13.3%、19.3%，高于全省 10%、13% 的增幅。旅游产业增加值占全州 GDP 比重达到 16%，居全省第二位。以旅游产业为重点的第三产业对 GDP 增长贡献率提高至 67.7%，文化旅游"一业兴百业"的带动作用显著，旅游业成为湘西经济社会发展的重要支撑和主导产业。

3.1.10.2 公共服务保障工程扶贫的具体实践

1. 实施概述

（1）农村社会服务。实施文化脱贫工程，加快农村文化阵地建设，乡镇综合文化站和村社农家书屋、村文化活动中心实现全覆盖。同时，加大体育设施建设投入，完善体育场馆和健身中心等设施，推动民族体育文化活动进校园，把民族武术、摆手舞、苗鼓等项目融入校园活动，支持各级体校从农村选拔优秀体育苗子。另外，加快农村养老服务体系建设，扩大乡镇敬老院规模，完善配套设施。在全州贫困地区实施儿童营养改善项目，并加强儿童福利院、救助保护机构、特困人员供养机构、残疾人康复托养机构、社区儿童之家等服务设施和队伍建设，不断提高其服务水平。

（2）农村人居环境整治。2019 年中央农村工作会议指出，要抓好农村人居环境整治三年行动，从农村实际出发，重点做好垃圾污水处理、"厕所革命"、村容村貌提升。农村人居环境整治是实施乡村振兴战略的第一场硬仗，也是实施乡村振兴战略的重要任务和内在要求。湘西州严格按照中央《农村人居环境整治三年行动方案》和省委、省政府实施方案的部署要求，在垃圾污水治理、农村"厕所革命"、村容村貌提升等方面精准发力，整治行动取得了初步成效。

同时，湘西州各级政府和相关部门大力开展农村人居环境整治工作，按照城乡同建同治工作要求，以治厕所、治垃圾、治污水、治违建、消除集体经济"空壳村"等"四治一消除"为重点，按照"一拆二改三清四化"的要求，即拆除"空心房"、推进改厕、改圈，清理农村生活垃圾、清理村内沟渠塘坝、清理畜禽粪污等农业生产废弃物，统筹做好农村净化、绿化、美化、亮化工作，加大贫困村生活垃圾处理，实现生活垃圾处理率达到100%，同时加强污水治理、改厕和村庄绿化美化力度，实现贫困村生活污水处理率、畜禽养殖污染防治率均达到90%以上。近年来，由湘西州"美丽湘西"办牵头，大力推进美丽乡村建设。同时，湘西州以落实万名网格员为保障，抓实基本公共服务工作，建立健全基本公共服务标准体系，确保了农村人口幼有所育、学有所教、劳有所得、病有所医、老有所养、住有所居、弱有所扶。

（3）农村站场建设。近年来，湘西州积极实施新农村汽车客运站场建设"百站工程"，累计投入数亿元，在县城和乡镇合理规划和建设客运站10余个，此外还建设了数百个乡镇客运站和数千个农村候车亭，基本实现了所有乡镇和所有通公路的行政村开通农村客运。

农贸市场标准化改造是一项便民、惠民、利民的民生和德政工程，也是社会流通体系的重要组成部分，反映了城乡生活水平、建设水平、管理水平，是文明形象的重要窗口。湘西州的农贸市场绝大多数始建于20世纪八九十年代，设施陈旧，年久失修，已经成为老百姓关注的热点问题。湘西州抢抓省委、省政府将农贸市场标准化改造纳入为民办实事，并分配给全州农贸市场标准化改造项目的契机，在州商务局的精心推动下，全州大力推进农贸市场标准化改造，努力把农贸市场标准化改造办成群众满意工程。目前，全州农贸市场标准化改造已基本完成，给当地群众提供了干净、整洁、安全、方便的"赶集"场所。

（4）农村社会治理。近年来，湘西州不断加大社会治安综合治理力度，基本建成了县级网格化指挥中心、乡镇（街道）网格化分指挥中心、村（社区）网格工作站，基本实现了县市、乡镇（街道）、村（社区）三级平台联网运行，同时进一步加强了村级网格化管理的组织体系、责任体系、平台体系、保障体系建设，实现了农村网格化全覆盖。

湘西州根据自身特点，在农村社会治理中，开创性地使用"网格化管理"。

该管理模式于 2013 年在湘西州凤凰县先行试点，2014 年依托基层管理搭建平台，2015 年出台意见统筹推进，2016 年纳入美丽湘西和"精准脱贫十项工程"，2017 年纳入"综治创新年"十项重点工作着力拓展实际应用。

2. 主要做法

（1）政府支持，政策引导。湘西州高度重视农村社会事业发展，结合当地实际下发了《湘西自治州人民政府办关于印发〈2019 年州定 20 件民生实事项目实施方案〉的通知》（州政办发〔2019〕5 号）、《中共湘西自治州委 湘西自治州人民政府关于加快推进美丽湘西建设提质升级的实施意见》（州发〔2019〕3 号）、《中共湘西自治州委办公室湘西自治州人民政府办公室关于印发〈湘西自治州加快农村人居环境整治建设美丽乡村三年行动实施方案（2018—2020 年）〉的通知》，对"美丽湘西"建设进行了顶层设计。各级党委政府将美丽乡村建设工作摆进重要议事日程，并将相关工作作为一项政治任务，要求各部门必须高标准、高质量完成。

（2）统一领导，全面协调。州委、州政府成立了公共服务保障建设项目协调小组，由该小组专门负责协调和领导州直各单位和各县市的公共服务保障工作，同时把农村社会事业建设、农村人居环境整治、农村站场建设、农村社会治理作为决战决胜脱贫攻坚和实施乡村振兴战略的重大工程。

（3）划定职责，明确分工。近年来，湘西州陆续出台了多项关于促进农村社会事业发展、农村站场建设、农村社会治理等相关工作的政策措施和实施文件，如《全州农村人居环境整治三年行动主要任务分解表》《全州农村人居环境整治三年行动主要任务》等。同时，州直相关部门也制订了相应的方案，如《湘西州生态环境局关于明确 2019 年改善农村人居环境暨美丽湘西建设工作科室职责分工的通知》《湘西州环境保护局 2019 年美丽湘西提升年工作方案》等。这些方案文件对"美丽湘西"建设相关工作进行了明晰的责任划分，也明确了主要工作、目标任务、责任范围。

（4）积极筹集，资金到位。近年来，湘西州积极向中央和上级有关部门争取农村站场建设、农贸市场改造的项目资金，全力统筹湘西州财政预算，并向银行融资、引入民间资本，利用一切可利用的资金投入公共服务保障工程建设。2019 年以来，湘西州向上级部门争取了农村环境综合整治资金 5355 万元，其中中央资金 4340 万元、省级资金 1015 万元。其中，2020 年向中央争取了资金 2371 万元，主要用于对凤凰县廖家桥镇菖蒲塘村、拉毫村、大坪村、鸭堡洞村、椿木坪村等 5 个村的农村人居环境卫生整治。同时，湘西州自主筹集资金 2000 万元，统筹整合厕所改造资金 8712 万元，注入农村环境卫生综合整治。

（5）加强协作，部门联动。近年来，湘西州紧紧围绕建设"美丽湘西"这一目标，不断创新工作思路，结合当地实际，利用当地资源做足文章。在湘西州"美丽湘西"办的协调下，州直单位和各县市加强协作、密切配合，在工作中形成了联动机制。各部门协调配合、共同发力，共同推动农村公共服务保障工程建设。

（6）督查督办，严格考核。湘西州将农村社会事业、农村环境卫生整治、农村站场建设、农村社会治理纳入政府目标责任考核范围，实行"一月一评估、两月一排名"和"一季一督查、一季一通报"，不断强化州直单位和各县市党政主要负责人的主体责任；对于未完成目标任务的，相关负责人不得参与评先评优，相关单位"五个文明"绩效考核不得评为一类或降低一个等次。

3.1.10.3 公共服务保障工程扶贫实施的显著成效

1.农村社会服务取得较快发展

（1）基本实现乡村文体活动中心全覆盖。近年来，湘西州坚持把乡村文化活动中心建设作为脱贫攻坚工作的重中之重，充分发挥其在脱贫攻坚工作中宣传政策、服务群众、教育培训的主阵地作用，深入实施"文化惠民"工程，完善和健全了公共文化服务体系，丰富了当地群众的精神文化生活，提升了当地群众的幸福指数，为决战决胜脱贫攻坚提供了有力的文化支撑。

如表3.20所示，2016年，湘西州对18所乡镇综合文化站进行了完善，更新了202所村社农家书屋的书籍，新建了68所村综合文化服务中心；2017年，建设了37所村综合文化服务中心示范点；2018年，所有贫困村村综合文化服务中心建设全部达标。2019年底，湘西州完成了1567个行政村（不含社区）综合文化服务中心建设，其中龙山320个、永顺265个，保靖160个，花垣217个，古丈103个，凤凰261个，泸溪131，吉首110个；完成了省定79个乡镇综合文化站专项整治工作，其中龙山21个、永顺6个，保靖12个，花垣5个，古丈7个，凤凰17个，泸溪4个，吉首7个，全州现有121个乡镇综合文化站，已实现全覆盖。

表3.20 湘西州农村文化事业发展成效一览表

年份	新建或改造乡镇综合文化站数/个	新建村社农家书屋数/个	新建村综合文化服务中心数/个	乡镇覆盖率/%
2016	18	202	68	—
2017	—	—	37	—
2018	—	—	—	—
2019	79	—	1567	100

数据来源：湘西州发改委。

（2）加快建设农村体育设施。习近平总书记指出，没有全民健康，就没有全面小康。近年来，湘西州坚持以增强人民体质、提高健康水平和生活质量为根本目标，以建设全民健身公共体系为重点，以满足人民群众日益增长的多元化体育健身需求为出发点和落脚点，坚持体育事业公益性，保障群众参与体育健身活动合法权益，高度重视全民健身工作，尤其关注农村人口的健康问题，通过多种渠道筹集资金，在农村地区加大体育设施建设力度，并积极构建全民健身公共服务体系，使大量农村贫困人口因此受益。目前，全州 1576 个村有1477 个已配套安装了全民健身器材，覆盖率达 93.7%，90% 以上的乡镇（社区）、行政村建有便捷实用的公共体育健身设施，新建社区的体育设施覆盖率到达 100%。"十三五"期间，花垣县投入公共体育场地建设经费 1.2 亿元新建了花垣县体育广场，泸溪县投资 1.63 亿元建成泸溪县全民健身中心，龙山县投资 5.3 亿元建成龙山县全民健身中心。目前，湘西州各县市、乡镇、社区公共体育设施及部分学校体育设施常年免费向公众开放，农村群众体育健身意识进一步增强，参加体育锻炼人数明显增加，人民群众身体素质和健康水平进一步提高。

（3）完善农村金融服务体系。近年来，湘西州明确"首个试点、首批试点、逐步推开"的建站思路，指导华融湘江银行湘西分行作为主联系行，在十八洞村建立起全省首批、全州第一个金融扶贫服务站，将支付结算、转账汇款、贷款支持、电商服务、咨询平台等金融服务送到了老百姓家门口。在进行充分摸底的情况下，结合当地实际，在产业发展好、金融服务需求旺盛、建站基础条件好的村寨，建立精品站和星级站；在村组分散、留守人员少的村寨，建立能基本满足农户小额取现、账户查询、小额转账等基本金融服务需求的简易站；在其余村寨建立标准站，要求主联系行依托金融扶贫服务站和村组干部，了解贫困村及贫困农户发展特色产业的情况，结合信用评级、市场发展、经营管理、抵押担保等情况，向建档立卡的贫困户和带动贫困户的新型农业经营主体发放贷款，并依托服务站加强信贷管理与跟踪服务，让贫困户在家门口就能"一站式"办好手续、拿到贷款，打通金融扶贫"最后一公里"。如十八洞村金融扶贫服务站的主联系行华融湘江银行，依托服务站了解村里信贷需求，为十八洞村千亩精品猕猴桃"飞地"基地创新发放 1000 万元免抵押贷款，有效支持了十八洞村集体经济做大做强，实现了金融扶贫的有益尝试。

2017 年，湘西州建设了 1110 个金融扶贫服务站，实现贫困村 100% 全覆盖，启动了 100 个州级扶贫再贷款示范点建设，启动了 4 个省级再贷款示范点建设，建设了 10 个州级农村电商综合示范点；2018 年，湘西州整合各类涉农资金 54.98 亿元，实现所有贫困村电子商务服务站点全覆盖，完成所有贫困村卫生室建设。2018 年末，实现金融扶贫服务站、助农取款点、电商服务站三站融合率 100%；2019 年，进行了涉农资金整合工作，全州各级财政部门共整合并拨付各类涉农资金 30.86 亿元(农业科统计口径)，整合资金到位率、拨付率均达到 100%。

(4)推进关爱留守儿童与儿童营养改善项目。湘西州从 2013 年开始启动国家贫困地区儿童营养改善项目，为 6~24 月龄婴幼儿补充营养包，第一批实施泸溪县、凤凰县、花垣县、永顺县、龙山县等 5 个县，2018 年起新增吉首市、保靖县、古丈县 3 个项目县后，全州实现了全覆盖。2018 年至 2019 年，全州 8 县市每月营养包发放任务数是 27450 包。通过近几年的努力，湘西州全州婴幼儿营养状况明显改善，儿童看护人婴幼儿科学喂养知识知晓率明显提高。

湘西州根据实际，建立了留守儿童台账和电子档案，深入推进关爱农村留守儿童工程，在中心完小以上学校建设"留守儿童之家""爱心屋"等公益设施，搭设亲情沟通桥梁。近年来，共建设了特殊教育学校 4 所，落实了特殊教育生均公用经费 6000 元/年的基本政策，明确了特殊教育随班就读试点学校 10 所，建设了普通学校特殊教育资源教室 9 间。同时，采取"特殊教育学校+普通中小学随班就读"措施提高残疾儿童入学率，通过几年的努力，将全州三类残疾儿童义务教育入学率提高到 94%。

湘西州全面落实关爱服务政策，不断完善"一老一小"关爱保护体系，做到应帮尽帮。儿童福利机构实现全覆盖，除吉首市为州市共建外，其余 7 县均设立儿童福利机构。孤儿基本生活费不断提标，分散供养和集中供养孤儿基本生活费标准从 2016 年的 600 元/人/月和 1000 元/人/月提高到 2019 年的 950 元/人/月和 1350 元/人/月，增幅分别达 58.3% 和 35%。2019 年，湘西州出台了《关于进一步加强困境儿童保障工作的通知》(州政发〔2019〕11 号)，明确了困境儿童保障范围，规范了认定流程，建立了基本生活、基本医疗、教育等保障机制，深入调查摸底，澄清困境儿童底数，率先在全省启动事实无人抚养儿童救助工作，按照每人每月 800 元的标准补差发放救助金。同时，依托州残联康复大楼，成立了 4 家残疾儿童康复中心，先后为 1500 多名残疾儿童提供康复训练，并帮助了 198 名听障儿童接受人工耳蜗手术，帮助了 200 多名儿童进入幼儿园、小学和特殊学校学习。湘西州认真开展农村留守儿童"合力监护、相伴成长"关爱保护专项行动，全州 105 个乡镇配备儿童督导员 124 名和村(居)儿童主任 1813 名，建成留守儿童之家 1726 个，覆盖 91.9% 的建制村，永顺县首车镇龙潭居委会示范儿童之家被评为"全国优秀儿童之家"。

近年来，湘西州积极动员各方力量，开设了"慈爱阳光班""朝阳助学"等项目，帮助孤儿、低保户、建档立卡户子女完成学业，并开拓职业教育新渠道，不断加强与省内外职业学院的合作，通过职业教育培养适龄孤儿就业创业的能力。同时，积极组织"慈善一日捐"并创新运用"互联网+慈善"模式开展"关爱贫困孤儿助学、相约 99 公益日"募捐活动。近年来，湘西州累计筹募资金2992.1 万元，物资价值 790 万元，同时开设慈善超市 30 家，受益困难群众达 3万余人次。

（5）推进农村养老、残疾人帮扶事业。湘西州贫困农村地区经济基础薄弱、条件艰苦，多数贫困地区青壮年劳动力外出务工，致使贫困地区农村老年人留守和空巢现象严重，独居老人的赡养问题和残疾人的帮扶问题成了社会关注的热点。

近年来，湘西州新（扩）建敬老院 18 所，改造护理型养老床位 8 所，改造床位 320 张，改造消防安全设施 7 所，启动了 4 所残疾人康复托养机构的建设，并对 3 所乡镇敬老院进行了改扩建。同时，全州各县市共投入 3000 多万元，为敬老院安装了消防报警器和灭火器，修建了消防水池，改造了厨房设施，安装了监控设备，使湘西的敬老院基础设施环境得到了很大的改善。截至 2019 年底，湘西州有农村特困人员集中供养机构（敬老院）161 所，有城市老年社会福利院 6 所，共有管理服务人员 553 人，集中供养特困人员 3000 人，其中失能半失能特困人员 1285 人。同时，湘西州将重度残疾人护理补贴标准和困难残疾人生活标准由 2016 年的 50 元/人/月、50 元/人/月分别提高到 2019 年的 60元/人/月、100 元/人/月。近年来，全州困难残疾人生活补贴累计发放 1436745人次，重度残疾人护理补贴累计发放 1390092 人次，累计发放资金 19707.38 万元。湘西州还认真开展特困人员集中供养需求摸底调查工作，通过上门入户的方式对全州 9327 名分散供养特困人员的基本情况和集中供养意愿进行摸底调查，并根据摸底调查情况，结合当前特困人员集中供养现状，制定了特困人员集中供养服务计划。截至 2019 年底，全州生活不能自理特困人员集中供养率达到 40%。

截至 2019 年底，湘西州超过 600 家社会组织积极参与到精准扶贫工作中来，开展扶贫项目 409 个，制定扶贫工作计划 382 个，投入资金 814 万多元，投入人员 2904 人次，受益贫困人口 5323 户、19421 人。

2. 农村人居环境显著改善

湘西州成立了由州委书记任组长、州长任常务副组长的湘西州建设美丽湘西工作领导小组，切实加强工作领导，明确专人专抓，进一步统一思想、提高认识、强化措施，切实将农村人居环境改善建设任务纳入重要议事日程。

2013 年，湘西州启动城乡同建同治，全面开展城乡垃圾、容貌秩序和交通整治，当年全州就清除卫生死角 4.85 万处，清理陈年垃圾 7.84 万吨。城乡主干道、背街小巷、单位院落的陈年垃圾不见了，城区主街道乱搭乱建行为也没有了。2019年，湘西州共争取农村环境综合整治资金5355万元，其中争取中央资金4340万元、省级资金1015万元，2020年争取中央资金2371万元。另外凤凰县廖家桥镇菖蒲塘村、拉毫村、大坪村、鸭堡洞村、椿木坪村等5个村的农村人居环境整治列入了2019年中央预算内投资计划，投资金额达2000万元。州本级筹集资金2000万元用于保障项目建设和工作考核，统筹整合改厕资金8712万元为农村环境综合整治暨农村人居环境改善顺利开展提供坚实保障。截至2020年底，全州已完成农村改厕23万多座，卫生厕所普及率达80%以上，8个全国重点镇生活污水处理设施实现全覆盖，已建成运营乡镇垃圾焚烧炉196个，农村黑臭水体全面清零。同时，湘西州重拳出击整治涉矿产业和相关企业，共关闭注销露天矿山781个。锰和铅锌资源生产大县花垣县，铅锌矿由1054个整合为6个，锰矿由34个整合为4个。全州投入4.41亿元修复生态，让5030亩矿山重披"绿装"。

（1）生活垃圾治理效果良好。近年来，湘西州争取农村环境综合整治资金1.13亿元，建成镇、村级焚烧炉1509座、乡镇垃圾中转站17座，配备垃圾转运车234辆、垃圾保洁车3445辆、垃圾收集池（围）9960个、公共垃圾箱6282个、户用垃圾桶180210个。农村垃圾分类减量处理全面实施，农户垃圾分类处理知晓率达到80%以上，乡村可回收垃圾收购网络系统初步建立。在垃圾分类减量无害化处理方面，推进垃圾"三掉三化"（烧掉一点、埋掉一点、卖掉一点，减量化、资源化、无害化处理）做法，建立健全农村生活垃圾收运处置体系，全州共排查非正规垃圾堆放点47处，已全部完成整治，全州非正规垃圾堆放点实现动态清零。目前，湘西州已有70多万户开展农村垃圾分类减量处理。湘西州全州共配备村组公共区域保洁人员16220人，其中纳入公益性岗位的有11108人。同时，每个行政村都完善和建立了管护机制，相关经费由财政补助、社会帮扶、县市政府共同安排支出，基本形成了村村"有保洁员、有制度、有标准、有经费、有督查"的长效机制。乡村保洁人员和相关工作经费基本得到落实，为"美丽湘西"的建设工作长期有效开展奠定了良好基础，同时也确保了农村生活垃圾治理的长效运行维护，为贫困村人口增加了就业岗位和收入来源。

（2）生活污水治理取得积极成效。近年来，湘西州强化社会资本运作，着力保障全州饮用水水源安全，整治黑臭水体，抓工业污染防治，强化城镇生活污染治理。截至2020年底，投入资金3亿元，建成吉首市矮寨镇、河溪镇，泸溪县浦市镇、洗溪镇，凤凰县阿拉镇、山江镇，花垣县边城镇，永顺芙蓉镇，保靖县清水坪，龙山里耶镇10座污水处理设施。2021年，计划建设27座建制镇污水处理设施，有力地推动了美丽湘西的建设。

截至 2020 年底，湘西州已建成乡镇污水处理厂（站）16 座，清理村内沟塘 575 处，建有农村生活污水治理设施或纳入城镇污水管网的行政村达 300 个，超过 1000 个村庄农村生活污水乱排乱放得到管控，还建有污水集中处理设施 121 套、农村四池净化系统 10796 套、三格化粪池 15245 口，有效解决了农村污水横流的现状，使农村生活污水直排问题得到了一定改善，也改善了农村人口生活环境质量。

（3）畜禽养殖污染防治取得积极成果。湘西州结合自身实际，制订出台了《湘西州畜禽养殖污染防治管理办法（暂行）》，提出建立"州级统筹、部门联动、县市落实"的工作机制，并积极争取上级项目资金支持，加大信贷支持力度，积极鼓励引导社会资本参与畜禽养殖污染防治相关项目的建设。

近年来，湘西州各县市组织开展畜禽规模养殖场污染治理情况调查摸底，全面查清了养殖污染情况，制定了切实可行的畜禽污染治理整改工作方案，明确工作目标，理清工作重点，细化工作措施，倒排整改时间表，全力推进畜禽规模养殖场污染治理整改工作。各县市还建立了畜禽规模养殖场污染治理台账和整改工作档案，做到了一场一档、资料完整、信息准确。对于在禁养区外新建（扩建）规模养殖场的，再次明确要求，符合畜牧业发展规划、畜禽养殖污染防治规划的，必须向县市畜牧水产事务中心申请备案，到国土资源管理部门依法办理设施农用地备案手续，并依规进行环境影响评价，做到养殖设施与养殖废弃物处理设施同时设计、同时施工、同时投入使用。同时，湘西州畜牧水产事务中心把畜禽养殖污染防治纳入日常监管范围，重点对废水、畜禽粪便和其他固体废弃物治理和综合利用设施或者无害化处理设施运行、管理和维护情况进行监督检查，并健全了养殖污染治理信息上报联络机制，实现了专人负责、专人上报。各县市治理情况实行旬报与即报相结合的方式，对存在问题及时整改，依法查处养殖违法排污行为，确保粪污治理全面推进。

湘西州 8 个县市政府均依法公布了"三区"划定规划，同时组织各县市对辖区内 2357 个备案养殖场（户）进行全面排查，逐场建立粪污治理档案。经过摸排，精准统计到全州达到省定标准的规模养殖场共 120 个，其中完成粪污配套设施的有 113 个。

（4）秀美生态村庄建设取得重大进展。近年来，湘西州依托秀美生态村庄建设、"绿色湘西"建设和国家森林城市创建，大力实施植树造林和退耕还林、生态公益林、石漠化治理等重点生态工程，全州累计整合涉林资金 46 亿元，完成营造林面积 120.66 万亩，建设"秀美村庄"1168 个。发展生态旅游产业、生态种植产业，坚持绿色富民，将绿水青山变成金山银山，全州每年有超过 200 万人次参与到生态建设活动中，为生态脱贫汇聚了不竭动力。目前，湘西州全州有 320 多个世界文化遗产、国家自然保护区、风景名胜区等世界级、国家级生态文化旅游品牌。旅游产业增加值占全州 GDP 比重达到 16%，居全省第 2 位。一业兴百业，以旅游业为重点的第三产业对 GDP 增长的贡献率保持在 70% 左右。2016 年至 2019 年，湘西州乡村旅游累计带动 10.2 万人脱贫。2019 年全州乡村旅游接待游客 1503.74 万人次，实现旅游收入 56.06 亿元，同比分别增长 21.76%、24.85%。湘西州打造了"十八洞""惹巴拉""山江苗寨""墨戎苗寨"等乡村旅游品牌，评定了 68 个乡村旅游示范村，初步形成了凤凰古城、芙蓉镇等中高端民宿集聚区，创建了军亭界度假村。通过建设秀美村庄，发展乡村生态旅游、乡村民俗旅游，湘西州既有效地提高了贫困村民的收入，也有利于实现贫困村脱贫致富，早日建成小康社会。

3. 农村站场建设取得新成效

(1) 基本完成全州乡镇客运站、招呼站建设。农村站场建设是满足农民群众出行需要的一项基础工作，对于加强城乡交流、缩小城乡差异、推动城镇化、实现脱贫致富具有重要意义。农村客运站和招呼站场既是一项服务农村、服务农民的民心工程，又是一项执政为民的德政工程。

为切实服务百姓、改善农民的出行条件，解决贫困村农民乘车难、候车难的问题，近年来，湘西州结合自身实际，制订出台了《湘西州发展农村客运加强农村道路交通安全管理暂行办法》，并严格按照同建同治发展规划，加快城乡客运一体化发展，提高农村客运通达度，遵循"政策引导、市场运作、经济适用、布局合理、一村一站，方便百姓"的原则，因地制宜，加大投入，落实专人负责实施，加快了农村客运招呼站建设进度，建设完成了麻栗场农村客运站等 25 个农村客运站和 350 个农村招呼站，工程质量合格率达到 100%。2016 年，湘西州新建了 5 个客运站和 100 个农村招呼站；2017 年，建设完成农村招呼站 100 个，完成投资 400 万元，建设完成客运站 5 个，完成投资 250 万元；2018 年，建设完成农村招呼站 50 个；2019 年，全面完成规划目标任务，真正做到了打通群众出行"最后一公里"；2020 年，全面完成 50 个农村招呼站和 6 个城乡客运一体化综合服务站建设任务。此外，还积极指导花垣县、吉首市城乡客运一体化试点工作，制定了详尽的工作方案，明确了工作任务，相关工作正稳步推进。

(2) 基本完成全州标准化农贸市场改造。农贸市场标准化改造是一项便民、惠民、利民的民生和德政工程，也是社会流通体系的组成部分，是反映城乡生活水平、建设水平、管理水平乃至文明形象的重要窗口。湘西州农村标准农贸市场的改造升级，在一定程度上能有效改善农村的消费环境，吸引更多的农村产品和消费者进入市场，让当地农民逐步走上专业化生产、规模化经营的发展道路，是改善农村消费环境的迫切需要，是加快全州商贸物流业发展的必然要求，也是全面建设小康湘西的重要内容。

如表3.21所示，湘西州2014至2017年间实施了"四年行动计划"，全州共完成农贸市场标准化新改建项目113个，累计完成投资2.54亿元。2016年，全州完成了30个城乡农贸市场的标准化改造；2017年，又完成了16个城乡农贸市场的标准化改造。2020年，湘西州结合马路市场集中整治专项行动，对全州39处存在安全隐患的马路市场和农贸市场进行了新改扩建设。

表3.21 湘西州农村站场建设成效一览表

时间	建成农村招呼站安装数/个	建成乡镇客运站数/个	农贸市场改造数/个	建制村通客班车率/%
2014—2015 年	—	—	67	—
2016 年	100	5	30	—
2017 年	100	5	16	—
2018 年	50	—	—	99.9
2019 年	—	—	39	—

数据来源：湘西州发改委。

4. 农村社会治理实现新跨越

湘西州围绕打造美丽开放幸福新湘西，以固本强基为突破口，坚持抓基层打基础、补短板推创新，农村社会治理工作实现了新跨越。

实施城乡同建同治，打造湘西社会治理新格局。一是出台文件加强基层基础。州委相继出台《关于进一步加强社会管理综合治理基层基础建设的意见》《关于开展城乡同建同治工作的实施意见》《关于加强网格化社会服务管理工作的意见》《关于建设更高水平平安湘西的意见》《湘西自治州州域社会治理现代化试点工作实施方案》。二是通过网格延伸治理单元。划分网格9991个，网格员达2.6万余人，基本形成"网格全覆盖、诉求快响应、服务零距离"的工作格局。三是开展活动推动工作落实。2018年以扫黑除恶专项斗争为统揽，深入净化城乡基层政治生态和社会生态。将乡村社会治理纳入全州乡村振兴三年行动计划，逐步形成问题联治、工作联动、平安联创的良好局面。

加强州域顶层设计，项目化推进"智慧政法"建设。一是自身建设实现历史性跨越。全州平安建设成效显著，刑事发案从2013年的7822起下降到2020年的4899起，下降了37.37%，破案率上升了23.46%。泸溪县荣获"全国平安建设先进县"，省平安县增加到 3 个。二是电子防控实现根本性转变。投入 4 亿多元建成前端高清摄像头 5 万余个，实现了城乡重点公共区域全覆盖和州、县、乡三级联网运行。近五年来，利用电子防控系统破获刑事案件 5300 余起，查处治安案件 21000 余起。三是综治中心实现实战化应用。建成州、县、乡、村四级综治中心，整合综治视联网、"12345"县长热线、"110"接处警热线进综治中心指挥平台，基本具备涉稳信息收集、治安形势研判、矛盾纠纷督导、应急处置调度等实战功能。

坚持基层党建引领，探索"枫桥经验+湘西创新"。一是发挥堡垒作用。在扫黑除恶专项斗争中，179 个软弱涣散村、社区党组织得到全面转化提升。全州配备村综治专干并享受村主干待遇，明确驻村辅警兼任村党支部副书记或村委会副主任，基本实现了小事不出村、大事不出乡、矛盾不上交。二是推进"三治"融合。坚持以自治为基础、法治为保障、德治为先导，全面推广花垣十八洞村"党建引领、互助五兴"农村基层治理模式。三是推动"四化并举"。全面推进"一村一辅警"建设，将全州 1567 个行政村、243 个社区、2053 名辅警一次性全部配备到位。利用"平安湘西"微信公众号、扫黑除恶微信举报平台等推进平安创建活动。

特别是湘西州通过网格化管理，为辖区农村内居民提供主动、高效、有针对性的服务，从而提高了公共管理、综合服务的效率，有利于政府更好地对农村开展扶贫帮扶工作，有利于更好地对农村进行动态管理、对贫困户实行精准帮扶和高效服务，加快了农村脱贫致富的进程。

目前，全州已全面完成网格划分、指挥中心建设、平台系统建设、数据库建设等基础建设任务，网格化指挥中心机构编制、网格员配置已落实到位，网格化工作经费、网格员工作报酬已有保障，网格化服务管理工作实现了日常化、规范化运行，基本实现全域网格、实体网格工作目标任务，并重点推进和拓展网格化实际应用，正着力于提升服务管理效能。2019 年全年，湘西州内通过网格化平台上报事项 12.3 万余件，已办结 12.1 万余件，其中民生事项类 4.1 万件、矛盾纠纷类 0.97 万件、公共服务类 1.98 万件、治安防控类 1.09 万件、服务经济类 0.99 万件、其他 2.97 万件。

3.1.10.4　典型案例

案例 1：

保靖县迁陵镇茶市村："厕所革命，村民欢喜"

保靖县迁陵镇茶市村以"厕所革命"作为人居环境整治的突破口，在"改厕"过程中，推行五种模式抓改厕，坚持三种方法促改造，实现三种效益可推广,按照"一户一个改厕办法,一户一个施工方案,一户一个计价表格",实现了"一户一厕、按户施工、分户计价",提升了村庄规划,提质了基础设施,美化了房前屋后环境,培育了乡风文明,为茶市村的全面振兴打下了坚实基础。

一、茶市村基本情况

茶市村位于保靖县迁陵镇南部,距县城 9 千米,辖 5 个村民小组,11 个自然寨,有 456 户、1699 人,以花卉苗木、椪柑、猕猴桃和养猪为主要产业,是闻名湘西的绿化苗木村,更是闻名全国的腾讯为村四星级村庄,曾被《人民日报》海外版、新华网、人民网、《中国文化报》等多家媒体报道。全国腾讯为村平台目前进入四星村庄的有 3 个,其中茶市村活跃度最高、运营质量最好,2020 年 8 月 19 日还应邀参加了在山东菏泽举行的腾讯为村全国大会。近年来,茶市村坚持以"厕所革命"为抓手,改善人居环境,推进美丽乡村建设,取得了一定成效。

二、推行五种模式抓改厕

针对大部分房屋为木房、砖房、砖木混建结构的实际,茶市村在制定改厕方案时,坚持"因地制宜、农户主体、分户计价、政府奖补、群众满意"原则,根据每户的厕所修建情况,认真地进行规划设计,把 138 户农户的改厕分为五种类型:第一种是猪圈隔挡浴室厕所共用式,涉及 32 户;第二种是浴室厕所猪圈隔开式,涉及 42 户;第三种是浴室厕所猪圈三离式,涉及 18 户;第四种是浴室厕所(无猪圈)共用式,涉及 17 户;第五种是浴室厕所(无猪圈)分开式,涉及 29 户。

在改厕实施过程中,该村始终坚持因户施策的原则,比如该村建档立卡户贾清其,今年 81 岁了,家住的是木房,厕所和浴室相隔约 5 米,都在左侧偏房。工作人员在进户调查时看见,厕所边是泥土和岩石,厕坑上放了 5 根杉木,缝隙最大的一处地方,就是用来上厕所的。这里不仅臭不可闻,而且蚊虫很多,人一进去,蚊虫就扑面而来,上个厕所,蚊子会把屁股叮几十个包。这个厕所,也是贾清其的心病,他一直想改厕,但是苦于无劳力,也没有多余的钱进行改造。因此,贾清其非常支持改厕,积极协助施工,而且自筹资金 400 元,配合施工队将自家厕所改造成浴室、厕所、猪圈三分式。厕所改好后,老贾十分高兴,逢人就说:"这个厕所搞得硬是特别好,我特别满意,现在屋里住起来都很舒服,感谢党和政府给我做了件大好事。"另外,该村村民秦建生也说:"一开始怎么也想不通,为什么非要把卫生间和客厅厨房放在一块,但有了水厕以后,我觉得真的干净了很多,我们一家人上厕所再也不用往外跑了。改了厕所,当然顺便把淋浴也装了。在地里干活,身上又是泥又是汗,黏糊糊的,回家冲个温水澡真舒服!"

三、坚持三种方法促改造

按照县委"可复制、可推广、可持续"的要求，茶市村用三种方法促进户厕改造。一是坚持群众主体。在改厕工作中，不搞大包大揽，坚持群众参与、群众自愿、群众自筹，充分发挥群众的主体作用，先后召开 5 次村支两委会和 8 次群众院坝会，并上门上户征求群众意见，统一了思想认识，让大家认可了改厕方案，确保了改厕工作的顺利推进。二是坚持一户一厕。"小厕所、大民生"，别看厕所问题是件小事，在一个家庭就算是大事。"厕所革命"怎么推？如何做好？在改厕中，坚持具体问题具体分析，具体情况具体处理，在整个茶市村的改厕过程中，真正做到了一户一个改厕办法，一户一个施工方案，一户一个计价表格，实现了一户一厕、按户施工、分户计价。三是坚持精打细算。一户厕所需要哪些材料？每一种材料是什么价格？都需要进行准确核算。比如村民彭延芝家，猪圈边上架 4 根木头就算是厕所，改造方式就是打一个盖板，新修一个浴、厕两用的厕所。在改造费用的核算上细到几块砖、几块瓷砖，要多少水泥，用多少人工，清清楚楚，共需改造资金 3706 元。其中，彭延芝自筹 985 元，财政投入 2721 元。全村 138 户改造对象按照这一方式，都实地测算了成本，平均价格在 3000 元左右，并且都是村里自己请工，仅仅计算材料的成本及人工的基本工资，把钱用在了刀刃上。

四、实现三种效益可推广

一是实现农户自身效益。茶市村改厕特别注重发挥群众的积极性、参与性，让他们当主人、唱主角，结合自身改厕需要，采用不同模式进行户厕改造，真正让农户得到了实惠。通过走访调查，群众满意率达到了 100%。二是实现改厕示范效益。在改造过程中坚持不搞大而全、"一刀切"，注重小而精、小而实用，让改厕效果真正可复制、可推广、可持续，创造了农户改厕的茶市模式，为全县"厕所革命"树立了样板。三是实现环境美化效益。"小康不小康，厕所算一桩。"茶市村以"厕所革命"作为人居环境整治的突破口，推进村庄规划提升、基础设施提质、房前屋后环境美化，注重乡风文明培育，为茶市村的全面振兴打下了坚实基础。

案例 2：

泸溪县网格化工作实现"四个突破"

泸溪县自 2016 年初以来实施的以"干群参与、为民办事、人房信息、整合升级"为着力点的网格化管理工作，始终关注农村社会，始终关注社情民意，始终关注当地百姓，真正做到了为百姓办实事和为地方保平安，赢得了当地百姓的交口称赞，从而助推了农村社会治理工作向深度发展。

一、干群参与力度上实现了突破

自 2016 年调整划分 890 个网格后，在网格长、民情信息员及专兼职中心户长等 4304 名服务管理人员的认真组织下，在全县 5839 名在网格内任岗履责的党员干部模范的带动下，全县群众积极参与网格化社会服务管理工作（见图 3.55）。其中，全县 110 个县直单位党员干部带头，组建了 2131 名干部群众共同轮流参加的白沙城区 5 个社区每周三个晚上的网格义务治安巡逻队。巡逻中，干部群众积极履责，取得了显著实效。近年来，治安队在巡逻中上报网格民生事件、调处矛盾纠纷数百起，排查整改消除治安、安全隐患和上访苗头数百起。

图 3.55　泸溪县各部门积极推进"网格化"管理工作

图片来源：湘西党建网。

二、为民办事效率上实现了突破

近年来，全县各级各部门及网格服务管理人员通过网格化信息平台为群众办理服务事项进入"快车道"，全县通过网格化信息平台为公众办理服务事项数万件，同时确保了事项三天内办结率达 95% 以上，回访满意率达 98% 以上，赢得了当地百姓的交口称赞。

三、人房信息服务上实现了突破

面对人口迁移导致服务群众信息模糊的全国性难题，泸溪县公安部门和全县所有服务管理人员登门采集信息，不断完善全县网格化信息平台人房信息，已经录入网格化实有人口信息数十万条，其他相关信息数十万条，基本实现

"全覆盖"，为群众提供高质量服务提供了坚实的基础。

四、整合升级运作上实现了突破

泸溪县将县、乡镇、村社区三级为民服务机构尽可能整合进网格化社会服务管理平台；尤其是将群众通过 12345 热线、县长信息网络问政、红网"百姓呼声"等渠道反映的问题全部整合到县网格化指挥中心统一交办，提高了为民服务的效率。同时，建成与网格化信息平台自动对接的网格化微信模块，增加并整合了全县所有群众都能够通过微信直接向网格化信息平台上报事件的新渠道。

3.2 "五个结合"的实施及成效

习近平总书记不仅继承了马克思、恩格斯的反贫困思想①，而且对其进行了发展。在根本途径层面，主张以生产力的大力发展来消除贫困，把发展作为解决贫困的根本途径。在基本措施层面，主张要物质扶贫与精神扶贫两手抓。在解决物质贫困的同时，也要注重精神扶贫。事实证明，只有通过提高贫困地区和人口的"内生动力"（自我发展能力），使其具备脱贫的真正能力和动力，才能保证脱贫攻坚战略有效实施，保证脱贫后不返贫。在解决方式方面，主张携手消除贫困，共建人类命运共同体。习近平强调，消除贫困是人类的共同使命，倡议着力加快全球减贫发展合作，积极落实以减贫为首要目标的发展议程，共同为世界减贫事业作出相应的贡献。

习近平总书记强调，坚持"以人民为中心"是新时代坚持和发展中国特色社会主义的根本立场，要将满足人民日益增长的美好生活需要作为中国共产党执政的目标追求，并且指出消除贫困、改善民生、实现共同富裕，是社会主义的本质要求。按照习近平总书记提出的"实事求是、因地制宜、分类指导、精准扶贫"重要指示，"脱贫致富贵在立志，只要有志气，有信心，就没有迈不过去的坎"；"把种什么、养什么、从哪里增收想明白"；"充分发挥贫困地区干部群众的积极性、主动性、创造性，广泛组织和动员社会力量积极参与扶贫济困"，湘西州探索了"五个结合"的生动实践。

"五个结合"具体而言，包括：在扶贫对象识别上，不搞暗箱操作，注重公

---

① 贫困问题是马克思、恩格斯向来关注的问题，扶贫脱贫是马克思、恩格斯的反贫困思想的基本着力点。"扶贫""脱贫"等概念虽在马克思、恩格斯文中没有被明确化，但无产阶级如何摆脱贫困，马克思、恩格斯结合特定的历史条件，对此进行了阐释。无产阶级自身解放的实现才意味着他们要求摆脱普遍贫困的实际生活状况的愿望的实现。如何获得自身的解放，马克思、恩格斯认为物质解放是首要前提，只有基本的物质生产资料和生活资料得到保障，精神才可获得解放，前者是后者的前提和条件。也只有如此，人的全面而自由的发展才可实现。

开公平与群众满意相结合；在内生动力激发上，不搞空洞说教，注重典型引路与正向激励相结合；在发展扶贫产业上，不搞大包大揽，注重统筹布局与因地制宜相结合；在基础设施建设上，不搞大拆大建，注重留住乡愁与实用美观相结合；在攻坚力量统筹上，不搞孤军作战，注重发挥基层党组织堡垒作用与党员干部先锋作用相结合。

3.2.1 "五个结合"提出的背景及其内在逻辑

3.2.1.1 "五个结合"提出的背景

"五个结合"的提出有着深刻复杂的背景，因此要更好地认识"五个结合"的精神与要点，要更好地在实际工作中贯彻好、落实好政策，就需要对"五个结合"提出的背景进行梳理。

1. 贫困人口精准识别难度大，暗箱操作禁而不止

湘西州贫困分布广，贫困程度深，贫困人口识别难度非常大。其主要表现在以下三个方面，一是识别标准把握不精准。按照国家的政策，贫困户的识别标准是：一达标两不愁三保障，其中"一达标"指收入达标，"两不愁"是不愁吃、不愁穿，"三保障"是义务教育、基本医疗和住房安全有保障。但是这个标准在实际把握时会存在一些困难，比如，"一达标"中家庭人均收入会因为核算复杂或贫困户故意隐瞒造成难以精准测算；又如，"两不愁"中到底什么情况才算愁吃和愁穿难以界定；再如，"三保障"中义务教育、基本医疗和住房安全涉及的范围难以把握。二是识别政策执行不精准。精准识别的政策会因为宣传不到位，程序不规范、不公开、不透明，造成贫困户对识别标准、识别范围、识别程序、申请时间、咨询举报电话不了解，从而未提出申请；也会因为收集的信息数据不准确，造成识别无法正常开展。同时，还存在村级民主评议缺失，群众参与度低，识别由少数人拍板决定的现象。另外，还存在个别村干部优亲厚友暗箱操作的情况。三是核查工作不精准。乡镇核查因工作量大或工作难度大，调查摸底不深入、不细致，而存在流于形式的情况。这些情况直接导致符合条件应该纳入建档立卡的农户没有纳入，不符合条件不应该纳入建档立卡的农户又纳入了。不符合贫困户条件的农户成为建档立卡贫困户后，会成为假贫困户，既违背了精准扶贫的初衷，又直接导致群众意见大。如有村民提出，"全家人外出打工的，收入肯定不错，还能当贫困户？""违法违纪的、不支持村里公益事业的也能评吗？"更有少数人因未评上贫困户，争得面红耳赤，甚至大发牢骚。

基于这样的情况，2014 年初，湘西州扶贫工作队率先从花垣县十八洞村开始，通过对十八洞村人口的调查摸底，了解每户村民家庭成员基本情况、收入

来源等，同时按组分别召开群众大会，对精准扶贫工作开展深入细致的宣传和动员，并听取村民们对贫困户识别的建议和意见，归纳了"贫困户识别四不评标准"(有商品房的不评、吃财政饭的不评、有汽车的不评、办企业开店的不评)和"由村民群众做主投票评选贫困对象"草案。

在此基础上，综合群众的意见和建议。扶贫工作队、乡党委政府和村支"两委"开会商量，再次召开群众大会，征求村民们的建议意见，制定了《十八洞村精准扶贫贫困户识别工作做法》，明确了"贫困户精准识别九不评标准"：拥有砖混结构楼房或在城镇购有商品房的家庭不评；2000年以来违反计生政策和未按规定落实计生手术的家庭不评；打牌赌博成性，经营或提供赌博场所，正在服刑、劳教或正被警方通缉和屡教不改的"两劳"释放人员的家庭不评；不务正业、懒惰成性的家庭不评；不履行赡养义务的家庭不评；时常刁蛮阻挠公益事业建设和当地经济发展的家庭不评；全家外出打工经通知不回家的家庭不评；国家机关、事业单位工作人员的家庭不评；拥有大中型农业机械、农用车、矿车、面的、轿车、中巴车及经营性加工厂的家庭不评。同时，又进一步将识别程序明确为"户主申请→投票识别→三级会审→公告公示→乡镇审核→县级审批→入户登记"七道程序，及时张榜公布结果，对识别工作实行全程民主评议与监督。

从"四不评"到"九不评"，湘西州在扶贫对象的精准识别方面，在十八洞村经验的基础上，逐步探索形成了"坚持公平公正和群众满意相结合"的原则和氛围，让群众当家做主，把识别的权力交给广大群众，确保了识别结果经得起检验。

2. 贫困人口内生发展动力不足，空洞说教收效甚微

湘西州贫困人口内生发展动力不足，主动脱贫意识薄弱主要表现在三个方面。一是思想制约。湘西州贫困户因为信息来源渠道窄，外出学习机会少，教育培训受条件制约，加之部分人对学习重视不足，导致知识老化，思想僵化，小农意识根深蒂固，习惯安于现状，求稳怕变、缺乏进取、因循守旧、得过且过，存在严重的"等、要、靠"思想。二是能力制约。湘西州大多数贫困群众除了掌握种田、养殖技术以外，普遍缺乏一技之长，能力弱化，难以适应新的社会形势，缺乏必要的脱贫致富的能力和方法，不敢也没有能力转型发展优势特色农业。三是现实制约。湘西州医疗基础设施和公共服务落后，饮水未完全保障，住房条件差，导致贫困户对未来的预期缺失，失去了奋斗的动力。

针对这样的情况，湘西州按照习近平总书记提出的脱贫致富贵在立志，只要有志气，有信心，就没有迈不过去的坎等重要指示，坚持扶贫先扶志、治贫先治根，先在十八洞村积极探索"村民思想道德星级化管理"模式，举办道德讲

堂,组织系列文化活动,激发贫困户走出贫困的志向和内生动力。十八洞的实践,为湘西州激发群众脱贫动力提供了有力借鉴。在此基础上,湘西州将扶贫同扶志、扶智相结合,以增强贫困群众自主脱贫和自我发展的能力为核心,把扶志和扶智作为重要抓手推动脱贫攻坚取得新成效,根治贫困群众"等靠要"依赖思想,着重从思想上提高贫困户内生动力和脱贫积极性。利用产业扶贫项目资金的引导、示范性,鼓励探索"大干大帮、小干小帮、不干不帮"等差异化帮扶模式,充分调动贫困户的主观能动性,同时组织贫困户参与项目实施,提升贫困户脱贫攻坚的主动性、积极性、创造性。在思想上,教育、感化贫困群众,一点一滴影响他们。同时,通过宣讲相关政策、入户讲解、发放宣传资料、召开宣传讲座等贴近贫困群众现实生活的手段,向贫困群众传授一些实用性强的技术,让贫困户下一代接受教育,学习科学文化知识。另外,湘西州多次举办"最美脱贫攻坚群众典型"评选活动,各驻村后盾单位纷纷在贫困村开设道德讲堂系列活动,用身边人说身边事,弘扬道德正能量;宣传、文化等部门积极开展送文化、送科技等下乡活动,丰富群众精神生活,提升群众自主脱贫能力,让群众想脱贫、敢脱贫、能脱贫,逐步在内生动力激发上,形成了"注重典型引路与正向激励相结合"的原则。

3. 产业扶贫项目选择不精准,大包大揽现象频发

发展产业是实现脱贫的根本之策。湘西州受自然、技术、市场等因素制约,产业扶贫存在产业水平层次低、带贫机制不完善等短板。同时,扶贫产业项目的落地往往存在"虎头蛇尾""一阵风"和"雨过地皮湿"的现象,常常是落地时轰轰烈烈,过一段时间就销声匿迹。多数项目均因各种原因无法持续产生扶贫效益,甚至有个别项目从来就没有发挥过效益,贫困人口更没从中受过益。由此可见,扶贫项目决定项目扶贫效益的发挥。但来自上级各相关部门的扶贫项目,特别是省直以上部门的切块项目,往往是只适合发展条件较好的农村,而具体到民族贫困地区农村就不一定能完全适应,如果违背当地群众意愿强推产业,会导致其扶贫效益难以充分发挥。

湘西州政府通过贯彻落实习近平总书记把种什么、养什么、从哪里增收想明白的重要指示,努力把产业建设作为"造血"扶贫核心举措。湘西州在十八洞村试点,因地制宜选择选定种植、养殖、苗绣、劳务、乡村游、山泉水6大产业,通过直接帮扶、委托帮扶、股份合作等模式,遵循市场规律,强调带贫减贫,按下发展特色产业脱贫"快捷键"。在此基础上,湘西州将十八洞的经验逐步推广,注重统筹布局与因地制宜相结合,坚持统筹谋划脱贫产业,着力做好兴产业、增就业、置家业"三业"增收文章,充分发挥脱贫产业的"造血"作用,让每个贫困村有1个以上当家产业、每个贫困户有1个以上增收项目,有劳动

能力的贫困家庭至少1人能稳定就业，有工资性收入，确保2020年特色优势产业覆盖所有贫困村、贫困户，所有行政村集体经济收入达5万元以上，逐步形成了"一县一业、一乡一特、一村一品、一户一策"的产业开发新格局。另外，通过推广十八洞的"直接帮扶、委托帮扶、合作帮扶、股份帮扶"等产业发展模式，让产业发展与贫困户的利益联结更紧密、更有效。

4.基础设施建设缺乏统一规划，大拆大建问题突出

湘西州是武陵山区土家族苗族文化生态保护区，拥有28项国家级非物质文化遗产保护名录，土家族、苗族都有各自独特的语言、习俗、服饰、建筑、音乐、舞蹈。同时，湘西州是少数民族聚居地，土家文化和苗族文化源远流长，村寨建筑各有特点，这是祖先留给湘西州的无价之宝，见证了村庄的发展进程，承载了饱受千百年风雨洗礼祖祖辈辈的奋斗与梦想，是不可再生、不可复制的精神财富和物质财富。但以往在进行基础设施建设时存在大拆大建的现象，未充分考虑绿色发展和可持续发展，不仅耗费了大量的资金，而且在一定程度上破坏了生态环境。

湘西州严格按照习近平总书记提出的"不栽盆景，不搭风景"要求，根据十八洞的实际，先编制《花垣县十八洞村村庄规划》，按照"统一规划、保持原貌、节俭实用、协调美观"原则，积极推进水、电、路、房、通信、环境治理"六到户"工程和危房改造、改厨、改厕、改浴、改圈"五改"工程，取得了显著成效。

在此基础上，湘西州在推进贫困村基础设施建设中，注重留住乡愁与彰显美丽相结合，不搞"高大上"项目，不进行大拆大建，而是大力实施交通、安全饮水、电网改造、危房改造等十大基础设施与公共服务"微建设"工程，使贫困村实现了"五通五有"，即通水、通路、通电、通网、通广播电视，有危房改造、有教育教学点、有村综合服务平台、有村电子商务、有村集体经济。同时，大力开展农村人居环境整治行动，纵深推进美丽湘西建设，建成了一批"布局美、产业美、环境美、生活美、风尚美"的美丽乡村。

5.攻坚力量未形成合力，孤军奋战事倍功半

在较长一段时期，湘西州攻坚力量未形成合力，主要表现为，一是部分基层党支部不作为、慢作为。二是部分帮扶干部帮扶重形式、轻实绩。三是部分贫困群众怕吃苦、等靠要。四是社会力量参与积极性不高。

针对这些问题，湘西州以村（居）两委换届为契机，一手抓贫困村支部建设，一手建强带头人队伍，让一大批素质高、年纪轻的优秀人才进入村级组织班子，支部堡垒越来越坚强。如，湘西州在推进十八洞村的扶贫中，从建强村支"两委"入手，把讲政治、有文化、"双带"能力强、群众信任的能人选进班子，使十八洞村的"两委"班子越换越强，凝聚力、战斗力不断提升，筑牢了基层党

组织的战斗堡垒，打牢了带领群众脱贫致富的"火车头"。十八洞村党支部2016年被授予"全国先进基层党组织"称号。2017年脱贫后，十八洞村又积极探索创立"党建引领、互助五兴"农村基层治理模式，村支两委满意度由68%上升到98%。同时，湘西州政府通过汇集社会资源弥补政府资金的短板，与社会各方的合作，构建了既互补又有效的多主体扶贫开发机制，鼓励和引导社会力量参与精准扶贫，引导社会全体成员承担社会责任，贡献自己的力量帮助贫困群体；推动各级政府部门、社会组织和爱心人士把精准扶贫作为一项重要的社会责任，精准发力，杜绝了孤军奋战；注重发挥基层党组织堡垒作用与党员干部先锋作用相结合，形成多元高效的扶贫共同体。

3.2.1.2　"五个结合"的内涵及其内在逻辑

"五个结合"指的是湘西在精准扶贫过程中形成的经验做法。其内涵及内在逻辑关系主要体现为以下几个方面。

1. "五个结合"中精准识别是精准扶贫的基础

精准扶贫贵在"精准"，关键就在于识别精准，即对贫困户的识别，要始终以人均最低年收入为标准，坚持"七步法"和"九不评"。如果在扶贫对象的识别上，出现暗箱操作，就会背离公开公正，就会违背群众意愿，就会使精准帮扶、精准管理和精准考核失去建立的依托。公开公平主要指的是形式上的公开公平，而群众满意则是就效果而言，形式上和效果上的结合，确保了精准识别的质量。

2. "五个结合"中内生动力是精准扶贫的根本

受限于文化水平、个人性格、生活习惯等因素，有部分贫困户缺少主动想办法脱贫、积极配合扶贫干部的动力，"等靠要"思想严重，所以扶贫要先扶志。全面脱贫需要激发贫困户的"内生动力"，这是精准扶贫的根本，是"治本"之策。但是激发内生动力要注重方式方法，仅仅靠空洞说教，是无法让"等靠要"的贫困户真正从内心接受的。所以要通过典型引路来树立榜样，通过正向激励来激发斗志，这二者结合可以更好地让贫困户从"要我脱贫"向"我要脱贫"转变。

3. "五个结合"中产业发展是精准扶贫的抓手

产业扶贫是指以市场为导向，以经济效益为前提，以带动贫困户脱贫为核心，以产业发展为杠杆的扶贫开发过程。它是促进贫困地区发展、增加贫困农户收入的有效途径，是扶贫开发的战略重点和主要任务。产业扶贫的目的在于促进贫困个体（家庭）与贫困区域协同发展，根植发展基因，激活发展动力，阻断贫困发生的动因，实现可持续脱贫。若不根据当地的实际情况进行产业布局，而通过主观臆断大包大揽选择和发展产业，最终将无法真正发挥产业扶的效果。因此需要在宏观上进行统筹布局，在微观上注重因地制宜，只有二者结合才能确保产业扶贫摆脱低端、单一、同质化等问题，进而帮助贫困农户实现经济效益。

4."五个结合"中基础设施建设是精准扶贫的支撑

基础设施建设是指在基础设施方面进行的完善、改造等社会工程，基础设施建设的重要性不言而喻。但如果为了进行基础设施建设而大拆大建，不仅会造成资源的浪费，而且会破坏生态环境，违背精准扶贫的初衷。所以在精准扶贫中，基础设施建设既要注重实用美观，又要注重生态保护。

5."五个结合"中统筹攻坚力量是精准扶贫的保障

合力攻坚不仅体现了中国特色社会主义制度的优越性，也弘扬了中华民族的传统美德。脱贫攻坚只有统筹协同各方的力量，才能形成合力，共克贫困。而基层党组织的领导确保了在组织上脱贫攻坚有强有力的后盾，发挥党员的先锋作用则确保了在个体奋斗中脱贫攻坚有榜样的引领，将二者结合起来，能极大地推动合力协同攻坚态势的形成。

3.2.2 "五个结合"的具体实践

3.2.2.1 "公开透明与群众认可相结合"的实践

1.严格执行"七步法"和"九不评"

湘西州政府把"脚"落到乡镇、村，在各乡镇成立了扶贫开发办公室，由分管副职兼任主任，并安排1~2名责任心强的干部为扶贫专干。积极组织各乡镇、各村做好宣传，搞好干部培训，并做好指导工作，按照"户主申请→投票识别→三级会审→公告公示→乡镇审核→县级审批→入户登记"七道程序，严格执行农村扶贫对象识别原则，全力推进扶贫对象精准识别，逐村逐户建立台账，制定帮扶措施，集中力量予以扶持，圆满完成扶贫对象的识别、公示和系统录入工作。另外，湘西州还围绕贫困农户家庭住房拥有情况、计划生育落实情况、遵纪守法情况、家庭成员品性情况、赡养义务履行情况、公益事业建设支持情况、集体决策拥护情况、家庭成员身份、家庭固定资产拥有情况等，制定了"贫困农户识别9个不评"的标准。

2.管理考核上着力突出"精准"

湘西州通过加强精准扶贫监测，完善"户有牌、村有册、乡有簿、县有备案"台账式扶贫管理制度，实现扶贫对象有进有出、动态管理。加强扶贫具体项目实施和资金审计结果的监督，确保扶贫资金安全。科学整合重要考核事项，强化对扶贫工作的绩效评估考核。

3.2.2.2　"典型引路与正向激励相结合"的实践

湘西州积极引导贫困群众树立主体意识，把扶贫与扶志、扶智、扶技、扶业结合起来，聚焦贫困群众的脱贫能力提升和自我发展潜力挖掘，通过加强思想工作、情感交流、示范带动、技能培训、生产奖补等方式解决"精神贫困"，让广大贫困群众彻底摆脱安于贫困的宿命心理、面对困境无所适从的悲观心态、坐等救助的惰性思想，让贫困群众既富口袋又富脑袋。

典型引路，请身边人讲身边事，用身边事教育身边人。州扶贫办每月选取20 名奋战在脱贫攻坚一线的典型人物，推出"脱贫攻坚群英谱"，在主流媒体宣传推广；在贫困乡村，每周推出"脱贫攻坚光荣榜"，张榜公示脱贫攻坚中的先进村民。

例如，保靖县吕洞山镇夯吉村党组织第一书记杨光辉一开始面对贫困户"等靠要"思想严重的情况，感到茫然，就像老虎抓苍蝇，无从下爪。但是认真分析后，杨光辉认为要实现真正的脱贫，首先要让贫困户在精神上脱贫，解决好精神面貌问题，变被动救济为主动脱贫。杨光辉决定以贫困户张明进为示范，来改变其他贫困户对精准扶贫的认识。

张明进本身是村里的一个能人，一家人原本生活得也还算幸福，但 2013 年至 2014 年间发生的两件事让其花去医疗费近 20 万元，让这个富足之家一下子一贫如洗，张明进与爱人也被生活的重担压得喘不过气来。杨光辉有针对性地经常到他家与他攀谈，了解其生产生活状况，出谋划策，帮助他们重拾致富信心。通过产业帮扶，张明进新建了加工厂，成立了合作社，通过两年努力摆脱了贫困，不但自己富起来了，还不忘带领村内贫困户一同致富。杨光辉每次走访其他贫困户时，都不忘介绍张明进家庭的转变，以此激发贫困户的内生动力，使贫困户转变观念。

在典型引路的同时，湘西州贫困乡村纷纷开展"道德模范评比""文明家庭评选"等正向激励活动，让村民们"比、学、赶、超"，激发内生动力。一是"比"。就是营造百舸争流、千帆竞发的竞争态势。要求村内小组与小组比，农户与农户比，村与村比。比学习，比发展，比效果。比如，湘西州政府先后在断龙山镇梅塔村、红石林镇河南村等地举行了 12 次现场观摩交流会，以比促助，以比促兴。二是"学"。多层次学、多方面学。组长组织学，组员互相学。学习新技术、新知识、新经验，宣传精准扶贫政策、惠农政策、安全生产、卫生保健等。各支部还举办了"流动讲习所"，深入田间地头、院坝民寨、乡间小道，开民智，传技艺，播文明，"讲""习"结合，学以致用。做到助兴相长，以提升互助五兴的效果。向自秀是断龙山镇梅塔村"互助五兴"小组组员，其在组长甘小艳的带领下经常学习新的政策、知识，收获很多。"既然是互助，我也想发挥自己的作用，带大家一起跳广场舞。"向自秀说。三是"赶"。就是充分应用好村、组互"比"的结果，树立标杆，发现不足，鞭策后进，取长补短，共同进步。在互助推进中，老党员不甘示弱，成立了老党员学习互助组，与其他组开展比拼。默戎镇中寨村互助组组长龙清义发挥老党员余热，组织组员先后学习20余次。红石林镇河南村康家喜作为老党员在村里先行先试柑橘品改，同时也借助"互助五兴"组员间的联动，发动13名"互助五兴"组员进行了品改，共计品改2020株，面积26.1亩。四是"超"。就是既鼓励村、组之间互相超越，快速推进，尤其是要在"互助五兴"中实现产业等一方面或多方面的超越，逐步实现乡村振兴。默戎镇九龙村互助组组长、省级非遗传承人龙云海，为传承苗家八合拳，将最开始的5人小分队壮大到30余人的队伍，这支队伍还成了旅游节目表演的一道"盛宴"。伴随旅游业的发展壮大，苗族传统文化不仅在"互助五兴"中得到了传承，而且还创新为一种文旅产业，实现了对传统苗族文化的超越和创新性发展。

3.2.2.3 "统筹布局与因地制宜相结合"的实践

认真贯彻落实习近平总书记"把种什么、养什么、从哪里增收想明白"的重要指示，把产业建设作为"造血"扶贫核心举措，在花垣县十八洞村选定种植、养殖、苗绣、劳务、乡村游、山泉水6大产业，通过直接帮扶、委托帮扶、股份合作等模式，发展特色产业，按下脱贫"快进键"。在此基础上，湘西州坚持统筹谋划脱贫产业，做好了兴产业、增就业、置家业的"三业"增收文章，充分发挥脱贫产业的"造血"作用，让每个贫困村有1个以上当家产业、每个贫困户有1个以上增收项目，有劳动能力的贫困家庭至少1人能稳定就业，有工资性收入，确保2020年特色优势产业覆盖所有贫困村、贫困户，所有行政村集体经济收入达5万元以上。坚持因地制宜，合理布局，全州形成了"一县一业、一乡一特、一村一品、一户一策"的产业开发新格局。同时，通过推广十八洞村的"直接帮扶、合作帮扶、股份合作"等产业发展模式，让产业发展与贫困户的利益联结更紧密、更有效。

3.2.2.4 "留住乡愁与实用美观相结合"的实践

湘西州编制了《十八洞村村庄规划》，按照"统一规划、保持原貌、节俭实用、协调美观"原则，推进水、电、路、房、通信、环境治理"六到户"工程和危房改造、改厨、改厕、改浴、改圈"五改"工程。2018年10月，湘西州的十八洞村获评"中国美丽休闲乡村"。在推进贫困村基础设施建设中，自治州不搞"高大上"项目，大力实施基础设施与公共服务"微建设"工程。

例如，凤凰县扭仁村历史悠久，数百年来静静地繁衍生息，独居一方山水，承载着苗族文化精髓。其民居基本保存着隋唐时期古苗寨建筑风格，是湘西苗族保存最为完整的苗寨之一。根据这一特点，该村围绕人居环境美化、特色民居保护等实施了六大工程，依照原有的小青瓦、土石墙、吊脚楼、花门窗的土木结构建筑，当添加青瓦的加青瓦，对一部分剥落的土石墙进行修整，对破损的楼宇和花格子门窗进行修补，并用青石板铺就户间道 4 千米，整修竹篱近 2 千米，修建了古色古香的村部广场、景观台，对村内古井实施了修整保护等。

西那司，一个具有数百年历史的古村落，至今保留着很多古民居和古堡遗址。其建筑群大多是土家族木质建筑，为 5 柱 6 挂和 3 柱 4 挂不等，针对这一情况，永顺县对该村以打造"土家探源、宜游乡村"为目标，实施基础设施完善、环境质量提升、特色民居改造三大工程，对部分危房按照原有风格配上东西厢房或吊脚楼，将户间道改为青石板路面，还扩建了村主道 1500 米，新修了漫游道 1700 米。

保靖县因地制宜、因户施策、分户计价，选择适合的改厕模式，分类推进农村改厕工作。茶市村按照一户一卫生厕的标准，推行五种模式抓改厕，创造了湘西州改厕的"茶市模式"。驻茶市村第一支书彭司进说："每隔几天，就会有人来参观这里的厕改。"

永顺县老司城村系中国历史文化名村和传统村落，其在基础设施建设方面不断提质，并且力争与原老司城原有的基础设施、建筑相匹配。村旁灵溪河盛产鹅卵石，其就地取材，用鹅卵石铺就村内道路，大大降低了成本，并对电力、电视、通信、饮水等工程的管线实施了入地改造，实现了同网同价。

3.2.2.5　"基层党组织堡垒作用与党员干部先锋作用相结合"的实践

湘西州委连续 7 年出台脱贫攻坚 1 号文件，2019 年召开 8 次专题会议研究部署和调度推进脱贫攻坚工作。州县市党政主要领导落实联县包乡包村扶贫制度，示范带动各级领导干部，将精力下沉到脱贫攻坚一线，形成了"四级书记带头抓、全州上下齐心干、社会各界同参与"的合力攻坚大格局。一级带着一级干，一级做给一级看，层层传导压力、增强动力，形成齐抓共管、上下联动的强大合力。动员和组织社会力量广泛深入开展社会扶贫行动，构建社会、企业、单位合力攻坚的大扶贫机制，壮大扶贫力量。

1. 夯实基层组织

湘西州通过开展扫黑除恶专项斗争，整顿党支部"五化"建设和软弱涣散党组织，通过州、县领导联点指导，跟踪问效。在选优配强乡村班子方面，以乡镇、村（居）换届为契机，全面加强党的领导，在 2016 年乡镇换届工作中，选拔扶贫工作经验丰富、扎根服务基层的优秀干部充实到乡镇领导班子。通过换届，乡镇党政班子成员有扶贫工作经历的达到 90%。在增强基层造血功能方面，以县市为单位全面建立"入党积极分子信息库"和"村级后备干部信息库"，有 4648 名农村入党积极分子和 4525 名村级后备干部入库，可确保每个村动态保持培养 2 名以上后备力量。强化基础保障，近年来累计投入资金 12.6 亿，实现湘西州 1567 个农村综合服务平台提质升级全覆盖，使其普遍具备了党员活动、群众议事、学习教育、便民服务、文化娱乐等五大功能。以"放管服"改革为契机，全面推行"湘西 e 路通"信息化服务平台，在所有村建立"湘西为民"村级微信群，综合提升了基层党员干部"线上线下"服务能力，实现了村民办事不出村。

2. 推行"互助五兴"激活党员先锋作用

以严密的组织体系凝聚群众，突出村党支部的领导核心作用，在湘西州推行"党建引领、互助五兴"农村基层治理模式。以乡村振兴的目标愿景感召群众，突出群众的主体地位，聚焦"生活富裕、产业兴旺、乡风文明、治理有效、生态宜居"的乡村振兴目标愿景，动员党员和群众在学习党的政策、发展当家产业、推动移风易俗、加强乡村治理、建设美丽村庄等方面开展互帮互助。以系统完备的工作合力服务群众。突出党委政府的保障服务作用，整合组织、政法、宣传、农业、民政、住建、环保、美丽办等 15 个重点部门单位职责，形成工作合力，联合协同推进。

3. 选优配强攻坚力量

在优化组队布点方面，在机构改革中对脱贫攻坚力量坚持"大稳定、小调整"原则，确保把"最能打仗的人"派到一线。在凝聚攻坚合力方面，湘西州将近三年新录用的 1776 名州县直单位工作人员全部下派到贫困村扶贫锻炼。在轮训基层干部方面，大力开展"干部能力提升年"活动，组织湘西州各级干部深入学习贯彻习近平新时代中国特色社会主义思想、党的十九大精神及习近平总书记关于精准扶贫的重要论述，着力解决部分干部与时俱进不够、能力不足等问题。

4. 充分发挥督查部门职能

一是"全员联创"强组织。州县 235 名组工干部联系湘西州 115 个乡镇（街道），推行"月调度、季走访、半年督查、年终评价"模式；将乡镇基层党建和脱贫攻坚考核与联点干部绩效考核、年度考核挂钩，使督查干部直插一线；主动掌握乡村班子运行情况、党员干部工作状态、扶贫政策落地情况，督促问题整改落实，确保各级干部更尽职、帮扶更细心、脱贫更真实。二是科学考核强推进。聚焦"一超过两不愁三保障"和"三率一度"脱贫成效，对驻村扶贫工作进行科学考核评价，认真落实"四不两直"工作方法，切实减轻基层负担。将考评结果在团结报、电视台、政府网等媒体公布，扎紧"紧箍咒"。三是奖惩结合强激励。启动责任倒查机制，严肃追责问责。

3.2.3 "五个结合"实施的显著成效

3.2.3.1 扶贫对象识别方法和程序得到优化

湘西州通过推进扶贫对象精准识别，逐村逐户建立台账、制定帮扶措施，集中力量予以扶持，完成了扶贫对象识别、公示和系统录入工作。正是由于提高了贫困户识别的精准度，湘西州才更好地实施了精准帮扶、精准管理和精准考核，大大降低了漏评率和错评率。例如，湘西州花垣县的十八洞村共准确识别贫困户 136 户 533 人，占总人口的 56.8%。在此基础上，湘西州把十八洞村总结出的"九不评""七步法"推广到全州，共识别贫困户 21.16 万户 73.43 万人。同时，按照"应进则进、应出则出"的原则，湘西州在全州范围内开展扶贫对象动态调整，2017 年底全州共有建档立卡贫困人口 74.43 万人；2018 年，按照省扶贫办"脱贫不享受政策"的不再计入建档立卡贫困人口总数的要求，全州共核实建档立卡贫困人口 66.01 万人，其中已脱贫 55.43 万人，尚有 10.58 万人未脱贫。如今，全州 1110 个贫困村全部出列、8 县市如期摘帽，现行标准下 65.6 万余贫困人口全部脱贫，创造了中国脱贫攻坚的鲜活样本，成为人类减贫史上的重要地标。

3.2.3.2 主动脱贫的社会氛围全面形成

产业扶贫和就业扶贫政策已全面落实，做实了兴产业、置家业、增就业"三业"增收文章，夯实了稳定脱贫根基，保障了稳定脱贫质量。同时，总结宣传了花垣县十八洞村、凤凰县菖蒲塘和夯卡村、泸溪县宋家寨村等一批脱贫典型和经验，举行了"最美脱贫攻坚人物"等评选表彰活动，创作了一批礼赞群众自强不息的文艺作品，切实讲好了湘西精准扶贫脱贫故事，充分激发了贫困群众自力更生、脱贫致富的主动性和积极性，涌现了在病床上开网店的永顺县土家姑娘向笑梅、主动递交脱贫申请书的龙山县靛房镇万龙村羊宿田宗华、带领群众种出幸福生活的古丈县牛角山村支书龙献文等一批自力更生脱贫典型。龙山县谭艳林通过自身努力，创办了惹巴妹手工织品有限公司，不仅自身致了富，还带动 2000 余名贫困群众就业，在 2018 年荣获"全国脱贫攻坚奋进奖"。

3.2.3.3 扶贫产业得到充分发展

湘西州三分之二贫困人口通过产业实现增收脱贫，83%的贫困村集体经济收入达到 5 万元以上，1110 个贫困村实现产业扶贫合作全覆盖。2020 年，特色优势产业已覆盖所有贫困村、贫困户，所有行政村集体经济收入达 5 万元以上。坚持因地制宜，合理布局，湘西州已形成了"一县一业、一乡一特、一村一品、一户一策"的产业开发新格局。通过与济南市的东西部扶贫协作产业合作，济南市 76 个街道（乡镇）与湘西州内 98 个乡镇、济南市 81 个村（社区）与州内

109 个贫困村、济南市扶贫协作"产业联盟"120 家企业与湘西州 132 个贫困村、济南市 8 个社会组织与州内 11 个贫困村、济南市 118 个学校与州内 120 个学校、济南市 31 家医院与州内 28 家医院分别结成帮扶对子，开展了形式多样的帮扶行动。

3.2.3.4 乡村基础设施建设得到全面完善

2018 年 10 月，十八洞村获评"中国美丽休闲乡村"。近年来，湘西州在推进贫困村基础设施建设中，不搞"高大上"项目，不进行大拆大建，大力实施交通、安全饮水、电网改造、危房改造等十大基础设施与公共服务"微建设"工程，使贫困村实现了"五通五有"，即通水、通路、通电、通网、通广播电视，有危房改造、有教育教学点、有村综合服务平台、有村电子商务、有村集体经济。同时，大力开展城乡同建同治、农村人居环境整治行动等，纵深推进美丽湘西建设，建成了一批"布局美、产业美、环境美、生活美、风尚美"的美丽乡村。

湘西州美丽乡村示范创建共完成通村通组公路硬化 355 千米，入户道路硬化 1980 千米，安全饮水工程 362 处，村庄亮化 9055 盏，停车场修建 152 个，完成村庄公共区域及道路两旁的绿化美化 13 万余平方米，发动农户参与庭院绿化美化 5451 户，完成农村户厕建设 94727 户。此外，2018 年还实现特色民居改造 10020 户。2019 年，湘西州按照《美丽乡村示范创建三年行动计划》和"三四五"美丽湘西建设工作构架，对标全域旅游，抓美丽乡村提升，坚持绿水青山就是金山银山，为打造国内外知名生态文化公园、建设美丽开放幸福新湘西，进一步发力向"小康社会和美丽乡村"冲刺，让生活时时充满着美，让美丽乡愁永驻。

3.2.3.5 扶贫攻坚力量得到有效统筹

湘西州在推进十八洞村的扶贫中，从建强村支"两委"入手，把讲政治、有文化、"双带"能力强、群众信任的能人选进班子，使十八洞村的"两委"班子越换越强，凝聚力、战斗力不断提升，筑牢了基层党组织战斗堡垒，激活了带领群众脱贫致富的"火车头"。2016 年十八洞村党支部被授予"全国先进基层党组织"称号。2017 年脱贫后，十八洞村又积极探索创立"党建引领、互助五兴"农村基层治理模式，村支"两委"满意度由 68% 上升到 98%。自 2014 年以来，湘西州连续出台 7 个关于精准扶贫精准脱贫工作的州委 1 号文件，形成了州、县、乡、村四级书记带头抓，全州上下齐心干，社会各界同参与的攻坚大格局。2020 年，全州共组建 1742 支工作队，选派 5316 名驻村工作队员，实现对 1110 个贫困村和 632 个有贫困人口的非贫困村（社区）"一村一队"全覆盖。同时，全州 6 万余名党员干部与 16 万余户贫困户结成帮扶对子，实现结对帮扶全覆盖，形成了脱贫攻坚强大合力。

3.2.4　典型案例

案例 1：

在扶贫对象识别上注重公开公平与群众满意相结合
——十八洞村贫困对象的精准识别机制创新①

2019 年 3 月 3 日，春光明媚，记者来到花垣县双龙镇十八洞村，该村第一支书孙中元在介绍全村精准扶贫工作时说："精准扶贫，很重要、很关键的一条经验，就是精准识别扶贫对象。"

2013 年 11 月 3 日，习近平总书记到十八洞村考察，首次提出"精准扶贫"重要论述，明确要求十八洞村"不栽盆景，不搭风景""不能搞特殊化，但不能没有变化"，不仅要自身实现脱贫，还要探索"可复制，可推广"的脱贫经验。

"总书记来十八洞考察，我们倍感振奋、备受鼓舞、倍增信心，但也给这个当年人均纯收入仅 1688 元的深度贫困村如何精准脱贫出了难题。"谈及刚驻村扶贫时的经历，时任十八洞村扶贫工作队队长的龙秀林记忆犹新。十八洞村的精准扶贫该如何定位？谁才是真正的贫困家庭、贫困人口？……这些问题犹如一个个巨大的问号，横在龙秀林及扶贫工作队全体成员面前，成为当时他们亟待做出回答的事情，也是最关键的问题和最大的困惑。

2014 年初，扶贫工作队就忙着谋划一项"棘手的大事"——要在十八洞村225 户 939 人中甄别出真正的贫困人口。

当时，识别贫困户的第一步是户主申请或群众推荐，"有商品房的不评、吃财政饭的不评、有汽车的不评、办企业开店的不评。"工作队通过调查摸底，了解每户村民家庭成员基本情况、收入来源等，同时按组分别召开群众大会，对精准扶贫工作开展深入细致的宣传和动员，并听取村民们对贫困户识别的建议和意见，归纳了"贫困户识别四不评标准"和"由村民群众做主投票评选贫困对象"草案。

标准一出，有村民提出意见："全家人外出打工的，收入肯定不错，还能当贫困户？""违法违纪的、不支持村里公益事业的也能评上吗？"……龙秀林说，当时有少数人因未评上贫困户，争得面红耳赤，甚至大发牢骚。

对此，扶贫工作队、乡党委政府和村支"两委"开会商量，再次召开群众大会，征求村民们的建议意见，制定了《十八洞村精准扶贫贫困户识别工作做法》，明确了"贫困户精准识别九不评标准"。

---

① 案例来自 2019 年 3 月 6 日《团结报》第 1 版 (有删减)。

从"四不评"到"九不评"，让群众自己做主。"谁是贫困户，群众说了算！"新标准一出，村民们齐声称好。全村各户先申报材料，再以村民小组为单位，召开村民大会，由村民对照各家各户申报材料和"九不评"来评议。

"七步法"加"三榜三审"确保识别更精准。"由群众评议贫困户，固然有优势，但也可能存在帮亲顾友等不公平现象。"时任十八洞村党支部书记石顺莲当时就提出了自己的疑虑。

"张榜公示出来给大家看，一起盯着，哪个敢优亲厚友？"拥有丰富宣传工作经验的龙秀林亮出了破解之法，村民们也点赞拥护。

工作队和村支"两委"再次对全村所有农户进行全面走访调查，把户主姓名、家庭人口等情况一一记录、核实清楚。通过反复考察与研究，工作队摸索出了精准识别贫困户的"七步法"：户主申请→群众评议→三级会审→公告公示→乡镇审核→县级审批→入户登记。

"随后，我们把识别结果在村里张榜公示了7天，接受各方监督。"龙秀林介绍，公示无异议的识别结果按程序报乡党委、政府再次审核把关，经复核无误并公示无异议后，再提交县里审核，复核无误并经公示无异议后，再提交县政府审批。

通过"三榜三审"，才能入户登记。当时工作队根据县政府的最终审批结果，组织人员进村组到户开展调查登记，最终识别贫困户136户533人，占全村总人口的56.8%。

"因为识别精准过得硬，全村老少都心服口服。"在龙秀林看来，十八洞村能在2017年2月提前实现整村脱贫，在精准识别上确保客观、公平、公正是根本前提。"这样识别贫困户和贫困人口的办法在全国是首创，也是可以在全国扶贫地区复制、推广的'识贫经'。"龙秀林笑着说。

运用"九不评""七步法"，对湘西州的贫困人口、贫困家庭、贫困村进行精准识别、精准施策，湘西州轰轰烈烈的精准脱贫时代壮歌，就这样在武陵大地唱响了。

案例2：

内生动力激发上注重典型引路与正向激励相结合
——张远龙身残志坚勇创业

1972年出生的张远龙，6岁时意外摔倒，导致右腿残疾。2014年，张远龙家被评为精准扶贫户。通过参加松柏镇举办的典型成功人士道德讲堂和系列文化活动，以及激发贫困户走出贫困的志向和内生动力的一系列活动，张远龙有了自力更生脱贫致富的想法。时任永顺县松柏镇党委书记谭卫和、镇长徐敏及驻村干部、吉首军分区扶贫队员得知张远龙有此想法之后,多次与张远龙促膝谈心,宣传精准扶贫惠民政策,鼓励他自主创业,还多次选派他到外地学习种养技术。培训中,为提高致富本领、开阔视野,他如饥似渴地学习实用种养技术,又广交朋友,在种养圈子积累了一定人脉,还多次获得优秀学员称号。

外出学习归来,张远龙想立即用学到的实用技术立足实际,发展特色种养业(见图 3.56)。党委和政府则时时刻刻为他"保驾护航",让他在创业路上尽量少走弯路。2015 年在五连洞猕猴桃专业合作社的帮助下,他种植猕猴桃 8 亩,养蜂 50 箱,同时将传统的土特产销售与电商结合,借助扶贫小店大搞"线上线下宣传""线上线下订单"作业,销售当地各种土特产。他的第一笔订单是 3 箱红心猕猴桃,发往广州,收入 564 元,比线下销售划算多了。尝到甜头的张远龙干劲更足,成了当地有名的农民网红,客户也接二连三地来了,遍及全国各地。2016 年,张远龙通过自身不懈的努力,实现了稳定脱贫。

图 3.56 身残志坚的农民"网红"张远龙(左)和黄斌(右)在稻田里抓稻花鱼

2018 年 4 月 13 日,张远龙带领 25 户村民成立永顺县岚洁种养专业合作社,其中建档立卡户 23 户 69 人,主要从事黄桃、猕猴桃、烤烟等经济作物种植和蜂蜜、黄牛、湘西黑猪等特色养殖。而他自己则独自流转荒山 200 亩,创建黄桃种植基地 200 亩,规模开发黄桃产业。

"没有党和政府帮一把、拉一把,我家就没有今天,我要尽最大的努力回报党和政府、回报社会。"张远龙成立专业合作社带领乡亲们一起发家致富,是脱贫致富把恩"还"。"无论遇到多大的困难,我都要坚持下去,我不能再增加国家的负担了。"春风中黄桃树枝丫欢快地摇曳,张远龙看着漫山遍野黄桃苗坚定地说。现在，他为了自己的诺言，正在勇敢拼搏。也正是这样坚定的话语，让人感到身高不足一米五且清瘦的张远龙的形象变得格外高大。

案例3：

在发展扶贫产业上注重统筹布局与因地制宜相结合
——贾阳升书记的雷音村产业扶贫之路

从龙山县农业局党组书记、局长调任县政协提案委主任的贾阳升，主动请缨到兴隆街道雷音村（2016年6月改为社区）担任第一书记。他带着责任、使命、初心和情感，创造性开展扶贫工作，取得了很好的成绩，并被上级党组织认可，2017年被州委、州政府评为"扶贫先进个人"，2018年被省委、省政府评为"全省扶贫攻坚先进个人"。

龙山县兴隆街道雷音社区是县政协帮扶责任单位。该社区共有5个居民小组、275户1094人，经过严格精准识别程序和居民代表审核后，当时有建档立卡户31户120人。因"经济缺特色，产业无支柱，基础欠账多，民生难改善"等原因，雷音社区被确定为贫困村，属典型的"灯下黑"。贾阳升自2016年进驻帮扶以来，认真践行习近平总书记关于精准扶贫的方略，采取"精准发力攻产业，创新工作战脱贫"措施，上下团结一心，形成合力，一举改变了这里的贫困面貌。

一、精准发力，各个击破，化零为整，全方位破解贫困难关

因历史原因和小农意识作祟，社区5个组互不通路，居民也少有往来，组与组之间矛盾突出。"要想富，先通路。"这句话是亘古不变的真理，但在雷音却非常难。贾阳升经过调查，发现了其中问题，并找到了解决办法。原来，在10年以前，5组修路时邀请4组帮助，4组已通路，不愿意帮，矛盾从此产生。4组25户居住分散，规划时照顾不周全，田土分到千家万户，修路受益不均，意见有分歧，政府主持修路，反遭谩骂和殴打。3组李家坳14户68口人，居住偏远，修路要经过其他几组，"我组都修不通，你也莫想"……议论不绝于耳。于是，当年的"百村通路"机会失去了；后面几轮扶贫因难度太大，不得不放弃；政府为顺民心，挖机开到工地上，决心打通"断途路"。"要修路，先从我身上碾，否则，甭想通路。"哪知刚开工，告状信就如雪花一样飞到各级信访部门案桌，最后无功而返。难，确实难！贾阳升狠下心，找准了工作展开的突破口和着力点：先从拉通组组寨寨通道入手。扶贫工作从此拉开大幕。经过千言万语的思想工作，经过数以百计的群众会议，经过做通宗族先贤工作等办法，雷音通组到户的致富路、顺气路、民心路在流逝的岁月中延伸，两年内，雷音共计修通14千米道路，总投资突破600万元，275户1094人均受益。

雷音多山，植被茂密，风景优美。发展以乡村旅游带动种养产业是出路和方向。思路决定出路，心动不如行动。贾阳升采取先调研，征求贫困户发展产业意见，然后搭建新经济组织平台，最后培植示范户等步骤，稳步发展产业。两年半的时间，共创办秀银土鸡养殖、雷英家畜合作社、大旺沟乡村旅游、石宏生态种养休闲有限公司、福音家庭农场等6个经济发展平台，先后培植了屈世明、王发平、王发树等26个示范户，土鸡、生猪、中蜂、肉牛、食用菌等产业也蓬勃发展。

"扶贫先扶智""授人鱼不如授人渔"。这是精准扶贫的关键。为培养职业农民，传授一技之长，贾阳升想尽办法，走部门、访专家，找大户、觅行家，共举办培训班和上门传授技术60余次。一大批建档立卡户掌握了一技之长，变成了新型职业农民。3组居民石兴龙一家3口人，户主石兴龙因病瘫痪10多年，配偶于2017年查出胃癌晚期。两人2018年正月相继去世，只留下27岁的儿子易忠伟和大堆债务。家贫如洗，安葬费都没有。贾阳升东奔西跑，好不容易凑齐2万元，料理其家庭后事后，又协调资金5000元，鼓励其子学习食用菌技术。学成归来，贾阳升利用金融小额信贷扶贫政策，帮助易忠伟协调贴息贷款5万元，发展食用菌产业。在贾阳升的帮助和鼓励下，易忠伟通过学成的技术，发展食用菌产业，家庭情况慢慢地变好了。

在有形市场方面，贾阳升充分利用资源和人脉优势，积极联系各单位机关食堂，帮助建档立卡户销售土鸡、土鸡蛋、牲猪肉、食用菌等。在无形市场方面，他广泛挖掘当地网络人才，开设淘宝网店和电商平台，两年来，共为雷音网上销售土特产品6053批次，销售额达108万元。

"一个支部就是一座堡垒，一名党员就是一面旗帜。"身为第一书记的贾阳升坚持党建引领与精准扶贫有机结合、同步推进，将辖区20名党员分别捆绑到建档立卡户家庭，年初承诺设定帮助党组织宣传扶贫政策：做到政策宣传到位100%，反馈贫困户需求100%，为建档立卡户做一件以上看得见、摸得着的实事；年终考核，公示评优。此举措既开展了党组织活动，又激发了党员活力。

二、创新方法，整合资源，小题大做，多角度服务精准扶贫

"切实强化社会合力"是习近平总书记关于精准扶贫"四个切实"之一。在实际工作中，贾阳升不仅活学，而且活用，充分发挥和挖掘政协委员资源和人脉优势，为精准扶贫服务。

(一)开展县政协委员"三个一"服务活动

开展县政协委员"三个一(政协委员帮助一个贫困家庭发展产业、解决一个就业岗位、解决一个贫困家庭子女完成学业)"服务活动。他积极给该县政协党组汇报，促成该县政协工商委员组16位政协委员与雷音的16户贫困户联姻，进行一对一帮扶，收效颇佳。该县政协委员、深圳市升华集团董事长彭超对结帮扶雷音 2 组王发树，当了解到王发树发展散养黄肉牛缺资金时，他主动慷慨解囊，出资 1.1 万元帮助王发树购买了两头黄牛。后来，王发树又通过银行贷款资金购买了 2 头黄牛，用国家发放的产业资金购买了 2 头黄牛，现已顺利脱贫。县政协委员叶氏民族工艺有限公司董事长叶丽萍个人出资 7000 元，帮助贫困户张丁辉家安装了大门。县政协委员、北京市国兴凯顺科技投资有限公司董事长张鑫个人出资 1.1 万元，为联系户杨永树家修通了 0.6 千米长的入户路。通过此活动，雷音 31 户建档立卡贫困户普遍受益，共得到社会 140800 元帮扶资金的支持。受益贫困户将有限的资金用来发展产业，增添了发展后劲。

（二）帮助协调贴息贷款

贾阳升充分利用国家创业就业政策，带着有发展产业意愿的建档立卡户，给银行汇报，成功为 10 户建档立卡户争取到 50 万元小额贴息贷款支持。这些贫困户将此笔资金用于产业发展，形势很好。2 组王发平贷款 4 万元，购仔猪50 头、母猪 3 头，现存栏猪均在 200 斤/头以上，2020 年已获利 15 万元，顺利脱了贫摘了帽！雷音贫困户中除 5 户社会兜底户外，26 户建档立卡户均有产业，自身造血功能大大增强，靠发展产业走上了脱贫致富之路！

（三）探索新型养殖模式

传统养殖的食物链靠玉米、土豆等粮食，这样不仅成本高，而且弄不好还要亏本。为降低养殖成本，提高品质，贾阳升在辖区福音家庭农场以土鸡养殖做示范，夏秋季通过食物发酵作用，养蛆作土鸡辅助食料，冬春季养殖蚯蚓作土鸡辅助食料。这样，土鸡不仅可节约 0.1 元/只（土鸡成本 0.2 元/天）的养殖成本，而且品质非常好，深受消费者喜欢，市场前景广，土鸡蛋也供不应求。此创新做法得到了各级党委政府及相关部门认可。2018 年 4 月初，龙山县举办了全民创新创业比赛活动，雷音选送了福音农场"鸡蛋挑骨头"项目。此项目就是介绍虫子养鸡技术流程、展示林下养殖发展循环农业、利用注册的淘宝网店进行网上销售的全过程。活动中，该项目荣获二等奖，得到了 2 万元创新创业奖励，并代表龙山县参加了湘西州全民创新创业比赛。在湘西州"创翼"大赛中，该项目荣获一等奖，奖励 5 万元。

（四）发展乡村旅游

雷音地处县城东部，距县城不足 5 千米，是生态绿地、休闲场地、旅游胜地，景点有雷音神寺、大小岩屋、九节活龙、雷音水库、狮子电站……由于新修的 14 千米村组级公路，此地交通便利，是徒步游的极佳去处，更是难得的龙山后花园。另外，雷音还开办了一些农家乐，利用已发展起来的种养产业，给游客提供生态绿色环保安全食品。目前，已引进两家乡村旅游公司到雷音开发建设，租赁土地 200 亩，投入突破 100 万元。

沉舟侧畔千帆过，病树前头万木春。雷音社区精准扶贫工作虽取得了一些成果，探索了一条产业发展路子，使建档立卡户家庭有了一定的积蓄，但仍有大量工作亟待强化，特别是与以乡村旅游带动整体脱贫，同全国人民一道共奔小康相比，差距很大，仍需加大力气奋力追赶。

案例 4：

在基础设施建设上注重留住乡愁与彰显美丽相结合
——"乡愁与美丽同行"的美丽乡村建设实践①

一、因村施策，建设各具特色的美丽乡村

湘西州是少数民族聚居地，土家文化和苗族文化源远流长，村寨建筑各有特点，在脱贫攻坚、加大实施基础设施建设方面，当地尽量保留了各自原有的特色。正如州建设美丽湘西办主任杨清英所说："要因地制宜、因村施策、规划引领，打造各具特色的村寨。"

凤凰县扭仁村历史悠久，数百年来静静地繁衍生息，独居一方山水，承载着苗族文化精髓。其民居基本保存着隋唐时期古苗寨建筑风格，是湘西苗族保存最为完整的苗寨之一。根据这一特点，该村围绕人居环境美化、特色民居保护等实施了六大工程。依照原有的小青瓦、土石墙、吊脚楼、花门窗的土木结构建筑，当添加青瓦的加青瓦，对一部分剥落的土石墙进行修整，对破损的楼宇和花格子门窗进行修补，并用青石板铺就户间道 4 千米，整修竹篱近 2 千米，修建了古色古香的村部广场、景观台，对村内古井实施了修整保护等。

"原本苗族传统文化底蕴深，古寨独特，经过这两年的美化打造，扭仁神秘的面纱已逐渐向世人展现出来了。"驻村干部黄菊花高兴地说，"'爸爸去哪儿'第五季第四站就在我们村拍摄的。"

永顺县则坚持因地制宜，牢牢把握地域特征和民族特色，依据"宜游则游、宜业则业、宜文则文"原则，对该县 60 个乡村旅游精品示范点实施了基础设施完善。

西那司，一个具有数百年历史的古村落，至今保留很多古民居和古堡遗址，建筑群大多是土家族木质建筑，为 5 柱 6 挂和 3 柱 4 挂不等，针对这一情况，永顺县对该村以打造"土家探源、宜游乡村"为目标，实施基础设施完善、环境质量提升、特色民居改造三大工程。同时，注重风貌协调，对传统民居实

---

① 案例来自 2019 年 3 月 6 日《团结报》第 1 版（有删减）。

行保护性修缮加固，将户间道改为青石板路面，扩建村主道 1500 米，新修漫游道 1700 米。

西那司在土家语中是开满鲜花的地方，结合这一特征，该村又扩建了原有的荷花塘，并开垦村头一块 30 亩荒地，种上象征朝气蓬勃的太阳花。2016 年底，村民彭明清放弃在城市里的生意，回到家乡建起了民宿："现今村寨美了，游客增多，为了满足游客需求，计划到 2020 年底，完成 15 栋具有土家族风格的民宿。"

通过一系列基础设施提质改造，湘西州 100 个精品村、300 个示范村等一大批具有湘西特色的美丽乡村靓丽呈现，各个村庄焕发着各具特色的无限春光。一批批精品村在全国、全省脱颖而出：永顺县场坪村因"多彩"产业而入选第二批中国美丽乡村百佳范例；保靖县陇木峒村按照"农村要美、农民要富"的社会主义新农村建设格调，获评湖南省美丽乡村示范村；花垣县清水塘村以新城镇化建设为基调逐渐成为该县的"后花园"；古丈县坐龙峡村以提升旅游业为抓手，2018 年入村游客比三年前翻了一番……

有天蓝地净、山清水秀的"美丽颜值"，有垃圾少、空气好的"健康体质"，有宜居宜业、宜游宜养的"幸福感觉"，脱贫攻坚与美丽乡村建设同步推进、共同发力的湘西农村，真美！

二、纵深推进，打造国内外知名生态文化公园

留得住乡愁的美丽乡村，才让老百姓更有获得感、幸福感。乡愁在哪里？不只在青山绿水里，也在实用、方便又满意和与原生态文化、自然山水和谐共存的各种生活设施中。

保靖县因地制宜、因户施策、分户计价，选择适合的改厕模式，分类推进农村改厕工作。茶市村按照一户一卫生厕的标准，推行五种模式抓改厕，创造了湘西州改厕的"茶市模式"。驻茶市村第一支书彭司进说："每隔几天，就会有人来参观这里的厕改。"

泸溪县都岐村对村庄庭院和小河两旁进行了全面绿化，全村按标准安装了 82 盏太阳能路灯，沿河修建了 4 座具有土家族特色的风雨桥和 20 座便民桥。这些桥便民惠民，美观大方。村民向明忠每天都要到风雨桥上拉几下二胡。

永顺县老司城村系中国历史文化名村和传统村落，它在基础设施建设方面不断提质，并且尽量与原老司城原有基础设施、建筑相匹配。村旁灵溪河盛产鹅卵石，其就地取材，将村内道路全用鹅卵石铺就，大大降低了成本，并且还对电力、电视、通信、饮水等工程的管线实施了入地改造，实现了同网同价，保障了公共服务、饮水安全。

花垣县将十八洞村人居环境综合整治作为精准脱贫后农村人居环境综合整

治示范点，在继续完善水、电、路灯、村庄公共服务等基础设施建设的同时，配备了分类生活垃圾桶、道路垃圾桶、勾臂箱、勾臂车、自卸式垃圾分类收集车、资源回收房等环卫一体化系统。"以前，交通不便，稍微下点雨出门就满身泥。"村民龙德成老人开心地说，"感谢党的好政策，现在好了，村子变美了，每天有好多的游客来。"

……

围绕把湘西州打造成国内外知名生态文化公园这一总愿景、总目标，湘西州纵深推进基础设施建设，城乡面貌整洁亮丽了，人民群众也有了更多的获得感、幸福感。

案例 5：

在攻坚力量统筹上注重发挥基层党组织堡垒作用与党员干部先锋作用相结合
——第一书记杨光辉带领夯吉村民创造的"神话"

2015 年 4 月，杨光辉响应组织号召，身先士卒，放弃在保靖县政府办工作的优越环境，怀着带领贫困群众脱贫致富奔小康的强烈愿望，踏上"舍小家、顾大家"的村干部之路。3 年多来，凭着对建档立卡贫困群众的一片深情和对理想信念的坚韧与执着，杨光辉用赤诚爱民的情怀与淡泊名利的人生，克服诸多困难，以距县城 127 千米的夯吉村为家，情系精准扶贫事业，创造了夯吉村由贫到富的"神话"，生动地诠释了一名共产党员默默奉献的质朴本色，受到了村民、特别是建档立卡贫困户的广泛赞誉。

一、想"致富"先"寻路"

夯吉村是该县政府办、县政务中心的扶贫村之一，全村有 448 户 2050 人，其中 132 户 546 人是建档立卡贫困户。上任伊始，杨光辉广泛走访群众，听取各方意见，梳理致贫的主要原因，在调查研究基础上，确定了以发展保靖黄金茶和乡村生态旅游为主线的脱贫致富思路。

思路确定了，但如何帮助每户贫困户脱贫还需要详细调查走访，杨光辉在走访贫困户时偶然发现贫困户们"等靠要"的思想严重。后来在走访龙巴来时，又印证了这一点。杨光辉问龙巴来："你对脱贫有什么想法？"他说："我现在也没有什么想法，靠你们帮我想个脱贫的办法。我家做工缺劳力，做产业没技术、没资金，你们帮我多搞个低保吧？"

通过不断宣传精准扶贫政策和示范影响，广大村民对扶贫工作越来越理解。在一次省调研组调研时，有人问村民代表张祖贵："别人都评为建档立卡贫困户了，你没有什么意见吗？"张祖贵说："我吃的比他们好，住的比他们好，生活条件比他们好，这是比出来的，我有什么意见？"

二、先"输血"再"造血"

刚驻村时，村内基础设施比较滞后，通村公路晴天一身灰，雨天一身泥，老百姓戏称为"水、泥"路。杨光辉重点从基础设施、产业开发、危房改造等方面发力，跑项目，争资金，2015年至2016年，投入项目资金700万元，完成了通村公路硬化、村间石板路以及茶马古道的恢复改造，拉通了夯吉村至排吉村尚仁组的通村公路，完成民居保护改造123栋，建设了具有苗族特色的便民桥9座，实施了全村安全饮水工程等。

基础设施改善了，还必须要有产业支撑。杨光辉结合村情实际，大力实施茶旅结合开发的"造血"之路，一方面，利用县里免费提供茶苗、茶肥等利好政策，并给建档立卡贫困户落实产业奖扶资金大力开发黄金茶，推动群众产业致富；另一方面，按照"依托吕洞山、发展大旅游、形成大产业"的指导思想，突出环境保护，发展旅游产业，积极配合州里的矮寨至夯沙旅游公路建设、县里的吕洞山旅游基础设施建设，力争使该村早日成为湘西州旅游产业的后起之秀。

目前，全村茶园面积有5000多亩，人均2亩以上。村里的黄金茶产业发展起来了，部分贫困户摘了鲜茶却卖不出去，茶叶成了有价值的"废品"，销售又成了新的问题。杨光辉积极鼓励村内能人在种植茶叶的同时，充分发挥自己的技术、人脉优势，组建合作社，开展茶叶加工。贫困户张明进先后在当地信用社贷款20多万元，购置了一批炒茶设备，组建了昌隆茶叶产业合作社，运营之后每年收购贫困户鲜茶7500多公斤，实现毛利润10多万元。村干部组建的军平茶叶产销专业合作社，在做大村集体茶园的同时，利用村集体加工设备每年帮助贫困茶农炒制鲜茶1万多公斤，收购鲜叶8000多公斤。杨光辉还利用自己的资源优势和人脉，帮助茶农销茶，县政府办、县政务中心的办公用茶几乎全部来自村里的贫困户，每名结对帮扶干部都帮助有干茶销售的贫困户销售5公斤以上。据统计，每年工作组和帮扶干部帮助销售干茶不低于500公斤。

三、摘"穷帽"结"富果"

天道酬勤，在各级党委政府的关怀下，在以杨光辉为党组织第一书记、以及驻村扶贫工作组和贫困群众的共同努力下，2016年底，夯吉村摘掉了贫困帽子，实现整村脱贫。通过黄金茶、乡村旅游等支柱产业开发，昔日的荒山坡地和溪河山岭结出了致富的果实，2017年全村人均纯收入达7823元，杨光辉也因此连续3年被县人民政府嘉奖。面对荣誉，杨光辉淡淡地说："千奖万奖不如老百姓的夸奖，金杯银杯不如老百姓的口碑。"记者问及杨光辉，你一个小小的"村官"，能深得一方百姓的信任，两年时间就让夯吉村脱贫摘帽，靠的是什么？"精准扶贫无小事，只要心中装着贫困户，一心一意为民谋福祉就没有办不成的事。"

　　沐浴着党的阳光，如今，夯吉村基础设施改善了，支柱产业发展了，村民日子好过了，踏上了共同致富的"快车道"，但杨光辉并没有就此停步，他说："整体脱贫不代表全体脱贫，整村脱贫不代表每户脱贫，现在脱贫不代表永远脱贫，尽管已脱贫摘帽，但仍有 0.84% 的贫困人口，这些脱贫户，大多发展能力还不够，稳定脱贫致富的基础还不牢固，一旦出现大病或其他意外，很可能再次返贫。为巩固脱贫效果，防止再度返贫，我将重整行装再出发，为驻村多做一些实事，让驻村与全国同步实现小康。"

　　杨光辉是这样说的，也是这样做的。2017 年至 2018 年，在巩固脱贫成效上，他们对 132 户脱贫户分别制定了巩固脱贫计划，实施了巩固脱贫产业。在增强发展后劲上，他们积极与各单位进行项目对接，落实项目资金 433 万元。其中投入 230 万元的 1.5 千米河堤治理项目已经竣工；投入 43 万元的观景台游步道项目全面完成；投入 70 万元，新修人饮工程源头 2 个，维修改造了整村人饮管网；投入 40 万元新拉通了 1.5 千米产业路；投入 50 万元的村级文化活动场所正在建设；提供黄金茶苗 100 万余株，新扩茶园 300 亩；争取资金 10 万元，支持 4 户发展农家乐，率先走出了一条茶旅结合的致富路。

3.3　"党建引领、互助五兴"的实施及成效

　　要打赢脱贫攻坚战，必须切实加强和改善党的领导，发挥党的政治优势、组织优势和密切联系群众优势，把扶贫开发同基层组织建设有机结合起来，真正把基层党组织建设成带领群众脱贫致富的坚强战斗堡垒。赵乐际同志曾在全国组织部长会议上强调：要增强基层党组织整体功能，抓好党建促脱贫攻坚，充分发挥基层党组织战斗堡垒作用和党员先锋模范作用，坚决打赢脱贫攻坚战。湘西州遵照习近平总书记关于把扶贫开发同基层组织建设有机结合起来的重要指示，推动全面从严治党向纵深发展、向基层延伸覆盖，狠抓基层组织建设，抓紧抓实软弱涣散党组织整顿，发挥基层党组织"主心骨""急先锋"作用，提高村级运转经费和村干部报酬，落实村干部坐班、民事代办等制度，深化网格化社会服务管理，1 万多名州直党员干部进村入户、精准识贫、精准扶贫，为基层单位、扶贫村和贫困群众解难事、办实事、办好事，加强干部群众情感交流，做好群众工作，抓好脱贫培训，增强群众脱贫信心，提高脱贫能力，并探索出农村"互助五兴"基层治理新模式。湘西州抓党建促脱贫工作成绩斐然，全州牢固树立了"围绕扶贫抓党建，抓好党建促扶贫"的理念，充分发挥了基层党组织的战斗堡垒作用和党员的先锋模范作用，为打赢脱贫攻坚战提供了坚强有力

的保证。

3.3.1 "互助五兴"的探索及推广过程

3.3.1.1 "互助五兴"的探索

为深入贯彻习近平新时代中国特色社会主义思想和新时代党的组织路线，提升农村基层党组织组织力，将巩固脱贫成效与基层治理相结合，通过从"能人治村"到"制度治村"的机制性转变，湘西州委在"精准扶贫"首倡地十八洞村，发挥党组织战斗堡垒作用，引领群众脱贫攻坚致富，探索"党建引领、互助五兴"农村基层治理模式，让党员与群众组成互助小组，围绕"五兴"，共同奋斗、互帮互助，充分发挥了农村基层党组织组织群众、宣传群众、凝聚群众、服务群众的重要作用，激发了内生动力，消除了"等靠要"思想，增添了脱贫致富奔小康的决心和信心。

实践证明，十八洞村试点推行的农村"互助五兴"基层治理模式，充分发挥了基层党组织战斗堡垒作用和党员先锋模范作用，有效抓重点、补短板、强弱项，形成了以党组织为核心，党员带动、群众参与、互助共进的生动格局。十八洞村生产生活基础设施不断完善，村容村貌焕然一新，落后的思想观念悄然转变，种植、养殖、苗绣、乡村游、山泉水等致富产业逐步成型，"互助五兴"模式在十八洞村决胜脱贫攻坚、迈向乡村振兴中发挥了关键作用，得到了时任湖南省委主要领导同志的充分肯定，被中组部《组工信息》推介。"互助五兴"治理模式在十八洞村的探索之路十分成功，通过将农村基层党组织的服务"触角"深植于群众之中，为群众明心、指路、护航，让贫困群众真正成为新时代的新农民，让贫困山村成为新时代新农村的最美范本。

3.3.1.2 "互助五兴"的推广

农村"互助五兴"基层治理模式是湘西州十八洞村六年来在生动践行习近平总书记精准扶贫重要论述的实践中探索出的可复制、可推广的宝贵经验。2018年湘西州开始在全州推广这一做法，有效激活了乡村治理的一池春水，得到了中组部等部门和央视《新闻联播》等媒体的宣传推介，国务院发展研究中心将其作为重点课题专题研究，湖南省委领导多次现场调研，省委主题教育领导小组、省委组织部联合发文在全省推广。

2018年11月29日，湘西州推行农村"互助五兴"基层治理模式动员部署会在花垣县十八洞村举行。时任州委常委、州委组织部部长龚明汉指出，要提高政治站位，充分认识推行农村"互助五兴"基层治理模式的重要意义。推行农村"互助五兴"基层治理模式，是贯彻落实党的十九大精神和新时代党的组织路线的生动实践，是决胜脱贫攻坚、助推乡村振兴的创新举措，是推进基层治理体系和治理能力现代化的有力抓手。

为确保农村"互助五兴"基层治理模式落地见效,湘西州狠抓工作落实。第一,加强组织领导,按照州委统一部署,成立相应工作机构,制定有指导性、针对性、操作性的实施方案,推动工作有序、有力、有效开展。第二,压实部门职责,结合各自职能职责,不遗余力推进"互助五兴",形成工作合力。第三,夯实工作保障,建立完善的工作保障机制,从经费安排、人员力量、制度措施上给予大力支持。第四,注重宣传推介,充分发挥媒体作用,宣传推行"互助五兴"工作中的好做法、好经验,为工作开展营造浓厚氛围。

"'互助五兴'确实搞得好,让我在家门口找到了工作。"湖南省花垣县龙潭镇青龙村村民吴长寿乐滋滋地说。一问才知,村里的党员石文昌,为帮自己的互助联系户增加收入,招聘吴长寿作为林下养殖的固定工人,让他每月有了3000多元的稳定收入。

2018年11月,花垣县全面启动推广党支部"互助五兴"工作。这一模式在花垣县的推广和落实,进一步解决了党群联系松散的问题,使党群联系方式更新颖、内容更充实、互助效果更突出,充分发挥了村(社区)党组织组织群众、宣传群众、凝聚群众、服务群众的重要作用,对加速花垣县农村脱贫摘帽和乡村振兴进程也有重大现实意义。

2018年,永顺县也开始推行新时代农村"互助五兴"基层治理模式,通过推行"互助五兴"基层治理,群众的思想有了明显转变,内生动力越来越足,乡风文明也树了起来。

时任保靖县委常委、组织部部长阳文魁深有感触地说:"随着合乡并村和村庄空巢化,村民居住更加分散、流动日益频繁,团结互助的共同体意识逐渐淡薄,给乡村治理带来了严峻挑战。"而"互助五兴"基层治理模式充分发挥群众共建共治的主体地位,引导广大群众在学政策、抓生产、育新风、促和谐、兴家园上携手互助。

龙山县兴隆街道狮子社区有两户村民因山林界限发生矛盾纠纷,党员杨春桃作为互助小组长,多次上门调解矛盾,最终使邻里双方达成和解;吉首市河溪社区党支部书记张晓梅,通过发展茶业专业合作社,吸纳组员入社劳动致富……"互助小组长入户走访或个别访谈,听取、收集并及时处理群众意见,让群众的获得感和满意度大幅提升。"古丈县坪坝镇时任党委书记宋友强谈道:"一个个互助小组让群众脑袋富起来、腰包鼓起来、风气纯起来、乡村美起来,乡村治理呈现前所未有的勃勃生机。"截至2019年底,全州组建了3.6万多个互助组,有17万余户农村群众参与互助,实现了村村全覆盖,"互助五兴"模式已在湘西州遍地开花。

3.3.2 "党建引领、互助五兴"的具体实践

3.3.2.1 强化政治引领，压紧组织责任

湘西州作为习近平总书记精准扶贫思想的首倡地及湖南省扶贫攻坚的主战场，认真落实习近平总书记重要指示精神和省委、省政府部署要求，坚持党建核心引领，加强基层党建工作，讲究严实为先、服务至上，不断深化创新，把打好打赢精准脱贫攻坚战、与全省同步实现全面小康，作为最重大的政治任务和最紧要的民生工程。在干部群众一番努力下，湘西州基层党建工作稳步推进，基层组织继续夯实，组织优势逐步转化为脱贫攻坚优势，为打好打赢脱贫攻坚战提供了坚强的组织保障。

为增强脱贫攻坚政治担当，湘西州采用最严最实最不讲情面的调度督导机制，以"四不两直"方式对8县市115个乡镇(街道)1742个村(社区)进行全覆盖调度督导，并按照州委常委会议定事项，建立了脱贫攻坚工作"全员责任制、全员绩效制"的考核机制。同时，狠抓基层组织建设，州内100%的党支部达到"五化"标准，每年排查出的软弱涣散村(社区)党组织全部转化升级，排查清理违纪违法、涉黑涉恶"两委"成员，村(居)"两委"班子成员中致富能手占52%，1567个村(社区)均有稳定的村级集体经济。实行组工干部全员联系基层组织抓党建，点对点督促脱贫责任落实，对整改不力的人进行组织处理。

为在责任传导上抓得更牢，湘西州大力推行"州级领导联县包乡、县级领导联乡包村"制度，全面落实"州县市直单位包村、党员干部包户"制度，严格执行干部驻村、结对帮扶干部走访贫困户制度，做到了贫困村驻村帮扶、贫困户结对帮扶全覆盖，形成了领导带头干、干部埋头干、群众主动干的脱贫攻坚浓厚氛围。

为在责任落实上压得更紧，湘西州委、州政府与省扶贫开发领导小组，县市与州扶贫开发领导小组，乡镇(街道)与县市，村(社区)与乡镇(街道)层层签订责任状。州委书记、州长，县市委书记、县市长均按照"三走访三签字①"要求对重点乡镇、村进行走访，通过走访调研乡镇、贫困村、贫困户，查看项目进度、召开座谈会等形式，指导精准扶贫工作开展，协调推进项目建设，督导扶贫政策落实落地，帮助解决实际困难。严格落实"三签字"文件精神，贫困人口脱贫、贫困村退出、贫困县摘帽按照相关要求分级签字。

为治理扶贫领域腐败和作风问题，湘西州遵照习近平总书记"脱真贫、真

---

① "三走访"：州市县党政主要领导干部走访脱贫攻坚任务重的地区。"三签字"：州市县党政主要领导干部对脱贫退出层层负责、层层把关。

脱贫"指示要求，着力防庸、防急、防散、防虚，严格扶贫对象动态管理、项目资金管理，严肃群众纪律、工作纪律和财经纪律，确保实干实效。重点围绕产业扶贫、生态扶贫、惠民政策落实、基层群众信访举报、放管服改革、开展"一块地、一棵树、一张卡、一封信、一枚章"专项治理，持续整治扶贫领域腐败和作风问题。同时，探索开展"湘西为民"村级微信群工作，推行"指尖上的政民对话"，有力推动组织监督与群众监督同向发力、执行纪律和转变作风同步实施。

3.3.2.2　优化攻坚力量，增强造血功能

1. 选优配强乡村班子

湘西州抓住乡镇、村（居）换届契机，全面加强党的领导，在 2016 年乡镇换届工作中，着力选拔扶贫工作经验丰富、扎根服务基层的优秀干部充实到乡镇领导班子，通过换届，乡镇党政班子成员有扶贫工作经历的达到了 90%。在 2017 年村（居）"两委"换届中，采取"三听三看三审查"，全面实现组织意图，一批群众基础好、"双带"能力强的优秀人才进入村（居）"两委"班子，班子成员中产业致富带头人占比达到 52%。

2. 全面优化组队布点

在机构改革中对脱贫攻坚力量坚持"大稳定、小调整"原则，确保把"最能打仗的人"派到一线。2020 年湘西州和县市组织部门派出 5316 名优秀干部，组成 1742 支工作队，对 1110 个贫困村和 632 个有贫困人口的非贫困村（社区）"一村一队"全覆盖。第一书记平均年龄 42 岁，大专以上学历占比 90%，形成了一支以科学配备的脱贫攻坚"尖刀"队伍。

3. 全面凝聚攻坚合力

将近三年新录用的 1776 名州县直单位工作人员全部下派到贫困村扶贫锻炼。整合 950 名科技人才组建特色产业专家服务团和 10 个科技特派产业团到脱贫一线服务。动员 1200 余家企业、商会参与精准扶贫"千企联村"行动，引导"两新"组织结对帮扶 452 个贫困村，全州 5.96 万名党员干部结对帮扶 16.5 万户建档立卡贫困户，形成党组织引领、全社会共同参与的脱贫攻坚大格局。

4. 全面轮训基层干部

大力开展"干部能力提升年"活动，组织全州各级干部深入学习贯彻习近平新时代中国特色社会主义思想、党的十九大精神及习近平总书记关于精准扶贫的重要论述，着力解决部分干部与时俱进不够、能力不足等问题。坚持每年对基层党务工作者、村支"两委"成员、第一书记、党员致富带头人、集体经济组织负责人等各类扶贫党员干部进行培训，年均轮训 1 万人。特别是针对偏远深度贫困村党组织书记能力不够强等问题，创新开展情景案例教学，强化其基本

功，提高其实战能力，基层对此反响好、触动深。大力开展贫困村"头雁培训"，每年轮训贫困村（社区）党组织书记超过 2200 人次，形成常态化培训机制。根据贫困片区及贫困村的不同类型，精准选派 1200 名敢于担当、作风过硬、群众口碑好的贫困村"第一书记"。持续开展"农民大学生"培养计划，2018年，2142 位农民圆了大学梦，其中有 368 人成为致富带头人，773 人成长为村组干部。凤凰县启动"一村一名大学生村主干计划"，为每个村（社区）增配一名大学生村主干；龙山县在兴隆街道试点村（社区）后备干部"跟班学习、提前上岗"制度，为 23 个村（社区）确定了 30 名重点后备干部跟班学习。以县市为单位全面建立"入党积极分子信息库"和"村级后备干部信息库"，共有 4648 名农村入党积极分子和 4525 名村级后备干部入库，可确保每个村动态保持培养 2名以上后备力量。

5. 奖惩结合强化激励

启动责任倒查机制，严肃追责问责。近年来，对工作不力的 122 个单位进行问责，34 名干部被免职调整，31 名驻村扶贫干部被"召回"。对脱贫攻坚中成绩突出，具有先进性、代表性和典型性的进行表彰和宣传推介，全州评选了12 名"最美扶贫人物"、163 名"帮扶成效突出干部"、800 名"自力更生脱贫群众"。对工作业绩突出、脱贫成效明显的强化激励，累计提拔重用 412 名扶贫队员和第一书记，树立脱贫攻坚一线选人用人鲜明导向。

3.3.2.3 夯实基层组织，发挥党员作用

湘西州紧紧抓住基层组织这个关键，着力抓覆盖、选强人、补短板、强功能，把农村基层党组织打造成引领脱贫攻坚的战斗堡垒。

1. 强化基础保障

近年来，累计投入资金超过 12.6 亿，实现全州 1567 个农村综合服务平台提质升级全覆盖，并且普遍具备了党员活动、群众议事、学习教育、便民服务、文化娱乐等五大功能。抓住"放管服"改革契机，全面推行基层公共服务（一门式）平台和"湘西 e 路通"信息化服务平台，在所有村建立"湘西为民"村级微信群，综合提升基层党员干部线上线下服务能力，逐步实现村民办事不出村。大力推动实施生态旅游、光伏发电、厂房门面、农产品仓储、产业发展、土地流转、合作经营等项目，发展壮大村级集体经济，2018 年底实现发展村级集体经济全覆盖。

2. 把党组织建在扶贫一线

按照"脱贫阵地延伸到哪里、脱贫产业发展到哪里，党的组织就建到哪里、工作就跟进到哪里"的要求，深化延伸党组织的有形覆盖和有效覆盖，在农村网格、农民专业合作社、农村产业链、产业园区全面建立党组织，为脱贫攻坚

提供坚强的组织保障。全州共有 42 个农业产业园和 221 个千亩以上柑橘、猕猴桃、茶叶等基地、专业合作社成立了党组织，9097 个农村网格全部建立党小组。花垣湘西农业科技示范园、凤凰文化旅游产业园，吸收数十家农业加工企业进驻，建立产业基地 10 万亩，吸纳数万建档立卡贫困户就业创业。

3. 分类施策整顿软弱涣散党组织

针对贫困村往往党组织软弱涣散的实际，州委列出 10 种情形的软弱涣散"负面清单"，每年动态倒排确定整顿对象，困村制宜、一村一策，采取州县领导"一对一"挂点、党群部门驻班子薄弱村、经济部门驻发展落后村、政法部门驻矛盾突出村等办法，抓好集中整顿。

4. 建立同步增长保障机制

从 2013 年起，村级组织运转经费按年增长 10% 以上，村（社区）党组织书记年均报酬由 2013 年的 0.8 万元提高到 2019 年的 3 万元。每村安排 1 万元便民服务专项经费，村均年运转经费超过 20 万元。完善工资待遇政策向乡镇倾斜的具体办法，落实边远贫困地区乡镇干部补贴每月 200～500 元。先后投入 2.4 亿元加强乡镇"六小"设施建设，改善了乡镇干部工作、生活条件，实现了村级阵地建设"全覆盖"。

5. 四轮驱动壮大集体经济

大力推行"资源开发、合作投资、产业带动、服务拉动"四种模式，壮大集体经济，消除集体经济"空白村"近千个。吉首市隘口村探索推行"红色股份+专业合作社"，黄金茶种植面积从过去的 200 多亩发展到 8300 多亩，实现集体经济年收入 18 万余元，"红色股份"这一集体经济模式获评"全国基层党建创新最佳案例"。

湘西州注重发挥党员模范带头作用，团结带领群众自立自强、艰苦奋斗，走出了脱贫致富奔小康的新路、好路。

一是带领致富做表率。深化"三制一卡"基层党建工作法，采取设岗定责、承诺践诺、志愿服务等方式，促使党员在脱贫攻坚中积极发挥示范带动作用。湘西州 13 万余名党员在精准扶贫中做出承诺事项 20 多万件，641 名党员领办专业合作社，3.2 万名党员积极投身各类产业基地，先干先富，带动共富。保靖县吕洞村、黄金村、花垣县金龙村等党支部和广大党员严格践行扶贫脱贫承诺，带领村民建成旅游、黄金茶、药材种植、特种养殖四大产业片区，村人均可支配收入由 2012 年的不足 2000 元增加到 8000 元。

二是服务群众当先锋。全面推行村干部绩效考核制、坐班代办服务等制度，组建 2805 支党员志愿服务队、724 个党员技术服务小组，组织开展技术指导、治安巡逻、生态保护等活动 1.1 万次，特别是在服务贫困群众、承担险重任务中勇于担当。凤凰县山江镇实行赶集日村干部到镇便民服务中心集中服务制，有效破解了山区村寨分散群众办事不方便的难题。近年来，在龙山里耶、石牌、古丈默戎、泸溪八什坪、凤凰古城等重点防灾抗灾现场，上演了一幕幕"我是党员，我先上"的生动画面，创造了"零伤亡"的奇迹。

三是激发动力奔小康。全州各级党组织和广大党员干部深入学习习近平总书记关于精准扶贫系列重要讲话精神，悬挂横幅、张贴标语达 5000 余条，发放宣传手册 2 万份，建宣传栏 1178 个，通过座谈、广播、上门入户等形式，将精准扶贫、精准脱贫政策精神宣讲到村、到户、到人，激发贫困村群众内生动力。返乡创业，创办实体企业，带动贫困群众积极投身农村产业合作社、农业产业园、产业基地建设。旅游扶贫、金融扶贫、"千企联村"等州委决策在贫困地区一个个落地生根。花垣县十八洞村、泸溪县马王溪村、凤凰县菖蒲塘村等一批先进村迈向小康。湘西州的实践证明，脱贫攻坚、全面小康，关键在各级党组织和广大党员干部。

3.3.2.4　推行互助五兴，激活基层活力

湘西州推行农村"互助五兴"，坚持村党组织的领导核心地位，坚持发挥党员先锋模范作用，坚持以农民为主体，以决胜脱贫攻坚、助推乡村振兴为主线，以党建引领基层治理为重点，以实事求是、因地制宜为原则，围绕五个方面开展互帮互助。一是学习互助兴思想。共同学习习近平新时代中国特色社会主义思想；拥护中国共产党的领导，感党恩、听党话、跟党走，爱国爱家爱集体；不等不靠不要，自信自立自强。二是生产互助兴产业。共同学习农村实用技术、经济新模式、市场新业态，壮大当家产业；提高就业技能，互通就业信息，壮大劳务经济；推动小农户与现代农业有效衔接，积极参与各类农民合作经济组织，支持发展壮大村级集体经济。三是乡风互助兴文明。积极践行社会主义核心价值观；倡导和参加健康有益的文化生活，推动移风易俗；遵纪守法，践行村规民约，坚决反对邪教，抵制黄、赌、毒等不法行为。四是邻里互助兴和谐。互帮互助处理邻里家事；合理表达诉求，主动化解矛盾纠纷，做到"小事不出组、大事不出村"；积极支持村级公益事业，有序参与公共事务管理。五是绿色互助兴家园。保护绿色生态，守护绿水青山，保持村寨自然风貌；推行绿色生产，推广有机、环保生产方式，降低农业污染；建设绿色庭院，互帮互助美化庭院，建设美丽宜居新家园。

湘西州以"153"机制推动农村"互助五兴"基层治理模式落实落地，即 1 个互助组，围绕"五兴"内容，按照"建、诺、评"方式开展互助。一是建立互助小组。采取组织引导、党员带头、群众自愿的方式，按照地域相近、双向选择的原则，以"党员+产业大户（或致富能手、社会能人等）+群众"的形式，由有帮带

能力的党员、村组干部、入党积极分子、后备干部、村民代表等先进分子担任组长，就近联系 5 户左右群众，建立互助小组，结成利益共同体。为选优"牵头人"，采取党组织引导动员、党员能人带头自荐、党小组和村民小组推荐、党支部把关确定的方式，全州共推选了 9.6 万多名思想进步、热心公益、能力突出、群众信任的"互助五兴"小组长，充分挖掘了农村基层党员干部、入党积极分子、村后备力量、致富能人、乡贤"五老"①等乡土人才资源，使其紧密团结在党组织周围，成为农村脱贫攻坚和乡村振兴的骨干力量。为建强"互助组"，按照"地缘相邻、产业相近、志趣相投、优势互补、搭配合理"的原则，精准摸排各家各户家庭情况和生产生活情况，开展组长找组员、组员找组长"双找"活动，争取党员能人全参与。二是开展承诺。按照"因地制宜、力所能及、以长补短"的原则，由"互助五兴"组长带头，发动小组成员聚焦"学习互助兴思想、生产互助兴产业、乡风互助兴文明、邻里互助兴和谐、绿色互助兴家园"五个方面内容列出家庭"需求清单"和"供给清单"，组织互相认领，明确互助事项，进行公开承诺。各个小组围绕解决群众的大事小事、急事难事承诺互助，开展互帮互助，形成了党组织核心引领、党员带动、群众参与、互助共进的生动格局。三是实施评议。村党组织年终结合民主评议、村民代表大会、村民议事会等形式，对"互助五兴"组开展评比。对被评为先进的互助组，组员可在享受优惠政策、产业项目等方面按照相关规定优先给予支持；将小组长的评议结果作为党员积分管理、积极分子考察、后备干部考核以及推选任用的重要内容和依据；对群众互帮互助中表现优秀、作用突出的进行表彰，例如通过村级集体经济收益按照村民议事程序给予一定奖励，并注重从中吸纳入党积极分子和村级后备干部。

为继续健全完善工作机制，湘西州坚持边探索、边总结、边完善，不断健全配套制度，确保"互助五兴"可持续、有保障、常态化。一是推行积分管理。实行党员积分和农户家庭积分"双重积分"管理，以每个月主题党日为载体，根据各个"互助组"践行承诺、开展互助情况分别对党员和农户家庭进行积分，积分情况在全村公示，督促和推动"互助组"发挥作用。二是开设"互助银行"。在村级集体经济年收入超过 5 万元的村开设"互助银行"，用村级集体经济收入购置粮油、日用品、农具等生活生产小商品存入"互助银行"，党员群众可通过"互助五兴"积分在"互助银行"兑换商品，使互帮互助在平时，激励奖励在经常，增强了党员群众参与互助的积极性。三是开展民主评议。把推行"互助五兴"纳入基层党建述职评议考核和村

---

① "五老"指老党员、老专家、老教师、老战士、老模范。

党组织书记"双述双评"，督促农村基层党组织在基层治理中发挥领导核心作用，增强党员群众参与互助的荣誉感。

截至 2020 年底，湘西州共建立 10 万多个农村"互助五兴"小组。围绕精准扶贫，全州 1567 个农村党支部、5 万余名农村党员做出 11 万多件承诺事项，与群众建立起紧密联系，充分发挥了农村基层党组织的核心作用。同时，聚焦"生活富裕、产业兴旺、乡风文明、治理有效、生态宜居"的乡村振兴目标，6100 多名农村党员领办、创办致富项目 2300 多个，带动 20.3 万余名农村群众在家门口创业致富。自"互助五兴"在湘西州推广以来，党员和群众在学习党的政策、发展当家产业、推动移风易俗、加强乡村治理、建设美丽村庄等方面开展互帮互助，取得了显著成效，使农村精神更振了、民风更淳了、产业更富了、村庄更美了。

3.3.3 "党建引领、互助五兴"实施的显著成效

3.3.3.1 攻坚任务基本完成，脱贫成效持续巩固

湘西州打赢脱贫攻坚战，全州贫困人口如期脱贫，接续实施乡村振兴战略，都离不开基层党组织坚强有力的领导，离不开党员和群众的广泛参与。通过实施精准扶贫"十项工程"，贫困群众增收难、上学难、看病难、住房难等老大难问题普遍解决，"两不愁""三保障"目标基本实现，千百年来的绝对贫困问题基本解决。

湘西州将党建与脱贫攻坚深度融合，加强基层党组织"主心骨"作用，以党建助力脱贫攻坚取得了实效，推行的"互助五兴"农村基层治理模式亦是助推精准脱贫、巩固脱贫成效的有力措施。十八洞村率先探索建立的"互助五兴"农村基层治理新模式，通过建立"互助五兴"互助小组，促使党员与群众结成共同体，特别是对困难户、贫困户、五保户、兜底户等都实现了有效的互帮互助全覆盖，使得在精准脱贫的路上，弱势农户又有了一层支持和帮助，增强了脱贫的实效性，达到了互相进步、相互促进的目的。"互助五兴"模式每一个"助"，都聚焦精准扶贫、精准脱贫，每一个"兴"都与脱贫攻坚息息相关，都与乡村振兴紧密相连，"亲帮亲、户帮户、党员帮群众、互助脱贫奔小康"成为新时代农民的新希望。

3.3.3.2 特色产业不断壮大，农村经济快速发展

解决农民致富及农村发展问题是完善基层治理的关键，湘西州通过采取"互助五兴"的基层治理模式，深入剖析经济发展与管理问题；通过采取生产互助兴产业的方式，缩小产业发展、经济发展差距，进而实现富民强村的跨越。鼓励群众互帮互助，将群众发展力量集合，朝着一个发展目标共同努力，真正

做到"劲儿往一处使",引进共享技术,实现产业信息、就业信息的共享,提高群众的基本收入。在具体实施过程中,积极选择典型代表,从找差距、促发展角度出发,制定详细的脱贫攻坚计划,选择具有代表性的群众,发挥榜样力量,鼓励群众学习与认识发展的重要性,并且在此基础上不断提升发展能力,真正实现相互促进发展进步。不断引进信息发展技术,以共享理念实现发展信息共享,由此明确了基层发展方向,为基层管理提供了更多支持。组织群众学习先进发展技术,结合地方经济发展要求,梳理更理想的发展思路,抓住脱贫攻坚发展的关键点,并在此基础上使自身发展能力得到提升。

"互助组"成员之间,生产技术互帮、市场信息共享、上下游产业链互通,破除了小农意识,实现了群众抱团发展、合作发展。"互助五兴"开展以来,全州 6100 多名党员领办、创办致富项目 2300 多个,带动 20.3 万余名农村群众在家门口创业就业。累计成立 7872 家农民专业合作社,有 60 多万群众参与村级集体经济建设,全面消除了村级集体经济空白村,村村集体经济年收入超过 5 万元。培育壮大了柑橘、茶叶、烟叶、猕猴桃、蔬菜、油茶、中药材和特色养殖等农业特色产业。全州共建成特色产业基地 460 万亩,仅 2019 上半年就实现乡村旅游收入 187 亿元,建成并网光伏扶贫村级电站 400 多个,贫困地区经济活力和发展后劲明显增强。

3.3.3.3 基础设施全面改善,乡村环境明显优化

"互助五兴"模式推动了湘西州美丽乡村建设。依托"互助组"划分美丽乡村建设责任区,保持村寨自然风貌,严禁乱搭乱建、乱砍滥伐、乱丢乱弃,定期开展环境卫生集中整治行动,互帮互助做好房前屋后卫生,美化亮化庭院,推动美丽乡村建设户户参与、人人有责。湘西州实现乡乡通水泥(沥青)路、适宜通公路的行政村全部通公路,乡乡通宽带、村村通移动通信,乡乡有敬老院和公立幼儿园,村村有农家书屋、村级活动场所,农村电网改造率达到 100%,新解决 72.39 万人的饮水安全问题。

湘西州加大绿色互助兴家园建设,取得了生态宜居大成效。通过互相督促保护绿水青山的村居环境、依规建房、垃圾分类、绿色养殖家畜家禽,建设美丽宜居新家园,让村庄"看得见山、望得见水、记得住乡愁"。健全"户分类、村收集、镇转运、县处理"的农村垃圾收集处理模式,互相督促做好垃圾分类,垃圾实现日产日清,有效改善了农村人居环境。积极推行绿色生产,大力推广有机、环保的生产方式,科学合理使用农膜、化肥,减少农业污染排放。如今,湘西州 1567 个农村面貌焕然一新,处处村庄净、庭院美。

3.3.3.4 支部管理日臻完善,党员作用充分发挥

"互助五兴"农村基层治理模式是发挥党支部战斗堡垒作用和农村党员先

锋模范作用的有效途径。"互助五兴"农村基层治理模式，就是在村（社区）党组织的领导下，坚持以村党支部为领导核心、以村民议事会为决策主体、以村民委员会为执行主体、以村务监督委员会为监督主体的"四位一体"治理体系为基本构架，以村级组织作用发挥为杠杆，以《村规民约》和《自治章程》为基础，以"四议两公开"为决策机制，以党员和群众建立"互助五兴"小组为基本单元，以党员中心户（小组长户）评比和积分兑换实物激励为抓手，用群众喜闻乐见的办法，在学习、生产、乡风、邻里和绿色五个方面开展互帮互助，达到生活富裕、产业兴旺、乡风文明、治理有效、生态宜居的乡村振兴的新愿景。这无疑为农村基层党组织发挥战斗堡垒作用提供了基础，也提出了更高的要求。另一方面，过去农村无职党员常常无事可做，处于"看戏"的角色。通过建立"互助五兴"小组，党员成为小组长，必须和5户群众建立紧密关系，这无疑增强了无职党员的责任感和荣誉感。群众特别是困难群众，通过加入"互助五兴"小组，感受到了党员的直接帮助和支持，与党组织的联系更紧了，有困难找党员、找组织将成为常态。通过实践，农村党员积极性提高了，为群众服务的意识和直接参与乡村振兴的意识得到了增强。

"互助五兴"小组由党员或能人担任组长，与5户群众组成互助单元、落实互助行动，使农村基层党组织组织群众、宣传群众、凝聚群众、服务群众的作用得以充分发挥。以党员为中心的党群一体化"互助五兴"组织，在湘西州脱贫实践中发挥了巨大作用，解决了农村党组织和群众联系普遍松散的问题，党员和群众联系方式更为新颖，内容更充实，互助效果更为突出。在具体实践中，党员在互助工作中要发挥示范带动作用，尤其是要让农村无职党员通过建立"互助五兴"小组，与群众建立紧密关系，增强责任感和荣誉感，从"看戏"角色转为"唱戏"主角，当好响应支部号召的骨干、组织互助活动的引领者、密切党群关系的纽带和落实基层治理的模范，以实际行动推动"互助五兴"向纵深拓展。

3.3.3.5 组织活力显著提高，内生动力得到激发

脱贫致富贵在立志，坚持扶贫先扶志、治贫先治根，十八洞村探索出了"村民思想道德星级化管理"模式，通过举办道德讲堂、组织系列文化活动，激发了村民走出贫困的志向和内生动力。十八洞村的实践，为湘西州激发群众脱贫动力提供了有力借鉴。湘西州多次举办"最美脱贫攻坚群众典型"评选活动，各驻村后盾单位纷纷在贫困村开设道德讲堂系列活动，用身边人说身边事，弘扬道德正能量；宣传、文化等部门积极开展送文化、送科技等下乡活动，丰富群众精神生活，提升群众自主脱贫能力，让群众想脱贫、敢脱贫、能脱贫，涌现了在病床上开网店的永顺县土家姑娘向笑梅、主动递交脱贫申请书的龙山县靛房镇

万龙村羊倌田宗华、带领群众种出幸福生活的古丈县牛角山村支书龙献文等一批自力更生脱贫群众典型。龙山县谭艳林通过自身努力，创办了惹巴妹手工织品有限公司，不仅自身致了富，还带动2000余名贫困群众就业，2018年荣获了"全国脱贫攻坚奋进奖"。湘西州党组织的活力、战斗力、凝聚力显著增强，群众内生动力也被充分激发出来了。

"互助五兴"模式会不断为群众灌输互助意识，及时转换群众思想，从根本上激发群众脱贫致富的积极性。群众长期受到"等靠要"思想的影响，缺乏自信自立自强的能力。"互助五兴"基层治理模式的提出，在很大程度上破除群众传统思想，带动群众学习新的发展思想。利用组织群众学习的方式，打造各种脱贫发展文艺活动，开展主题党日、苗歌传唱等，真正将习近平新时代中国特色社会主义思想贯彻落实到地方建设中。以党支部为单位进行主题党日集中学，以村委会为单位进行文化活动趣味学，以"互助组"为单位进行田间地头、茶余饭后时时学，组织党员群众认真学习习近平新时代中国特色社会主义思想特别是关于精准扶贫和乡村振兴的重要论述，以及党的惠农利农政策，引导村民听党话、感党恩、跟党走，有效破解学习宣传不透彻、不生动、存死角等难题，破除"等靠要"思想，增强"我要脱贫"的主观能动性。鼓励群众发表建议，无形中为群众灌输更多发展新思想。群众思想的转换，为脱贫攻坚的开展创造了契机。组织道德讲堂，将群众集中起来进行学习。人民群众在这种互相帮助、互相学习的气氛下，思想得到了转变，湘西州也真正实现了经济发展与思想意识的共同提高。

3.3.3.6　基层治理扎实有效，农村社会和谐稳定

习近平总书记在全国组织工作会议上指出，要构建党组织统一领导、各类组织积极协同、广大群众广泛参与的基层治理体系。通常，农村的治理体系和治理能力建设，大都依靠行政资源和行政手段来推动，村党支部和党员的作用发挥不够，群众参与度不高，基层治理综合成本过高并且效果不太理想。"互助五兴"破解了这一难题，是农村基层治理模式新的尝试、新的探索，是党建引领基层治理能力现代化在农村的生动实践。

"互助五兴"互助小组成为农村管理最小单元，1名党员联系5户群众，形成一个单元主体，把党员和群众融入最小单位，使基层管理成效更加显著，和谐乡村的互助风气更容易形成，更加容易让群众凝心聚力，相互关心帮助，提升内生动力。同时，"互助五兴"农村基层治理模式，将治理融于服务之中，采用党员和群众互帮互助的形式，通过基层组织"政治引领"、基层党员"先锋引领"，推动党员和群众共商、共建、共治、共享，激发广大群众参与基层治理、共建和谐家园的积极性、主动性、创造性，推动形成"自治有力、法治有序、德

治有效"的乡村治理新格局。以村规民约为"小宪法"，制定村规民约，约束与规范群众行为，为社会发展新风气的形成创造了机会。鼓励群众参与社会建设、经济发展，可使其从中感受全新的文明风气。以"互助组"为单元相互监督提醒，共同反对邪教，抵制黄赌毒等不法行为，互相帮助处理家事、化解矛盾纠纷，共同参加健康有益的文化生活、参与村级公共事务管理，推动网格化管理更加具体化，实现了"小事不出组、大事不出村"。湘西州近年农村矛盾纠纷同比显著下降，驻村扶贫工作队员、村支"两委"等干部普遍反映村级公益事业建设推进更加顺利，群众参与村级公益事务热情更高了。通过党员大会以及群众座谈会的定期召开，不断发扬传统民族文化，使群众真正认识到平时的生活习俗是重要的民族文化。比如十八洞村组织美丽中国万米书画圆梦长卷"你是大姐"主题画展、开机拍摄微电影《寂寨》等文化活动，都在一定程度上传承了民族文化，同时也促进了地区经济的发展。

"互助五兴"治理模式的推行，在一定程度上推动了移风易俗。群众精神风貌整体提升，尤其是民情民风更为淳朴，提高了基层治理的质量，实现了社会治理大进步。群众养成了健康文明的生活习惯，做到了邻里互助兴和谐。

3.3.4 典型案例

案例1：

十八洞村的基层治理模式创新

六年前的十八洞村可谓"五大皆空"：第一空是没有产业口袋空；第二空是没有老婆家庭空；第三空是没有人气寨子空；第四空是没有想法脑袋空；第五空是没有寄托精神空。五年多来，十八洞村党支部充分发挥战斗堡垒作用，通过强化组织引领，激发群众干劲，找对脱贫产业，创新基层治理，促进脱贫摘帽顺利实现、乡村振兴顺利实施，探索了可复制、可推广的精准扶贫经验。2020年全村人均收入达18369元，较2013年翻了11倍，村集体经济收入突破200万元。十八洞村在2021年2月25日召开的全国脱贫攻坚表彰大会上，被党中央、国务院授予"全国脱贫攻坚楷模"。如今，这里已成为党史学习教育最好、最生动的教材。

十八洞村党支部在脱贫攻坚实践中，探索出了"党建引领、互助五兴"农村基层治理模式。通过开展亲帮亲、户帮户、你帮我、我帮你活动，把党的工作落实到农户中，把党员分布在互助小组上，使党员和群众共同融入乡村治理的最小单元，构建了"村党支部—互助小组—农户"的三级党建引领基层治理工作体系，强化了党组织和党员在基层治理中的"红色引领"作用，为党员发挥"双带"作用搭建了平台，为激发群众实现自我发展提供了引擎，在决胜脱贫攻坚和推进乡村振兴中发挥了关键作用。

十八洞村采取党员群众自荐、村民小组推荐、村党支部把关确定的方式，推选41名党员、入党积极分子、村后备力量、致富带头人组成"互助五兴"小组长队伍，将党员骨干、乡贤能人凝聚起来。各组组长带头，按照"缺什么、补什么，会什么、帮什么"的原则，发动小组成员根据各自实际列出"需求清单"和"供给清单"，制定具体互助任务并进行公开承诺，做到群众需要什么就帮助什么，党员有多大能耐就帮多大忙。"互助五兴"推行以来，各互助组组长共承诺互助事项260多条。

党员龙太金(见图3.57)在村里搞建设和发起种植猕猴桃时，公开承诺了两条：一是村里建设动工开挖先从他的屋田挖起，要是哪家硬不肯让，就拿田土跟他换；二是他家种猕猴桃那块地挨边的5户，由他负责发动一起种。他说到做到，每天挨家挨户走访。村民看在眼里，记在心里，见样学样，推动了产业的落地。

图 3.57　龙太金修剪猕猴桃枝干
图片来源：《猕猴桃技术管理员龙太金》，华声新闻，2017年9月。

十八洞村坚持以党建为引领、以群众为主体、以党员为纽带，从村庄发展建设、群众生产生活具体事做起，使互助言之有物、行之有效。学习互助兴思想，主要是采取主题党日集中学、互助小组讨论学、田间地头现场学等方式，认真学习习近平新时代中国特色社会主义思想特别是关于精准扶贫和乡村振兴的重要论述，以及党的惠农利农政策，引导村民群众不等、不靠、不要。生产互助兴产业，主要是大家互助帮做农活，共同参加合作社抱团发展，共享产业信息。女党员龙冬姐是十八洞村最早从事农家乐获益的一户，她同 5 户乡村旅游从业人员组成了"互助五兴"小组，相互提醒"卫生要搞好""冷熟分开放"等，使几家农家乐管理有序，为游客提供了优质服务。乡风互助兴文明，主要是教育村民遵守村规民约，举办苗族赶秋、苗歌比赛等，引导村民爱村护村，破除聚众赌博、大办婚丧、封建迷信等陋习，营造新风正气。邻里互助兴和谐，主要是互助组开展日间照料等扶老托幼日常服务，遇到急事找组长，村里难以解决的，通过微信群等发动村内外力量共同解决，形成"村有微信群，组有联系人，有事一声喊，帮忙送上门"的互助联动机制，引导邻里和睦、守望相助。绿色互助兴家园，主要是严禁私搭乱建，定期开展环境卫生集中整治行动，推行垃圾分类，开展"厕所革命"，在房前屋后栽花种树，美化亮化庭院。同时，还依托"互助组"划分环境卫生责任区，确保区内保洁 24 小时有人管。

　　每月一次的主题党日活动成为十八洞村人的常态，每个月的 26 日，大家都自觉放下手头上的事，集中到村部学习。每个党员除了自己学，还"一帮五""一拖三"，带动群众一起学，与群众互相学。通过互助学习，村党支部的凝聚力明显提升，党员们凡事都冲在了前面，处处当好榜样，在群众中树立了很高的威信。

　　通过学习互助，"村懒汉"变为"带头人"。以前，村民龙先兰整天被酒泡着，精神萎靡，无所事事。2018 年，村支两委组建了 41 个"五兴"互助组，龙先兰成为村支书龙书伍的互助组员。龙书伍通过主题党日学习实践，与他谈心交流，探讨"男儿当自强"的道理。开始，他心里震动不大，龙书伍不断上门做工作，又给他提供了学习蜜蜂养殖技术的机会。如今，他不等不靠，养殖蜜蜂 150 多桶，成为致富带头人，还娶上了巧媳妇（见图 3.58）。他说：在"村干部的帮助下，我娶上了媳妇，村民看得起，让我媳妇又当上了妇女主任，我要支持她。"

　　五年时间，十八洞人在村党支部的带领下，使一个苗寨彻底改变了千年落后面貌。十八洞村的巨变充分体现了习近平总书记以人民为中心的发展思想，充分体现了社会主义制度的优越性，充分体现了党建在脱贫攻坚中的重要地位，充分体现了共产党人的初心和使命。

图 3.58　昔日的"懒汉"龙先兰已脱贫、脱单

图片来源：《十八洞村民龙先兰的脱贫纪实》，澎湃新闻，2018 年 10 月。

案例 2：

那光村：党员带头传递温暖

那光村积极推行"互助五兴"工作，始终坚持村党支部的核心引领，充分发挥党员示范带头作用。

花垣县长乐乡那光村三组村民吴兴武是兜底户，今年 61 岁，家庭人口仅 1 人，患有精神病，有一个女儿外嫁花垣镇。由于有自己的家事做，女儿一年没回几次家，无法帮助吴兴武，家中就只有他一人，没有劳动力，想做农活都做不了。

2020 年 5 月，在村里再次进行厕所革命的宣传发动过程中，那光村党员干部梁炳献、梁家凡看到吴兴武家的厕所条件不好，非常简陋，存在安全隐患。5 月 28 日，党员梁炳献和党员梁家凡主动上门帮他家重修厕所（见图 3.59），经过两天的施工，吴兴武家的厕所全面完工，焕然一新，达到改厕简易型的标准。

帮忙改厕时两位党员不要工钱，不要安排餐食，到饭点时自己回家吃饭然后再去他家施工。两位党员不是为了得到什么表扬，而是为了吴兴武老人家能有一个干净卫生的厕所，让老人能更好地生活，安享晚年。完工时老人家感动得落泪："我的孩子都没有这么好，家里的事只能靠自己，但现在年纪大了，精神不好，做不了事，非常感谢政府、村委，还有你们两位大好人。"

图 3.59　党员梁家凡帮吴兴武改厕

图片来源：那光村党支部。

2020 年"互助五兴"全覆盖，党员、群众深入联系村民家中，组织组员开展相互帮助、奉献爱心和矛盾调解等活动，传递正能量，共建共享美好家园，营造了邻里关系和睦、亲情乡情浓厚、尊老爱幼、团结向上的和谐氛围，群众的幸福感也明显增强了。

案例 3：

吉首市：跑好脱贫"最后一公里"

2020 年，吉首市按照各村村情、社情及民情实际，推行"积分改变习惯、勤劳改变生活、环境提振精气神、全民共建好乡村"模式，促进扶贫与扶志并行，思想与物质脱贫同步。爱心积分超市的建立，能引导村民养成良好的文明卫生生活习惯，树立良好的村风、民风，共同参与乡村振兴。

"这个爱心积分超市开得接地气、实惠，给我们老百姓带来了非常大的便利。"在吉首市，说起"党建引领、互助五兴"爱心积分超市，村民们个个竖起大拇指。爱心积分超市成为吉首市跑好脱贫攻坚"最后一公里"的加速器。

"按这个键三下，再把油门开一点，钥匙一打，就可以了。"随着一台台农机开机作业，爱心企业为太平镇英勇村爱心积分超市捐赠的十多台农机成了"香馍馍"。培训现场，71 岁的孙九元也过了一把农机瘾（见图 3.60）。"我就想学会操作这个机器，减少人工负担，少要力气，我要是学会了我去除草也轻松了。"

图 3.60　村民们参加农机培训

图片来源：《吉首：党建引领、互助五兴 跑好脱贫"最后一公里"》，湘西网，2020 年 6 月。

看到村民们对农机兴趣浓厚，为了让这批农机发挥最大的作用，驻村第一书记杨生根决定将这批农机放在村里的爱心积分超市里，同时成立一个农机服务队，让大家通过自己手中的爱心积分来换取服务。"老百姓可以拿手上的积分换取服务，然后我们的服务队员可以通过服务获取积分，一举两得。"

"多亏了这个互助五兴，我们的这个湘西黄金茶产业才可以做起来。"正在茶园里给茶苗修枝的建档立卡户吴金贵感慨道。作为一名老党员，脱了贫的吴金贵在 2018 年当了一个"小官"——互助五兴小组长。这一年，吴金贵带着自己的 5 户互助对象一起成立了吉首市金源茶叶种植专业合作社，种植茶叶 246 亩。"明年我们的茶叶就可以开采了，现在大家做事的热情特别高。"

"司马村互助五兴评比一等奖得主张言贵！奖励积分 200 分。"太平镇司马村爱心积分超市开业仪式上，因为在疫情防控期间将自己精心培育的 600 多斤"爱心蔬菜"捐给了一线医务人员，建档立卡户张言贵在这次村里"互助五兴"活动评比中获得了全票并被评为一等奖。

"这么多年来我享受到国家好多恩惠，所以觉得国家有难了我也要尽一点微薄之力，这是应该的。"披上"爱心奉献奖"的绶带，张言贵特别高兴，他说，以后要更加种好菜，多献爱心。

2019 年 8 月，丹青镇清明社区爱心积分超市里，龙慧敏提着心仪的生活用品满脸笑意（见图 3.61）："考上大学奖了 200 分爱心券，用它兑了床品四件套、洗衣粉、抽纸、牙膏，一分钱没花。"

图 3.61　龙慧敏（右一）用爱心积分券换回了心仪的生活用品

图片来源：《吉首："爱心积分超市"运营，小积分换出新风尚》，红网，2019 年 8 月。

2020 年 2 月，"感谢你对社区疫情防控工作的积极配合，在本次疫情防控中延期举办婚礼，社区给予你 100 分爱心积分超市券，以资鼓励。"吉首市丹青镇清明社区第一支书肖剑对村民张玖零说。"凡是积极配合疫情防控工作，主动居家不外出、不串门、不扎堆的，以及喜事迟办缓办、丧事简办快办等积极行为的都可以获得我们'爱心积分超市'积分奖励。"清明社区将疫情防控与"爱心积分超市"积分奖励相结合，形成了很好的示范带动效应，切实凝聚了群防群控的强大合力。

为坚决打赢脱贫攻坚战，2020 年吉首市大力推行"党建引领互助五兴"爱心积分超市，通过积分改变习惯，勤劳改变生活，全民共建好乡村，促进扶贫与扶志并行，思想与物质脱贫同步。

"把精准脱贫成效巩固好，与乡村振兴无缝对接，互助五兴是一个很好的方式，我们的这个爱心积分超市也是助推互助五兴的一个抓手和平台。要引导老百姓开展好学习，抓好产业，邻里互助，搞好和谐，使乡风进一步文明，把我们新农村建设得更加美好。"吉首市委组织部相关领导介绍说。

截至 2020 年 6 月，吉首市通过激活社会帮扶力量，筹集爱心帮扶资金 70 余万元，已建成爱心积分超市 60 家。

3.4 "四防两严"的实施及成效

习近平总书记指出,从脱贫攻坚工作看,形式主义、官僚主义、弄虚作假、急躁和厌战情绪以及消极腐败现象仍然存在,有的还很严重,影响脱贫攻坚有效推进。对此,要实施最严格的考核评估,开展督查巡查,对不严不实、弄虚作假的,要严肃问责。脱贫攻坚作为一场必须打好的硬仗,党和国家向来倡导的就是实打实,脱真贫、真脱贫。湘西州委、州政府始终坚持把提高脱贫质量摆在扶贫攻坚工作首位,提出扶贫攻坚应坚持"防庸、防急、防散、防虚、严管理、严纪律"(简称"四防两严"),确保扶贫工作务实、脱贫过程扎实、脱贫结果真实,以优良作风保障精准脱贫质量。

3.4.1 "四防两严"的提出及其内涵

3.4.1.1 "四防两严"的提出

2015 年 11 月 27 日至 28 日,中央召开扶贫开发工作会议。会议指出,坚持精准扶贫、精准脱贫,重在提高脱贫攻坚成效。脱贫攻坚要取得实实在在的效果,必须在精准施策上出实招、在精准推进上下实功、在精准落地上见实效,重点解决好扶持谁、谁来扶、怎么扶、如何退等四个问题。为贯彻落实中央扶贫开发工作会议精神,2016 年 1 月 9 日,湘西州召开了州委扶贫开发工作会议。会议分析了湘西州脱贫攻坚面临的新形势、新任务,并对打赢精准脱贫攻坚战进行了部署,明确了脱贫攻坚的主要路径和目标任务。会上,时任湘西州委书记叶红专指出,"脱贫攻坚的主要路径和目标任务十分明确,各项政策措施即将紧锣密鼓出台,剩下的就是一个'干'字了"①。如何干?"首先就是必须确保沿着正确方向干,在工作中要注意做到'四防两严'。"自此,"四防两严"就成了湘西州扶贫攻坚实践中实现"真脱贫、脱真贫"坚持的作风要求。

3.4.1.2 "四防两严"的内涵

"四防两严"是"防庸、防急、防散、防虚、严管理、严纪律"的简称,是湘西州扶贫攻坚工作进入关键时期,在充分总结以往扶贫攻坚工作取得的经验教训基础上,为确保扶贫工作务实、脱贫过程扎实、脱贫结果真实,而对扶贫攻坚工作作风提出的总体要求。"四防两严"既内涵丰富,又通俗易懂;既高屋建瓴,又切中肯綮。

"防庸",即要力戒思想麻痹、庸碌懈怠。在总结归纳过去扶贫攻坚经验教

---

① 叶红专,《在州委扶贫开发工作会议上的讲话》,2016 年 1 月 9 日。

训时，发现有的干部思想麻痹，精神懈怠，认为搞了这么多年扶贫，套路熟得很，没什么新名堂，依旧按照原来的方式和习惯来对待扶贫工作，最终可能把攻坚战打成消耗战。为此，必须采取超常规举措的要求，以崭新的精神状态和过硬的工作作风来推进脱贫攻坚，切实体现"干非常之事，有非常之策"。由此可见，"防庸"是对扶贫攻坚工作思路的要求，突显扶贫攻坚要"新"。

"防急"，即要力戒慌急毛躁、盲目蛮干。打赢脱贫攻坚战，不是轻轻松松一冲锋就能解决的，心中无数、慌急毛躁、盲目蛮干不行，必须注重搞好系统谋划，把准轻重缓急，有计划、分类别、按步骤地推进，特别是要防止急于求功搞强迫命令、违背群众意愿搞越俎代庖的现象出现。由此可知，"防急"是对扶贫攻坚计划步调的要求，突显扶贫攻坚要"稳"。

"防散"，即力戒扶贫工作缺乏整体性、扶贫资金撒胡椒面、扶贫精力不集中等问题。总结归纳以往扶贫攻坚工作实践，存在安排缺乏整体性、部门各自为政撒胡椒面、干部驻村精力不集中等影响扶贫成效的突出问题。散则弱、散则乱，必须坚持统一规划、整合投入、协同推进，以提高扶贫整体实效。由此可知，"防散"是对扶贫攻坚资源整合的要求，突显扶贫攻坚要"合"。

"防虚"，即力戒做虚功，搞"数字脱贫"，使群众"被脱贫"。个别扶贫干部信奉"干部出数字，数字出干部"，对扶贫数据造假，搞"数字扶贫"，使群众"被扶贫"；有的干部习惯于"垒大户""造盆景"，搞劳民伤财的政绩工程，搞华而不实的面子工程，一句话，就是玩虚的，对这些现象必须高度警惕，坚决杜绝扶贫工作装样作假做虚功。推而论之，"防虚"是对扶贫攻坚成效的要求，突显扶贫攻坚要"实"。

"严管理"，即严格扶贫对象动态管理、项目资金管理。严格扶贫对象管理，对建档立卡贫困户实行动态管理、逐户销号、有进有出，最终脱没脱贫得群众认账；严格资金管理，健全相关规章制度，加强扶贫资金阳光化管理。总而言之，"严管理"是对扶贫攻坚工作制度的要求，突显扶贫攻坚要"规"。

"严纪律"，即严肃群众纪律、工作纪律和财经纪律。严肃群众纪律，不拿群众一针一线，不从群众那里贪图得好处，扶贫工作队员要和群众同吃同住同劳动，和群众打成一片；严肃工作纪律，严格落实精准扶贫各项工作要求，加强工作督查，改进工作作风；严肃财经纪律，加大对扶贫资金的监督检查力度，严惩贪占、挪用、挥霍浪费等行为。综上可知，"严纪律"是对扶贫攻坚工作纪律的要求，突显扶贫攻坚要"严"。

3.4.2 "四防两严"的具体实践

围绕提高脱贫质量，实现"脱真贫、真脱贫"，湘西州各级各部门开展了

"四防两严"生动实践(见图 3.62)。

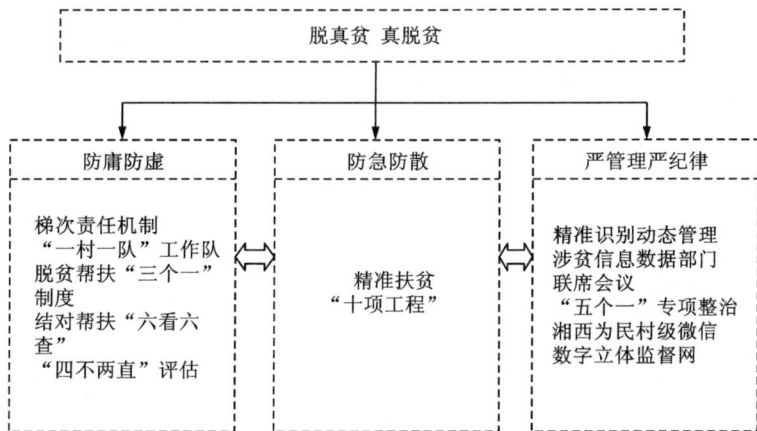

图 3.62　湘西州"四防两严"的实践

3.4.2.1　"四防"的具体实践

1.实行系列制度压实责任，践行扶贫攻坚"防庸""防虚"

推进扶贫开发工作需要切实落实领导责任，要强化扶贫开发工作领导责任制，把中央统筹、省负总责、市(地)县抓落实的管理体制和片为重点、工作到村、扶贫到户的工作机制，以及党政一把手负总责的扶贫开发工作责任制，真正落到实处。湘西州立足精准扶贫首倡地政治站位，紧紧围绕责任、政策、工作"三落实"，切实做到压实责任、结对帮扶"两覆盖"，全力确保扶贫政策落地落实落细，保障扶贫攻坚"防庸""防虚"。

(1)构建"州级领导联县、州县领导包乡、部门包村、干部包户"梯次责任机制，压实责任全覆盖。坚持党委统筹，优化顶层设计，组建了"1+10+8"的脱贫攻坚作战指挥体系("1"是州委书记任组长的精准脱贫攻坚领导小组，"10"是相关州领导任组长的精准脱贫"十项工程"协调小组，"8"是 8 县市对应成立的指挥机构)；连续 7 年出台关于脱贫攻坚的州委 1 号文件，2018 年湘西州委再次配套下发《关于进一步落实脱贫攻坚责任制的通知》，形成"州级领导联县、州县领导包乡、部门包村、干部包户"的梯次责任机制。

(2)"一村一队"配置驻村工作队，结对帮扶全覆盖。坚持"尽锐出战"原则，按照"一村一队"要求，每个贫困村选派 1 名"第一书记"，做到全州重点贫困村、非贫困村和贫困群众结对帮扶全覆盖。在驻村扶贫方面，规定每个工作组驻村工作经费不少于 4 万元/年，驻村工作队员每月驻村不少于 20 天，对驻村工作队出勤实行 GPS 定位管理；乡镇主要负责人每月下村走访为民办事不少于 10 天，乡镇驻村干部驻村每月不少于 15 天。在结对帮扶方面，明确每名结对帮扶干部帮扶不超过 5 户，每户每年结对走访不低于 5 次，与贫困户年初共商扶贫计划、平时加强联系沟通、按季察看工作进度、年底算清收入账，防止简单的"给钱送物"，坚决杜绝"挂名式"帮扶。最后，形成了四级书记带头抓、全州上下齐心干、社会各界同参与的合力攻坚大格局。

（3）推行脱贫帮扶"三个一"制度。围绕做细做实"户脱贫""村退出"这项基础性、关键性工作，推行驻村扶贫干部帮扶一月一走访、问题一月一清零、情况一月一报告"三个一"制度，全面详实掌握贫困户基本情况、扶贫政策落实、项目实施进度、当家产业发展、特殊群体生活困难等各方面情况，及时发现问题、主动解决问题。

（4）开展结对帮扶"六看六查"。"六看"即看住房安全、饮水安全、用电保障、厨房、卧室、环境卫生，"六查"即查基本信息、存折流水、家庭收入、教育保障、医疗保障、残疾对象，全面做实驻村帮扶和结对帮扶工作，全方位解决贫困群众的困难问题。

2. 实施精准扶贫"十项工程"，践行扶贫攻坚"防急""防散"

针对扶贫攻坚工作中"怎么扶"的问题，按照贫困地区和贫困人口的具体情况，中央提出实施"五个一批"工程，即发展生产脱贫一批、易地搬迁脱贫一批、生态补偿脱贫一批、发展教育脱贫一批、社会保障兜底一批。遵照中央要求，湘西州把"五个一批"路径细化到精准扶贫脱贫"十项工程"推进上，因地因人定制帮扶政策措施，做到扶贫工作计划化、工程化、项目化，保障扶贫攻坚"防急""防散"。

（1）实施发展生产脱贫工程。即坚持中长期与短平快相结合的原则，立足湘西州生态农业发展优势，实现一二三产业融合发展，大力发展茶叶、油茶、柑橘、猕猴桃、中药材（杜仲、百合）、烟叶、蔬菜和特色养殖（黑猪、黄牛）等 8 大特色农业产业，采取入股、订单、劳务、租赁、托管等形式，推进资源变资产、资金变股金、农民变股东。

（2）实施乡村旅游脱贫工程。立足绿色生态和原生态文化优势，促进"发展乡村旅游"与"扶贫攻坚"有机结合，整村整镇、成带成片、全景全域推进乡村旅游扶贫开发，把湘西州作为一个全域生态、全域文化、全域旅游、全域康养的大公园来整体规划、建设和管理。重点打造高山峡谷、烽火苗疆、土司遗产、酉水画廊、土家源流、沅水民俗 6 大村落集群，保护开发 300 个左右特色村寨，打造花垣十八洞、吉首矮寨、凤凰山江苗寨、古丈墨戎苗寨、泸溪马王溪、保靖吕洞山、龙山惹巴拉、永顺塔卧等一批乡村游、红色游景点。

（3）实施转移就业脱贫工程。强化精准就业培训，按照内外结合的原则，多途径增加贫困群众转移就业。一方面，积极强化外部就业市场开拓，加强与济南市、长三角、珠三角、长株潭等地区的劳务协作，打造"湘西焊工""湘西电工""湘西缝纫工""湘西育婴师""湘西家政"等劳务品牌。另一方面，加快建设"扶贫车间"，开发农村公益性岗位，促进困难群众本地就业。

（4）实施易地搬迁脱贫工程。结合小城镇、特色村寨和产业新区建设实施易地扶贫搬迁，加大后续产业扶持力度，确保贫困群众搬得出、稳得住、能致富。

（5）实施教育发展脱贫工程。落实学前教育免保教费和给予生活补助、九年义务教育"两免一补"、中职教育免学费和给予生活补助、大学新生一次性资助政策。

（6）实施医疗救助帮扶工程。全面落实"三提高、两补贴、一减免、一兜底"健康扶贫综合保障措施，加强"先诊疗后付费"一站式结算服务，努力防止因病致贫返贫现象。

（7）实施生态补偿脱贫工程。实施生态护林员转岗、生态保护造林工程向贫困村贫困户倾斜、生态休闲旅游村庄建设和推行碳汇交易试点、城乡建设用地增减挂钩试点等措施。

（8）实施社会保障兜底工程。推进农村低保制度与扶贫开发政策有效衔接，使城乡低保实现应保尽保，全面加强对农村特困人员、孤儿、重度残疾人、困难残疾人等特殊群体的救助帮扶工作，及时救助受灾困难群众，切实兜住基本民生底线，使贫困群众基本生活得到可靠保障。

（9）实施基础设施配套工程。统筹推进贫困村、非贫困村基础设施建设，实现乡乡通水泥路、村村通公路、乡乡通宽带、村村通移动通信。

（10）实施公共服务保障工程。突出民生服务，强化乡村公共服务保障条件建设，实现乡乡有公立幼儿园，村村有农家书屋、党群服务中心。

3. 采取"四不两直"评估工作质量，践行扶贫攻坚工作"严管理""严纪律"

考核评估对完成脱贫攻坚任务作用明显。对此，中央提出要实施最严格的考核评估制度，而且要较真、叫板，并且要求对贫困县党政负责同志的考核，要提高减贫、民生、生态方面指标的权重，把党政领导班子和领导干部的主要精力聚焦到脱贫攻坚上来。要把脱贫攻坚实绩作为选拔任用干部的重要依据。湘西州坚持问题导向、目标导向、效果导向，对标脱贫攻坚国检省考的验收标准和工作要求，采取"不发通知、不打招呼、不听汇报、不用陪同接待、直奔基层、直插现场"的"四不两直"方式开展扶贫攻坚工作质量评估，保障扶贫攻坚工作"严管理""严纪律"。每月聚焦"三个一""六看六查""三落实"和产业就业等重点工作，对全州8县市、115个乡镇（街道）1742个有贫困人口的行政村（社区）和州直扶贫责任单位实行"最严最实最不讲情面"的督导调度全覆盖，并严格落实排名靠后约谈、对末位县市点评等制度，对工作推进不力、政策落实不到位且情形严重的单位和个人启动问责程序。制定并发布《湘西州精准脱贫攻坚工作考核管理暂行办法》，把精准脱贫工作实绩作为选拔使用干部的重要依据。该暂行办法规定：对在基层一线埋头苦干、成绩突出、群众欢迎的干部重点培养使用。对如期脱贫摘帽村的党组织书记、主任，在今后从优秀村(社区)干部中招录乡镇机关公务员和事业编制人员时，按相关程序予以优先录用。未完成年度脱贫减贫任务的，对其主要负责人进行约谈。因工作不得力、措施不到位，未能完成年度脱贫减贫任务且综合得分排在末位的县市(湘西经济开发区)、排在后3位的精准脱贫"十项工程"州直责任单位、排在后5位的州直驻村扶贫单位，对其主要负责人进行诫勉谈话。连续两年不能完成年度脱贫减贫任务的，对其主要负责人进行责任追究和岗位调整。不能如期全面完成脱贫减贫任务的，对其主要负责人原则上作免职处理。

3.4.2.2 "两严"的具体实践

1. 狠抓精准识别动态管理和"四卡合一"

对贫困人口需要精准识别、精准帮扶、精准管理。湘西州严格按照"四出五进"(将含现任村干部的财政供养人员、个体工商户或经营企业户、有商品房、有小汽车的不符合条件的"四类人员"清理出来，将符合条件的低保户、残疾人户、重灾户、移民户、大病重病慢性病返贫户等"五类人员"按照标准和程序纳进来，做到应出尽出，应进尽进)和"八个不退出"(没有实现吃穿不愁的不退出、没有实现安全饮水的不退出、没有实现义务教育保障的不退出、没有基本医疗保障的不退出、没有实现住房安全保障的不退出、虽然享受了扶持政策但当年扶贫成效不显著的不退出、建档立卡"回头看"后新纳入的贫困户不退出、低保标准未超过国家扶贫标准地区的"低保兜底一批"的贫困户不退出)的标准和要求，全面开展了扶贫对象精准识别、精准退出等动态管理工作，确保应进尽进、应出尽出。每月对农户家庭实况通过"六看六查"(看产业就业、住房安全、水电保障、厨房、卧室、环境卫生，查基本信息、存折流水、教育保障、医疗保障、残疾人保障、家庭收入)加强动态监测和调度推进，切实做到家底清、情况明。大力推行贫困户基本信息卡、政策明白卡、帮扶记录卡、收益卡"四卡合一"，让基层干部和贫困群众都能弄得明白、讲得清楚、做得到位，真实记录帮扶工作全过程。

2. 构建涉贫信息数据部门共同参与的联席会议制度

构建由州、县市委脱贫攻坚办和扶贫开发办牵头、所有涉贫信息数据部门共同参与的联席会议制度，每月将国扶系统信息数据与各部门信息数据实行逐一比对，对问题数据通过下发整改督办函的方式，督促县市和相关部门逐个核实、逐项清零、逐类备案，确保问题数据实现定期比对、及时监测、动态清零。

3. 强化"五个一""四个一"等专项整治

中央提出，"扶贫资金是贫困群众的救命钱"。为保障扶贫成效，需要加强扶贫资金阳光化管理，加强审计监管。湘西州从事关群众切身利益的身边事着手，2018 年起相继开展了"一盏灯"（农村太阳能路灯）、"一条路"（村组户间道路）、"一栋房"（易地扶贫搬迁和农村危房改造）、"一张床"（城乡医保资金）、"一口井"（农村饮水安全）专项治理，查处了一批腐败案件，完善了一批制度，取得了明显成效。2019 年，湘西州又开展了"一块地"（产业扶贫）、"一棵树"（生态扶贫）、"一张卡"（惠民补贴）、"一封信"（扶贫信访）专项治理，重点整治生态补偿、产业帮扶、惠民补贴等资金发放中截留挪用、贪污侵占，利用假项目、假合作社套取扶贫资金，利益联结机制有名无实等损害群众利益的突出问题，对全州涉贫信访进行大起底，从源头上消除了不稳定因素。

4. 创新监督执纪思路方法

针对扶贫领域监督执纪问责涉及面广、问题复杂的现实，积极探索运用新方法，着力解决发现难、监督难等问题。一是装上专项治理"探照灯"。运用大数据比对"探照灯"，为专项治理迅速推进找方向、明靶心。在专项治理中，注重应用大数据分析，为监督执纪主动适应大数据时代，进行了有益的探索和实践。坚持一边开展现场调查核实，一边收集相关行业数据，运用侦查思维进行建模分析和大数据碰撞，筛选数据背后隐藏的行业乱象和问题线索。二是开通群众参与"直通车"。从 2016 年开始，湘西州利用微信群普及率高、操作简单、入群门槛低的优势，按照"每村一群、每户一人"的原则，在全州所有村（社区）建立湘西为民村级微信群，并要求村支两委干部、乡镇驻村干部、乡镇包村领导、驻村工作队员、联村组工干部、联村纪检干部、片区农技人员、一村一辅警等全部实名入群，建起了集公开公示、投诉举报、查处反馈、信访化解为一体的监督互动平台，开通了群众参与专项治理的"直通车"。三是构建数字立体"监督网"。依托"互联网+监督"平台，把三湘 e 监督、为民村级微信群和村务月例会进行整合，打造集公开公示、投诉举报、查处反馈为一体的监督体系，实现线上线下双向互动。在线上，依托村级服务+监督微信群，把三湘 e 监督平台公示的资金和发票等发布到微信群中，让村民监督。在线下，推行村权监督月例会，对群众在三湘 e 监督和村微信群所反映问题的处理情况，及时在月例会上进行反馈，并在微信群内公开，让群众感受到"互联网+监督"的监督实效。在此基础上探索构建大数据综合监督平台，与法院、财政、扶贫、政务服务中心等 11 个单位进行数据对接，对行业数据、办事效率、服务态度进行实时监测、在线分析和综合研判，倒逼部门认真履职、提升服务质量，使基于大数据运用的监督网络初步形成。

3.4.3 "四防两严"实施的显著成效

3.4.3.1 形成了扶贫资源整合投入有效机制

通过推进精准扶贫"十大工程"，认真落实精准扶贫、精准脱贫基本方略，推动实现扶贫资金使用、项目实施由"大水漫灌"向"精准滴灌"转变，形成了扶贫资源整合投入的有效机制。整合各类扶贫资源，统筹安排项目和资金，建立"多个渠道进水，一个龙头出水"的投入机制，使有限的扶贫资源集中投到最急需的地方和最贫困的对象。从 2016 年开始，开展统筹涉农资金整合试点工作，截至 2020 年，共统筹整合财政涉农资金 144.14 亿元。按照"缺什么、补什么"原则和"村申报、乡核实、县审定"程序，严把项目实施的入口、招标、公示、验收"四道关"，建立重点项目"月报季督"制度，实行对扶贫项目的全过程监督管理，确保所有产业发展、公共服务和基础设施等扶贫项目精准落实到村。

3.4.3.2 建立了扶贫领域作风问题系统化治理机制

通过"五个一""四个一"等专项整治，创新扶贫攻坚监督执纪思路方法，建立了扶贫领域作风问题系统化治理机制。实施"一盏灯"专项整治还"明"于民。州纪委监委在全州开展"一盏灯"专项整治，共清查路灯项目 354 个，涉及 1000 多个行政村（社区），整改问题路灯 16187 盏，共立案 50 人，追缴违纪资金 350 余万元。全州农村太阳能路灯工程专项治理经验得到《中国纪检监察报》发文推介（见图 3.63）。"一栋房"专项整治保障困难群众住有所居。重点查处和纠正在易地扶贫搬迁和农村危房改造中出现的执行政策、履行程序、工程质量、腐败和作风等四类问题。湘西州纪委监委在全州共清查项目资金 53.5 亿元、6.7 万户，有 695 人主动到州县纪委监委或相关职能部门交代问题，立案 154 人，收缴违纪违法资金 1.4 亿元，保障了资金的安全使用和惠民政策的真正落实，确保了困难群众住有所居。"一张床"专项整治保障群众病有所医。重点整治通过虚构住院、虚增住院天数、挂床住院、冒名住院等多种违规违法方式套取骗取医保资金的行为，严肃查处公职人员中饱私囊、以权谋私等行为。全州共有 728 人主动交代问题，上交违纪违法资金 1.51 亿元，立案 99 人，发现并查处莆田系医院 10 家。"一张床"专项整治做法得到了杜家毫、许达哲、乌兰、傅奎等领导的批示。"一口井"专项整治保障群众饮水安全。由州水利部门牵头自查自纠，纪检监察机关开展执纪问责，以 2018 年 382 个预脱贫村为重点，对 2016 年 1 月以来全州所有农村饮水安全项目开展整治。水利部门先行开展调查摸底，自查发现问题 1261 个，受理群众举报问题 206 个；纪委监委收集群众反映的问题线索 600 多条，处理 29 人，整改问题 896 个，确保了农村贫困人口喝上放心水。"一条路"专项整治畅通群众致富通道。由州县巡察机构牵头查找问题，纪委实施执纪问责，州委巡察办对永顺县、古丈县和凤凰县扶贫项目中的组（户）间道路建设开展专项巡察，着力查找腐败和作风问题。针对巡察发现的问题，湘西州纪委监委对有关问题线索进行了梳理，对突出问题进行了交办，严肃查处了一批案件。

图 3.63　《中国纪检监察报》推介湘西州农村太阳能路灯工程专项治理经验

创新扶贫攻坚监督执纪思路方法，积极推广运用湘西 e 路通、湘西为民微信群等便民服务平台，既打通了联系服务群众的"最后一公里"，又畅通了群众监督的"最先一公里"，进一步提高了群众满意度。截至 2020 年底，湘西州纪委监委在全州各行政村，共建了 1998 个湘西为民村级微信群，进微信群的群众有 60 余万人，辐射农村人口近 200 万，可让所有群众更直接、更方便、更快捷地参与监督，打通基层监督"肠梗阻"，让村权在阳光下运行，实现了村级权力由部分监督向全民监督、被动接受监督向主动要求监督、事后监督向全程监督的新转变，构建了密集的监督网，让全州所有村干部的权力都在阳光下运行。

3.4.3.3 构建了扶贫工作全覆盖督导考评机制

采取不发通知、不打招呼、不听汇报、不用陪同接待、直奔基层、直插现场的"四不两直"方式，对全州 115 个乡镇（街道）、1742 个有贫困人口的行政村（社区）进行全覆盖工作评估，重在发现和解决问题，为群众排忧解难，并将脱贫攻坚工作开展情况及成效与领导干部个人绩效考核定等、年度评先评优和州县市直单位绩效考核定等挂钩，构建扶贫工作全覆盖督导考评机制，传导压力、激发动力，倒逼责任落实、工作落实、政策落实。仅 2019 年，湘西州委、州政府就开展全覆盖督导调度工作 10 次和专项审计巡察 2 次，全覆盖县市直行业扶贫部门和县乡村户 4 个层面，共抽查贫困户 51303 户、非贫困户 27242 户，其中危房改造户 7680 户、易地搬迁集中安置点 157 个及搬迁对象 785 户、住院医疗贫困患者 440 人、饮水安全存疑户 865 户及疑似教育保障未到位的义务教育阶段适龄贫困学生 600 名，共通报批评 4 个县、20 个州县直单位、5 名州县市直及乡镇干部，提醒谈话 35 名州县市直及乡镇干部，约谈了 88 个排名靠后的乡镇（街道）主要负责人、分管负责人、纪委书记和较差村后盾单位主要负责人，确保了领导精力更集中、乡镇责任更明确、部门作为更积极、驻村队员更尽职、村组干部更细心、群众脱贫更主动。

3.4.3.4 强化了问题整改常态化机制

坚持有什么问题或者什么问题突出，就集中解决什么问题，以上级交办、州里检查发现和群众来信来访反映的问题为主线，建立"一类问题、一名领导、一套方案、一抓到底"机制，对问题逐村排查、对短板逐项研究、对资金逐笔审核、对政策逐条落实，并举一反三、追根溯源、标本兼治、立行立改、真改实改、全面整改，做到整改不到位不放过、成效不达标不放过、群众不满意不放过，以整改的实际成效提高群众满意度。以 2019 年中央纪委七室来湘调研督导反馈问题整改为例，收到《关于中央纪委七室来湘调研督导反馈问题开展整改工作的通知》后，湘西州委常委会对整改工作进行专题研究，州纪委召开州纪委常委会扩大会议，就存在问题对各县市纪委书记进行了现场交办并对照中央督导调研指出的 6 类 19 个问题进行逐一梳理，逐个细化整改措施，确定责任单位和责任人，限时整改。为确保整改工作取得实效，州、县两级纪委监委以问责推动整改落实，采取明察暗访、交叉检查等方式，对照问题清单，定期调度工作，检查整改成效，整改一个销号一个，不达标准绝不放过，对整改走过场、搞形式、履责不力的从严问责。经过 3 个月的整改，将 6 类 19 个问题全部整改到位，群众满意度和上级督导部门认可度高。

3.4.4 典型案例

在湘西州扶贫攻坚行动践行"四防两严"过程中,产生了很多生动案例。本节选择了 3 个典型案例进行介绍。其中,案例 1 阐述了湘西州纪委监委如何推进扶贫攻坚责任压实,提升实施"四不两直"评估工作质量,践行扶贫攻坚工作"防庸""防虚"。针对扶贫领域监督执纪问责涉及面广、问题复杂的现实,案例 2 生动诠释了湘西州纪委监委如何运用"互联网+监督"思维,探索实践湘西为民村级微信群工作,创新了扶贫监督执纪的思路方法。围绕坚持聚焦群众反映强烈的突出问题开展扶贫领域监督执纪问责的原则,从事关群众切身利益的身边事着手,案例 3 则展现了如何从群众切实感受得到的"五个一"出发,践行扶贫攻坚"严纪律"。

案例 1：

发挥"探头"作用 压实扶贫监督责任①

2018 年 12 月 6 日,湘西州纪委监委驻州司法局纪检监察组冒着严寒,沿着弯曲的山路行进在前往监督单位联点的扶贫村路上,这是湘西州纪委监委加强扶贫领域监督执纪,聚力护航脱贫攻坚的一个缩影(见图 3.64)。

图 3.64 湘西州纪检委人员前往监督单位联点
图片来源：三湘风纪网。

---

① 湘西州纪委监委,《湘西：发挥"探头"作用 压实扶贫监督责任》,三湘风纪网网站。

2018 年，驻州司法局纪检监察组充分发挥"派"的权威和"驻"的优势，采取"三个坚持"的方式，在开展精准扶贫监督、强化执纪问责等方面下功夫，对州司法行政系统 5 个扶贫村进行了全覆盖剖析式专项检查，走访调查农户 128 家，查阅各种档册 260 余份，召开村级干部座谈会 12 次，梳理问题 38 个，下达专项督查检查通报 3 份，督促扶贫工作队及时落实整改，推进派驻机构"探头"作用更好地发挥。

一、坚持紧盯扶贫攻坚战场第一线

建立"四不两直"常态化明察暗访机制，通过查资料、看现场、观项目、入户访等形式，全面查找脱贫攻坚中存在的问题和薄弱环节，重点对教育扶贫工程中控辍保学、助学政策落实、"户脱贫""村退出"各项指标完成情况和扶贫工作队作风以及村级"服务+监督"微信群等问题进行了逐项检查。

二、坚持发现的问题不遮掩不回避

为抓好监督检查效果，对农户和村、镇干部进行走访，对反映出的问题，不遮不避，发出督查通报，进行谈心谈话，直指"病灶"，开出良方。通过检查发现，干部作风明显加强，呈现出了为冲刺脱贫攻坚奋战不息的良好态势，农户对结对帮扶干部满意度也大幅提升。但也存在一些问题，如非贫困户（非建档立卡户）对扶贫工作满意度偏低、脱贫政策宣传力度不够、部分扶贫单位对部分村组农户结对帮扶不到位等问题，已及时向监督单位反馈情况，并且研究制定解决方案。

三、坚持督促压实脱贫攻坚工作责任

督促监督部门党组提高政治站位和政治觉悟，围绕精准扶贫工作开展自查自纠，确保真扶贫、扶真贫、真脱贫。始终保持对驻村结对帮扶工作作风不严不实露头就打的高压态势，结合专项检查工作发现的问题，综合运用"四种形态"进行处置，对监督单位的扶贫攻坚工作进行"回头看"，把落实扶贫领域监督执纪问责工作作为重要政治任务，从严执纪问责，推动扶贫攻坚工作取得实效。

案例 2：

打通基层监督"肠梗阻"①

湘西州纪委监委充分运用"互联网+监督"思维，探索实践湘西为民村级微信群工作，全面发挥群众监督的作用提升监督执纪问责的广度、深度和精准度。

---

① 湘西州纪委监委，《湖南湘西：打通基层监督"肠梗阻"》，中央纪委国家监委网站：http://www.ccdi.gov.cn/gzdt/dfzf/201908/t20190812_198680.html。

"现在村里建了微信群,低保评议、贫困户评议、项目施工等所有关于村里的工作都要发到村群内,接受群众的监督,现在的村干部都是在群众眼皮底下做事,绝对不敢乱来。"保靖县迁陵镇那铁村村主任王成舟说。

在村民眼皮底下用权,各种"猫腻"都不再那么容易蒙混过关。永顺县高坪乡西米村党支部书记张某在村支两委研究未通过的情况下,将龙某任村妇委会主任的拟任公告在村级微信群里发布,被群众举报到县纪委,受到了党内警告处分;古丈县坪坝镇叭喇村微信群内群众举报村主任优亲厚友把自己父亲纳入建档立卡户,经核实举报属实,镇纪委给予村主任党内严重警告并责令退回违纪资金;古丈县岩头寨镇枞树村支部书记张某在村级微信群看到全州"一棵树"专项整治公告后,主动到镇纪委交代自己套取 6.6 万余元退耕还林资金的事实……

"哪里有公权力,哪里就需要监督。特别是国家监察体制改革之后,村干部也是法定的监察对象,更需要进一步强化监督,而实践中,基层监督'肠梗阻'问题直接影响群众的获得感和幸福感。"湘西州纪委书记、州监委主任邓为民说。

据了解,在村级微信群内共收集反映村干部腐败和作风问题线索 171 条,查实 95 条,给予党纪政务处分 46 人,组织处理 41 人;2019 上半年,全州农村信访举报 249 件,同比下降 49%。

案例 3:

"反腐红利"化为"民生红利"①

"感谢党的好政策,帮我盖起了新房,还追回了被贪污的 7000 元危房改造款。"2019 年 6 月 2 日,龙山县靛房镇百型村村民彭大哥对该县纪委监委的干部竖起了大拇指。

在"五个一"专项整治中,该县纪委监委依纪依法查处该村的腐败问题后,将追缴的危房改造款全部退还给群众,并督促县住建局等部门全面改善村民住房条件,赢得村民真心点赞。

2018 年,开展"一盏灯、一栋房、一张床、一口井、一条路"等"五个一"专项整治;2019 年,又开展"一块地、一棵树、一枚章、一张卡、一封信"等新的"五个一"专项整治。这是湘西州纪委监委系统治理扶贫领域"微腐败"的"接力"。

---

① 张斌、肖彬华,《湘西土家族苗族自治州系统治理扶贫领域"微腐败"之后——"反腐红利"化为"民生红利"》,《湖南日报》,2019 年 6 月 4 日,第 7 版。

州纪委书记、监委主任邓为民告诉记者，一年多来，全州立案 1094 件，移送司法机关 57 人，收缴、归位违纪违法资金 3.3 亿元，退还群众资金 676.71 万元。

一、路通产业兴，发展有盼头

2019 年 5 月 30 日，位于古丈县红石林镇先锋村的卡讨至彭家寨产业路段，施工现场热火朝天。

当地人告诉记者，从杂草丛生到 5.5 米宽的平整水泥路面，这条 1.4 千米长的产业路建设过程可谓一波三折。

2018 年 3 月，一封匿名举报信分别寄到中央巡视组、湖南省纪委监委，反映先锋村卡讨至彭家寨产业路修了 3 年都没有修通，如今杂草丛生，项目资金已被人套走。

接到交办任务后，湘西州纪委监委立即组织专案组，与古丈县纪委监委联动，最终查清案件事实。

原来，古丈县交通局工作人员龙某承包了该项目工程。开工仅一个多月，就因各种原因停止了施工建设。之后，龙某在工程没有完工的情况下，利用职务之便，促使工程顺利验收，并虚报套取资金 32.9 万元。随后，龙某被州纪委监委立案查处，并主动上缴了违纪资金。

2018 年 9 月，州、县纪委监委将追回的 32.9 万元退还给县交通局，并责令限期整改，保证道路完工。同年 12 月，该条产业路经过招投标后开始施工建设。

二、危房变新房，村民们笑了

2019 年 5 月 29 日，花垣县纪委监委干部到补抽乡大哨村回访危房改造项目整改情况，群众纷纷点赞。村里，一排排崭新的房屋依路或依山而建，宛如一幅美丽的山水画卷。

2018 年 3 月起，州纪委监委在全州部署开展易地扶贫搬迁和农村危房改造"拉网式全覆盖"专项巡察整治行动，花垣县纪委监委的一个排查小组到了大哨村。

"这不是糊弄我们吗？早知道，就不用他们装修了！"入户核查时，村民们吐露怨气。

经查，2013 年该村实施危房改造项目，完工后群众交口称赞。然而没过多久，板壁有的凹凸成了波浪形，有的甚至掉下来了。

花垣县纪委监委请来工程造价咨询公司进行复审，发现承建方偷工减料、以次充好，还虚报工程量，涉嫌骗取国家危房改造项目资金。

"我错了，不该贪这些钱！"经过反复教育，工程承建方负责人吴某认识到自己的错误，主动出资把实施的工程全部返工。在县纪委监委监督下，大哨村危房改造项目保质保量完成整改，当地村民喜笑颜开。

三、干净的自来水，真甜

"现在水没有异味了，和井水一样甜。"2019 年 5 月 27 日，州纪委监委驻州农业农村局纪检监察组再度暗访凤凰县禾库镇米坨村时，村民龙大娘高兴地说。

该纪检监察组组长唐瑛随机打开一户村民的自来水龙头，手捧起水大喝一口发现，确实像井水一样甜。

2018 年 10 月，州纪委监委在全州部署开展农村饮水安全问题专项整治行动。驻州农业农村局纪检监察组工作人员来到州供销社扶贫联系点——凤凰县禾库镇米坨村督查时，群众反映最多的就是自来水存在严重的水质问题。

原来，由于米坨村年均降雨量少，全村 1200 多人长年处于雨天喝浑水、晴天喝脏水、干旱季节四处找水喝的状况。2017 年，凤凰县启动人饮解困工程，为该村家家户户接上了自来水。工程完工后，却出现了水质浑浊、泥腥味重等问题。

群众利益无小事。驻州农业农村局纪检监察组当即向州供销联社下达《监察建议书》，要求其抓紧整改。随后，州供销联社与县水利局、县卫健委等部门经调查研究后，决定在米坨村安装整套净水设备，解决村民饮用水的水质问题。

如今，米坨村村民喝浑水、喝脏水的日子终于彻底终结。"你们把事办到村民心坎里去了。"村干部石成邦兴奋地说。

3.5 "六动六有"金融扶贫实施及成效

金融是经济的血脉，经济与金融相辅相成。金融资源匮乏、金融效率不高，是制约湘西州经济发展的重要因素。如何有效整合金融资源，因地制宜开展探索创新，发挥金融"助推器"作用，帮助湘西州切实担当起首倡之地的首倡之责和彰显首倡之为，是金融部门义不容辞的责任和使命。中国人民银行湘西州中心支行积极发挥牵头作用，在湘西银保监分局、州政府金融办、州财政局、州税务局等有关部门的支持下，带领辖内金融机构开展金融扶贫工作，为决战决胜脱贫攻坚贡献了应有力量。

3.5.1 "六动六有"金融扶贫的背景及内涵

3.5.1.1 "六动六有"金融扶贫的背景

由于深处武陵山腹地，交通闭塞，先天的区位劣势导致湘西州经济基础薄弱，产业发展不充分，金融机构欠发达，产业发展资金短缺。2013 年末，全州共有银行业金融机构 8 家，营业网点 401 个，其中，县域以下网点 218 个，主要集中在少数集镇，乡级金融网点少，村级金融网点空白，金融传导不畅。与此同时，相关部门学金融、懂金融、用金融的意识不强，贫困人口金融意识淡薄，信贷风险相对偏高。金融机构各自为阵，分散对接，地方政府、部门扶贫优惠政策频出，但与金融的融合度不高。这无形中加大了金融扶贫的难度，也给湘西州金融部门提出了挑战。

3.5.1.2 "六动六有"金融扶贫的内涵

面对挑战，中国人民银行湘西州中心支行和相关金融部门按照习近平总书记关于"做好金融扶贫这篇文章"的重要指示精神，勇担精准扶贫首倡之地的首倡之责，在辖内探索实践"央行主导、多部门联动"的"1+N"金融扶贫模式，推动金融机构加大扶贫领域信贷支持和服务。该模式旨在突出人民银行"1"的主导，用好用活差别化存款准备金、扶贫再贷款等结构性货币政策工具，发挥地方政府、部门、金融机构等"N"方联合优势，用好用足财政、产业、金融等政策，凝聚各方资源。同时，为了更好地发挥这一模式的效用，着力建设组织机制体系、产业发展体系、宣传教育体系、农村信用体系、风险防控体系等五大金融扶贫体系，实施"六动六有"行动计划，即"高位推动，金融精准扶贫有方向；产业驱动，支持群众增收有实招；创新带动，农村金融服务有平台；作战联动，工作落实落地有保障；措施互动，金融扶贫成果有巩固；帮扶心动，驻村帮扶有担当"。"六动六有"行动计划是落实湘西州金融部门"1+N"金融扶贫模式的行动指南和具体方案。

3.5.2 "六动六有"金融扶贫的具体实践

3.5.2.1 高位推动，金融精准扶贫有方向

一是制定总蓝图。在总结"一县一品促发展、一行一策助脱贫"和金融"两支一扶"等前期工作经验基础上，2016 年编制了《湘西州金融精准扶贫规划（2016—2020 年）》，推动地方政府印发《关于建立货币信贷"1+N"工作机制推动金融精准扶贫的实施意见》，明确"央行主导、多部门联动"的"1+N"金融扶贫思路，部署 10 项专项行动铺开全州金融精准扶贫蓝图，全面对接湘西州脱贫攻坚"十大工程"。

二是坚持高位推动。省级层面，按照"两个优先"原则，中国人民银行长沙中心支行 2014 年首次针对一个地区出台系统的金融支持文件（长银办〔2014〕56 号），倾斜扶贫再贷款 48.7 亿元，两次带领省级银行机构与湘西州开展脱贫攻坚政银企对接，签订银政框架协议和银企重点项目合作协议，多次召开现场推进会；先后引进华融湘江银行、交通银行、光大银行进驻湘西，农村信用社在全省率先完成农村商业银行改制，湘西长行村镇银行网点实现 8 个县市全覆

盖，为湘西州近五年的发展奠定了坚实基础。州级层面，州委、州政府 2 次组织召开州、县市、乡镇、村四级"万人动员大会"，部署推动金融精准扶贫工作。

三是建立健全推进机制。在州、县两级及金融机构、专项行动四个层面上成立领导小组，建立联席会议制度，形成"金融扶贫重大事项上州政府常务会、金融扶贫重点工作州领导亲自督办、金融扶贫工作部门联合推进"的工作机制。

四是完善考核措施。推动州政府出台《湘西州金融精准扶贫考核办法》，把金融精准扶贫工作纳入政府目标管理；联合扶贫、财政等部门成立督导工作组定期开展金融精准扶贫工作督查；对金融精准扶贫政策效果进行评估通报。

3.5.2.2　产业驱动，支持贫困群众增收有实招

坚持走"产业带动脱贫"金融扶贫路径，沿着"自主脱贫"和"带动脱贫"两条主线，引导金融机构精准施策。

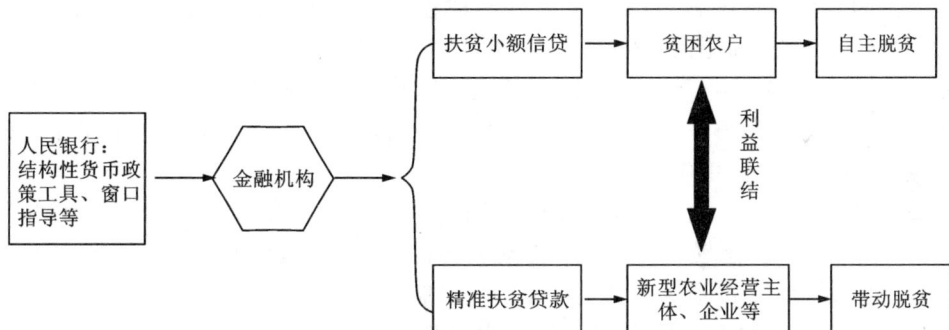

图 3.65　湘西州金融产业扶贫逻辑图

一是支持建档立卡贫困户。推动农村商业银行等法人机构按照"四跟四走"的总体思路，对满足"四有两好一项目"①的建档立卡贫困农户发放扶贫小额信贷，支持其发展产业自主脱贫。截至 2020 年 12 月，全州累计发放扶贫小额信用贷款 24.71 亿元，帮助 52876 户发展产业。

二是支持重点优势产业。引导涉农金融机构围绕湘西特色优势产业，推出"精准扶贫助保贷""黄金茶专项贷""湘西黄牛银团贷"等信贷产品，重点支持保靖黄金茶、古丈毛尖、吉首坪朗豆腐、隘口茶叶、凤凰旅游业和大坡野生刺葡萄、永顺溪州大米、花垣十八洞猕猴桃等带动面大、带动效果好的优势产业，累计发放产业精准扶贫贷款 76.16 亿元，带动 108559 人次贫困人口增收。

---

① "四有、两好、一项目"：有劳动能力、有致富愿望、有贷款意愿、有收入保障，遵纪守法好、信用观念好，参与产业扶贫开发或自主选择了较好的小型生产经营项目。

三是支持新型农业经营主体。联合扶贫部门对全州 139 个参与产业扶贫的新型农业经营主体，建立名录清单，推行主办行制，搭建银企对接机制。开展农联"微直播"，举行农业与金融发展论坛等，促成银农、银企对接，建立利益联结机制，带动 6044 名贫困人口以雇佣劳动、产品订单、土地流转等多种形式实现增收。

四是支持民营小微企业。按照人民银行长沙中心支行"两进两促""1241""暖春行动"等专项行动要求，创新开展"百名行长联千企""四进"等系列活动，组织州、县两级银行行级领导，精准对接走访企业 2880 家，实现对接走访全覆盖，为 1969 家企业和个体工商户发放贷款 168.84 亿元。

3.5.2.3 创新带动，农村金融服务有平台

一是试点探索。在十八洞村探索建立全省首批、全州首个金融扶贫服务站和全省首家村级银行网点，并从选址、建设标准、人员选配、办公硬件、服务流程等方面为全州贫困村金融扶贫服务站建设提供借鉴。依托该金融扶贫服务站，为该村 225 户贫困农户建立了信用档案，开展了信用等级评定，评级面达100%，向该村猕猴桃产业投放 1000 万元，带动花垣农村商业银行为 72 户农户发放小额贷款 209 万元；累计接待村民业务咨询 63 次，开展金融知识宣传 30次，发放宣传资料 3000 余份。

二是复制推广。总结十八洞村的经验，按照"八有"标准①，"两档案""两上墙"和"一台账"运转管理机制，推动金融机构在全州 1110 个贫困村建立金融扶贫服务站，实现贫困村全覆盖，金融扶贫服务站占全省的 13.8%。推动金融扶贫服务站与助农取款服务点、农村电商"三站"融合共建。截至 2020 年 12月，依托金融扶贫服务站为 16.9 万户贫困农户建立金融服务档案和开展信用等级评定，为 14.2 万户贫困农户授信，实现了基础金融服务不出村、综合金融服务不出镇。

三是模式引领。引导金融机构因地制宜，探索多样化的银企合作模式，形成"农户参股+扶贫资金扶持+银行信贷支持"的花垣县十八洞村模式、"易地搬迁+银行支持+安居富民"的凤凰县夯卡村模式、"银行信贷支持+产业链带动"的古丈县牛角山模式等多种"金融+"典型模式。在全州创建 49 个扶贫再贷款示范点，引导各县市、金融机构打造金融扶贫样板；在凤凰县创建金融精准扶贫示范区。

3.5.2.4 作战联动，工作落实落地有保障

按照"央行引导、银行支持、政府配套"的总体思路，构建多部门联合参与

---

① "八有"：有办公场地、有工作人员、有服务牌匾、有操作流程、有 POS 机或转账电话等支付器具、有宣传资料、有业务台账和有基本安全防护措施。

的金融扶贫"1+N"工作机制。

一是发挥央行"1"的引导作用。发挥好"新增存款一定比例用于当地贷款考核"、定向降准、再贷款等货币政策工具，累计发放扶贫再贷款 140.45 亿元，重点支持 670 家新型农业经营主体，有效带动建档立卡贫困户 5.29 万户。

二是配套"N"个金融保障措施。推动政府统筹整合县域涉农资金，建立贷款担保基金、风险补偿基金、开展财政贴息和奖励等，统筹整合涉农财政资金 86.35 亿元用于扶贫。

三是工作联合推动。联合原州扶贫办开展"金融精准扶贫宣传推进月"主题活动，印发数万册口袋书、宣传册，拍摄金融扶贫宣传片，加强金融扶贫政策宣传；联合州总工会开展金融精准扶贫专项竞赛；联合州政府金融办、州财政局等部门开展应收账款融资和金融精准扶贫工作督查；联合各县市开展金融扶贫服务站交叉检查等，聚力推动金融精准扶贫各项工作落细落实。

3.5.2.5　措施互动，金融扶贫成果有巩固

一是探索政银企合作风险分担机制。推动吉首市探索"抱团取暖、风险共担"民营小微融资方式，由市工商联、市个私协会及个私协会会员共同出资组成融资担保风险代偿金，市个私协会担保、个私协会会员联保，组成"风险代偿金质押+个私协会连带责任保证"的组合担保方式，吉首农村商业银行按照风险代偿金余额 1：5 的比例发放贷款，解决贫困地区民营小微企业融资难的问题。

二是建立扶贫小额信贷风险监测预警机制。对全年各县市、机构按月到期贷款进行动态监测，及时提示风险。目前，各相关金融机构整体逾期率均未超过 1%。

三是开展金融精准扶贫五个"回头看"。要求各县市、金融机构对标对表，从扶贫再贷款使用、金融扶贫服务站和"三站"融合共建、扶贫再贷款示范点建设、金融精准扶贫示范区创建、农村信用体系建设等五个方面开展"回头看"，制作问题清单，明确整改时限，落实整改责任人，确保金融扶贫成果保质增效。

四是开展金融精准扶贫领域专项治理和审计调查，实现了金融精准扶贫无案件，工作经验获中国人民银行武汉分行肯定。

3.5.2.6　帮扶心动，驻村帮扶有担当

一是对接帮扶温心。各帮扶单位全员动员，每名科级以上干部采取一对二或一对三的结对帮扶，全年走访不少于 8 次，拉家常、献爱心，用真心、出点子、指路子，全力帮助帮扶对象解决生产生活、就医、就学、就业难题，让群众对脱贫攻坚更有获得感。

二是"六查六问六看"行动细心。以"两不愁、三保障"大排查为抓手，驻村扶贫工作队、驻村干部和帮扶责任人开展"六查六问六看"行动，挨家挨户入户

上门走访核实了解情况，耐心宣讲精准扶贫的相关政策，彻查存在的问题，最大限度地满足广大群众的知情权、参与权，巩固脱贫成效。

三是推动"一村一品"产业发展用心。各帮扶单位立足各村自然禀赋，按照"宜种则种、宜养则养"的原则，坚持"合作社+基地+农户"产业发展模式，培育了茶、果、蔬、中药材、湘西黄牛等一批集生产、观光的一体的种养殖特色产业，为群众栽下"摇钱树"，帮群众拔去"穷根子"，持续增强扶贫的"造血"功能，确保脱贫之后不再返贫。

3.5.3 "六动六有"金融扶贫实施的显著成效

3.5.3.1 信贷投放倍增，金融助力脱贫攻坚力度加大

金融精准扶贫开展以来，湘西州各项存款和贷款余额先后突破1300亿元和1000亿元大关，存贷款增速持续高位运行；农户贷款余额253.67亿元，是2013年末的3.13倍；农村企业及各类组织贷款余额340.48亿元，是2013年末的5.2倍，较好地满足了近年来农村经济组织蓬勃发展的资金需求，有力助推了深度贫困县、贫困村和贫困人口脱贫摘帽。全州金融精准扶贫贷款余额178.80亿元，产业扶贫贷款余额45.24亿元，分别是2015年有精准扶贫贷款统计数据以来的2.27倍、7.84倍。累计发放易地扶贫搬迁贷款27.65亿元，惠及8.5万贫困人口，确保了搬得出、稳得住、能致富。

3.5.3.2 产品创新层出，金融扶贫抓手进一步丰富

辖内金融机构积极探索创新推出金融扶贫信贷产品，全面满足不同层面金融扶贫需求。截至2020年12月，全州金融机构推出了"扶贫小额信贷""惠农易贷""富农贷"等专门针对建档立卡贫困农户的信贷产品；推出了"油茶贷""光富贷""湘西黄牛银团贷""湘西黄金茶专项贷""旅游扶贫贷"等专门针对特色优势产业的信贷产品；推出了"教育扶贫贷""易地扶贫搬迁贷""惠农养老贷"等针对农村重点民生工程的信贷产品，产品创新实现农户需求全覆盖，直接或间接带动建档立卡户脱贫54286人。州农村发展银行在泸溪县工业园区开发的"易地扶贫搬迁+"模式，获湖南省融资创新一等奖。湘西州金融精准扶贫做法多次在全国、武陵山片区、湖南省进行交流推介。

3.5.3.3 金融生态优化，农村金融需求得到有效满足

金融组织体系不断完善，全州县域银行网点438个，比2013年增加44个，实现了银行网点乡镇的全覆盖；在全州建立1110个金融扶贫服务站，实现贫困村全覆盖；推动1110个金融扶贫服务站实现助农取款服务点、农村电商服务点融合共建，融合率达100%；建立4484个助农取款服务点，实现行政村全覆盖。金融环境提质优化，凤凰县获省级金融安全区；泸溪县获湖南省普惠金融示范

区，泸溪高新技术产业开发区获全省中小企业信用体系示范区称号；在全省金融生态综合评价中，2016 年湘西州获全省第三名，2017 年湘西州金融运行和司法环境在全省排第一，信用环境在全省排第二。

3.5.3.4　真情帮扶人心暖，驻村"头雁"作用进一步彰显

人民银行湘西州中心支行充分发挥"头雁"作用，直接帮扶 2 个村，其中永顺县新寨村建档立卡 160 户、665 人脱贫，2019 年摘帽；吉首市丹青镇樟武村 2017 年摘帽，被评为湖南省脱贫示范村，驻村工作队被评为省级先进工作队，相关工作经验被《金融时报》推介。全州 10 家州级银行、2 家保险公司派驻驻村第一书记，直接帮扶 12 个村 908 建档立卡户 3544 人脱贫，2019 年所有驻村帮扶村全部退出贫困村。

3.5.4　典型案例

案例 1：

湘西州第一个金融扶贫服务站

2016 年初，为进一步健全农村地区金融基础设施，完善扶贫开发金融服务组织体系，中国人民银行湘西州中心支行决定在全州所有贫困村探索建立金融扶贫服务站。1 月 26 日，中国人民银行湘西州中心支行调研小组深入花垣县十八洞村，开展建立"金融扶贫服务站"现场调研。3 月 10 日，迎着纷飞的大雪，全省首批、全州首个金融扶贫服务(见图 3.66)站在十八洞村成立，中国人民银

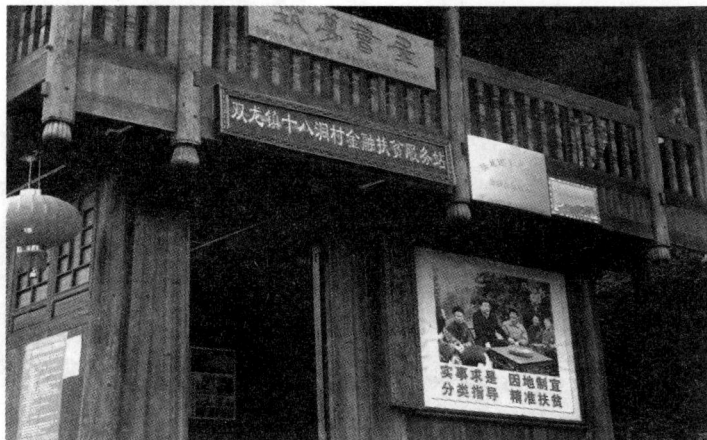

图 3.66　湘西州第一个金融扶贫服务站——十八洞村金融扶贫服务站

行长沙中心支行时任行长马天禄，时任湘西州委常委、常务副州长邝邹飞出席揭牌仪式。此后，中国人民银行湘西州中心支行依托该金融扶贫服务站，多次引导金融机构为十八洞村发展提供金融支持。其中，华融湘江银行湘西分行、花垣农村商业银行先后为该村苗汉子公司发放贷款1000万元和340万元，支持其发展猕猴桃产业。2016年在十八洞村开展银农对接会上，5家金融机构分别与村委会、专业合作社、贫困户签订贷款协议2719万元，支持十八洞村发展猕猴桃、乡村旅游、养殖等产业。

案例2：

湘西州第一个扶贫再贷款示范点

中国人民银行创设扶贫再贷款以来，中国人民银行湘西州中心支行积极向上争取政策支持，为扶贫领域投放低成本资金，累计在湘西地区发放扶贫再贷款140.45亿元。2016年，为打造"扶贫再贷款+"产业扶贫样板，中国人民银行湘西州中心支行在辖内探索建立扶贫再贷款示范点。经过申报审核，确定花垣兴盛供销公司为扶贫再贷款示范点。指导花垣农村商业银行运用中国人民银行扶贫再贷款资金向该公司发放贷款1900万元，同时引导撬动金融机构运用自有资金投放贷款5000万元，支持该企业扩大生产。花垣兴盛供销公司获得银行信贷支持后，引入新的生产线提高生产效率，在产业端上游与全县5个镇31个村的贫困农户签订豇豆和辣椒种植回收合同，在销售端与中国南方航空公司、步步高集团等国内知名企业签下长期供货合作协议，采用"公司+合作社+农户+基地"的模式，通过订单农业、委托帮扶、转移就业等形式直接和间接带动近30000贫困农户户均增收5075元，实现多方共赢（见图3.67）。

图3.67 花垣兴盛供销公司工作人员按合同协定价向贫困农户收购豇豆

▶ 第 4 章
守望相助的深厚情谊

"人心齐，泰山移。"脱贫致富不仅仅是贫困地区的事，也是全社会的事。要更加广泛、更加有效地动员和凝聚各方面力量。习近平总书记强调，扶贫开发是全党全社会的共同责任，要动员和凝聚全社会力量广泛参与。扶贫的动力来自党领导下的社会各方合力。要汇聚多方力量、采取多种举措，合力推动东西部扶贫协作，发挥政府主导作用，广泛动员东部省市党政机关、人民团体、企事业单位、社会组织以及各界人士积极参与，进行全方位合作。企业或社会组织可通过洽谈经贸合作，资助公益事业，推动政府主导的单项扶贫转向全方位协作、互融式发展，形成东西联合、多方联动、互惠共赢的大扶贫格局，啃下脱贫"硬骨头"。

党的十八大以来，为充分动员和凝聚全社会力量形成脱贫攻坚的强大合力，党中央、国务院和中央有关部门先后颁发了《关于进一步完善定点扶贫工作的通知》（国开办发〔2015〕27号）、《关于进一步加强东西部扶贫协作工作的指导意见》（中办发〔2016〕69号）、《关于广泛引导和动员社会组织参与脱贫攻坚的通知》（国开发〔2017〕12号）等系列文件引导、激励社会各方力量参与到脱贫攻坚战中来。在此背景下，农业农村部及中国石油化工集团公司（以下简称中石化）等央企、山东济南市与湘西州建立了新一轮的守望相助扶贫协作关系。

4.1 扶贫协作守望相助情谊的缔结

4.1.1 扶贫协作的理论渊源

实现区域协调发展、人民共同富裕一直以来都是共产党人的不懈追求。历经中共中央几代领导集体探索，基本形成了较为完善的独具社会主义特色的区域协调发展和人民共同富裕的理论体系，为扶贫协作奠定了坚实的理论基础。

毛泽东同志的"共同富裕"和"平衡发展"思想。1953年，毛泽东亲自主持起草了《中共中央关于发展农业生产合作社的决议》，指出"要逐步实行农业的社会主义改造，使农业能够由落后的小规模生产的个体经济变为先进的大规模生产的合作经济，以便逐步克服工业和农业这两个经济部门发展不相适应的矛盾，并使农民能够逐步完全摆脱贫困的状况而取得共同富裕和普遍繁荣的生活"。① 1956 年 4 月，在《论十大关系》中，毛泽东又论述了沿海地区工业和内地工业平衡发展的思想，指出"要充分利用和发展沿海的工业基地，以便更有力量来发展和支持内地工业"②。

邓小平同志的"先富—共富"理论。改革开放后，以邓小平同志为核心的第二代领导集体进一步阐述了实现共同富裕的途径。"我的一贯主张是，让一部分人、一部分地区先富起来，大原则是共同富裕"，"沿海地区要加快对外开放，使这个拥有两亿人口的广大地带较快地先发展起来，从而带动内地更好地发展，这是一个事关大局的问题。内地要顾全这个大局。反过来，发展到一定的时候，又要求沿海拿出更多力量来帮助内地发展，这也是个大局。那时沿海也要服从这个大局。"③

江泽民同志兼顾效率与公平的理论。他指出："兼顾效率与公平。运用包括市场在内的各种调节手段，既鼓励先进，促进效率，合理拉开收入差距，又防止两极分化，逐步实现共同富裕"④，要建立起"以按劳分配为主体，效率优先、兼顾公平的收入分配制度，鼓励一部分地区一部分人先富起来，走共同富裕的道路"⑤。他多次强调："社会主义应当创造比资本主义更高的生产力，也应当实现资本主义难以达到的社会公正。从根本上说，高效率、社会公正和共同富裕是社会主义制度本质决定的。"⑥

胡锦涛同志强调以人为本的科学发展观，把维护社会公平实现共同富裕放到了更加突出的位置，强调要"在促进发展的同时，把维护社会公平放到更加突出的位置，综合运用多种手段，依法逐步建立以权利公平、机会公平、规则公平、分配公平为主要内容的社会公平保障体系，使全体人民共享改革发展的成果，使全体人民朝着共同富裕的方向稳步前进"⑦。

党的十八大以来，以习近平同志为核心的党中央始终牢记共产党人的使命，不忘初心，为中国人民谋幸福。2012 年习近平总书记在河北省考察时强

① 《中共中央关于发展农业生产合作社的决议》，1953 年 12 月 16 日。
② 《毛泽东选集》第五卷，人民出版社，1977 年 4 月第 1 版，第 267-268 页。
③ 《邓小平文选》第 3 卷，人民出版社，1993.10，第 166 页，第 277-278 页。
④ 《江泽民文选》第 1 卷，人民出版社，2006，第 227 页。
⑤ 《改革开放三十年重要文献选编》（上），中央文献出版社，2008，第 741 页。
⑥ 江泽民，《论社会主义市场经济》，中央文献出版社，2016，第 137 页。
⑦ 《十六大以来重要文献选编》（中），中央文献出版社，2006，第 712 页。

调,"消除贫困、改善民生、逐步实现共同富裕,是社会主义的本质要求,是中国共产党的重要使命"。为彻底消除绝对贫困,促进全体人民共享改革发展成果、实现共同富裕,2015 年中共中央、国务院颁发了《关于打赢脱贫攻坚战的决定》,决定确立精准扶贫方略和"三位一体"的大扶贫格局①。"脱贫攻坚,各方参与是合力",习近平总书记在不同场合也强调,要坚持政府投入的主体和主导作用,深入推进东西部扶贫协作、党政机关定点扶贫、军队和武警部队扶贫、社会力量参与扶贫。

4.1.2 扶贫协作的历史演进

守望相助、扶危济困是中华民族的传统美德。东西部扶贫协作和对口支援,一直是我们党和政府实现先富帮后富、最终实现共同富裕目标的重大举措,是我们的政治优势和制度优势所在。纵观新中国成立以来 70 多年的扶贫历程,东西部扶贫协作和对口支援的扶贫协作可划分为以下几个阶段,具体如图 4.1 所示。

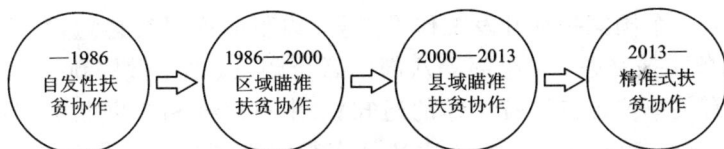

图 4.1 扶贫协作的历史阶段

第一阶段为 1986 年以前的自发性扶贫协作阶段。在这一阶段,我国还未成立专门的扶贫机构,但一些与农村工作关系比较密切的部委如农业部、水利部、林业部等,开始自发开展扶贫协作,依靠自身的力量开展并动员社会力量来帮扶贫困地区和贫困人口。

第二阶段为 1986—2000 年以区域为主的扶贫协作阶段。一是定点帮扶方面。1986 年,国务院扶贫开发领导小组成立并确立了区域性扶贫开发战略,同时也开启以区域为主的扶贫协作模式,根据党中央和国务院的统一部署安排,科技部、农业部、林业部等 10 个部委开始在 18 个集中连片贫困区域开展定点帮扶工作②。二是东西协作方面。1994 年,国务院颁布实施了《国家"八七"扶

① "三位一体"大扶贫格局指的是专项扶贫、行业扶贫、社会扶贫等多方力量、多措并举有机结合和互为支撑的扶贫格局。
② 1986 年国家启动大规模减贫计划时划定了 18 个集中连片贫困区域,分别为秦巴中高山区、陕北白于山区、黄河沿岸土石山区、中西部山区和丘陵地区,沂蒙山区,闽西南、闽东北地区、努鲁而虎山区、太行山区、吕梁山区、秦岭大巴山区、武陵山区、大别山区、井冈山区和赣南地区,定西干旱山区、西海固地区。

贫攻坚计划(1994—2000年)》，提出"北京、天津、上海等大城市，广东、江苏、浙江、山东、辽宁、福建等沿海较为发达的省，都要对口帮助西部的一两个贫困省、区发展经济"的思路。1996年，国务院办公厅转发国务院扶贫开发领导小组下发的《关于组织经济比较发达地区与经济欠发达地区开展扶贫协作的报告》，确定由北京市与内蒙古自治区，天津市与甘肃省，上海市与云南省，广东省与广西壮族自治区，江苏省与陕西省，浙江省与四川省，山东省与新疆维吾尔自治区，辽宁省与青海省，福建省与宁夏回族自治区，大连、青岛、深圳、宁波市与贵州省结对，开展扶贫协作。

第三阶段为2000—2013年以县域为主的扶贫协作阶段。一是定点帮扶方面。2001年，国务院印发了《中国农村扶贫开发纲要(2001—2010年)》，明确指出要继续开展党政机关定点扶贫工作，从中央到地方的各级党政机关及企事业单位，都要继续坚持定点联系、帮助贫困地区或贫困乡村，有条件有能力的，要结合干部的培养和锻炼继续选派干部蹲点扶贫，直接帮扶到乡、到村，努力为贫困地区办好事、办实事。2002年国务院确定了272家中央部委和企事业单位对481个国家扶贫开发工作重点县(以下简称国贫县)进行定点帮扶。2012年国务院扶贫办、中组部等八部门联合印发《关于做好新一轮中央、国家机关和有关单位定点扶贫工作的通知》，中央部委和企事业单位又增加到310家，分别对598个国贫县及片区县实行定点帮扶。二是东西协作方面。2002年，国务院决定由珠海市、厦门市对口帮扶新成立的直辖市——重庆市。2010年，根据中央西藏工作会议和中央新疆工作会议后对口支援形势的变化，国务院对部分省区市扶贫协作关系进行调整，确定了新的东西部扶贫协作关系：北京市对口帮扶内蒙古自治区；天津市对口帮扶甘肃省(另有厦门市对口帮扶甘肃省临夏回族自治州)；辽宁省对口帮扶青海省；上海市对口帮扶云南省；江苏省对口帮扶陕西省；浙江省对口帮扶四川省(另有珠海市对口帮扶四川省凉山彝族自治州)；福建省对口帮扶宁夏回族自治区；山东省对口帮扶重庆市；广东省对口帮扶广西壮族自治区；大连、青岛、深圳、宁波等四城市对口帮扶贵州省。

第四阶段为2013年开始的精准扶贫协作阶段。一是定点帮扶方面。2013年11月，习近平总书记在湘西州考察时，首次创造性地提出"精准扶贫"的重要理念，强调要"实事求是、因地制宜、分类指导、精准扶贫"，标志着我国扶贫方式的重大转变。随后精准扶贫理论不断丰富和完善，成为我国新时期扶贫开发与脱贫攻坚的基本方略。2015年，国务院扶贫办、中组部等九部门联合印发《关于进一步完善定点扶贫工作的通知》，对中央部委及企事业单位的定点帮扶进行了新的调整，明确了320家中央部委和企事业单位定点帮扶595个国贫县及片区县的任务。二是东西协作方面。2016 年，国务院在完善省际东西部扶贫协作结对关系的同时，在市州结对层面实现对全国所有民族自治州全覆盖和对西部贫困程度深的市州全覆盖，增加了大连市、苏州市、杭州市、宁波市、福州市、厦门市、济南市、青岛市、广州市、佛山市、中山市、东莞市、珠海市对西部省市的扶贫协作，大大拓展了东西部扶贫协作的广度和深度。2017 年，为着力推动县与县精准对接，国务院扶贫办正式启动携手奔小康行动，确定了东部地区 267 个经济较发达县(市、区)与西部地区 390 个贫困县开展携手奔小康行动。

4.1.3　扶贫协作的格局形成

4.1.3.1　中央部委及央企定点帮扶湘西州的格局形成

中央部委及央企对湘西州的定点帮扶历经了四次调整。1986 年，农业农村部(原农业部)就作为第一批实施定点帮扶的 10 个部委之一，在中央的统一部署下担负起湘西州的定点扶贫工作。2002 年依据《中国农村扶贫开发纲要(2001—2010 年)》新增了中石化定点帮扶湘西州的凤凰、泸溪县。2012 年国务院扶贫办、中组部等八部门联合印发《关于做好新一轮中央、国家机关和有关单位定点扶贫工作的通知》，调整并确定了农业部帮扶湘西州龙山、永顺、保靖、古丈 4 县，中国石油化工集团公司帮扶凤凰、泸溪 2 县，中国五矿集团公司帮扶花垣县的定点帮扶措施。2015 年国务院扶贫办、中组部等九部门联合印发《关于进一步完善定点扶贫工作的通知》对定点帮扶关系进行了新的部署，明确了农业农村部帮扶龙山、永顺，中国光大集团股份公司帮扶古丈县，中国石油化工集团公司帮扶凤凰、泸溪县，中国五矿集团公司帮扶花垣县，中国铁塔股份有限公司帮扶保靖县的定点帮扶关系，具体见表 4.1。

表 4.1　2015 年后中央部委及央企与湘西州的定点帮扶关系

中央部委及央企名称	定点帮扶的湘西州国家扶贫开发工作重点县
农业农村部	龙山县、永顺县
中国石油化工集团	凤凰县、泸溪县
中国铁塔股份有限公司	保靖县
中国光大集团股份公司	古丈县
中国五矿集团公司	花垣县

资料来源：国务院扶贫办、中组部等九部门联合印发的《关于进一步完善定点扶贫工作的通知》。

4.1.3.2 山东济南市与湘西州东西部扶贫协作格局的形成

自《国家"八七"扶贫攻坚计划》颁布以来，东西部对口帮扶就成了我国进一步解决农村贫困问题，缩小东西部地区差距，实现共同富裕的一支重要力量。2016年12月，自中办、国办下发《关于进一步加强东西部扶贫协作工作的指导意见》，进一步明确了济南市湘西州扶贫协作关系及东西部扶贫协作的合作方式和内容后，两地迅速开展对接商谈。2017年2月24日，济南市委副书记、市长王忠林率济南市党政代表团来湘西州实地调研对接，双方召开了扶贫协作联席会，并签署了"1+7+11"扶贫协作框架协议，即济南市对接湘西州，济南市历下区、市中区、槐荫区等7区对接湘西州7个国贫县，济南市经信委、人社局、旅发委等11个部门对接湘西州直11个部门的帮扶格局，并明确了资金支持、重点帮扶、工作对接机制及召开扶贫协作工作会议等事项，编制了《济南市湘西州东西协作2017—2020扶贫规划》。2018年在"1+7+11"协作框架的基础上，新增11个结对单位，形成了新的"1+7+22"协作框架（具体见表4.2）。同时，对接关系向街道乡镇深入推进，两地60对街道—乡镇和80对社区—村结成对子，为扶贫协作工作顺利开展奠定了坚实的基础。

表4.2　济南市、湘西州"1+7+22"东西部扶贫协作框架

协作类别	东部协作单位	西部被帮扶单位
地市协作	济南市	湘西州
区县协作	历下区	永顺县
	市中区	龙山县
	槐荫区	花垣县
	高新区	古丈县
	历城区	保靖县
	章丘区	泸溪县
	天桥区	凤凰县
部门协作	济南市经信委、人社局、旅发委等22个部门	湘西州经信委、人社局、旅发委等22个部门

资料来源：《济南市湘西州东西协作2017—2020扶贫规划》。

4.1.3.3 湖南省内对口帮扶湘西州格局的形成

湖南省内地市与湘西州对口帮扶关系建立的时间比较早。1994年9月，为

响应"国家八七扶贫攻坚计划"，加快湘西州的发展步伐，湖南省委、省政府制定并颁布了《中共湖南省委湖南省人民政府关于支持湘西土家族苗族自治州实施"八七扶贫攻坚计划"的意见》，要求始终把湘西州作为全省扶贫攻坚的主战场，帮助制定发展规划，实施政策倾斜，落实具体措施，启动内部活力，促进湘西社会经济的发展，达到共同富裕的目的。同时，湖南省针对湘西州社会经济发展的"四大工程""五大产业"和"九大问题"，以及地市包县对口扶持等作出了具体安排[①]。

2014 年 3 月 29 日，时任湖南省委副书记、省长杜家毫主持召开会议专题研究支持湘西州推进小康社会建设有关工作。会议决定积极开展新一轮对口扶持，长沙市、湘潭市、株洲市、岳阳市、衡阳市、常德市对口扶持不变，新增郴州市对口扶持凤凰县。由省辖 6 市对口帮扶增加到省辖 7 市对口帮扶，帮扶力度进一步加大。对口帮扶的具体安排见表 4.3。

表 4.3　湖南省内对口帮扶湘西州具体安排

对口帮扶实施单位	对口帮扶县	确定时间
长沙市	龙山县	
湘潭市	永顺县	
株洲市	泸溪县	
岳阳市	保靖县	1994 年
衡阳市	花垣县	
常德市	古丈县	
郴州市	凤凰县	2014 年

资料来源：《中共湖南省委 湖南省人民政府关于支持湘西土家族苗族自治州实施"八七扶贫攻坚计划"的意见》。

4.2　扶贫协作守望相助的具体实践

4.2.1　中央部委与央企帮扶的实践

中央部委与企事业单位的定点扶贫工作是中国特色扶贫开发工作的重要组

---

① 详见《中共湖南省委 湖南省人民政府关于支持湘西土家族苗族自治州实施"八七扶贫攻坚计划"的意见》。

成部分，是党中央、国务院加大对革命老区、民族地区、边疆地区、贫困地区发展扶持力度的重要举措。自 2015 年国务院扶贫办、中组部等九部门联合印发《关于进一步完善定点扶贫工作的通知》以来，农业农村部、中石化、中国铁塔股份有限公司、中国光大集团、中国五矿集团等五个中央单位，分别与湘西州龙山县、永顺县、泸溪县、凤凰县、保靖县、古丈县、花垣县等七个国家级贫困县结成了定点帮扶，围绕定点扶贫帮扶单位做了大量细致而有成效的工作，定点扶贫工作取得了积极成效。

4.2.1.1 加强组织领导，扎实落实定点扶贫帮扶责任

遵照党中央的决策部署，农业农村部及中石化等四家央企高度重视湘西州的定点帮扶工作，专门成立了定点帮扶工作领导小组，将定点扶贫工作列入单位重要议事日程，定期召开定点扶贫工作专题会议，研究部署定点扶贫工作，听取定点扶贫工作汇报，及时了解掌握帮扶情况，认真研究解决存在的问题，扎实推动定点帮扶工作。

农业农村部及中石化等四家央企的领导多次带队深入湘西州各县，进村入户开展调研，共商脱贫之策。如农业农村部部长韩长赋、副部长余欣荣、屈冬玉和国家首席兽医官(师)张仲秋、总畜牧师马爱国等先后带队深入龙山、永顺县，走访贫困群众，调研产业发展；中国石油化工集团公司党组成员、总会计师赵东，党组成员、纪检组组长蒋亮平，监察局局长钱光顺，办公厅副主任张钧等多次下到乡镇进行扶贫工作调研指导；中国铁塔股份有限公司党委书记、总经理佟吉禄和副总经理高步文多次赴扶贫一线调研，现场指导定点扶贫工作；中国五矿集团董事长、党组书记唐复平和中国五矿党组副书记董明俊对定点扶贫工作进行部署，并多次赴花垣县进行现场调研，督促指导定点扶贫工作；中国光大集团副董事长、总经理高云龙多次率团到古丈县，调研精准扶贫，考察扶贫产业，落实精准扶贫工作。

4.2.1.2 强化人才保障，确保定点帮扶工作见实效

打好脱贫攻坚战，必须要破解湘西州 7 县脱贫攻坚的人才制约瓶颈。自定点帮扶湘西州以来，农业农村部及中石化等四家央企始终把人才培养与支持作为重要工作来抓。坚持以人的建设为核心抓党建促脱贫，扶贫与扶志、扶智结合，人才扶贫取得积极成效，为脱贫攻坚奠定坚实基础。

一是指派优秀干部到定点帮扶县挂职，确保定点帮扶工作落到实处。农业农村部先后派出 10 多名优秀干部在湘西州挂职指导工作，其中孙法军挂职湘西州委常委、副州长，宋丹丹挂职永顺县副县长，刘志国挂职龙山县副县长，李家健挂职永顺县委常委、副县长，涂洪涛挂职龙山县委常委、副县长，另有 2 名同志分别挂职永顺、龙山县农业局副局长，1 名同志任永顺县石堤镇九官村

第一支书;中国石油化工集团公司先后派出石宝明挂职泸溪县副县长,周永挂职凤凰县副县长,朱建忠任凤凰县千工坪乡岩板井村第一支书,具体指导泸溪、凤凰县的定点扶贫工作;中国铁塔股份有限公司选派明庆春挂职保靖县委常委、副县长,彭加森驻保靖县中溪村任中溪村第一支书,具体指导定点扶贫工作;中国五矿集团选派了优秀干部何京林挂职花垣县委常委、副县长,同时还派出干部驻花垣县梳子山村开展对口帮扶,任村第一支书;中国光大集团派出优秀干部李言志挂职古丈县委常委、副县长。通过指派优秀干部挂职,确保了农业农村部及中石化等四家央企的定点扶贫工作落实到位。

二是邀请相关专家深入定点帮扶县考察调研,为帮扶县提供智力支持与人才培训。农业农村部利用自身的资源优势,组织动员部直属单位、中国农科院相关行业及产业知名专家到龙山、永顺县建立服务平台,举办各类技术培训,为定点帮扶县产业及行业发展提供技术支撑,2019 年农业部在龙山县开展各类培训活动 20 余次,培训基层干部、科技人员 400 余人次、农民 2000 人次,发放科普资料 5000 余份;在永顺县培训基层干部 132 人次,培训技术人员 444 人次、农村致富带头人 613 人次。中国石油化工集团积极邀请法中交流促进会会长李亚丁、全国猕猴桃病害防治专家黄丽丽、中国食品发酵工业研究院副院长张五九在凤凰县开办讲座,进行现场技术指导,并先后为凤凰县、泸溪县培训非遗蜡染技能、草莓和葡萄种植技能、“踏虎凿花”技能 500 多人次。2019 年在集团扶贫办协调帮助下,中石化组织凤凰县、泸溪县科干班和中青班 100 人赴中石化党校(中央党校国资委分校)进行培训。中国光大集团出资 30 万元邀请湖南农业大学教授来古丈培训茶叶加工、茶园修剪和有机茶种植技术,培训茶农 500 多人次,组织 50 余家茶企高管举办古丈县企业高级管理人员培训班,并特邀专家对全县 820 余名干部进行业务培训。中国铁塔股份有限公司仅 2019 年就培训保靖县基层干部 100 人、农村技术人员及致富带头人 350 人。中国五矿集团 2019 年也针对基层人才不足加大了培训工作力度,全年累计培训技术人员及致富带头人 239 人、基层干部 108 人。

4.2.1.3 形成多方合力,力促扶贫产业健康持续发展

发展产业是实现脱贫的根本之策。农业农村部及中石化等四家央企始终把如何有效发展特色产业促进定点帮扶县精准脱贫作为定点帮扶工作的重中之重,在扶贫资金投入、新型经营主体培育、扶贫产业的产销对接等方面不断加大力度,强力推进湘西州 7 个国贫县特色产业健康持续发展。

1. 精准选择扶贫产业

产业扶贫,是打赢脱贫攻坚战的重要保障。2017 年以来湘西州的扶贫开发已进入攻坚拔寨冲刺期,打赢脱贫攻坚战,必须进一步加大产业扶贫力度。产

业扶贫不仅是完成脱贫目标任务最重要的举措，还是其他扶贫措施取得实效的重要基础。农业农村部及中石化等四家央企在具体考察定点帮扶县的资源优势后，先后确定了一批适宜当地发展的特色扶贫产业，如龙山县的百合、里耶脐橙、中蜂、中药材产业；永顺县的猕猴桃、蜜橘、莓茶等产业；泸溪县的红心猕猴桃、铁骨猪等产业；凤凰县的猕猴桃、雪茶、腊尔山大米及乡村旅游业；古丈县的茶叶产业；花垣县的油茶、香菇种植、养鸭等产业；保靖县的黄金茶、中华蜂养殖、跑山鸡养殖业等。在有效推进扶贫产业不断壮大的同时，进一步激发了贫困户的内生动力，实现了贫困户稳定增收和村集体经济的壮大，使定点扶贫成效不断得到巩固。

2. 加大扶贫资金投入

2017 年以来，农业农村部及中石化等四家央企围绕精准选择的特色扶贫产业，已累计投入 6.32 亿元扶持资金实施定点帮扶工作，共完成扶贫项目 436 个，具体见表 4.4。扶持资金重点向农业生产基础设施、农业科技推广服务、现代农业产业体系、新型经营主体发展、农业防灾减灾等方面倾斜。不断做大做强特色产业，构建优势突出、特色鲜明、绿色高效的农业产业体系，持续推进定点帮扶县的扶贫特色产业向现代农业迈进。

表 4.4　2017—2019 年湘西州定点帮扶投入

帮扶单位	定点帮扶县	资金投入/万元	项目数/个
农业农村部	龙山县	16537.1	81
	永顺县	32367.8	154
中国石油化工集团	凤凰县	2998	20
	泸溪县	3000	27
中国光大集团	古丈县	4135	31
中国五矿集团	花垣县	1425	22
中国铁塔集团	保靖县	2776	101

资料来源：湘西州扶贫开发办 2017—2019 年《中央单位定点扶持湘西州七个国家级贫困县工作情况》。

3. 积极培育新型主体

新型农业经营主体的发展，直接关系到我国农业农村的现代化进程，是实现乡村产业兴旺、打赢脱贫攻坚战，实现稳定脱贫、构建农业农村发展新动能，以及助力乡村全面振兴的关键因素。2019 年，农业农村部组织培训龙山县、永

顺县致富带头人 144 人次、613 人次，引进北京盛世佳建设开发有限公司与县
政府签订项目建设协议，拟投资 5 亿元，打造武陵山区水果集散中心，引进北
京华夏浚源资本管理有限公司，拟投资 1 亿元对永顺莓茶进行深度开发，引入
湖南省星城明月科技有限公司在龙山建立蓝莓加工厂；中石化组织泸溪县草
莓、葡萄种植大户培训、凤凰县猕猴桃种植大户培训各 150 人次；光大银行协
助古丈县 12 家茶企在光大银行网上商城免费上线古丈茶；中国五矿集团支持
花垣县工业园区建立油茶加工车间，厂房面积约 1300 平方米，支持民乐镇民乐
村建设腊制品加工扶贫车间，销售腊肉 1.4 万斤，全年培训技术人员及致富带
头人 239 人；中国铁塔集团支持保靖县中溪村中蜂养殖，培养养蜂能人 9 户，
累计养蜂 210 余桶。

4. 大力开展消费扶贫

消费扶贫不仅有利于扩大贫困地区产品和服务消费，调动贫困人口依靠自
身努力实现脱贫致富的积极性，更是促进贫困人口稳定脱贫和贫困地区产业持
续发展的有效手段。多年来，农业农村部及中石化等四家央企利用自身优势，
积极推动消费扶贫工作，通过搭建农产品产销对接平台，参加农交会、农博会、
绿博会、茶博会等农产品推介会，以及网络直播代言等各种途径，拓宽贫困地
区农产品流通和销售渠道，推动消费扶贫落到实处。2019 年，在农业部及中石
化等四家央企的大力推介下，龙山县消费扶贫的协议采购资金总额超过 5 亿
元，永顺县消费扶贫的产品销售及订单额超过 1.5 亿元，泸溪县实现消费扶贫
400 多万元，古丈县实现农特产品销售 988.7 万元，花垣县农产品销售金额达
200 万余元，保靖县实现消费扶贫 69 万元。2020 年，全州完成消费扶贫 21.
755 亿元，其中山东省济南市完成消费扶贫 1.9 亿元。

4.2.2 山东济南市东西协作扶贫的实践

自 2016 年 10 月，湘西州与济南市建立扶贫协作关系以来，两地党委、政
府高度重视，各区县和相关部门积极行动，就两地扶贫协作的总体规划、具体
帮扶项目、人才交流机制、产业合作项目等事宜进行洽谈并签署了合作协议。
各界社会组织、企业家、爱心人士广泛参与，扶贫协作取得了明显成效。四年
来，济南市对湘西州投入财政援助资金 11.08 亿元。

4.2.2.1 完善协作机制，持续强化组织领导

两地分别组建了专门机构负责日常对接协调服务推进工作，形成了"党政
领导、行业统筹、县市推进"的组织架构。同时，不断完善协作机制，构建了优
势互补、多层互动、精准对接、协同发力的工作格局。

1. 完善高层对接机制

建立健全了领导互访制度，明确两地党委或政府主要领导每年互访2次以上。2017年以来，湖南省委副书记乌兰，隋忠诚湖南省副省长，叶红专湖南省人大常委会副主任、湘西州委书记，龙晓华湘西州委副书记、州长多次带队赴济南市对接东西部扶贫协作工作。山东省委常委、济南市委书记王忠林和山东省副省长王书坚也多次带队到湘西州考察调研，研究东西部扶贫协作工作。两省、两市州各级领导主动扛起政治责任，加强顶层设计，开展深度对接，充分体现了两地推动扶贫协作的责任与担当。

2. 完善联席会议机制

认真贯彻落实《济南市湘西州东西部扶贫协作三年行动计划》，着力在建机制、强沟通、促合作上下功夫，形成扶贫协作常态化联席机制，明确了两地党委或政府主要领导每年召开2次以上高层联席会议。2017年以来，两省、两市州领导互访互动频繁，区县、部门对接紧密，商谈帮扶事宜，凝聚工作合力。2020年两地就召开联席会议3次（其中省级层面1次、市州层面2次）和7个区县层面工作对接会17次。

3. 完善工作推进机制

把东西部扶贫协作列入两地市州党委、政府重要议事日程，两地每年召开市州委常委会、政府常务会与州长办公会、扶贫协作领导小组会、扶贫协作工作专题会多次，专题研究部署扶贫协作工作，推进各项工作落细落实。在两地主要领导的谋划和强力推动下，各级各部门迅速行动、积极对接，搭建完善"1+7+22"协作架构，不断拓展合作空间，凝聚协作合力。

4.2.2.2 健全保障机制，深入拓展人才交流

严格执行中组部《关于进一步加强和完善东西部扶贫协作干部人才选派管理工作的通知》（组通字〔2017〕8号）、《关于聚焦深度贫困地区打好精准脱贫攻坚战加强东西部扶贫协作挂职干部人才选派管理工作的通知》（组通字〔2018〕15号）要求，明确由挂职干部全部分管和协管东西部扶贫协作工作，充分发挥挂职干部在济南湘西之间的桥梁纽带作用。

1. 畅通交流渠道

两地组织部门积极协调，认真开展挂职岗位摸底，根据两地所需，疏通了互派干部挂职交流渠道，全面推进干部互派挂职交流和专业人才交流工作，采取双向挂职、技术指导、两地培训、委托培养和组团式支教、支医、支农等方式，切实加强扶贫协作，以及教育、卫生、农业、畜牧、金融、城市规划与管理等领域的人才交流。2017—2020年，两地共选派228人次进行互派挂职，其中湘西州派出134人次，济南市派出94人次；共选派专业技术人员2130人次进

行相互交流，为湘西州的脱贫攻坚和经济社会发展提供了强大的智力支撑。

2. 保障挂职干部发挥作用

湘西州、县两级出台了任职与分工文件，明确济南市选派到湘西州挂职的干部，全部分管（协管）东西部扶贫协作工作，确保挂职干部集中精力抓扶贫协作，充分发挥他们的桥梁纽带作用和聪明才智，使他们在推动扶贫协作的同时，自身也得到锻炼。同时，湘西州还出台了《关于为济南市挂职人员提供必要保障的通知》，为济南市挂职干部提供良好的工作生活保障，积极为他们搞好服务，调动他们来湘西州挂职的积极性和主动性。

3. 大力开展人才培训

在济南市的大力支持下，湘西州积极组织贫困村党组织书记、两新党组织书记、医疗卫生教育农业人才等赴济南市进修，开办了中青干部培训班和农业技术骨干、医疗卫生队伍、金融干部等各种培训班。2017年以来，济南市共帮助湘西州培训党政干部1410人次、专业技术人才25211人次。

4.2.2.3　创新合作模式，全面深化产业协作

产业合作是扶贫协作的重中之重。济南市立足自身优势，积极推进两地产业合作，促进可持续发展和稳定脱贫。

1. 创新东部企业参与扶贫协作模式

积极搭建平台，举办定点招商会、项目洽谈会，引导东部企业到西部地区开展扶贫协作。出台了《湘西州支持东西部扶贫协作产业合作的若干优惠政策》《关于建设承接产业转移示范区的若干优惠政策》《关于山东省市民到湘西州旅游享受优惠政策的通知》等文件，在土地、资金、税收等方面加大优惠支持力度，吸引山东企业来湘西州投资兴业。同时，不断创新带贫新模式，把引进新兴产业和培优提升传统产业相结合，把承接东部产业转移与发展绿色生态产业、实现高质量发展相结合，通过建立东西部扶贫协作"扶贫车间"，吸纳贫困人口就近就地就业。

2. 创新产销对接模式

签署了农业合作"4331"工程框架协议①。围绕湘西特色产业建成了湘西猕猴桃、保靖黄金茶、泸溪柑橘等特色产品直供基地14个，在济南开设了湘西特色产品体验馆、"礼尚往来"东西扶贫协作概念店等16家线下特色产品展示展销馆。通过开通直飞航线、深化展销合作、出台旅游优惠政策等举措，大力开展"湘品入鲁""东西部协作+消费扶贫"、线上线下销售等产销对接活动，大力

---

① "4331"工程框架协议即在协作期间建设4个标准化的现代农业产业园，每年开展3类农业实用技术培训，每年举办3次湘西特色农产品集中展销会，建设1个直销窗口。

推行和实施消费扶贫，带动产业健康发展。2017年以来已累计销售3.59亿元，有效带动了群众增收。

3. 创新文旅合作扶贫模式

出台了《关于山东省市民到湘西州旅游享受优惠政策的通知》等优惠政策，联合开展"济南万人游湘西"等活动，吸引山东居民来湘西旅游体验。加大文旅企业、协会对接合作，鼓励引导济南市战略投资者到湘西参与景区景点开发，大力宣传推介湘西旅游，提升湘西旅游品牌影响力。在两地的努力下，2019年1月18日济南—铜仁凤凰航线首飞成功，拉通了两地对接交流和文旅合作的空中通道，成为济南湘西扶贫协作的新亮点。

4.2.2.4 强化就业服务，有效推进劳务协作

把劳务协作、技能扶贫作为东西部扶贫协作的重要突破口，建机制、搭平台、抓培训，有力促进贫困人口实现就业脱贫增收。

1. 以转移促就业

济南市和湘西州分别出台了《济南市湘西州劳务协作框架协议》《关于落实济南市就业扶贫相关政策实施操作办法的通知》《关于进一步做好就业扶贫工作的实施意见》等文件，积极推进转移就业，建立转移就业人员的各类保障，明确了"3223+N"合作目标①。2017年以来，先后举办济南市—湘西州劳务协作专场招聘会30余场，吸引30多家企业提供近万个工作岗位，达成就业意向2000余人，吸纳近1257名建档立卡贫困劳动力转移就业。同时，通过联系岗位、落实交通补贴等方式，转移近万名贫困人口到其他省份就业。

2. 抓培训促就业

按照"培训一人、就业一人、脱贫一家、带动一片"的思路，深化就业培训，创新培训模式，取得了技能扶贫新成效，打造了扶贫协作品牌。2018年6月山东蓝翔技师学院十八洞分院正式在湘西州揭牌，2019年6月济南阳光大姐家政服务公司湘西基地正式揭牌，开设挖掘机、烹饪、汽修、家政服务等多个专业，多渠道组织开展贫困劳动力就业培训，先后为湘西州培训贫困人口1.7万余人次，绝大多数培训学员通过转移就业实现脱贫。

3. 建"扶贫车间"等促就业

针对在家闲散贫困劳动力、留守妇女、特殊困难人群、易地搬迁集中安置贫困户等就业难的问题，引进山东济南扶贫经验，着力推进惹巴妹、龙门制衣、

---

① "3223+N"合作即3年期间，两地联合举办线上、线下扶贫协作招聘专场活动20场，组织济南技师学院等技工院校面向湘西州培训200名建档立卡贫困家庭"两后生"，济南市面向湘西州建档立卡贫困劳动力提供3000个就业岗位。

七绣坊等 217 个"居家式""基地式""厂房式"扶贫车间建设，通过扶贫车间吸纳 3666 名贫困群众实现就业。2018 年 10 月 16 日，《人民日报》以《扶贫车间办到家门口》为题报道了济南市和湘西州东西部扶贫协作劳务协作典型。另外，在济南市的支持下，湘西州通过建设扶贫车间、开发公益性岗位、引进企业吸纳就业等方式，仅 2019 年就帮助 17801 名贫困人口实现省内就近就业。

4.2.2.5　增强多方合力，广泛开展携手奔小康

两地以携手奔小康行动为抓手，着力推动区与县、街道与乡镇、社区与村、社会力量与贫困村精准对接帮扶，使"1+7+22"结对框架更加牢固，扎实推进"携手奔小康"行动。

1. 增强区县党政齐抓共管合力

2017 年济南市章丘、天桥、高新、槐荫、历城、历下、市中 7 个区分别与湘西州泸溪、凤凰、古丈、花垣、保靖、永顺、龙山 7 个县结成帮扶对子，两地卫健、教体、农业农村、商务、残联等 22 个市州直部门结成帮扶对子。各结对区县、部门党政一把手每年坚持带队互访，召开对接会议，共同研究推进携手奔小康行动。

2. 增强社会各界共推合力

广泛开展携手奔小康活动，大力推进济南市街道(乡镇)与湘西州乡镇之间、济南市村(社区)与湘西州贫困村之间、济南市企业与湘西州贫困村之间、两地学校、医院之间结成帮扶对子，开展了形式多样的帮扶行动。广泛发动和汇聚社会力量，4 年来济南市社会各界累计为湘西州捐款捐物折价达 2.58 亿元，形成了携手同心、共建小康的良好氛围和强大合力。

3. 增强致富带头人引领合力

突出致富带头人引领扶贫协作，济南市通过支持资金、教师、场地等方式，多次与湘西州共同举办扶贫协作贫困村致富带头人专题培训班，培训贫困村创业致富带头人近 1184 人次，通过致富带头人引领，带动贫困人口 6000 余人。

相知无远近，千里亦为邻。在济南市委、市政府的高度重视和大力号召下，从山东半岛到武陵山区，处处传递着倾力支持、大爱无疆的无私高尚情怀，涌现了许多真情关怀、深入帮扶的真实感人事迹，为湘西州的脱贫发展事业浇筑了齐鲁风骨，增添了济南智慧，这份恩情，这份厚意，这份守望，湘西的山水作证，两地的人民见证。

4.2.3　省辖 7 市对口帮扶实践

"八七"扶贫以来，历届湖南省委、省政府高度重视对口扶持工作，持续加大帮扶力度，确定长沙、湘潭、株洲、岳阳、衡阳、常德、郴州 7 市和省直相关

部门、高校对口帮扶湘西州，并出台了系列政策措施，投入了大量人力物力财力，在项目援建、产业扶持、民生改善、交流对接等方面做了大量工作，对湘西州加快发展、加快脱贫起到了重要作用。

1. 加大帮扶资金投入

"八七"扶贫攻坚以来，省辖 7 市不断加大对口帮扶力度，截至 2019 年底省辖 7 市累计投入资金 15.74 亿元，帮助引进资金 1.38 亿元。其中，长沙市累计投入帮扶资金 9.26 亿元，常德市对口扶持古丈县直接投入 1.09 亿元，湘潭市对口扶持永顺县直接投入 1.45 亿元，岳阳市对口扶持保靖县 0.53 亿元，衡阳、株洲、郴州等地市也为对口扶持县投入了大量帮扶资金，有力地促进了扶持县基础设施建设、特色产业发展和民生事业改善。2014 年 10 月 17 日全国第一个扶贫日活动中，长沙市对口扶持龙山县被评为"全国社会扶贫先进集体"①。

2. 加强援建项目建设

截至 2019 年底省辖 7 市累计援建项目 1600 多个，为湘西州培育了一批特色优势产业，引进了一批大型企业，建设了一批基础设施，如长沙市援建龙山县的"长沙大道""长沙大桥"，常德市援建古丈县的"常德街""古常大桥"，岳阳市援建保靖县的"岳阳中学""岳阳小学"等，对湘西州县城扩容提质、文教卫条件改善、特色产业发展等都起到了重要作用。

3. 推进干部挂职交流

坚持把干部挂职交流作为对口帮扶的重要内容，积极实施教育、卫生等专项人才对口扶持计划，近五年选派 50 名干部来湘西州挂职交流。挂职干部把湘西当家乡，以湘西发展为己任，发挥专业专长，不遗余力工作，为湘西州脱贫发展做了大量工作。同时省辖 7 市将湘西干部纳入当地干部教育培训计划范围，组织安排湘西干部参加当地中青班、科干班学习，使他们在挂职交流中学习了先进经验、增强了工作能力。

4. 完善对口扶持机制

25 年的对口帮扶，省辖 7 市与湘西州不仅结下了深厚情谊，更形成了一套对口帮扶机制，特别是建立健全了定点（对口）扶持工作机制，通过不断强化在经济、教育、文化、医疗、劳动力资源等多方面的交流合作，加大资金、物资等扶持力度，鼓励支持优秀企业到对口帮扶县投资兴业，切实增强贫困地区发展能力，有效帮助对口帮扶县产业转型升级，进一步促进县域经济协调发展。

① 数据源于中共湘西州委、湘西州人民政府《湘西州东西部扶贫协作工作情况汇报》，2017 年 8 月 29 日。

4.3　扶贫协作守望相助的显著成效

4.3.1　帮扶脱贫见真效

2017 年以来,在习近平新时代中国特色社会主义思想的指导下,在中央关于脱贫攻坚和东西部扶贫协作有关要求下,湘西州与中央部委及央企、山东济南市、省辖 7 市等帮扶单位一道,始终把扶贫协作当作一项重要政治任务,坚持高位推进。建立完善了高层对接、联席会议、工作落实等协作机制,构建起精准对接、多层互动、协同发力的工作格局,扶贫协作之花开遍湘西大地,结出了累累硕果。农业农村部、中石化等中央部委及央企已累计援助湘西州资金达 6.32 亿元,济南市累计援助湘西州资金达 11.08 亿元,省辖 7 市累计援助资金达 15.74 亿元,社会帮扶资金(含物资)达 2.8 亿元,带动贫困人口 25.5 万人。它们成为推动湘西州决战决胜脱贫攻坚的重要力量,得到了国、省扶贫部门的充分肯定和社会各界的广泛认可。

得益于中央部委及央企、山东济南市、省辖 7 市的倾情帮扶,湘西州脱贫攻坚取得了决定性胜利。2019 年,龙山、永顺等 7 个深度贫困县全部脱贫摘帽,帮扶脱贫成效显著。湘西州 7 个深度贫困县的脱贫成效见表 4.5。

表 4.5　湘西州 7 县帮扶脱贫成效

贫困县	定点帮扶	东西协作(济南)	对口帮扶	2013 贫困发生率/%	2019 贫困发生率/%	2013 年农村居民人均收入/元	2019 年农村居民人均收入/元
龙山县	农业农村部	市中区	长沙市	30.3	0.78	5466	10315
永顺县	农业农村部	历下区	湘潭市	31.5	0.66	4361	8823
泸溪县	中石化	章丘区	株洲市	25.8	0.61	4707	9146
凤凰县	中石化	天桥区	郴州市	24.1	0.76	5733	11102
古丈县	光大集团	高新区	常德市	30.0	0.79	4127	8616
花垣县	中国五矿	槐荫区	衡阳市	28.4	0.55	4903	9510
保靖县	中国铁塔	历城区	岳阳市	31.7	0.55	5482	10563

资料来源:原湘西州扶贫办。

4.3.2 人才交流共发展

打好贫困地区的脱贫攻坚战，人才是关键。湘西州充分利用东西部扶贫协作和省辖7市的对口支援，加强与山东济南市及长沙、湘潭等7市的人才沟通交流，通过完善人才协作交流机制、互派优秀人才挂职、组织开展专题培训等方式，极大地提升了湘西州的人才队伍建设水平。

湘西州积极推进与山东济南市的人才交流。依据中组部《关于进一步加强和完善东西部扶贫协作干部人才选派管理工作的通知》《关于聚焦深度贫困地区打好精准脱贫攻坚战加强东西部扶贫协作挂职干部人才选派管理工作的通知》的文件精神，与济南市组织部门积极协调，对挂职岗位按照所需进行摸底，畅通了互派干部挂职交流渠道。同时，采取双向挂职、技术指导、两地培训、委托培养等方式，加强专业技术人才交流。2017—2019年，两地互派挂职干部166人次、专业技术人才1370人次。具体情况见表4.6。举办湘西州乡村旅游带头人培训班、全州规划管理人员（济南）培训班等培训多期，培训各级干部、专业人才等1.2万余人次。

表4.6 2017—2019年间湘西州与山东济南市人才交流情况　　　　　　人

年份	干部挂职			专业技术人员		
	合计	湘西州派出	济南市派出	合计	湘西州派出	济南市派出
2017	17	8	9	106		
2018	53	27	26	531	258	273
2019	96	62	34	733	438	295

资料来源：湘西州人民政府2017—2019年《济南市湘西州扶贫协作考核自评报告》。

4.3.3 产业合作结硕果

脱贫攻坚以来，湘西州与中央部委及央企、山东济南市、省辖7市等帮扶单位深入贯彻落实习近平总书记关于精准扶贫的重要指示精神，按照中央、省委决策部署要求，切实把发展产业作为实现脱贫的根本之策，大力实施发展生产脱贫工程，在中央部委、央企、山东济南市、省辖7市的协助下走出了一条具有湘西特色的帮扶产业扶贫之路。

截至2020年，湘西州已建成8大特色产业面积447.39万亩，其中茶叶63.3万亩，油茶107万亩，柑橘96.39万亩，猕猴桃21.16万亩，烟叶19.13万亩，中药材 36.64 万亩，蔬菜 85 万亩，时鲜水果 18.77 万亩；累计创建特色产业基地万亩精品园 24 个、千亩标准园 316 个，1110 个贫困村已建立产业扶贫合作社或有产业扶贫合作社覆盖；打造了一批知名度高、带动力强、辐射面广、质量安全的优质特色农产品品牌，全州"二品一标"农产品总数达 125 个，共有 4 个农产品品牌荣获中国驰名商标，34 个商标荣获湖南省著名商标，10 个产品荣获湖南省名牌产品，古丈毛尖、保靖黄金茶荣获"2016 湖南十大农业品牌"。保靖黄金茶、古丈毛尖、湘西黄牛、湘西黑猪等 13 个农产品获得国家地理标志农产品登记，地理标志登记总数量位居湖南省前列。15.3 万户贫困户享受到产业扶贫政策扶持，占贫困户总户数的 92%，其中 11.8 万有产业发展能力和意愿的贫困户已全部同龙头企业或合作社等新型经营主体建立资金资源入股、生产协议、聘用务工等方式的利益联结机制，累计带动增收贫困户达 34.45 万户次。

4.3.4　劳务协作增就业

湘西州是习近平总书记精准扶贫战略思想的首倡地，是国务院开展劳务协作脱贫的试点地区。近年来，在农业农村部、山东济南市、省辖 7 市等帮扶单位的支持下，湘西州深入推进就业扶贫打造湘西模式，2018、2019 年连续两年被评为湖南省稳就业真抓实干先进州，武陵山片区湘西创新创业孵化基地被认定为国家级示范基地，就业扶贫湘西做法受到汪洋主席、胡春华副总理以及（时任）杜家毫书记、许达哲省长的批示点赞。

湘西州已和省内长株潭三市、广东省四市、山东省济南市和长三角地区签订了劳务协作框架协议，建立了省外、省内、州内和县内四级沟通协调对接机制，并定期召开协调会议，共同破解劳务协作过程中遇到的困难和问题，建立了政府对企业、企业对劳动者、基层组织对劳动者的联动机制和劳务协作信息远程交换机制，输出地负责提供求职需求清单，输入地负责提供岗位清单，网上进行数据比对，极大地提升了人岗匹配精准度。先后与广东 4 市、长三角、长株潭、山东济南市等地区开展 100 多场次劳务协作活动，组织 68 场次企业用工招聘会。截至 2019 年底，累计转移农村劳动力就业 84.9 万人，劳务总收入达 256 亿元，其中贫困劳动力 23.74 万人，收入 75 亿元，带动 15.6 万户贫困家庭脱贫。劳务收入已成为湘西州农民增收脱贫的主渠道，对脱贫退出贡献率达 70%。其中，累计建成规模"扶贫车间"221 家（其中与山东济南合作共建 119 家），合作社和家庭作坊式"扶贫车间"2000 多个，带动就业 5 万人以上（其中贫困劳动力 2 万余人），建成巾帼就业扶贫车间 32 家，吸纳就业 1744 人（其中建档立卡妇女 993 人）；累计建成国家级就业扶贫基地 6 家、省级就业扶贫基地

21 家、州级就业扶贫基地 57 家、县级就业扶贫基地 10 家，吸纳贫困劳动力就业 2100 多人，每年可提供就业岗位 5174 个；稳定开发农村公益性岗位 17894 个，带动贫困劳动力转移就业 1.7 万人；依托湘西经开区、泸溪高新区等 9 个省级工业园区 659 家企业，就地就近转移就业 4.4 万人，其中农村贫困劳动力 7600 余名。

4.3.5 携手同步奔小康

认真落实济南—湘西州"1+7+22"扶贫协作框架，不断完善两地结对帮扶机制，推动两地街道—乡镇、社区—村、企业—村之间签订结对协议，深化结对协作内容，广泛开展扶贫协作。济南市、区两级党政领导多次率领党政代表团奔赴湘西州对接脱贫大计，量身定制扶贫项目，落实扶贫协作框架协议，实施扶贫协作三年行动计划。

截至 2020 年底，济南市已累计投入扶贫帮扶资金 11.08 亿元，社会帮扶资金近 2.58 亿，实施扶贫项目 371 个，累计带动贫困人口 43 万余人。济南市 78 个街道(乡镇)与州内 99 个乡镇、济南市 86 个村(社区)与州内 114 个贫困村、济南市扶贫协作"产业联盟"109 家企业与湘西州 124 个贫困村、济南市 13 个社会组织与州内 10 个贫困村、济南市 143 个学校与州内 183 个学校、济南市 34 家医院与州内 35 家医院分别结成帮扶对子，开展了形式多样的帮扶行动。

4.4 典型案例

案例 1：

农业农村部：永顺莓茶种出脱贫希望

永顺莓茶主要产于毛坝、万民、万坪、砂坝、润雅等 11 个乡镇，具有绿茶的口感和强烈回甘的特点。经中国农科院等多家权威机构测定，永顺莓茶富含黄酮类化合物(以二氢杨梅素为主)，具有特殊的药用保健价值，永顺莓茶原叶——显齿蛇葡萄叶，被国家卫健委列入了 2019 版药食同源目录。近年来，在农业农村部的定点帮扶下，永顺县按照"四跟四走"产业扶贫思路，充分挖掘当地莓茶产业的先天优势，不断擦亮"永顺莓茶"金字招牌，成功打造莓茶专业村 21 个，建成万亩精品园 1 个，千亩示范园 6 个，实现莓茶种植面积近 4 万亩，年产量达 0.7 万吨，年产值达 1.9 亿元，产业扶贫、品牌扶贫卓有成效。

一、摸底子，制定发展新战略

光有茶叶子不行，关键得想办法将其打造成致富"金叶子"。为了提高莓茶生产标准化水平,农业农村部定点扶贫永顺工作队、湘潭对口帮扶永顺工作队牵头组成调研组,在全面深入调研的基础上,递交了《永顺莓茶产业发展调研报告》,提出了莓茶产业"生产标准化、管理规范化、产品品牌化"的产业发展目标,并在标准种植、规范加工、资质认证、品牌推广等方面制定了系列政策措施。

2019年,永顺县授权使用永顺莓茶地标的5家企业均已取得绿色食品认证和食品生产许可认证。在政府及各扶贫协助单位的大力支持下,5家授权企业都拥有较为先进的莓茶加工生产线,从原料和硬件上为永顺莓茶的生产提供了品质保障,5家企业年产值可达9000万元。

二、创牌子,提高市场影响力

农业农村部为了鼓励新型经营主体面向全国开拓莓茶市场营销渠道,采取多种办法支持莓茶"创牌子",特别是农业农村部支持免费参加的全国性农业展销会,企业、合作社不仅免交展位费,还享受政府给予的交通食宿补助。目前,全县基本形成了"政府—协会—新型主体—农户"层层带动的莓茶产业良性发展机制,已建设莓茶标准化加工厂13座,成功取得莓茶食品生产许可认证6个、绿色食品认证5个,正在办理有机食品认证2个。

在农业农村部的支持下,永顺莓茶先后荣获中国中部(湖南)农业博览会金奖、第二十届中国绿色食品博览会金奖、2020湖南文化旅游商品大赛金奖。2019年,永顺莓茶顺利通过国家农产品地理标志产品评审,CCTV7《每日农经》栏目摄制播出了《先苦后甜的莓茶生活》,促使永顺莓茶知名度持续提升,在全国范围引起了广泛关注。

三、搭台子,激发经营新活力

为了扩大销售渠道,农业农村部牵线当地企业与中粮集团等8家企事业单位达成销售合作,推动当地电商企业与京东、拼多多、杧果扶贫云超市等电商平台达成莓茶销售合作,引导产业由重视种植单一环节转变为种植、加工、销售、科研全产业链齐头并进发展,在政府层面为茶农树立了产业发展信心。

2020年,面对疫情的不利影响,农业农村部定点扶贫永顺工作队多次开展"消费扶贫 直播带货"活动,既帮助贫困茶农解决了卖难问题,也在关键时期稳住了产业发展信心,产品越来越受市场的青睐和消费者的喜爱。永顺莓茶产业已带动1.5万余贫困人口脱贫增收,人均增收达到了2000元。

案例 2：

花垣县：东西部劳务协作"扶贫车间"带动贫困人口就近就业

实施东西部扶贫协作以来，花垣县与济南市槐荫区签订了合作框架协议，以促进建档立卡贫困群众脱贫为根本目标，把帮扶贫困群众稳定就业作为首要任务，多措并举共推"扶贫车间"项目落实。2018 年至 2020 年，花垣县计划建成 30 家就业"扶贫车间"，济南市槐荫区加大资金、设备、技术、营销扶持力度，争取东西部协作援助资金 660 万元用于扶贫车间建设、技能培训、稳岗生活补贴和农村公益性专岗等项目，扶贫车间数量实现了快速增长。截至目前，全县已建成就业扶贫车间 28 家，吸纳 1430 多名农村劳动力就近就业，其中建档立卡贫困户 520 人。

一、因地制宜建"扶贫车间"

（一）灵活管理，建立"居家式"扶贫车间

湘西七绣坊苗服饰文化有限责任公司、湖南煜华日用品有限公司、花垣县龙潭镇龙门村新亮点服装制品有限公司、花垣县新起点农产品加工专业合作社等企业巧用花垣特色产业，结合许多农村妇女需要照顾小孩和兼顾家庭，采取集中加工和分散加工相结合，计件取酬，拿回家也可以做的方式，极大地方便了就地就业、灵活就业。

（二）产业带动，建立"基地式"扶贫车间

花垣县峒河山水种养专业合作社、湘西百香缘农业发展有限责任公司等企业利用闲置场地建设"扶贫车间"，节约了场地、房舍成本，保护了环境。花垣县峒河山水种养专业合作社发展生态稻香鸭养殖和生态香菇种植，引进专业技术人员手把手传授技术于村民，带动 80 余户建档立卡户。湘西百香缘农业发展有限责任公司以"公司+合作社+农户+基地"模式，积极参与扶贫，建立扶贫车间 1 个，在龙潭镇板塘村、双坪村、张匹马村和花垣镇杨家寨村，种植 800 亩百香果，共解决了 47 人的就业问题，其中吸纳 35 名建档立卡户贫困户就业，人均年增收 18000 元。

（三）引导企业，建立"厂房式"扶贫车间

引导企业发挥自身优势，利用湘西地理、政策、原材料等优势，在工业集中区建立"厂房式"扶贫车间。苗凤凰农业科技有限公司 2018 年 7 月在花垣工业集中区租赁标准厂房 2480 平方米，建立一条白（红）酒灌装生产线，年产量 800 吨，年销售收入达 3000 万元，并与花垣镇长兴村柑橘合作社、花垣县龙息湾柑橘产业开发合作社签订 1380 余亩柑橘保底价收购合同。目前，车间安排建档立卡贫困人口就业 8 人，柑橘原料基地和 48 人签订柑橘包销合同，其中建档立卡户20人。

二、健全政策推"扶贫车间"

落实省人社厅、省财政厅、省扶贫办下发的《关于加快就业扶贫车间建设促进农村贫困劳动力就业的意见》(湘人社发〔2018〕75号),对于被认定的就业扶贫车间予以适当补贴。

一是场地补贴。鼓励利用乡镇(村)闲置房屋创办厂房,对场地改造、租赁、水电费给予一次性补贴。

二是物流费补贴。对进行来料加工、产品运输(配送)等形式的扶贫车间,给予适当的物流费补贴。

三是就业补贴。就业扶贫车间可按湘人社发〔2017〕58号文件,享受社保补贴、岗位补贴等就业扶贫政策。

四是创业补贴。对首次创办小微企业或从事个体经营,且创办企业或个体工商户自工商登记注册之日起正常运营6个月以上的建档立卡贫困劳动力和农民工等返乡下乡创业人员,按规定给予一次性创业补贴。

五是金融支持。建设就业扶贫车间的企业可比照扶贫经济组织享受金融扶贫支持政策。

三、注重培训稳"扶贫车间"

瞄准"扶贫车间"用工需求,结合贫困劳动力实际开展针对性培训。济南市派名师到花垣县开展技能培训,分别开设了苗绣、育婴师、缝纫工培训班,培训建档立卡贫困劳动力144名,将符合企业用工条件的推荐到"扶贫车间"就业。探索出一条"边培训、边加工、边取得报酬"的路子,为建档立卡贫困户、留守妇女等培训苗绣技能,成品由公司统一收购,每月人均可增收1500元。

扶贫车间的建设不仅成了实现群众脱贫致富的有力抓手,而且为返乡创业者搭建了创业平台,同时也帮助了有就业愿望但难以外出打工的农村妇女、老人、残障人士实现了"挣钱顾家两不误"。扶贫车间给贫困户带来变化的同时,还让企业得到实惠,解决了招工难、用工贵的难题,这样一来,湘西企业的产品竞争力明显增强了。扶贫车间成了花垣县贫困家庭摆脱贫困的新途径,提高了花垣贫困人员的幸福指数,是一个助推花垣乡村振兴的好帮手!

案例3：

牵手教种菜 乡亲齐生财
——张峰从济南到湘西传授大棚种植技术①

"他就是从山东济南过来的老张！"村民告诉我。隔着老远，只见一个人站在七八米高的蔬菜大棚上朝我们挥手。走到跟前，老张手脚麻利地踩着梯子下来，迎上来握住我的手，满掌心的粗糙。

"今天霜大气温低，早上不到7点我就来掀开盖在棚顶的棉被。"眼前的老张，脚穿解放鞋，戴着蓝色鸭舌帽，浓浓的山东口音，边说边咧开嘴笑，黝黑的脸上写满憨厚。

2016年底，山东、湖南两地启动东西部扶贫协作，济南市"牵手"湘西土家族苗族自治州。2017年7月，"老把式"张峰因熟练掌握大棚蔬菜种植技术，受济南历城区委派，来到湘西保靖县阳朝乡溪洲村。

从放下行李那刻起，他就一头扎进溪洲村蔬菜基地：住在附近的宿舍，天不亮就赶到基地干活，保证大棚通风透气、温度适宜，摸索适宜当地越冬的蔬菜品种……老张干活吃苦耐劳，大家都看在眼里。"从来不叫苦，就知道埋头干活。"基地负责人蔡玉坤说。

1月22日，太阳在这个月终于露脸。进入大棚，满目青翠，一串串尚未成熟泛红的圣女果挂在藤上。"看，太久没有阳光，叶子都有些泛黄。"老张说，像这样一个占地一亩半的大棚，一年能产上万斤圣女果，产值可达10多万元。

上午10时，县里组织的一场技术培训开始。周边几个村的村民陆续赶过来，钻进大棚，围着老张取经。怎样滴灌、授粉、施肥、保温等，老张教得耐心细致，村民听得连连点头。

保靖县发改局工作人员刘明说，这个蔬菜基地是东西部扶贫协作项目、农业科技示范园，既要带动当地贫困户脱贫致富，更要成为全县的培训基地，培养更多拥有一技之长的新型农民。

"老张，叫起来亲切！"尽管比张峰年龄大，但石小妹笑着说自己是徒弟。跟着学了一年多，过去只能干点杂活的她成为一名有技术的人，在基地干一天活，能挣70元。基地目前已惠及25户贫困户，2019年带动了230户贫困户稳定脱贫。

老张话不多，但念叨最多的是，来这之前，老家干部告诉自己，要教会湘西的乡亲们大棚种菜。

---

① 载于《人民日报》2019年01月28日第一版，有删减。

老张水土不服，双脚长水痘，却依然穿梭在大棚间。住处简陋，做饭、休息都是一间房，还有饮食习惯差异等困难，不一而足，但老张都不放在心上。

时间久了，"传经送宝"的山东老张和湘西乡亲们，几乎成了亲人。村民时不时给他送些自家产的土鸡蛋，热情地邀请他到家里吃饭。

春节临近，老张回济南过年。临行前，他把钥匙交还给基地，却被拒绝："你拿着就好，春节后可要再回来啊！"

第5章
减贫治理的有益启示

　　湘西州是习近平总书记精准扶贫重要论述首倡地，是国家西部大开发地区、湖南省扶贫攻坚主战场。湘西州的精准脱贫攻坚战，是湘西州历史上最伟大的事业，是湘西州历史上最精彩的篇章。2016年3月8日，习近平总书记在全国"两会"期间参加湖南代表团审议时，专门过问了十八洞村的脱贫进展情况特别是脱单情况。2017年6月23日，习近平总书记在山西太原主持召开的深度贫困地区脱贫攻坚座谈会上，对湖南省支持湘西州实施精准扶贫脱贫"十项工程"和十八洞村脱贫成效给予了肯定。2018年3月30日，习近平总书记在中央政治局听取2017年省级党委和政府脱贫攻坚工作成效考核情况汇报会上，又对十八洞村因地制宜发展特色林果业和乡村旅游、增加农民收入、实现真脱贫给予了肯定。2019年2月4日，习近平总书记对湖南省委上报的信息专报《湖南湘西州牢记习近平总书记殷切嘱托，以十八洞村为样板走出一条可复制可推广的精准扶贫好路子》作出重要批示。另外，2018年6月2日，老挝人民革命党中央总书记、国家主席本扬来十八洞村考察，对十八洞村及湘西州精准扶贫工作给予了高度评价，认为"十八洞村的扶贫经验和做法值得老挝学习借鉴"。《人民日报》、新华社、中央电视台、中央人民广播电台、《经济日报》、《中国日报》、《农民日报》、中国新闻社等多家中央媒体更是多次将镜头和版面聚焦湘西州，挖掘和推介精准扶贫"湘西经验"。湘西州脱贫攻坚取得的明显成效，是湖南省脱贫攻坚主战场取得的决定性胜利，是全国反贫困事业发展的生动缩影，是习近平总书记精准扶贫重要论述在民族贫困地区的成功实践，其经验和启示（见图5.1），也有着特殊的世界意义。

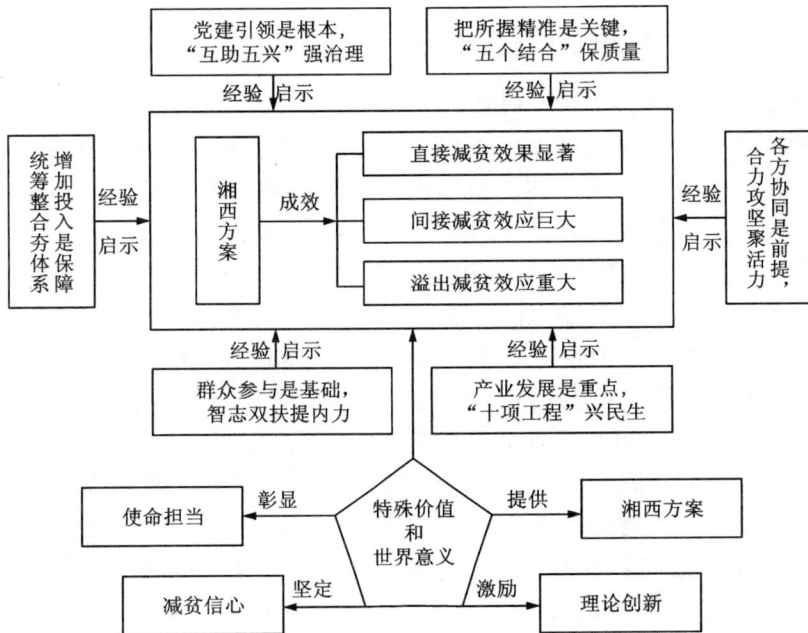

图 5.1　湘西州减贫治理的有益启示

5.1　湘西州减贫治理的成效

5.1.1　取得了显著的直接减贫效果

实施精准扶贫以来，湘西州农村居民生产生活各方面都得到了显著改善，省级贫困县吉首市于 2017 年脱贫摘帽，7 个深度贫困县经省里批准同意 2019 年全部脱贫摘帽。这一时期是湘西州减贫人口最多、农村面貌变化最大、群众增收最快和获得感最强的时期，广大贫困群众彻底摆脱了困扰千年的绝对贫困。湘西州各年度国民经济和社会发展统计公报等相关材料显示，从贫困发生率来看，湘西州贫困发生率当初高达 31.93%。从减贫规模来看，湘西州现行标准下 65.6 万余贫困人口全部脱贫，平均每年实现减贫规模 10.93 万人。从人均可支配收入来看，湘西州农村居民人均可支配收入由 2013 年的 4229 元增加到 2020 年底的 11242 元。从人均生活消费支出来看，湘西州农村居民人均消费支出由 2013 年的 4280 元增加到 2020 年底的 11005 元。从人均生产总值

321

来看，湘西州人均生产总值由 2013 年的 16171 元增加到 2019 年底的 26691 元。

5.1.2 产生了巨大的间接减贫效应

1. 形成了东西部协作攻坚的良好局面

东西部扶贫协作是党中央、国务院为加快西部贫困地区扶贫开发进程、缩小东西部发展差距，促进共同富裕做出的重大战略决策。2017 年以来，济南市、湘西州认真贯彻落实党中央、国务院决策部署和两地省委、省政府工作要求，充分发挥各自区位优势、资源优势、产业优势、人才优势，通过不断强化组织领导、深度拓展人才交流、精准使用援助资金、巩固拓展产业合作、积极推进劳务协作、有效落实国家增减挂钩政策、扎实推进弱势群体帮扶行动等，逐步构建起"优势互补、互惠互利、长期合作、共同发展"的扶贫协作大格局。2017 年以来，在济南市和湘西州两地共同努力下，大力推进工作创新，不断提升协作效率，全面完成了两省、两市州协议内容。济南市累计援助湘西州财政资金 11.08 亿元，实施援建项目 349 个，带动 25.5 万名贫困人口脱贫。济南市市区两级选派了党政干部 97 人次、专业技术人才 794 人次来湘西州挂职交流和支援扶贫，湘西州选派了挂职干部 139 人次、专业技术人才 576 人次赴济南市市区两级挂职交流。东西部扶贫协作不但有利于湘西州充分借鉴济南市先进的发展经验，将自身的资源优势转化为发展动力，更有利于湘西州、济南市两地的干部群众通过协作交流碰撞思想的火花，锻炼培养了一批本土的干部，也增强了湘西州人民追求美好生活的信心。这既有利于弘扬中华民族扶贫济困的优良传统，也有助于在全社会培育向上向善的社会氛围，充分彰显社会主义核心价值观的凝心聚力作用。

2. 进一步夯实了党在农村的执政基础

湘西州共选派了 1742 支驻村扶贫工作队、5316 名驻村工作队员、1742 名驻村第一书记、5.96 万名结对帮扶干部，实现了对 1110 个贫困村和 632 个有贫困人口的非贫困村（社区）与 16.5 万户贫困户驻村帮扶和结对帮扶两个全覆盖，夯实了党在农村的执政基础。被派驻到贫困村担任驻村干部和第一书记的党政机关干部，在与当地群众及干部同吃同住同劳动的过程中，不仅加强了对基层国情民情的了解，转变了工作作风，而且提高了干部群众处理基层工作和复杂问题的能力，在实践中得到了成长锻炼。

3. 提高了乡村的治理能力

截至 2020 年 3 月，湘西州 100% 的党支部达到"五化"标准，村（居）"两委"班子成员中致富能手占 52%，1789 个村（社区）均有稳定村级集体经济。同时，落实省委"1+5"文件，推进"党建引领、互助五兴"农村基层治理模式，组建互助组 4.3 万多个，80% 以上群众参与互助，6100 多名党员领办创办致富项目 2300 余个，带动 20.3 万群众在家门口就业创收，引导 61.2 万群众参与集体经济，基层组织战斗力显著提升。这些农村基层党组织在贫困识别、精准帮扶、贫困退出等脱贫攻坚工作中形成的战斗力和凝聚力，进一步改善了党群关系，有效提升了湘西州农村管理水平和治理能力。

5.1.3　形成了重大的溢出减贫效应

1. 为推动中国特色脱贫攻坚制度体系的不断完善，贡献了"湘西智慧"，成为国家贫困治理体系和治理能力现代化的生动实践

中国特色脱贫攻坚制度体系的构建、形成和不断完善为打赢脱贫攻坚战提供了坚实的制度支撑和保障。而湘西州作为精准扶贫的首倡地，肩负着特殊的政治责任，坚持以精准扶贫脱贫"十项工程"为抓手，以十八洞村为样板，积极探索可复制可推广的精准扶贫好路子，为推动中国特色脱贫攻坚制度体系的不断完善贡献了"湘西智慧"，成为国家贫困治理体系和治理能力现代化的生动实践。湘西州县市党政主要领导认真落实"州级领导联县包乡、县级领导联乡包村""州县市单位包村、党员干部包户"制度，示范带动各级领导干部精力下沉到脱贫攻坚一线，湘西州 1110 个贫困村和 632 个有贫困人口的非贫困村（社区）实现驻村帮扶全覆盖，16.5 万户贫困家庭实现党员干部结对帮扶全覆盖，形成了四级书记带头抓脱贫攻坚的责任体系；湘西州委连续 7 年出台脱贫攻坚 1 号文件，并围绕不同的致贫因素，颁布了相应的政策文件，形成了政策"组合拳"攻坚的政策体系；湘西州坚持以脱贫成效为导向，以扶贫规划为引领，以重点扶贫项目为平台，做好与全国脱贫攻坚规划、各部门专项规划的衔接，加强脱贫攻坚项目储备，统筹整合使用财政涉农资金，撬动金融资本和社会帮扶资金投入扶贫开发，形成了确保扶贫投入力度与打赢脱贫攻坚战要求相适应的投入体系；湘西州不断加强东西部扶贫协作、对口帮扶、定点扶贫和社会扶贫工作，通过将新录用的州县直单位工作人员全部下派到贫困村扶贫锻炼，整合科技人才组建特色产业专家服务团和科技特派产业团到脱贫一线服务，动员企业、商会参与精准扶贫"千企联村"行动，引导全州党员干部、社会人士结对帮扶建档立卡贫困户，形成了党组织引领、全社会共同参与的合力攻坚动员体系。湘西州围绕政策落实、程序规范、质量保障等目标，推行"月调度、季走访、半年督查、年终评价"模式，乡镇基层党建和脱贫攻坚考核与联点干部绩效考核、年度考核挂钩，使干部直插一线，主动掌握乡村班子运行情况、党员干部工作状态、扶贫政策落地情况，督促问题整改落实，确保各级干部更尽职、帮扶更细心、脱贫更真实。同时，通过责任倒查机制，严肃追责问责，对工作

业绩突出、脱贫成效明显的干部强化激励，形成了能确保中央决策部署落地落实的督查体系；始终聚焦"一超过两不愁三保障"和"三率一度"脱贫成效，对驻村扶贫工作进行科学考核评价，认真落实"四不两直"工作方法，切实减轻基层负担。考评结果在团结报、电视台、政府网等媒体公布，形成了以真扶贫、扶真贫、真脱贫为目标的考核体系。

2. 为推动精准扶贫工作机制的创新，贡献了"湘西方案"，成为习近平总书记精准扶贫重要论述在民族贫困地区的成功实践

为解决好"扶持谁"的问题，湘西州十八洞村严格按照户主申请→投票识别→三级会审→公告公示→乡镇审核→县级审批→入户登记"七步法"和吃财政饭的不评、在城里买了商品房的不评、有小加工企业的不评等"九不评"进行精准识别，并对识别工作实行全程民主评议和监督，确保公开、公平、公正。湘西州先后进行6次全覆盖建档立卡"回头看"，做到应进则进、应出则出，不断提高贫困识别的准确率，让扶贫动态管理结果真正得到群众认可。为解决好"谁来扶"的问题，湘西州通过推行"州级领导联县包乡、县级领导联乡包村""州县市单位包村、党员干部包户"制度，全面加强东西部扶贫协作、对口扶持、定点扶贫和社会扶贫工作，形成了州县乡村四级书记带头抓、全州上下齐心干、社会各界同参与的脱贫攻坚大格局。一线脱贫攻坚的力量显著增强，解决了精准扶贫"最后一公里"的问题。为解决好"怎么扶"的问题，湘西州坚持因人因地制宜的原则，践行"始终不忘殷切嘱托、提高政治站位，始终强化党委领导、压实四级责任，始终坚持分类指导、实施'十项工程'，始终突出精准发力、促进'五个结合'，始终注重脱贫质量、做到'四防两严'"等"五个始终"的脱贫做法，形成并推广"党建引领、互助五兴"农村基层治理模式、十八洞村模式、腊尔山片区脱贫解困模式、菖蒲塘乡村振兴创新模式等，保证精准扶贫扶到点上、扶到根上。为解决好"如何退"的问题，湘西州严格按照退出标准和程序，科学合理地制定了脱贫年度计划和滚动规划，通过第三方评估，对拟退出的贫困县进行全面考察，同时坚决落实习近平总书记"四个不摘"的重要指示精神，坚持一手抓脱贫、一手抓巩固，统筹做好各项工作，高度重视防范化解产业扶贫失败、易地扶贫搬迁稳不住、脱贫人口返贫、扶贫项目工程质量安全不达标及资金使用不精准、涉贫信访引发社会不稳定"五种风险"，通过强化扶贫对象动态管理，完善大数据平台，归集各类基础信息，高度关注"边缘户"和"脱贫监测户"，依据监测预警信息，逐一实施精准帮扶，确保稳定脱贫不返贫。同时，提高帮扶政策持续性，坚持"攻坚期内脱贫不脱政策"，做到扶贫优惠政策不变、结对帮扶力度不减、收入监测工作不断，确保既完成脱贫的数量，又保证脱贫的质量，保持相关扶贫政策的稳定性，保证摘帽不摘政策，促进贫

困地区脱贫的稳定性和可持续性。

5.2　湘西州减贫治理的主要经验及启示

5.2.1　党建引领是根本,"互助五兴"强治理

加强中国共产党的领导,凝聚攻坚力量,建强基层组织,激发党员先锋模范作用,是湘西州打赢打好脱贫攻坚战的坚强组织保障。

1. 党建引领保证了脱贫攻坚的正确方向

湘西州委、州政府严格按照中央制定的"中央统筹,省(自治区、直辖市)负总责,市(地)县抓落实"的要求,根据中央出台的脱贫攻坚政策文件和实施方案,因地制宜,制定了一系列湘西州的脱贫攻坚政策措施,如《中共湘西自治州委关于进一步落实脱贫攻坚责任的通知》《湘西自治州精准脱贫"十项工程"实施方案(试行)》《湘西自治州精准脱贫攻坚工作考核管理暂行办法》《关于打赢精准脱贫攻坚战的意见》《关于进一步加强精准扶贫精准脱贫工作的意见》《关于坚决打好打赢脱贫攻坚冲刺战的实施意见》《关于全力打好脱贫攻坚决胜战的实施意见》等,这些政策文件涉及脱贫攻坚的方方面面,针对性地解决了脱贫攻坚中面临的相关难题,为脱贫攻坚指明了方向。

2. 党建引领压实了脱贫攻坚的责任

充分发挥各级党委在脱贫攻坚工作中总揽全局、协调各方的主导作用,严格实行州、县市(湘西高新区)、乡镇(街道)、村(社区)书记负总责、党政共同抓的负责制。同时,把脱贫攻坚纳入党建述职评议和"五个文明"绩效考核,对减贫指标等进行全程动态考核监管,强化考核结果运用,实行脱贫攻坚实绩与绩效考核、评先评优和选拔任用干部"三挂钩",实行责任倒查机制,严肃追责问责,进一步压实了脱贫攻坚的责任。

3. 党建引领筑牢了基层组织的根基

通过推进党支部"五化"建设和软弱涣散党组织整顿工作、选优配强村(居)"两委"班子、从入党积极分子和能人中培养后备力量、科学配备"第一书记"和"扶贫工作队"、全面轮训基层干部等做法进一步筑牢了基层党组织的根基。

4. 党建引领创新了"互助五兴"的基层治理模式

以十八洞村为试点,始终坚持党建引领,创新农村基层治理,通过"以建强支部为前提,构建工作网络;以党员能人为骨干,筑牢治理单元;以服务民生为重点,明确互助内容;以实绩实效为导向,开展考评激励"的工作实践,总结

提炼出"党建引领、互助五兴"农村基层治理模式，有效破解了党组织联系群众不紧密、党员带动群众不直接的问题，有效发挥了村支部的战斗堡垒作用和农村党员的先锋模范作用，为全州脱贫摘帽，推进乡村振兴提供了坚实的政治保障。

5.2.2 把握精准是关键，"五个结合"保质量

按照习近平总书记重要指示和湖南省委、省政府部署要求，坚持把打好新阶段扶贫攻坚战作为最重要的战略任务、最宏大的民生工程、最紧迫的政治责任，把"精准"要求体现到脱贫攻坚各领域、全过程，推动扶贫路径由"大水漫灌"向"精准滴灌"转变、扶贫资金由"普惠分配"向"靶向配置"转变、扶贫力量由"多头分散"向"统筹集中"转变，解决了许多长期想解决而没有解决的难题，办成了许多过去想办而没有办成的大事。

1. 精准识别扶贫对象

坚持将公开公平与群众满意相结合，按照"七步法"进行精准识别，对识别工作实行全程民主评议和监督，并加强数据共享与分析，确保公开、公平、公正。

2. 精准激发内生动力

坚持将典型引路与正向激励相结合，抓好感恩教育，推广"星级评比"做法，全面建立村规民约，举办"最美脱贫攻坚群众典型"评选等系列活动，大力宣传花垣十八洞村、凤凰菖蒲塘和夯卡村等脱贫典型，积极创作一批礼赞群众自强不息的文艺作品，用身边人说身边事，弘扬脱贫正能量，同时加强就业创业技能培训，提高贫困群众生产技能、营销本领，增强自我发展能力，推动"扶志""扶智"齐头并进，真正让贫困群众想脱贫、敢脱贫、能脱贫，全州涌现了一大批自力更生脱贫群众典型。

3. 精准发展扶贫产业

坚持将统筹布局与因地制宜相结合，通过园区带动、龙头企业带动、合作社带动，因地制宜做好兴产业、增就业、置家业"三业"文章，发展特色产业搞好产业扶贫；通过引导发展小养殖、小庭院、小作坊、小买卖"四小经济"，多途径增加贫困户收入；通过深化劳务协作搞好劳务输出，加强州内工业集中区、扶贫产业园和"扶贫车间"建设，促进贫困劳动力就地就近就业，让每个贫困村有 1 个以上当家产业、每个贫困户有 1 个以上增收项目，每个有劳动力的贫困家庭至少 1 人有稳定的工资性收入，真正让贫困群众稳定脱贫有质量、有保障。

4. 精准完善基础设施

坚持将留住乡愁与彰显美丽相结合，坚持"统一规划、保持原貌、节俭实用、协调美观"原则，大力实施交通、安全饮水、电网改造、危房改造等 10 大基础设施与公共服务"微建设"工程，实现了贫困村"五通五有"，即通水、通路、通电、通网、通广播电视，有危房改造、有教育教学点、有村综合服务平台、有村电子商务、有村集体经济。同时深入开展城乡同建同治，大力推进美丽乡村建设，真正让农村既美丽又留住乡愁。

5. 精准统筹攻坚力量

坚持将组织引领与党员带动相结合，牢记习近平总书记"五级书记抓扶贫"指示精神，充分发挥州委书记、县市委书记、乡镇党委书记、村支部书记的作用，带动各级领导干部精力下沉到一线、各方资源聚集到贫困村。推行"互助五兴"基层治理模式，扎实推进农村党支部"五化"建设，加强政治品格好、群众威望高、带动能力强的农村党支部书记队伍建设，整顿软弱涣散村级党组织，开展党小组建在产业链上试点，全面实行"湘西州 e 路通"服务，将 161 项便民服务事项下放到乡镇村一级。

5.2.3　增加投入是保障，整合资源强支撑

湘西州通过统筹整合，不断增加扶贫资金投入，构建了多元投入的财政扶贫政策体系。

1. 用好用活贫困地区一般性转移支付资金

作为高海拔高寒地区、中西部革命老区、民族地区，中央的一般性财政转移支付资金会大于其他地区。湘西州坚持用好用活转移支付资金，优先保障贫困农村的基本公共产品供给水平。

2. 积极争取专项扶贫资金

通过制定扶贫规划，加强项目储备，积极向上级部门争取支持农业生产发展、退耕还林、农田水利设施建设、"一事一议"奖补资金、"两免一补"政策，农村义务教育阶段学生全部享受免杂费、免书本费政策，为中西部地区家庭经济困难寄宿生发放生活费补助政策。

3. 统筹整合涉农资金

按照相关文件，赋予贫困县统筹整合使用财政涉农资金的自主权，落实"有关部门和地方不得限定资金在贫困县的具体用途"规定，激发基层脱贫工作主动性、创造性。同时，积极引导东西部扶贫协作资金、社会资本、金融资本投入扶贫领域。

5.2.4 各方协同是前提，众志成城聚活力

扶贫必须形成合力，形成各方力量各司其职、各展其长的体制机制。

1.提高东西部扶贫协作水平

山东省和湖南省、济南市和湘西州各级领导把扶贫协作作为重要政治任务，进一步健全扶贫协作推进机制，形成精准对接、多层互动、协同发力的工作格局。

（1）多层次扶贫协作机制构建方面。首先是落实了高层对接机制。湖南省委副书记乌兰，湖南省人大常委会副主任、湘西州委书记叶红专，湖南省副省长隋忠诚，湘西州委副书记、州长龙晓华先后带队赴济南市对接东西部扶贫协作工作。山东省委常委、济南市委书记王忠林带队到湘西州考察调研，研究推进东西部扶贫协作工作。其次是落实了联席会议机制。先后召开省级层面联席会议1次、市州层面联席会议2次、7个区县层面工作对接会17次，两地7个区县、22个市州直部门均开展了实地互访对接，共商帮扶事宜。再次是落实了工作推进机制。把东西部扶贫协作列入党委、政府重要议事日程，先后召开州委常委会会议5次、州政府常务会议和州长办公会4次、扶贫协作领导小组会5次、扶贫协作工作专题会6次，专题研究部署扶贫协作工作，推进各项工作落细落实。最后是落实区县党政齐抓、各界结对机制。湘西州7个县党政主要领导均带队赴济南市结对区开展对接，共同研究推进携手奔小康行动。另外，济南市76个街道(乡镇)与湘西州98个乡镇、济南市81个村(社区)与湘西州109个贫困村、济南市扶贫协作"产业联盟"120家企业与湘西州132个贫困村、济南市8个社会组织与湘西州11个贫困村、济南市118个学校与湘西州120个学校、济南市31家医院与湘西州28家医院分别结成帮扶对子，开展形式多样的帮扶行动。特别是济南市慈善总会、济南市流通行业协会、湖南省山东商会等社会组织积极参与扶贫协作，开展捐款捐物活动，社会反响很好。

（2）扶贫协作有效途径的拓展方面。首先是扩大人才交流。湘西州、济南市两地组织部门通过制定相关政策措施保障交流渠道畅通、挂职干部人岗匹配、提供必要待遇等方面积极推动湘西州、济南市两地人才交流。其次是加强援助资金管理。为确保每一分援助帮扶资金都用在刀刃上，湘西州县财政部门加强日常监管、专项检查，确保专款专用，使其100%用于县以下基层，更好地发挥带贫效应。再次是创新产业合作渠道，湘西州把产业合作作为扶贫协作的重中之重，立足自身优势，创新了东部企业参与扶贫协作模式、创新产业带贫模式、创新产销对接模式。最后是加大两地劳务协作。湘西州把劳务协作、技能扶贫作为东西部扶贫协作的突破口，建机制、搭平台、抓培训，促进贫困人

口实现就业增收脱贫。

2. 健全定点扶贫机制

(1)做好结对帮扶工作。建立了"州级领导联县包乡、县级领导联乡包村，州县市单位包村、党员干部结对帮户，企业协同助力、社会参与助力"精准扶贫工作结对帮扶模式。1742 支工作队对 1110 个贫困村和 632 个有贫困人口的非贫困村(社区)驻村帮扶全覆盖；102 个非公有制企业和 14 个社会组织结对帮扶 143 个村、2389 户建档立卡贫困户，投入帮扶资金 8800 万元，提供就业岗位 21378 个；全州 5.96 万名党员干部结对帮扶 16.5 万余户建档立卡贫困户，做到贫困村不脱贫、工作组不脱钩，贫困人口不脱贫、党员干部不脱钩。

(2)把党组织建在扶贫一线。按照"脱贫阵地延伸到哪里、脱贫产业发展到哪里，党的组织就建到哪里、工作就跟进到哪里"的要求，深化延伸党组织的有形覆盖和有效覆盖，在农村网格、农民专业合作社、农村产业链、产业园区全面建立党组织，为脱贫攻坚提供坚强组织保障。

5.2.5　群众参与是基础，智志双扶提内力

1. 采取有效措施，增强贫困群众立足自身脱贫的决心信心

认真总结宣传花垣十八洞村、凤凰菖蒲塘和夯卡村等一批脱贫典型和经验，切实讲好湘西州精准扶贫脱贫故事，充分激发贫困群众自力更生、脱贫致富的主动性和积极性。同时，探索推广"分红收入积分制""自主脱贫激励制"等模式，增强贫困群众自主脱贫意识。大力开展感恩主题教育，广泛宣传自强不息、自力更生的脱贫致富先进典型，用身边人身边事激励贫困群众努力向前奔跑，创造幸福生活。

2. 积极引导贫困群众发展产业和就业，不断提高贫困群众脱贫能力

全面落实产业扶贫和就业扶贫政策，做实兴产业、置家业、增就业"三业"增收文章，夯实稳定脱贫根基，保障稳定脱贫质量。同时，更加突出产业扶贫，推动贫困群众持续增收稳定脱贫。首先是更加注重产业质量。强化"质量兴农"的发展导向，加强科技型企业的引进和培育，加大创新型企业扶持力度，强化产业发展技术支撑。加强农技特岗生定向培养，大力开展农技干部联村帮扶行动，让每个贫困家庭发展产业都能获得技术指导。其次是更加注重利益联结。大力推行"市场+龙头企业+合作社+贫困户""龙头企业+合作社+贫困户""合作社+贫困户""集体经济+贫困户"等多种利益联结模式，让每个贫困户都能获得多元化的生产经营、租金、薪金、分红等收益。再次是更加注重电商扶贫。加强农村电商队伍建设，选派一批年轻干部驻村服务指导，开展技能培训，真正把电商扶贫做好做实。最后是更加注重消费扶贫。健全消费扶贫工作

机制，大力开展帮扶单位促销、商业流通企业承销、定向直供直销等农产品推介行动，推动形成多元联动的产品销售格局，真正让农民发展产业没有后顾之忧。

3. 推进移风易俗，引导贫困群众形成健康文明新风尚

深入开展城乡同建同治、农村人居环境综合整治，大力推进美丽乡村建设，真正让农村既有美丽又有乡味。始终坚持花小钱、办实事、办好事，注重留住乡愁与实用美观相结合，注重风土人情与文化特色相结合，不上"高大上"项目、不搞大拆大建，按照"统一规划、保持原貌、节俭实用、协调美观"原则，以"修旧如故""把农村建设得更像农村"的理念，积极实施水、电、路、房、通信、环境治理"六到户"工程和危房改造、改厨、改厕、改浴、改圈"五改"工程，大力推进民族民俗特色村寨建设，积极引导贫困群众形成健康文明新风尚。

5.2.6 产业发展是重点，"十项工程"兴民生

通过实施发展生产脱贫工程、乡村旅游脱贫工程、转移就业脱贫工程、易地搬迁脱贫工程、生态补偿脱贫工程、教育发展脱贫工程、医疗救助帮扶工程、社会保障兜底工程、基础设施配套工程、公共服务保障工程，因地因人定制帮扶政策措施，做到扶贫工作工程化、项目化，取得了显著成效。

1. 拓展了贫困群众持续增收的途径

通过实施"十项工程"中的发展生产脱贫工程、乡村旅游脱贫工程、转移就业脱贫工程、生态补偿脱贫工程等，扎实做好了兴产业、稳就业、置家业"三业"文章，进一步稳定了贫困群众的收入来源。首先，着力提高了扶贫当家产业质量，延长扶贫产业链，培育一批叫得响、卖得好、信得过的"土字号"品牌，让贫困群众更多地分享产业增值收益。其次，加强了劳务输出，强化精准培训，搞好与济南、广州、深圳和省内长株潭等地区的劳务输出对接，同时加快建设"扶贫车间"、开发公益性岗位，保障就业渠道，提高劳务价值。再次，大力发展小养殖、小庭院、小作坊、小买卖"四小经济"，拓宽贫困群众增收途径，补充收入来源，多措并举让贫困群众脱贫更扎实。

2. 兜住了民生保障的底线

通过易地搬迁脱贫工程、教育发展脱贫工程、医疗救助帮扶工程、社会保障兜底工程、基础设施配套工程、公共服务保障工程完善了医疗、教育、住房、特困群众兜底"四个保障"机制，从"小切口"入手解决民生大问题，着力提高了群众获得感、幸福感、安全感。首先，认真落实了教育扶贫政策，不让一名学生因贫失学辍学；全面加强了健康扶贫综合保障措施，防止因病返贫致贫；持续提高了农村社会保障水平，落实低保政策，加大社会救助力度；实现了"应

保尽保、应帮尽帮"。其次，加快推进了农村小微设施建设，完善水、电、路等基础设施和文化、卫生等公共服务设施，抓好了农村人居环境整治，不断提高群众生活品质和满意度。

5.3　特殊价值及世界意义

5.3.1　彰显了中国人民实现伟大复兴中国梦的使命担当

湘西州脱贫攻坚中形成的精神力量，彰显了中国人民实现伟大复兴中国梦的使命担当。湘西州作为精准扶贫首倡地，有着特殊的政治含义，对其自身而言，肩负着"树立典型"的重要使命。而湘西州脱贫攻坚过程中所诠释的脱贫攻坚精神，也已经成为这个时代精神的重要组成部分，彰显着中国人民在走向伟大复兴中国梦路上的使命担当。同时，围绕湘西州十八洞村，创作的一系列反映时代主旋律的文艺作品，如电影《十八洞村》、电视连续剧《江山如此多娇》、大型歌舞剧《大地颂歌》、大型电视专题片《从十八洞出发》、歌曲《十八洞的月光》、话剧作品《十八洞》、画作《你是大姐》等的流传更是将"地方脱贫故事"上升为"国家脱贫故事"、"地方脱贫精神"上升为"时代脱贫精神"，引领着中国人民为实现中国梦而不懈奋斗。

5.3.2　坚定了偏远少数民族地区减贫的信心

湘西州减贫治理的显著成效，坚定了中国和其他国家偏远少数民族地区减贫的信心。湘西州地处武陵山区中心腹地，是典型"老、少、边、山、穷"地区。在习近平总书记精准扶贫重要论述指引下，湘西州各族干部群众笃定目标、众志成城、艰苦奋斗，怀着坚决打赢打好精准脱贫攻坚战的信念，取得了显著的直接减贫效果。产生了巨大的间接积极影响，形成了多维重大溢出效应，改变了千百年绝对贫困的面貌。湘西州的脱贫攻坚实践充分证明：以党建引领为根本、把握精准为关键、增加投入为保障、各方协同为前提、群众参与为基础，综合实行"互助五兴""五个结合"、统筹整合、合力攻坚、智志双扶和"十项工程"是治理贫困的有效手段，为国内其他地区或其他发展中国家树立了标杆，提供了榜样，坚定了全世界类似地区消除贫困的信心。

5.3.3　激励着国际贫困治理理论的创新

湘西州作为"精准扶贫"重要理念的首倡地，激励着国际贫困治理理论的创新。如何逐步减少贫困人口数量，减轻贫困程度，最终达到消除贫困、实现反贫困的终极目标，是全世界人民共同关注与亟待解决的重大课题，是新时代中国特色社会主义事业的重要组成部分，是全党、全国人民决胜全面建成小康社会的重要议题，是党和国家对全体人民的庄严承诺。精准扶贫是党的十八大以来中国治理贫困事业的重大战略转型，是中国共产党、中国政府决胜全面建成小康社会的战略重点。它不仅强调中国共产党领导的政治优势和社会主义制度集中力量办大事的制度优势，也强调要发挥脱贫主体的能动性，"智志"双扶，从而激发脱贫内生动力。这实际上显示出习近平扶贫论述对西方扶贫理论的超越。精准扶贫思想从多个层面认识和构建了中国农村反贫困理论，不仅对于中国减贫具有很强的针对性、政策性和实践性，而且对于国际贫困治理理论的创新和推动广大发展中国家加快摆脱贫困的进程，都有重要的参考借鉴作用。而湘西州作为精准扶贫首倡地，其扶贫实践推动了中国特色脱贫攻坚制度体系的不断完善，贡献了"湘西智慧"，是国家贫困治理体系和治理能力现代化的生动实践，是贫困治理理论创新的基点，是全人类反贫困和"人类命运共同体"构建的宝贵智慧，有着激励并指引国际贫困治理理论创新的重要意义。

5.3.4　为解决贫困治理这一世界性难题提供了湘西方案

湘西州的贫困治理推动了精准扶贫工作机制的创新，为解决贫困治理这一世界难题提供了湘西方案。湘西州的减贫治理围绕解决好"扶持谁""谁来扶""怎么扶""如何退"四个问题创新了精准扶贫工作机制，贡献了"湘西方案"，成为习近平总书记精准扶贫重要论述在民族贫困地区的成功实践。湘西州在减贫过程中形成的"党建引领是根本，'互助五兴'强治理；把握精准是关键，'五个结合'重质量；增加投入是保障，整合资源强支撑；各方协同是前提，众志成城聚活力；群众参与是基础，智志双扶提内力；产业发展是重点，'十项工程'兴民生"等经验，使湘西州真正成为减贫成效最显著的地区之一。其减贫成就和减贫经验曾得到时任老挝国家主席本扬的赞扬和认可，为中国与其他发展中国家交流减贫经验，推动和深化国际减贫合作，贡献了"湘西方案"，也使得湘西州成为世界发展中国家探寻中国精准扶贫"秘诀"的窗口。

❯ 后 记

打赢打好精准脱贫攻坚战，是湘西州历史上最伟大的事业之一，也是湘西州历史上最精彩的篇章之一。近年来，《人民日报》、新华社、中央电视台、中央人民广播电台、《经济日报》、《中国日报》、《农民日报》、中国新闻社等众多中央媒体多次将镜头和版面聚焦湘西州，挖掘和分析精准扶贫的"湘西样本"，宣传和推介精准扶贫的"湘西经验"。这体现了社会各界对湘西脱贫攻坚实践和经验的高度关注。

2020年3月6日，习近平总书记在决战决胜脱贫攻坚座谈会上的讲话中强调，脱贫攻坚不仅要做得好，而且要讲得好。讲好脱贫攻坚故事，总结好、宣传好脱贫攻坚的典型经验，也是湘西州打好打赢脱贫攻坚战的应有之义。在决胜脱贫攻坚和全面建成小康社会之际，湘西州委、州政府以高度的政治责任和政治自觉，将总结湘西州脱贫攻坚实践探索提上了日程，并期望为湘西州摆脱千年贫困的历史壮举画上一个圆满的句号。

在湘西州委宣传部、湘西州社科联以及相关职能部门领导的信任、关心和支持下，吉首大学商学院、"民族地区减贫与发展研究中心"专业特色智库团队有幸承担起了这一使命。虽然承接这一任务我们倍感骄傲和荣幸，但同样也压力巨大。虽然，团队成员多年来一直关注和研究减贫与发展，也多次承担贫困县退出第三方评估，负责贵州江口县、云南双江县等多个地区脱贫实践和经验的总结，积累了一定的经验，但要在十分有限的时间内做好"精准扶贫"首倡地的总结还是一个不小的挑战。然而，幸运的是，湘西州相关部门在做好脱贫攻坚实践的同时也及时地进行了总结和提炼，丰富的素材和贴心的支持，极大地提升了团队的效率，缓解了编写的压力。特别是州委宣传部和州社科联相关领导的全力支持、高效组织和周密协调，更是令人印象深刻。

全书由5章构成，共30余万字。各章节的撰写分工如下，第一章：孙立青；第二章：张琰飞；第三章：黄利文（发展生产脱贫工程、乡村旅游脱贫工程），于正东（转移就业脱贫工程、易地搬迁脱贫工程、教育发展脱贫工程），袁明达(医疗救助帮扶工程、生态补偿脱贫工程、社会保障兜底工程)，王泳兴(基础设施配套工程、公共服务保障工程)，孙爱淑("五个结合"的实施及成效)，张诗瑶("党建引领、互助五兴"的实施及成效)，龙海军("四防两严"的实施及成效)；第四章：李峰；第五章：殷强。全书的撰写框架、统稿以及前言、后记等由丁建军完成；李洪雄、肖炳才、张欣、王璋、余方薇、柳艳红、王淀坤、刘贤、尹瑾雯等也参与了撰写和后期的校对。书稿经过多次修改，全书框架经过多次讨论，得到了州委宣传部、州社科联、州乡村振兴局以及参与脱贫攻坚的相关部门的宝贵建议。因一些工作上的政策性，书中统计数据无法全部限定为2020年底。由于时间紧、工作任务重，书稿难免挂一漏万，对湘西州脱贫攻坚的做法与经验的总结提炼可能还存在不够完善、不够周全之处，敬请读者以及湘西州相关部门领导，特别是脱贫攻坚战一线的扶贫干部们多多包涵。

最后，再次感谢所有在书稿调研、资料收集、编撰、讨论、修改过程中给予支持、帮助和指导的人！同时，也感谢湘西州委、州政府交付这一光荣而又富有挑战的任务。精准扶贫、脱贫攻坚是一项伟大的事业，摆脱千年贫困，更是248.8万湘西人民的梦想。如今，梦想成真，借此向所有为这一梦想奋斗过的人致敬！

图书在版编目（CIP）数据

摆脱千年贫困的湘西探索与实践：精准扶贫首倡地样本
解读／本书编委会组编. —长沙：中南大学出版社，2021.8
ISBN 978-7-5487-4479-5

Ⅰ．①摆… Ⅱ．①丁… Ⅲ．①扶贫－概况－湘西土家
族苗族自治州 Ⅳ．①F127.642

中国版本图书馆 CIP 数据核字（2021）第 112738 号

摆脱千年贫困的湘西探索与实践：精准扶贫首倡地样本解读

本书编委会　组编

□责任编辑	彭辉丽	
□责任印制	唐　曦	
□出版发行	中南大学出版社	
	社址：长沙市麓山南路	邮编：410083
	发行科电话：0731-88876770	传真：0731-88710482
□印　　装	长沙市宏发印刷有限公司	

□开　　本	710 mm×1000 mm 1/16	□印张 21.75	□字数 414 千字		
□版　　次	2021 年 8 月第 1 版	□印次 2021 年 8 月第 1 次印刷			
□书　　号	ISBN 978-7-5487-4479-5				
□定　　价	78.00 元				